U0517273

教育部人文社会科学重点研究基地
安徽师范大学中国诗学研究中心资助项目

【 中 国 诗 学 研 究 专 刊 】

元好问传论

胡传志 著

中 华 书 局

图书在版编目（CIP）数据

元好问传论/胡传志著. —北京：中华书局，2021.9
（2024.8重印）
（中国诗学研究专刊）
ISBN 978-7-101-15318-7

Ⅰ.元… Ⅱ.胡… Ⅲ.元好问（1190～1257）–人物研究
Ⅳ.K825.6

中国版本图书馆 CIP 数据核字（2021）第 172354 号

书　　名	元好问传论
著　　者	胡传志
丛 书 名	中国诗学研究专刊
责任编辑	樊玉兰
责任印制	陈丽娜
出版发行	中华书局
	（北京市丰台区太平桥西里 38 号　100073）
	http://www.zhbc.com.cn
	E-mail：zhbc@zhbc.com.cn
印　　刷	三河市中晟雅豪印务有限公司
版　　次	2021 年 9 月第 1 版
	2024 年 8 月第 2 次印刷
规　　格	开本/920×1250 毫米　1/32
	印张 12⅜　插页 2　字数 276 千字
国际书号	ISBN 978-7-101-15318-7
定　　价	68.00 元

目　录

假若没有元好问（代序） ……………………………… 1

上　篇

一、称谓种种 …………………………………………… 3

二、北魏身世 …………………………………………… 18

三、父兄渊源 …………………………………………… 29

四、师友讲习 …………………………………………… 46

五、姻亲贵戚 …………………………………………… 71

六、长安之行 …………………………………………… 82

七、三乡诗思 …………………………………………… 93

八、科举之路 …………………………………………… 104

九、史院苦衷 …………………………………………… 115

十、嵩山岁月 …………………………………………… 127

十一、军旅生活 ………………………………………… 138

十二、三为县令 ………………………………………… 151

十三、至暗时刻 ………………………………………… 163

十四、聊城新变 ………………………………………… 177

十五、冠氏行止 ………………………………………… 192

十六、家山情深 ………………………………………… 204

十七、晚年奔波 …………………………………………… 217

十八、元氏子女 …………………………………………… 228

下　篇

一、"学诗自警"发微 ……………………………………… 245

二、元好问诗的复句 ……………………………………… 257

三、元好问与论词绝句 …………………………………… 277

四、遗山词的隐性传播 …………………………………… 287

五、元好问的序跋文 ……………………………………… 297

六、治病记佚文考 ………………………………………… 317

七、元好问与金元医学 …………………………………… 325

八、元好问与《金史》 …………………………………… 337

九、元好问的书迹 ………………………………………… 346

十、元好问的跨民族交往 ………………………………… 354

主要参考文献 ……………………………………………… 375

后　记 ……………………………………………………… 383

假若没有元好问
（代序）

在中国古代诗歌璀璨星空中，屈原、陶渊明、李白、杜甫、白居易、李商隐、苏轼、辛弃疾、陆游等人是属于第一方阵最耀眼的巨星，在他们之外，还有很多属于第二方阵光芒四射的大诗人，还有第三方阵星光闪烁的中小诗人和第四方阵星光微弱的无名诗人。作为群体，都不可或缺，作为个体，其重要性难免因人而异。

元好问无疑是第二方阵中的一名要员。在他的前方不远处，与他平起平坐的应该是范成大、杨万里等长辈，他们都取得了骄人的成就。范成大的田园诗既写诗意的田园风光，又写浓浓的血汗气味，被称为田园诗的集大成者，加上他那七十二首以爱国为主的使金纪行绝句，广受赞誉，使得他稳列第二方阵。杨万里以个性鲜明的诚斋体独树一帜，名冲牛斗，连陆游都要礼让三分，自称"我不如诚斋，此评天下同"①，谁又能奈他何？元好问隔空相望，亦不遑多让，诗、词、文、小说、散曲等各体文学都取得了杰出成就，对其成就，前人及时贤论述多矣，暂且略而不论。

值得申述的是，文学成就固然是决定作家地位的重要因素，

---

① 陆游著，钱仲联校注：《剑南诗稿校注》卷五三《谢王子林判院惠诗编》，上海古籍出版社，2005年，第6册，第3119页。

但不是唯一因素。同样成就的诗人，地位可能不尽相同。每位诗人的地位如何，不仅取决于他的成就高低、个性差异，还取决于各自所处的时空位置、历史机遇。譬如南宋中兴诗坛，四大诗人中缺少尤袤，不会伤及大局，有了同时代更优秀的范成大、杨万里、陆游，尤袤就显得并不那么重要。这里，我们姑且不去计较元好问与他人的长短优劣以及各自特点，仅就其所处位置而言，元好问处于13世纪前半叶的北中国，适逢金元易代鼎革之际，具有范成大等人所不具备的独特性。让我们想象一下，假若没有元好问，对金代文学、对元代文学、对中国文学、对金代历史文化将意味着什么？

遥望百余年金代文坛（也是百余年北中国文坛），元好问是唯一屹立的"巍峨主峰"①，是唯一能跻身于第二方阵的大诗人。如果没有元好问，北中国将是一片绵延起伏的山丘、原野，纵然还有王寂、赵秉文、杨弘道、李俊民等著名诗人，但他们并不足以撑出一片寥阔高远的天空。试想，只有山峦、丘陵、平原、洼地，没有挺立的高峰，没有标志性的景观，该损失多少风光？金代文学将变得多么平淡，那该是多大的遗憾！

没有元好问，金代文学还不仅是失去一座高峰而已，金代文坛还将塌陷过半，很多大大小小的山峰将一同消失。这并非危言耸听。金亡之后，元好问广泛搜集资料，前后历经十余年时间，编纂成金代诗歌总集《中州集》（附《中州乐府》），很多诗人诗作赖此传世，包括所谓"国朝文派"的代表人物蔡珪、党怀英、刘迎、周昂、杨云翼等人，还有李汾、辛愿、雷渊、李献能、完颜璹等数以百计的诗人。甚至大名鼎鼎的王若虚，他的诗歌也主要依赖《中州集》而

①张晶：《辽金诗史》，辽海出版社，2020年，第316页。

传世。真正能独立于《中州集》之外的诗人，也仅有王寂、赵秉文、杨弘道、李俊民以及河汾诸老等金末遗民。所以，没有元好问，没有《中州集》的金代文学，将溃不成军，中国文学史将出现严重断裂。

我们再看看元好问的前后左右。先看南宋诗坛。当元好问泰和五年(1205)写下成名作《摸鱼儿》(恨人间情是何物)时，中兴四大诗人中范成大、尤袤已经辞世，杨万里于次年作古，陆游几年后病故，等元好问真正登上诗坛时，南宋再也没有一位能接踵先贤的大诗人，再也没有一位能与元好问相望于诗坛的诗人。翁方纲说陆游与元好问"南北相望二十年"，"天放奇葩角两雄"[1]，实在牵强，他们之间有着长达六十五年的代际差，如何南北相望？陆游之后的刘克庄、四灵诗派、江湖诗人，面对元好问，实力悬殊，不战而败，正所谓"若向中原整旗鼓，堂堂端合让遗山"[2]。再看蒙古时期及元初诗坛。乱世之中，一方面新生代还没有崭露头角，另一方面，后学中也没有出现能与元好问相颉颃的诗人。元诗四大家虞集(1272—1348)、杨载(1271—1323)、范梈(1272—1330)、揭傒斯(1274—1344)，其生也晚，都在13世纪70年代；成名也迟，主要在14世纪；成就也低，远不及元好问。如此看来，13世纪中国南北诗坛，假若没有元好问，将无一大家，百年诗坛将因此而变得寂寞暗淡。再放眼远望元明清三代，能超过元好问的大诗人也极其有限了。

[1]翁方纲撰：《复初斋诗集》卷六七《书遗山集后诗三首》，《续修四库全书》本，上海古籍出版社，2002年。
[2]宋琬：《读宋人诗五首》之四，郭绍虞、钱仲联、王蘧常编：《万首论诗绝句》，人民文学出版社，1991年，第1册，第231页。

　　元好问的意义,不仅体现在金代文学领域,不仅代表金代文学的最高成就,还直接关系到元代文学的发端。没有元好问,元代文学自然不会消失,只是起点会被明显拉低,发展方向也会变得迷茫起来。就诗歌而言,清人顾嗣立编纂《元诗选》将元好问列为元诗第一人。如果按照是否仕于新朝来判断,元好问怎么也不能算是元人,所以他能入《金史》而不能入《元史》。顾嗣立何尝不明白鼎革之际划分人物朝代归属的常用规则?他的这种朝代划分,背离史学传统,却符合元代诗歌发展的实际。从创作生涯来看,元好问在金亡后的创作时间要长于金亡之前。从他的诗坛影响力来看,金亡之后大于金亡之前。金亡之后,他的地位越来越高,成为一代宗师,经常指点后学,所到之处,士子"从之如市"①,直接带动河汾诸老、王恽、耶律铸、郝经等人的诗歌创作,开启元代诗歌发展的大幕。"元好问以后北方文坛的繁盛,是由他的弟子或他影响下成长起来的一批人创造的。"②不仅如此,元好问还引领元代诗歌发展方向。金末诗坛纷纭莫测,蒙古统治者刚刚闯入中原,无暇顾及文学,诗歌何去何从?元好问带领大家抛弃江西诗派的余习,继承唐诗的传统,明确提出"以唐人为指归","以诚为本",这与南宋后期诗歌发展路径不谋而合,最终南北融合,形成所谓的"元音"。只是元好问所提倡的唐人,以杜甫为代表;而南宋江湖、四灵所效仿的唐人,是以贾岛、姚合为代表。格局大小、境界高低,两相比较,立见分晓,元好问及北方诗歌对"元音"的贡献远远超过了南宋诸人。再就元曲(包括散曲与杂剧)而言,

①徐世隆:《遗山先生文集序》,姚奠中主编,李正民增订:《元好问全集(增订本)》卷五三,山西古籍出版社,2004年,下册,第1252页。
②查洪德:《元代文学通论》,东方出版中心,2019年,上册,第249—250页。

元曲兴起于金代，元好问有几首散曲传世，得风气之先，在变词为曲的环节中，起着重要的推动作用，有人说，"变宋词为散曲，始于遗山"①。元好问没有杂剧创作，似乎无关杂剧发展，但也不尽然。元好问与白华、白朴属于世交，如果没有元好问，金亡之际，白华投奔南宋，八岁的白朴将失去怙养，白朴还能否成为元曲大家？一切将变得不可想象。

如果将元好问放到中国文学史长河中，我们还能发现一些特殊的意义。先以《续夷坚志》为例，元好问本人对撰写此书也较为随意，漫不经心，仅有四卷，后世也不够重视，在古代众多文言小说中，很容易被湮没。但就是这部看似无足轻重甚至可有可无的作品，却是金代唯一传世的小说。假若没有元好问，一百多年的北中国，小说将出现空白！洪迈《夷坚志》对于北方奇闻逸事记载的不足，也无法得到弥补。且不论《续夷坚志》的文学价值、认识价值，它的出现，就是文言小说发展史上的一个孤独的座标，向人们昭示北方大地文言小说的存在。这是何等奇异的现象！再以著名的论诗绝句为例。论诗诗自杜甫《戏为六绝句》首开其端之后，发展缓慢，是元好问《论诗三十首》等论诗诗，将七言绝句确定为论诗诗的主导体裁，是元好问成功克服了论诗绝句的体制局限，做到了理论与艺术的完美结合，推动了论诗绝句的成熟，从而点燃论诗绝句的创作热情，引起后人的纷纷仿效。比元好问年长的戴复古，稍后虽然也写了《论诗十绝》，但其综合水平远逊于元好问，故在后世如泥牛入海，杳无声息，在《万首论诗绝句》中居然无一追随者。也就是说，没有元好问，论诗绝句的成熟要延后数百年，由论诗绝句扩展开来的论词绝句、论书绝句、论画绝句等等

---

① 罗忼烈：《元曲三百首笺·叙论》，龙门书店，1967年，第3页。

论艺绝句的兴盛也将滞后。顺带说明一下,论词绝句的起源也与元好问直接相关。现存最早的论词绝句是王中立的《题裕之乐府后》:"常恨小山无后身,元郎乐府更清新。红裙婢子那能晓,送与凌烟阁上人。"①王中立是元好问就教过的太原前辈,王诗约写于泰和五年(1205),评论的对象就是元好问《摸鱼儿》(恨人间情是何物),可以说,是十六岁新人的新作催生了论词绝句这种新样式,元好问何曾想到,他的这首言情少作能有如此大的溢出效应?

元好问的创作不仅引发了同代人王中立的理论思考,还引起后代批评家站在更高的立场上发掘其创作所蕴含的理论价值。元好问喜爱杜诗,曾编纂有关杜诗资料为《杜诗学》一书,率先提出"杜诗学"这一概念。金末危亡之际,他更是继承杜诗精神,创作诸多丧乱诗,赢得后人高度好评。清代史学家赵翼因此将元好问视为"少陵嫡派",并从中提炼出"国家不幸诗家幸,赋到沧桑句便工"②的见解,得到广泛认同,被反复运用于其他时代其他诗人的评论中,说明它已经是公认的理论。如果没有元好问,即使有杜甫,赵翼也不会有此论。元好问的创作是否还有其他理论价值?与赵翼所论相关的是,元好问这座高峰矗立于乱世,拔起于金代末年,此前的历代文学,通常随着王朝的衰落而衰落,唐末、宋末皆不例外,"文变染乎世情,兴废系乎时序"③,几乎是文学发展的金科玉律,但元好问及金末文学发展打破了这一规律,末代

---

① 元好问编,张静校注:《中州集校注》卷九,中华书局,2018 年,第 7 册,第 2421 页。

② 赵翼:《题元遗山集》,曹光甫校点:《赵翼全集》,凤凰出版社,2009 年,第 4 册,第 349 页。

③ 刘勰著,周勋初解析:《文心雕龙解析·时序第四十五》,凤凰出版社,2015 年,下册,第 694 页。

也能成就文学高峰，充分说明文学的发展未必都与时代发展相俯仰。

以上所论都是就文学而言。对金代史学、金源文化而言，元好问更是贡献非凡。金亡之初，元好问在羁管聊城、生活受限之时，就开始积极搜集金代文献，以著作自任，起衰救坏，抢救和建构金代文化。他所编纂的《壬辰杂编》（已佚）、《中州集》和所撰写的诸多碑志，是《金史》的重要取材来源。许多重要的人物或事件，仅因元好问的记载而载入《金史》并流传后世。如金世宗出于政治目的，不惜以"美仕"来鼓励官员恶意揭发海陵王完颜亮的罪行，以此彻底抹黑完颜亮，元好问曾专程去拜访前朝老臣贾益谦，贾益谦说《海陵实录》百无一信。如果不是元好问将他的这番话载入《中州集》，也就不会被载入《金史》，他的话将无人知晓，完颜亮遭受的污泥浊水会更多，受到的歪曲将更严重。清人凌廷堪说："文献中州尽凋丧，赖君大手记完颜。"[1]诚非虚言。没有元好问的大手笔，金代历史、金代文化将遭受重大损失，不排除会变得残破不堪的可能性。

清人潘德舆说："遗山诗在金、元间无敌手，其高者，即南宋诚斋、至能、放翁诸名家，均非其敌。"[2]他把元好问的成就抬得比陆游还高，恐是言过其实，难以得到学术界的认可，是否高于杨万里、范成大，亦属见仁见智，但如果就在诗学史上、文化史上的地位、意义、影响而言，孰谓不然？

---

[1] 凌廷堪：《读元遗山诗》，转引自孔凡礼编：《元好问资料汇编》，学苑出版社，2008年，第247页。

[2] 潘德舆：《养一斋诗话》卷八，郭绍虞选，富寿荪校点：《清诗话续编》，上海古籍出版社，1983年，第4册，第2124页。

上　篇

一、称谓种种

古人称谓复杂,有名有字,有别号,有排行,有地望,有职官,有谥号。分工不同,用法有别。袁庭栋《古人称谓》罗列苏轼的称谓,多达六七十个,真让人如坠云雾。元好问字裕之,号遗山,当然没有苏轼那么多称谓,但行文中的自称仍然多种多样。何时称名?何时称号?何时称地望?何时称职官?其中有何讲究?别人又如何称他?这些问题费人思量,须逐次道来。

最简单的是名,基本用于自称。与余、予、吾、某之类人称代词不同的是,以名自称较为正式,通常是面向长辈、上级、尊者时的谦称。元好问回忆父亲元德明教诲时,自称"好问儿时,先大夫教诵秀颖《临终》诗"①;编辑父亲诗歌时,自称"先人捐馆后十年,好问避兵南渡,游道日广"②;怀念其师郝天挺,自称"先生工于诗,时命好问属和"③。这些都充满恭敬意味。稍加浏览,就可以发现,元好问在墓志中最喜欢以名自称。不仅在赵秉文、杨云翼

---

① 《中州集校注》卷十《滕奉使茂实》,第 8 册,第 2551 页。
② 《中州集校注》卷十《先大夫诗》,第 8 册,第 2681 页。
③ 《中州集校注》卷九《郝先生天挺》,第 7 册,第 2299 页。

等师辈墓铭、神道碑中以"门下士"①"门下士元好问"②自称,在冯璧、王若虚等长辈墓志中,自称"好问"③,还在同辈知己刘昂霄的墓铭中,也称"铭吾兄者,莫好问为宜"④,体现出死者为大的观念。

字也相对简单。所谓"名以正体,字以表德"⑤,字带有尊敬之意,一般不用于自称,主要是用于他人称呼。赵秉文、赵元、雷渊、辛愿等人都常以"裕之"称呼元好问。但也不十分严格,古人有自称字的先例。如白居易《与元九书》末尾就署名"乐天再拜"。元好问有四篇文章,末尾署名"裕之":

《遗山自题乐府引》:"太原元好问裕之题。"⑥

《曹南商氏千秋录》:"癸丑二月吉日,河东元好问裕之谨书。"⑦

《张仲经诗集序》:"甲寅冬至日,诗友河东元某裕之题。"⑧

《陆氏通鉴详节序》:"乙卯秋九月望日,太原元某裕之书。"⑨

上述署名有两个共同点:其一,不是单署"裕之"二字,而是与姓名合署,其中后两篇以"某"字代替"好问"。全名体现郑重态

①元好问撰,狄宝心校注:《元好问文编年校注》卷三《闲闲公墓铭》,中华书局,2012年,上册,第272页。

②《元好问文编年校注》卷二《内相文献杨公神道碑铭》,上册,第163页。

③《元好问文编年校注》卷五《内翰冯公神道碑铭》,中册,第573页;卷五《内翰王公墓表》,中册,第738页。

④《元好问文编年校注》卷一《刘景玄墓铭》,上册,第96页。

⑤颜之推撰,王利器集解:《颜氏家训集解·风操》,上海古籍出版社,1980年,第98页。

⑥《元好问文编年校注》卷四,上册,第337页。

⑦《元好问文编年校注》卷六,下册,第1319页。

⑧《元好问文编年校注》卷六,下册,第1394页。

⑨《元好问文编年校注》卷六,下册,第1433—1434页。

度,《曹南商氏千秋录》"谨书"即透出此意。其二,都作于金亡之后,后三篇更是作于元好问晚年(分别写作于1253年、1254年、1255年),都是应晚辈所求而作。是否因为自己年过花甲,以字署名,也未尝不可?

古人的名字,多由父母和长辈所取,个性弱,灵活度小,而别号则源于自己,可以花样别出,有些人常有多个别号,交替使用。元好问只有一个别号:遗山。遗山本是他家乡的一座小山,元好问少年时曾在此读书,因在城东,又名东山,因民间传说是二郎神担山时所遗留下来的,又名神山。三选一,元好问为什么不号为东山或神山?大概遗山具有遗世独立之意,元好问像前人一样,"别立一号,以自标榜"①,寄托其高蹈隐世的山水情怀。遗山之号,应该始自南渡之前,后来终生没有更换,如他在《东山四首》(其三)诗中所说:"一丘一壑都堪老,且具神山烟景休。"②他的学生郝经为他祝寿时也说:"遗山山头有旧庐,归来亦足为欢娱。既有堕地风云之骊驹,又有竹花弄语之鹓雏。仰天一笑万事足,倒骑箕尾游蓬壶。"③

元好问在诗文中经常自称遗山:"遗山笔头有关仝,意匠已在风云中。"④"画到天机古亦难,遗山诗境更高寒。"⑤难道元好问的别号竟然如此简单?当然不是,遗山只是其别号的共名,元好问

---

① 赵翼:《陔余丛考》卷三八《别号》,《赵翼全集》,第3册,第732页。
② 元好问撰,狄宝心校注:《元好问诗编年校注》卷五,中华书局,2011年,第3册,第1002页。
③ 郝经著,张进德、田同旭编年校笺:《郝经集编年校笺》卷八《寿元内翰》,人民文学出版社,2018年,上册,第177页。
④《元好问诗编年校注》卷六《许道宁寒溪古木图》,第4册,第1750页。
⑤《元好问诗编年校注》卷六《雪谷早行图二章》(其二),第4册,第1725页。

根据需要,采用"遗山+"的拓展策略,不时地将它与其他殊名结合起来,从而派生出诸多旨趣不同的二级别号。据不完全统计,至少有以下七种:

遗山山人。《雪后招邻舍王赞子襄饮》:"遗山山人伎俩拙,食贫口众留他乡。"①该诗写作于兴定二年(1218),元好问尚未进士及第,故以山人自居。这是遗山之号首次出现在现存诗歌中,也是遗山山人之号唯一使用的一次。大概后来考中进士,进入仕途,"山人"就淡出历史了。

遗山居士。唐宋以来,士大夫多习禅宗,好以居士自许,像太白居士、东坡居士一样,元好问不能免俗,但仅使用过一次"遗山居士"之号,那是在《昙和尚颂序》中,署作"中元日,遗山居士元某引"②。该文写作于蒙古宪宗四年(1254),为昙和尚"颂古百则"撰写序言,元好问以"遗山居士"自称,当有投其所好、与其一致的意图,同时,也说明元好问日常并不以居士自处,与那些耽于习禅者有所不同。

遗山真隐。金代道教盛行,元好问也受到一些影响,他共使用过两次"遗山真隐":一次是在为道教观庙所写的《朝元观记》中,该文作于蒙古定宗二年(1247),当是因对象而异,自呼"遗山真隐";一次是在为诗友杨鹏所作的《陶然集诗序》中,自署"重九日,遗山真隐序"③。该文作于蒙古海迷失后二年(1250)。杨鹏是否有道教倾向,不得而知,元好问曾与他一起住在东平(今山东东平)上清宫,谈论旧游,作《太常引》(十年流水)词。不管如何,

①《元好问诗编年校注》卷二,第1册,第127页。
②《元好问文编年校注》卷六,下册,第1381页。
③《元好问文编年校注》卷六,下册,第1151页。

元好问并不信奉道教,遗山真隐也只是他多变的别号之一罢了,他终究没有真的隐居在那座小山里。

遗山道人。蒙古太宗九年(1237),元好问返回家乡,作《外家别业上梁文》,曰"遗山道人,蟫蠹书痴,鸡虫禄薄"云云①。"道人"之谓,寓含对官场的厌弃情感。通观全文,不仅与宗教无关,还有一些激愤不平之气,"道人"云云或是一时过激之谓吧!

遗山老子。《赠利州侯神童》:"遗山老子未老在,见汝吐焰如长虹。"②侯神童出生十四个月会识字,元好问见到他时,才二十一个月,已经"识字无算"③。该诗写作时间不详,可能作于金亡之后。元好问面对婴儿,自称"遗山老子",合情合理,还透出几分魏晋风度。

遗山老人。蒙古定宗三年(1248),元好问作《清真道院营建疏》,末署:"戊申六月日,遗山老人疏。"④当时元好问五十九岁,为道院募款所作,他突出的是年龄,而非宗教倾向,这也印证了元好问并非信奉道教之人。

遗山诗老。蒙古宪宗七年(1257),元好问为金代最优秀的琴师苗彦实的著作撰写《琴辨引》,署作:"岁丁巳秋八月初吉,遗山诗老引。"⑤此前,元好问多次称辛愿为溪南诗老,自称遗山诗老仅此一见,固然是因为元好问已经六十八岁了,还有一重原因,即元好问晚年强化了对自己诗人身份的认识。据魏初《书元遗山墓

①《元好问文编年校注》卷四,上册,第406页。
②《元好问诗编年校注》卷五,第3册,第1125页。
③《元好问诗编年校注》卷五,第3册,第1124页。
④《元好问文编年校注》卷五,中册,第993页。
⑤《元好问文编年校注》卷六,下册,第1484页。

石后》记载:"尝闻先生之言,某身死之日,不愿有碑志也,墓头树三尺石,书曰'诗人元遗山之墓'足矣。"①元好问本人没有署名"诗人元遗山",但"遗山诗老"的意思与其完全相同,体现了元好问以诗人自命的遗愿。

遗山别号,从"遗山山人"始,以"遗山诗老"终。别号之外,籍贯(郡望)加姓名,是古人相当钟爱的署名方式。元好问为太原秀容人,秀容是忻州属县。看似平常的地名,元好问又用出多种名目,主要有:

太原元某。太原不仅是府名,还是北方重镇。元好问应该乐于以太原人自居,可出人意料的是,"太原元某"仅出现四次:一是金亡之际,上书耶律楚材,开篇自称"门下士太原元某谨斋沐献书中书相公阁下"②;二是蒙古太宗六年(1234)所作的《遗山自题乐府引》;三是蒙古太宗九年(1237)所作的《太原昭禅师语录引》,署名"太原元某引"③;四是蒙古宪宗五年(1255)所作的《陆氏通鉴详节序》。以太原元某自称,比较庄重正规。

并州倦客、并州孤客。太原古称并州,所以元好问又有了与并州相关的称呼。元光二年(1223),元好问至叶县,作《昆阳二首》,其一曰:"古木荒烟集暮鸦,高城落日隐悲笳。并州倦客初投迹,楚泽寒梅又过花。"④天兴元年(1232)前后,蒙古兵步步紧逼,元好问作《怀州子城晚望少室》:"河外青山展卧屏,并州孤客倚高

①魏初:《书元遗山墓石后》,李修生主编:《全元文》江苏古籍出版社,2004年,第8册,第456页。
②《元好问文编年校注》卷四《癸巳岁寄中书耶律公书》,上册,第307页。
③《元好问文编年校注》卷四,上册,第402页。
④《元好问诗编年校注》卷二,第1册,第241页。

城。十年旧隐抛何处，一片伤心画不成。"①倦客、孤客，这些出现在诗中的自称，相对随意，主要用来抒发乱世飘零的身世之痛。

新兴元某。新兴（郡）是忻州的古地名，始于东汉，中间时废时立，唐以后则废止不用。历史上，新兴这一地名并不著名，因为古老，元好问多次使用。在《送崔梦臣北上》《三皇堂记》《惠远庙新建外门记》《王无竞题名记》《十七史蒙求序》《送高雄飞序》《最乐堂铭》等文中都署名"新兴元某"，说明元好问存在一定的尚古倾向。

河东元某。这是元好问用得最多的称谓。河东，原指黄河以东地区，主要指山西一带，北宋有河东路，金代有河东南路、河东北路。忻州属于河东北路，元好问约于三十篇文章中自称"河东元某"或"河东人元某"，多见于序跋记引之类的文章，如《南冠录引》《锦机引》《杨叔能小亨集引》《如庵诗文序》等等。这有点特别，难道他署名时下意识地联想起王维、柳宗元等等河东名人，认识到"河东元某"更具有文学意蕴？

河南元某。元氏源于拓跋魏，北魏迁都洛阳，改拓跋为元，所以元姓源于河南。元好问在《杜诗学引》《东坡诗雅引》中署名"河南元某"，或许他的潜意识中，杜甫为河南人，苏轼长期生活在河南、葬于河南，所以署名也要贴近河南？元好问在其家族史性质的《故物谱》一文中，署作"洛州元氏太原房某引"②，更加具体，注重姓氏源流。如此署名，说明元好问非常清楚也乐于承认他是鲜卑人的后裔。

通观上述署名，地名有大小之异、古今之别，河东是古今通用

①《元好问诗编年校注》卷四，第2册，第805页。
②《元好问文编年校注》卷四，上册，第394页。

的大地名，尽管有些笼统，却是元好问的最爱。

姓名、字号、地望之外，元好问还担任过三任县令、尚书省令史、国史院编修官等职务。所以，在公务性的文章中，元好问有时会署上官衔。正大二年（1225）五月，元好问写作《吏部掾属题名记》《警巡院廨署记》两篇官方机构的记文，署名也完全相同："儒林郎、权国史院编修官元某记。"①这大概出于工作需要。正大八年（1231），元好问在南阳令任上，作《邓州新仓记》，署作"儒林郎、南阳县令、武骑尉、赐绯鱼袋元某记"②，也体现了公务性质。但官职也有用在非公文中者。正大七年（1230），元好问罢镇平县令，暂时回到内乡秋林别业，应人之邀，为竹林寺撰写《竹林禅院记》，文末署"四月望日，前内乡县令元某记"③。竹林寺位于永宁县（今河南洛宁），与内乡县尚有一段距离，元好问为何如此署名？不得而知。还有元好问为女儿撰写《孝女阿秀墓铭》，纯是私人化写作，开篇谓"孝女阿秀，奉直大夫、尚书省令史、秀容元好问第三女也"④，难道是要突出女儿官宦后代的身份？我们当然不能据此轻率地判断元好问具有官本位思想，但多多少少能说明元好问看重这些职位，毕竟他是通过艰苦努力考中进士才进入仕途的。他在金亡之初所作的《清真观记》中，还自署"前进士河东元某"⑤呢！

元好问的自称中，还有面对特定对象的门生、门下客。对恩

---

① 《元好问文编年校注》卷一，上册，第 86、89 页。
② 《元好问文编年校注》卷三，上册，第 202 页。
③ 《元好问文编年校注》卷二，上册，第 189 页。
④ 《元好问文编年校注》卷三，上册，第 246 页。
⑤ 《元好问文编年校注》卷四，上册，第 332 页。

师赵秉文,自称"门生白首浑无补,陆氏庄荒又一年"①;对长辈王若虚,自称"别后殷勤更谁接,只应偏忆老门生"②;对宰相侯挚也自称"前日相公门下客"③。

以上所谈,都是元好问的自称。那么,别人怎么称呼元好问?除了裕之、遗山之外,还有哪些别致的称呼?

年轻朋友称他"臞元",换成口语,就是元瘦子。元好问是胖是瘦,并没有可靠的文献记载。元好问《写真自赞》说自己"短小精悍",个子不高,大概一米七之下吧。从"臞元"这一绰号来看,元好问当时比较清瘦。他的同乡、世交赵元在《寄裕之二首》(其一)中说:"闲陪老秀春行脚,闷欠臞元夜对床。"④老秀指田紫芝(字德秀),其实老秀不老,死时才二十三岁。赵元失明后寓居河南,孤苦郁闷,盼望能与臞元对床夜话。他在《次韵裕之见寄二首》(其二)中说:"相从分我西山半,欲乞臞元伴老身。"⑤期待臞元能与他做伴。元好问另一个同乡刘昂霄(陵川人),他们泰和年间相识于太原,元好问那时才十六七岁。有趣的是,刘昂霄自己"为人细瘦,似不能胜衣"⑥,还偏偏称元好问为臞元。他的《同敬之、裕之游水谷,分韵赋诗,得荷风送香气五字》(其五)说:"迁辛

---

①《元好问诗编年校注》卷四《五月十二日座主闲闲公讳日作》,第2册,第650页。
②《元好问诗编年校注》卷五《别王使君丈从之》,第3册,第1032页。
③《元好问诗编年校注》卷四《侯相公所藏云溪图曾命赋诗三首……》,第2册,第979页。
④《中州集校注》卷五,第4册,第1393页。
⑤《中州集校注》卷五,第4册,第1401页。
⑥《元好问文编年校注》卷一《刘景玄墓铭》,上册,第95页。

与臞元,得句犹有味。"①迁辛指谈诗爱较真的辛愿,这说明当时
元好问的朋友们比较认同这一称号。后来,情况发生变化。兴定
五年(1221),杨弘道赴汴京参加科举考试,在京城西门第一次见
到同来考试的元好问,他为我们描述了他对元好问的第一印象:

> 尝读田紫芝《丽华行》,惜哉紫芝今不存。日者见君诗与
> 文,知君在嵩少,神马已向西北奔。国家三年设科应故事,君
> 亦未能免俗东入京西门。低头拜君,昂头识君面,碧天青嶂
> 秋月升金盆。未省田紫芝,何以称臞元。乃知紫芝文词固丰
> 艳,至于题品人物,犹作泾水浑。②

诗中的田紫芝(1192—1214)是沧州人,因少孤而寄养在山西定襄
的"外家",长期住在忻州,所以很早就认识元好问,《中州集》卷七
收录他十六岁所写的《夜雨寄元敏之昆弟》。《丽华行》一作《丽华
引》,是他的名作,十三岁时所作,元好问说该诗"语意惊绝,人谓
李长吉复生"③。田紫芝早慧如李贺,孰料比李贺还短命,真是一
语成谶。开头四句,杨弘道说久闻元好问大名,先是通过田紫芝
诗歌了解到元好问,又读过他的一些诗文,一直神往元好问生活
的西北方向嵩山一带。中间几句,是说这次元好问东入京城,参
加考试,有幸西门拜会,发现传说中的元好问,面容微胖,简直像
碧天青山之间一轮金盆般的秋月,何曾有一点点清臞的样貌?最
后四句对田紫芝所说的"臞元"大惑不解,进而质疑田紫芝品鉴人

①《中州集校注》卷七,第 6 册,第 1964 页。
②杨弘道:《小亨集》卷二《赠裕之》,魏崇武等校点:《李俊民集　杨奂集　杨
　弘道集》,吉林文史出版社,2010 年,第 411 页。此处标点有改动。
③《中州集校注》卷七《田紫芝》,第 6 册,第 1968 页。

物的能力。田紫芝称元好问为"臞元"的原诗已佚，应该作于贞祐
南渡之前，不管其诗如何，臞元并非田紫芝一己之见，反映了元好
问年轻时的体态。杨弘道与他相识时，元好问已经三十多岁，已
非旧时体貌，身材早已由清瘦变得壮实甚至微胖了。正因为此，
臞元这一绰号便自然废止不用。

相对于年轻朋友而言，长辈多高雅稳重，称元好问为"紫芝"。
前文说过，元好问先世是拓跋魏，迁都洛阳后改姓元。唐代著名
诗人元德秀，字紫芝，洛阳人，他有三个特点：一是世居太原，举进
士，与元好问相近；二淡泊名利，长于诗歌，当年房琯感叹"见紫芝
眉宇，使人名利之心都尽"①；三是曾任鲁山县令，以为政清廉著
称，人称元鲁山。元好问先后也担任了三任县令。古人喜欢拿前
代同姓的名人作比，所以，诗坛大佬们纷纷将元好问称为紫芝。
赵秉文游览嵩山，没有见到住在嵩山的元好问，写下《寄元裕之》
诗曰："紫芝眉宇何时见，谁与嵩山共往还？"②以紫芝代称元好
问，非常贴切。金源贵族完颜璹收到元好问的书信，欣喜不已，其
《得友人书》云："闻有书来喜欲狂，紫芝眉宇久难忘。"③此外，雷
渊《次裕之韵兼及景玄弟》："最忆平生刘子骏，紫芝可惜不偕
来。"④王渥《九日登颍亭见寄》："安得元紫芝，共举重阳杯。"⑤也
都称元好问为紫芝。当然，这一称谓全部出现在诗歌中，当是一

①欧阳修、宋祁撰：《新唐书》卷一九四《元德秀传》，中华书局，1975年，第18
　册，第5564页。
②赵秉文著，马振君整理：《赵秉文集》卷七，黑龙江大学出版社，2014年，第
　192页。
③《中州集校注》卷五，第4册，第1432页。
④《中州集校注》卷六，第5册，第1725页。
⑤《中州集校注》卷六，第5册，第1765页。

种修辞手段。

也许紫芝一名过于古雅,不适用于日常交往,人们又给元好问封了一个雅称:元子。早在唐代,元好问的先祖元结就曾自称元子,著有《元子》十篇,元好问当然了解这一掌故,《涌金亭示同游诸君》末尾称元结为元子,化用其《五规·心规》中的"元子乐矣"之语说:"举杯为问谢安石,苍生今亦如卿何,元子乐矣君其歌。"①所以,称元好问为元子有其历史渊源。据金末状元王鹗《遗山集后引》所载,正大年间,朝廷诏令翰林院举荐人才,翰林学士赵秉文"首以元子裕之应诏",元好问表现出众,不负所望,"士林英彦,不谋而同,目之曰'元子'"②。从赵秉文对陈规所言"人言我党元子,诚党之耶"③来看,元子一名,由他提出,并广泛使用,一时间成为士林通用的尊称。对这一美名,元好问本人很少用来自称,只是在寓言性质的《射说》一文中,以"元子"与虚拟的"晋侯"对话④。倒是宋末元初的家铉翁在读到《中州集》时,对元好问"生于中原,而视九州四海之人物,犹吾同国之人"的胸襟,予以热情洋溢的颂赞:"盛矣哉,元子之为此名也;广矣哉,元子之用心也。"⑤但此后人们很少再用元子这一名称了。历史上以"子"相称的,基本上都是思想史上的著名人物,如孟子、朱子等人,而元好问不以思想家著称,正因为此,元子一名与其身份存在不合之处,所以不免受到时间的冷落。

---

① 《元好问诗编年校注》卷五,第3册,第1298页。
② 《元好问全集(增订本)》卷五三,下册,第1254页。
③ 《元好问文编年校注》卷四《赵闲闲真赞二首》(其一),上册,第453页。
④ 《元好问文编年校注》卷八,下册,第1568页。
⑤ 元好问编:《中州集》附录《题中州诗集后》,中华书局,1959年,下册,第572页。

在元好问的众多称谓中,最让人费解的是耶律楚材所用的称呼"元大举"。他的《和太原元大举韵》全诗如下:

> 魏帝儿孙气似龙,而今飘泊困尘中。君游泉石初无闷,我秉钧衡未有功。元氏从来多慷慨,并门自古出英雄。李唐名相沙堤在,好与微之继旧风。①

从太原、魏帝儿孙、元氏、并门等词来看,元大举非元好问莫属。大举之名,仅此一见,但为何叫元大举?实在蹊跷,所以《湛然居士文集》(渐西本)卷十四题下注称"大举疑误"。学界要么沿袭此论,要么避而不谈。在解释其意之前,我们先来解释一下此诗含义,推测其写作时间。首联中的"飘泊困尘中"不可能指金亡前被困京城之事,而可能指金亡后由青城辗转至聊城期间。颔联前句写元好问此前游览山水名胜的闲适自在,后句写自己现任蒙古国中书令,无所建树。颈联结合姓氏和地望,从时空两个角度大赞元好问是慷慨的英雄。尾联最值得玩味。有人根据题中"太原"二字,想当然地将李唐名相理解为太原人狄仁杰,将沙堤理解为太原汾河沙堤②,真是谬以千里。李肇《唐国史补》卷下记载,唐代宰相有一待遇,就是任职后,将从宰相私邸到长安子城东街的路上,铺上一层沙子,避免颠簸、扬尘与泥泞,此为沙堤。张籍《沙堤行呈裴相公》写裴度拜相之后,待遇一变,"长安大道沙为堤,风吹(一作早风,一作旱风)无尘雨无泥"③。末句的微之是元稹的

---

① 耶律楚材撰,谢方点校:《湛然居士文集》卷十四,中华书局,1986 年,第 320 页。

② 崔正森等:《五台山诗歌选注》,中国旅游出版社,1991 年,第 53 页。

③ 徐礼节、余恕诚校注:《张籍集系年校注》,中华书局,2016 年,上册,第 41 页。

字,关合元好问之姓,他曾与裴度先后拜相,所以尾联是期待元好问能继承元稹的宰相事业,在政治上有所作为,表明想网罗元好问为己所用的态度。元好问后来立场明确,金亡不仕。揣度耶律楚材这一口气,该诗应写于元好问被执之初、政治立场还不明朗之时,也就是天兴二年(1233)四月末之后。如果这个推测合理的话,那么我们再来看看元大举的含义。就在这年四月二十二日,元好问写下了颇受争议的《癸巳岁寄中书耶律公书》,该文核心内容是向耶律楚材推荐五十四位金王朝人才,所谓"天民之秀"。一次性地推荐五十四人,可谓大肆举荐。"大举"一词本有大肆举荐之意,《晋书·刘寔传》说:"故自汉魏以来,时开大举,令众官各举所知,唯才所任,不限阶次。"①耶律楚材与元好问同龄,身居要职,在接到元好问的书信后,看到一大串名单,完全可能临时动念,给他起个"元大举"的外号,既贴切,又带有一些戏谑意味。至于耶律楚材所和之诗,是元好问哪首诗? 检索元诗,下面这首《送吴子英之官东桥且为解嘲》用韵最为相似:

> 柴车历鹿送君东,万古书生蹭蹬中。良酝暂留王绩醉,新诗无补玉川穷。驹阴去我如决骤,蚁垤与谁争长雄。快筑糟丘便归老,世间马耳过春风。②

二诗次联韵脚不一,语意也无关联,不能判断耶律楚材所和即是此诗。很怀疑,元好问在《癸巳岁寄中书耶律公书》之外还附有其他诗歌,可惜难以确考了。

对元好问,后生晚辈大多恭恭敬敬地称作遗山先生,如王恽

---

① 房玄龄等撰:《晋书》卷四一《刘寔传》,中华书局,1974 年,第 4 册,第 1192 页。
② 《元好问诗编年校注》卷三,第 2 册,第 524 页。

梦见老师元好问给他讲授文法,很惊讶,写下一首诗《五年六月初
八日夜,梦遗山先生指授文格,觉而赋之,以纪其异》。郝经再三
称元好问为"元内翰""元内翰裕之""元学士",见于他的《铁佛寺
读书堂记》《公夫人毛氏墓铭》《先叔祖墓铭》《寿元内翰》《原古上
元学士》等诗文中。《寿元内翰》称"遗山先生曳长裾,醉鞭黄鹄来
天隅"①,《原古上元学士》称"伟哉遗山老,青云动高兴。文林铲
荆棘,翰府开蹊径"②。内翰、学士都是翰林学士的简称。郝经在
《遗山先生墓铭》中说元好问"天兴初,入翰林知制诰"③。对这一
经历,《金史·元好问传》未予采纳,也不见于元好问本人以及同
时代其他人的相关记载。郝经的这一称谓,几乎成了他独家所
有,直到元末陶宗仪《南村辍耕录》卷二九引用元好问《紫微观
记》,还以元学士相称。但郝经所言,不应该无中生有,难道有过
除授而未上任,或者短暂进入翰林院而未任命的情况?文献不足
征,只得存疑待考。

---

① 《郝经集编年校笺》卷八,上册,第177页。
② 《郝经集编年校笺》卷二,上册,第50页。
③ 《郝经集编年校笺》卷三五,下册,第909页。

二、北魏身世

　　元好问的北魏身世，史有明文记载。郝经在《遗山先生墓铭》中说他"系出拓拔故魏"[1]，《金史·元德明传》中也指出："系出拓拔魏。"[2]拓拔，后代通常写作拓跋。可见，拓跋魏是元好问重要的身份标签。"系出拓拔魏"，字面上可以作多重理解：源自北魏；源于北魏皇家；源于鲜卑族。三者相互关联，各有侧重，元好问和当时人最看重的是哪一层面上的意义？这一身世以及其他北魏后裔对元好问的创作有何影响？元好问是否有意继承甚至弘扬北魏文化、鲜卑文化？下文约略言之。

　　北魏孝文帝拓跋宏于太和十八年（494）将首都从平城（今山西大同）迁至洛阳，大力推进汉化，放弃原先的姓氏，将拓跋改为元姓。从那时到元好问出生，已经过了近七百年，元好问仍然带着拓跋魏的身份标签。他在乎的是什么？且看他的自我陈述。他的家乡忻州一带，原是北魏故地，五台山上便有北魏离宫遗址。面对先朝遗址，元好问说："山上离宫魏故基，黄金佛阁到今疑。

---

[1]《郝经集编年校笺》卷三五，下册，第909页。

[2] 脱脱等撰：《金史（点校修订本）》卷一二五《元德明传》，中华书局，2020年，第8册，第2892页。

异时人读《清凉传》，应记诸孙赋《黍离》。"①黍离之悲，人多有之，他强调的是自己作为北魏"诸孙"的身份。他游览北魏离宫遗址会善寺，也是如此："长松想是前朝物，及见诸孙赋《黍离》。"②他念念在兹的是北魏"诸孙"，突出的是引以为骄傲的皇家血统。古人喜欢以先世相高，攀龙附凤，在所难免，以至于凡是姓刘的都自认为是刘邦的后代，所谓"姓卯金者咸曰彭城"③。连傲视天下的李白都不能免俗，何况元好问原本出于拓跋魏，他自然不愿放弃这一尊显的皇族血统。

元好问的北魏身世，得到了当时人的承认。冯璧与他一同游览会善寺，从"寺元魏离宫，十日来凡两"联想到元好问的北魏出身，"今同魏诸孙，再到风烟上"④，十分自然。出身于契丹皇室的耶律楚材在题赠元好问的诗中，以"魏帝儿孙气似龙"⑤高调开篇，仿佛不是魏帝儿孙就不可能具有虎腾龙骧之气。这些出现在诗歌中的赞美之辞听起来固然很受用，但在实际生活中，却不能给元好问带来一丁点的益处。纵然身份显贵，女真族统治者怎么会在意七百年前北魏皇室后裔？

尽管如此，元好问还会不时回望北魏以来的先人。在那长长的谱系中，元好问明确尊之为"远祖"的只有唐代诗人元结。杨愭《元德明墓铭》说元德明是"唐礼部侍郎次山之后"⑥，或有所据。

---

①《元好问诗编年校注》卷五《台山杂咏十六首》（其六），第 3 册，第 1437 页。
②《元好问诗编年校注》卷二《会善寺》，第 1 册，第 142 页。
③刘知几撰，浦起龙通释：《史通》卷五《邑里》，上海古籍出版社，2015 年，第 134 页。
④《中州集校注》卷六《同裕之再过会善有怀希颜》，第 5 册，第 1465 页。
⑤《湛然居士集》卷十四《和太原元大举韵》，第 320 页。
⑥《中州集校注》卷十《先大夫诗》，第 8 册，第 2680 页。

元结(719—772)源自北魏皇室,颜真卿所撰《唐故容州都督兼御史中丞本管经略使元君表墓碑铭》(简称《元次山碑》)说元结是"后魏昭成皇帝孙曰常山王遵之十二代孙"①,说得具体明确。后魏就是北魏,昭成皇帝是拓跋珪的祖父拓跋什翼犍,拓跋珪建立北魏后追封他为昭成皇帝。拓跋什翼犍的孙子拓跋遵(？—407)是拓跋珪的堂兄,因战功封常山王,后由于不拘小节、醉酒失礼而被赐死。元结为其十二代孙,应该可信,但元好问是多少代孙,估计谁也说不清了。所以,元好问也只能模糊地称元结为"远祖"。

元好问在诗文中两次尊元结为"远祖"。第一次是在五言古诗《舜泉效远祖道州府君体》题目中,元结曾任道州刺史,故称道州府君。元结诗歌颇有成就,但古来并无"元结体""次山体"之类的概念,元好问大概读之多、味之深,体会到了元结诗歌的独特性,才将之视为诗之一体。元好问此诗所写为济南舜井附近的泉水,与元结毫无关涉,所谓"效道州府君体",根据日本学者高桥幸吉的研究,是指元结五言古诗高古真朴的风格②。也就是说,元好问在这首标明远祖称谓的诗歌中,最看重的还不是道州府君的官衔,而是他的诗歌。第二次是在《内乡县斋书事》诗及其自注中,兹引于下:

> 吏散公庭夜已分,寸心牢落百忧熏。催科无政堪书考,出粟何人与佐军。饥鼠绕床如欲语,惊乌啼月不堪闻。扁舟未得沧浪去,惭愧春陵老使君。(远祖次山《春陵行》云:"思欲委符节,引竿自刺船。"故子美有"兴含沧浪清"之句。)③

---

① 元结:《元次山集》附录二,中华书局,1960年,第166页。
② 高桥幸吉:《元好问与元结》,《安徽师范大学学报》2004年第2期。
③ 《元好问诗编年校注》卷三,第2册,第445页。

元好问在担任内乡县令期间,面对催科、佐军等繁琐公务,面对简陋的县斋,夜深人静,仕隐纠葛油然而生,不禁想起远祖元结的诗句"思欲委符节,引竿自刺船",觉得不能远引高蹈,有些愧对远祖。元结有两首名作,分别是《春陵行》和《贼退示官吏》,二诗均写于元结任职道州期间。当时正值安史之乱,民生凋敝,作者还得应对征敛军需,不得不加重民众负担。在后诗中,元结以"思欲委符节,引竿自刺船"表达辞官归隐的愿望。杜甫非常赞赏这两首诗,在《同元使君春陵行》序中称赞元结"知民疾苦",认为如果地方官都能像元结那样,天下就会有所好转,可望"少安",诗中又称赞"道州忧黎庶,词气浩纵横",还能理解他的出尘之想,"色阻金印大,兴含沧溟清"①。也许正是杜甫《同元使君春陵行》一并称赞元结两首名作,受杜诗题目误导,元好问才将出自《贼退示官吏》的诗句当成《春陵行》的诗句,反映了既同情民众疾苦又想归隐江湖的纠结心情,体现了对元结其人其诗的高度认同。

还有一次,元好问尊元结为"吾家次山公"。在《外家别业上梁文》中,元好问引用元结的诗句:"百尺长松绕茅舍,他年拈出次山诗。七十腰镰行时稼。"下有自注:"'长松万株绕茅舍。'又云:'老公七十自腰镰,将引儿孙行时稼。'此吾家次山公诗也。"②经查,这几句诗出自元结《宿洄溪翁宅》,原诗作:"长松万株绕茅舍,怪石寒泉近檐下。老翁八十犹能行,将领儿孙行拾稼。"③文字有些异同,"七十""行时稼"或是元好问误记。

①杜甫著,谢思炜校注:《杜甫集校注》卷六,上海古籍出版社,2015年,第3册,第850—851页。
②《元好问文编年校注》卷四,上册,第414页。
③《元次山集》卷三,第40页。

　　对元结,元好问有时不用尊称,不用府君、使君等职务,而称之以自号。有时称浪翁,如《论诗三十首》(其十七)"浪翁水乐无宫徵,自是云山韶濩音"①,化用元结《水乐说》和《欸乃曲》中的文字,表达对自然天籁之音的推崇。有时称渔郎,如《题石裕卿郎中所居四咏·聱斋》:"弓刀陌上未知还,心寄渔郎等箬间。名作聱斋疑未尽,峿山衣钵在遗山。"②后三句都与元结相关。聱斋既是题中石裕卿的居所,又是元结的室名,与其聱叟之号相关联。峿山是元结《大唐中兴碑》石刻所在地,元好问当仁不让地说他继承了元结的衣钵。《涌金亭示同游诸君》有些特别,诗末说:"举杯为问谢安石,苍生今亦如卿何,元子乐矣君其歌。"③语带双关,既化用元结《心规》中的现成语言,"歌曰:元子乐矣。俾和者曰:何乐亦然,何乐亦然? 我曰:我云我山,我林我泉"④,又像是以元子自称,抒发其乐于山水的情怀。这些称谓更加自由,更适合元好问抒情的需要。

　　在元结之前,还有一位北魏后裔,那就是大名鼎鼎的元德秀(695—754)。李华《元鲁山墓碣铭》说:"后魏七叶易为元,公其裔也。"⑤这一表述远不及颜真卿《元次山碑》所载元结身世具体,他是否北魏皇室后裔也显得含糊不清。一般将他视为元结的族兄。但元好问从未称元德秀为自己的远祖,倒是他的好朋友赵元言之凿凿:"不见元鲁山,梦寐役所思。遗山乃其后,僻处政坐诗。"⑥

①《元好问诗编年校注》卷一,第 1 册,第 60 页。
②《元好问诗编年校注》卷五,第 4 册,第 1523 页。
③《元好问诗编年校注》卷五,第 3 册,第 1298 页。
④《元次山集》卷五,第 63 页。
⑤董诰等编:《全唐文》卷三二〇,上海古籍出版社,1990 年,第 2 册,第 1436 页。
⑥《中州集校注》卷五《书怀继元弟裕之韵四首》(其二),第 4 册,第 1377 页。

元德秀(字紫芝)担任鲁山县令期间,清慎自持,勤政爱民,名著一时,人称元鲁山。元好问《元鲁县琴台》是凭吊缅怀元德秀之作。元德秀精通音乐,擅长弹琴,唐玄宗驾幸洛阳期间,准备在五凤楼组织一台歌舞表演,传言说要进行比赛,有的地方官兴师动众,组织数百人的豪华阵容,选送大型歌舞节目,歌功颂德,元德秀完全可以借机展现自己的音乐特长,但他却格外低调,"惟乐工数十人,联袂歌《于芳于》"。《于芳于》是他自己谱曲、自己作词、自己指导的作品,特别简便,不会扰民。这一举措意外地赢得了唐玄宗的肯定,唐玄宗"叹曰:'贤人之言哉!'"①唐玄宗精通音乐,喜爱歌舞,作为励精图治的帝王,他不能完全由着性子,从艺术的角度欣赏歌舞,更不能沉湎于享乐之中,他必须顾及政治影响,必须抵制享乐主义、奢靡作风。"贤人之言",应是就《于芳于》歌词而言。权德舆《醉后戏赠苏九翛》诗说:"劝君莫问长安路,且读鲁山《于芳于》。"②说明当时还能读到这首歌辞,可惜后来失传。元德秀深受鲁山民众爱戴,当地民众为他建筑琴台,让他有个宽敞高大的弹琴之地,使他的琴声传向四方,琴台善政的典故因此名闻天下。时世变迁,几百年后,琴台已经荡然无存,遗址上矗立的是玄武祠,周边耸立的是高屋华居,"旁舍高以华,大豪自捐金"。元好问抚今追昔,感慨万端,"当年《于芳》歌,补衮一何深?"在他看来,琴台已毁,但精神永存,"千山为公台,万籁为公琴。夔旷不并世,月露为知音"③。千山是元德秀的琴台,万籁是他的琴音,其

①《新唐书》卷一九四《元德秀传》,第 18 册,第 5564 页。
②权德舆撰,郭广伟校点:《权德舆诗文集》卷三,上海古籍出版社,2008 年,上册,第 58 页。
③《元好问诗编年校注》卷一,第 1 册,第 29—30 页。

中不仅寄托了元好问对前贤的怀念,还寄托了他的政治怀抱。这是元好问的得意之作,后来他带上这首诗去拜见赵秉文,得到了赵秉文的垂青。可就是在这篇用心之作中,元好问只字未提元德秀的北魏身世,更未提及自己先祖的身份,难道是人所皆知不言自明?还是难以说清干脆避而不言?其中缘由,现已无法知晓,更可能是后者,否则,元好问为何对元德秀、元结有所轩轾?当时,赵秉文、完颜璹、雷渊等人喜欢称元好问为元紫芝,固然与"紫芝眉宇"的典故相关,但他们为什么从不称元好问为元次山、元道州呢?也许,在他们心目中,元德秀只是与元好问同姓的前代名流,而未必真是元好问的远祖。

在唐代北魏后裔中,还有一位名人元稹。元稹(779—831)是北魏昭成帝拓跋什翼犍第十四代孙[1],有比较可靠的文献依据。依此记载,元稹也是元好问的远祖。现存文献中,元好问至少三次提到元稹。第一次是在《论诗三十首》中,公开批评他的杜诗论:"排比铺张特一途,藩篱如此亦区区。少陵自有连城璧,争奈微之识珷玞。"末句有小注:"事见元稹《子美墓志》。"[2]元稹在《唐检校工部员外郎杜君墓系铭》中推崇杜诗"铺陈终始,排比声韵""属对律切"等技巧,引起元好问的严辞批驳,认为元稹不分玉石。从这一首诗来看,元好问并没有因为元稹的北魏身份、远祖亲缘而有丝毫相让,简直有点大义灭亲的意味。第二次出现在《送钦叔内翰并寄刘达卿郎中、白文举编修五首》(其五)诗中:"故应刘与白,亦复念微之。"[3]只是因为刘、白二人的姓氏联想到唐代的

---

[1] 卞孝萱:《元稹年谱》,齐鲁书社,1980年,第3页。
[2]《元好问诗编年校注》卷一,第1册,第54页。
[3]《元好问诗编年校注》卷二,第1册,第199页。

刘禹锡、白居易和元稹（字微之），以他们来类比刘达卿、白文举、元好问，抬高别人的同时也抬高了自己。第三次出现在《太原昭禅师语录引》中，昭禅师弟子请元好问为其师语录作序，元好问引用元稹的话："吾家微之有言：'若佛法，师当为予说，而予不当为师说。'故略以数语遗之。"①所引文字出自元稹《永福寺石壁法华经记》，与原文有些出入，原文是："至于佛书之妙奥，僧当为予言，予不当为僧言，况斯文止于纪石刻，故不及讲贯其义云。"②这是士大夫与禅师交往应有的态度，元好问非常赞同元稹此说，在《寿圣禅寺功德记》中予以再次引用，所以亲切地称之为"吾家微之"。

在元德秀、元结、元稹三人中，从目前文献来看，元好问仅认元结为自己的远祖，对元结最为尊崇，无任何微辞，重点在其诗和隐逸情操；对元德秀也很尊敬怀念，重在其体恤苍生之情；对元稹认可其有关僧俗交往之道，否定其论诗之见。他们对元好问的影响主要就体现在这些方面。他们虽然都号称北魏后裔，但他们的政治立场、诗歌艺术、佛教文化等等，与北魏文化还有多少关联？杨愔说元德明："鲁山之醇，次山之清。阅世几传，犹有典刑。"③纵然元德明真的继承了"鲁山之醇，次山之清"，但醇与清，何尝是北魏代表性的文化？因此，很难说，元好问通过他们继承了北魏文化传统。

那么，元好问是否特别关注北魏文化？又如何评价北魏文化？

北魏在山西、河南一带有大量文化遗存，如果元好问感兴趣，

---

①《元好问文编年校注》卷四，上册，第402页。
②杨军笺注：《元稹集编年笺注》，三秦出版社，2008年，第919页。
③《中州集校注》卷十《先大夫诗》，第8册，第2681页。

他完全有条件也有很多机会去各地访古,但元好问除游览五台山离宫之外,再也没有其他特别的关注。广为人知的是他对《敕勒歌》的评价:"慷慨歌谣绝不传,穹庐一曲本天然。中州万古英雄气,也到阴山敕勒川。"①《敕勒歌》本是鲜卑语民歌,见载于《北史》,为北齐斛律金所唱,当时已经翻译为汉语。其产生时间一定在此之前,有些学者认为产生于北魏时期②。元好问举《敕勒歌》为例,证明汉魏以来中州一带的英雄气,也传到了阴山一带,当然其中也称赞了《敕勒歌》的天然本色。钱锺书《谈艺录》说:"《敕勒》之歌,自是高唱。故北人屡引以自张门面。"③此论的确不假,问题是元好问并没有因为它是诞生于北魏前后的诗歌,因为它原本是鲜卑语言,就不切实际地夸大其辞,拔高其地位。还有一旁证,可以证明元好问的客观立场。他在《醉中送陈季渊》诗中称赞这位诗人富于才华:"孔璋文笔妙天下,敕勒不数阴山歌。向年赋奇雨,拥海驱云笔头注。快如怀素书布障,狂笑刘叉写《冰柱》。李汾王郁俱灰尘,天意乃在潊阳陈。"④陈季渊,名邃,号畸亭,曾任劝农使、征西参军,据戴表元《陈季渊诗集序》,他是京兆人,与元好问同辈。骆天骧《类编长安志》卷九《胜游》记其曾为廉希宪营建的园林题诗四绝。又据王恽《陈季渊挽章三首》序,至元十一年(1274)十二月,陈季渊之子陈次翁以父丧来告,可见他应该比

①《元好问诗编年校注》卷一《论诗三十首》(其七),第 1 册,第 52 页。

②王曙光《试论〈敕勒歌〉的作者及其产生年代》认为是"孝文改革的五世纪末叶"(《新疆社会科学》1984 年第 4 期),曹文心《〈敕勒歌〉的篇题、作者及产生年代》认为是在北魏"太武帝延和年间和文成帝在位期间",即 423—465 年期间(《淮北煤师院学报》1991 年第 2 期)。

③钱锺书:《谈艺录(补订本)》,中华书局,1984 年,第 159 页。

④《元好问诗编年校注》卷五,第 3 册,第 1490 页。

元好问年轻一些。元好问在诗中用建安时期同姓诗人陈琳(字孔璋)来称呼他,认为他像建安七子的陈琳一样,所作诗歌不亚于《敕勒歌》。这足以说明,在元好问的心目中,《敕勒歌》并非高不可攀,元好问没有刻意偏袒《敕勒歌》。换言之,即使元好问不是鲜卑后裔,也会持同样观点。

至于"拓拔魏"一词所包含的民族含义,元好问及其同时代人几乎都视若不见,到了现代学者才开始重视其鲜卑族族别。众所周知,鲜卑族经历了两次南下汉化过程,一是北魏迁都洛阳时,一是六镇起义失败(525)之后,大批代都和六镇鲜卑族人南下,逐渐与汉族融合,到了唐代,这些鲜卑人都成了汉人。民族学界普遍认为,鲜卑族消失于唐。南宋人胡三省说,隋代之后,"名称扬于时者,代北之子孙十居六七矣"①。这些子孙只有在谈及身世时,才会以贵胄血统相标榜,但实际上他们的血统与文化都已与汉族相融合,民族个性已经泯灭殆尽。一般情况下,他们很少再亮明鲜卑族的族别。只要看一下他们的诗文集就会发现,他们不但无意于继承和弘扬鲜卑文化,反而表现出去鲜卑化的一致倾向。到了元好问,鲜卑族的因素更是杳渺难寻。现代学者受民族识别的影响,从民族平等的观念出发,试图恢复其少数民族的身份,有的著作直接将他这一鲜卑后裔当成鲜卑族。这样认定古代少数民族后裔,是否妥当,值得商榷。祖宗二十多代之上是鲜卑族,汉化了七百年,难道还是鲜卑族? 如此推导,那些早已消失于历史长河的古代民族,匈奴、契丹人的后裔岂不都成了少数民族? 这样会不会导致少数民族认定的泛化或扩大化? 有学者努力发掘元

---

① 司马光编著,胡三省音注:《资治通鉴》卷一〇八,中华书局,1956年,第8册,第3429页。

好问所继承的鲜卑文化,总结出以下几点:继承鲜卑先贤的思想,颂扬大定、明昌盛世;继承元结现实主义精神,反映人民的悲惨遭遇;继承鲜卑强健豪放的特点①。说这些一定是源自鲜卑文化传统,不免有些牵强附会。那些少数民族的后裔早已放弃本民族的姓氏、文化、血统,我们为什么还要恢复他们少数民族身份?元好问等人泉下有知,会接受吗?

---

① 张博泉:《拓跋后裔元遗山的"中州一体观"》,李澍田主编:《鲜卑新论　女真新论》,吉林文史出版社,1993年,第128—129页。

三、父兄渊源

自古以来，家庭就是人生第一所也是最重要的一所学校。元好问之所以能成为中国历史上非常优秀的诗人，与其家庭教育密切相关。元好问本人充分认识到了这一点，他三番五次地重申，士大夫如果要"有立于世"，必须借助"国家教育、父兄渊源、师友讲习"①，三者缺一不可。类似言论又见于《癸巳岁寄中书耶律公书》《内相文献杨公神道碑铭》《鸠水集引》《中州集·溪南诗老辛愿》，可见这是他的一贯主张。那么元好问的父兄给了他哪些教育？对元好问产生了哪些影响？

如果深究起来，就会发现我们连元好问的生父、养父的名字都还不太确定。元好问出生七月后出继给他的叔父。生父元德明，元好问在《中州集》卷十《先大夫诗》中引用杨愭所撰墓志铭，记载其生平梗概。德明是其字，其名为何？讳而不书。清代金史专家施国祁为元好问诗作注，在《元遗山诗集笺注》卷首引用了郝经所撰《遗山先生墓铭》（大德碑本），应该渊源有自。该本与郝经《陵川集》本的区别在于，《陵川集》本对元好问父祖名讳一概以"某"来代替，大德碑本则明确说："父格，显武将军、凤翔府路第九

---

① 《元好问文编年校注》卷一《张君墓志铭》，上册，第10页。

处正将、兼行陇城县令、骑都尉、河南县开国男、邑食三百户。"①
因为元德明终生未仕,倒是其叔父曾官陇城县令,分歧便由此而
来,后人普遍将"父格"当成其叔父之名了。牛贵琥先生《元好问
生父、叔父考》已经指出这是个错误②。笔者赞同这一观点。因
为在元好问墓前所立的碑文,刻于大德四年(1300),内容与施国
祁所引大德碑本相同,也作"父格"云云。该碑由元好问之子元
㧑、元振等人所立,面向乡亲,面向大众,元㧑等人万万不可能将
叔父(养父)等同于生父,何况该碑下文另外提及叔父其人。可
见,"父格"之名不可能虚假,一定是其父亲而非叔父。在那一串
文字中,如果有假,只可能是那些让现代人不明就里的头衔,或许
如牛贵琥先生所推测的那样,那些都是元㧑等人为了先祖的荣耀
加上去的虚衔。如此看来,元格与元德明为一人。元格字德明,
其名字寓含明德格物之义,出自《礼记·大学》:"古之欲明明德于
天下者,先治其国;……欲诚其意者,先致其知;致知在格物。"③
清人郭元釪《全金诗》卷四三直接将《中州集》卷十的"先大夫"改
为元格,较为可取。

　　至于抚养元好问的那位叔父,据雍正十三年《泽州府志》记
载,叫元泰,是否可信,暂无旁证。值得注意的是,在元好问现存
作品中,金章宗年号"泰和"经常与"太和"混用,据"中国基本古籍
库"统计,在清刻本《续夷坚志》中,"太和"十四例,"泰和"七例;在

①施国祁注,麦朝枢校:《元遗山诗集笺注·传铭》,人民文学出版社,1958
　年,第30页。
②《文献》2013年第5期。
③郑玄注,孔颖达等正义:《礼记正义》卷六十《大学》,阮元校刻:《十三经注
　疏》,中华书局,1980年,下册,第1673页。

弘治本《遗山先生集》中,"太和"四例,"泰和"六十五例。这当然不是元好问作品的原貌,不足以反映元好问避讳情况,但同时代的王若虚、刘祁无一例"太和",赵秉文仅有一例"太和"。元好问作品中混用泰和、太和的现象,有些反常,是不是他避其叔父元泰名讳的遗留？姑且存疑。

为行文方便,下文称元好问的生父为元德明,称养父为元泰。

元泰(？—1210)和元德明(1158—1205)从不同的方面对元好问产生了深远而重要的影响。

从元好问的零星记载中,我们知道元泰是地方政府官员,曾在掖县(今山东莱州)、冀州(今河北衡水市冀州区)、中都(今北京)、陵川(今山西陵川)、陇城(今甘肃秦安)等地任职,前三地职务不详,当是低于县令的职务,后两地为县令。元泰对元好问至少有以下四方面的影响:

第一,元好问跟随其养父游历上述各地,还经过许多重要城市,如济南、长安等地,这大大扩展了他的眼界,使他见识了不同地区的风土人情。如他五岁时随元泰路过济南,幼小的心灵留下了"大城府"①的印象,四十二年之后,他还回忆"儿时曾过济南城"②的情景。十九岁去长安,在长安生活了八九个月,为长安的繁华深深吸引,以致"沉涵酒间"③,耽误举业。其他如在陵川所见的"瑞花"④、在秦州认识的"韩道人"⑤,都能增广其见闻。

①《元好问文编年校注》卷四《济南行记》,上册,第354页。
②《元好问诗编年校注》卷四《济南杂诗十首》(其一),第2册,第720页。
③《元好问文编年校注》卷一《送秦中诸人引》,上册,第117页。
④元好问撰,常振国点校:《续夷坚志》卷三《陵川瑞花》,中华书局,2006年,第57页。
⑤《续夷坚志》卷二《桃杯》,第31页。

　　第二,元好问跟随元泰,为一些前辈所赏识,得到名家的指点和教育,为参加科举考试做了必要的准备。如承安五年(1200),元好问十一岁,随元泰至冀州,受到罢官在家的名臣、翰林学士路铎(1157?—1214)的喜爱,路铎"赏其俊爽,教之为文"①。最重要的是,元泰"为子求师",询诸亲旧,泰和三年(1203)去陵川任职,让元好问以当地名儒郝天挺为师。元好问既从之学习用来参加科举考试的时文,"作举子计",又从之学习无关科举的诗歌,兼顾到仕途和诗歌两方面,这直接关系到他未来人生之路的走向。

　　第三,元好问通过元泰结识了一些前辈名流,并与其后人结下友谊。如元泰与赵淑(清臣)为莫逆之交,元好问便与赵淑之子赵元交往密切,往来唱和,元好问因此收藏了许多赵元的诗歌②。再比如,元好问在陵川期间,认识诗人秦略的父亲秦事轲,并与秦略结下深厚的友情,二人"为诗酒之友者十五年",元好问还与秦略之子、全真道士秦志安(通真子)有所交往,因为"通真子以世契之故,与予道相合而意相得也"③。

　　第四,元好问受到元泰仕途引导、官场教育。元好问跟随元泰宦游各地,耳濡目染,对官场人情有所了解,树立了他通过科举考试进入仕途的信念,确定了人生努力的目标。更重要的是,等元好问成人之后,元泰有意教导他为官从政之道。金王朝灭亡之后,元好问的仕途结束,在羁管聊城期间,他回首自己的人生,特别是仕途经历,颇有感慨地说,十八岁那年:"先府君教之民政。从仕十年,出死以为民。自少日,有志于世,雅以气节自许,不甘

①《郝经集编年校笺》卷三五《遗山先生墓铭》,下册,第909页。
②《中州集校注》卷五《愚轩居士赵元》,第4册,第1371页。
③《元好问文编年校注》卷五《通真子墓碣铭》,中册,第964页。

落人后。四十五年之间，与世合者不能一二数。得名为多，而谤亦不少。"①尽管元好问没有记载元泰给了他哪些"民政"教育，但可以肯定，这些教育对他后来十年仕途起到了重要的导向作用，让他立志为民，坚守气节，不随波逐流。

正因为此，元好问对元泰满怀感念之情。元好问经常想起元泰，如在赴高平（今山西高平）途中，望见东边的陵川县，就想起它是元泰当年做官之地（《高平道中望陵川二首》）。当张彦宝出示《陵川西溪图》请元好问题诗时，元好问也想到这里是"先君子旧治"，并回忆当年侍游西溪的情景，不禁"感今怀昔，为之怆然"②。让元好问长期愧疚不安的是，大安二年（1210），元泰因头部生毒疮感染去世，很多年后，元好问留心医药，收集药方，回首此事，还很懊恼自己当年忙于应付科举，不懂医药，"于药医懵然无知。庸医满前，任其施设"③，导致耽误病情，元泰不治而亡。

与元泰相比，元德明算得上是个单纯的诗人。他虽然也曾经梦想从政，却"累举不第"，不得不"放浪山水间，未尝一日不饮酒赋诗"④。他一边"教授乡里"⑤，教人科举时文，一边酷爱作诗，自称"少有吟诗癖，吟来欲白头。科名不肯换，家事几曾忧。含咀将谁语，研磨若自雠。百年闲伎俩，直到死时休"⑥。他一生都将诗歌排在科名、家事之上，足见他对诗歌的痴迷态度。杜甫曾受其祖父的影响，继承其诗学传统，以"诗是吾家事"的自觉意识来从

①《元好问文编年校注》卷四《南冠录引》，上册，第347页。
②《元好问诗编年校注》卷五《题张彦宝陵川西溪图》，第3册，第1425页。
③《续夷坚志》卷二《背疽方二》，第42页。
④《中州集校注》卷十《先大夫诗》，第8册，第2681页。
⑤《元好问文编年校注》卷四《故物谱》，上册，第392页。
⑥《中州集校注》卷十《诗》，第8册，第2709页。

事诗歌创作,元好问何尝不是如此?他以"诗人元遗山"自居,当源自元德明的诗学基因。元好问说"我诗初不工,研磨出艰辛"①,与其父所说"研磨若自雠",又是何其相似乃尔!

元德明的诗歌兴趣和职业特点,又形成了他喜欢论诗品诗的性格。五台山诗人王敏夫与他意外相逢,称赞其《梅花》诗可与林逋诗歌相媲美:"林逋仙去几来年,惊见《梅花》第二篇。"二人像是诗歌青年,居然通宵论诗,"邂逅茅斋话终夕"②。可惜元德明的论诗言论散佚殆尽,所幸元好问《杜诗学引》中征引一则,能见其非凡卓见。元德明针对宋代以来杜诗注解中琐碎、牵强等现象,指出:"近世唯山谷最知子美,以为今人读杜诗,至谓草木虫鱼皆有比兴,如试世间商度隐语然者,此最学者之病。山谷之不注杜诗,试取《大雅堂记》读之,则知此公注杜诗已竟。"③此论高度评价黄庭坚,批评时人读杜的弊端,不仅直接引导元好问重视黄庭坚《大雅堂记》中所强调的杜诗"大旨",写出一系列继承杜诗精神的丧乱诗,还直接启发他提出"杜诗学"的概念,并编纂《杜诗学》一书。元好问后来也非常喜爱谈诗论艺,写下《论诗三十首》为代表的论诗诗和品评诗文得失的序跋文,这应该得益于元德明的言传身教。

在日常生活中,元德明经常展开对元好古、元好问兄弟的诗歌教育。元好古回忆父亲生前说诗情景:"阿翁醉语戏儿痴,说着蝉诗也道奇。"尽管其"醉语"为何、"蝉诗"是何,后人已不得其详,但在元氏兄弟看来,父亲的音容笑貌,宛在目前,其论诗旨趣一定

①《元好问诗编年校注》卷五《答王辅之》,第 3 册,第 1487 页。
②《中州集校注》卷九《同东岩元先生论诗》,第 7 册,第 2294 页。
③《元好问文编年校注》卷一《杜诗学引》,上册,第 91—92 页。

深入元氏兄弟骨髓之中。元好古还回忆元德明临终时，恨不得把读下去的诗书全部传给儿子，有"剖腹留书"的遗言，"传家诗学在诸郎，剖腹留书死敢忘"①。这种至死也不忘传其诗学的言论和精神，实在令人动容，元氏兄弟怎能不继承其先人的遗志？对父亲的教诲，元好问也有几处记载。靖康元年（1126），宋人滕茂实（字秀颖）使金被扣留，守节不屈，建炎二年（1128）去世。临终前，要求以出使时所持的黄幡裹尸而葬，墓前刻上"宋使者东阳滕茂实墓"九个字，并写下《临终》一诗述说平生之志，大义凛然。这首《临终》诗深深感动了元德明，在元好问儿时，元德明便"教诵秀颖《临终》诗"②。元德明能超越对立政权，赞赏宋人滕茂实的诗歌，难能可贵，体现了他对品格操守的重视。他给元好问的，与其说是诗歌教育，不如说是思想品德教育。正因为得此教益，在滕茂实去世百余年之后，元好问特别用心搜集他即将失传的《临终》等诗，并将之收在金代诗歌总集《中州集》中（卷十专列"南冠五人"一类）。当然，元德明肯定会对元好问进行诗歌艺术教育。元好问曾记载，元德明"甚爱"吕中孚《赋红叶》诗中"张园多古木，萧寺半斜阳"这样意境深远、纯粹写景的诗句③，说明元德明以此诗来引导元好问的诗歌写作。

除了直接教育之外，元德明的诗歌创作也能给元好问以示范和熏陶。元好问对其父部分诗歌记忆深刻，譬如在《九日读书山，用陶诗"露凄暄风息，气清天旷明"为韵，赋十诗》（其三）中引用父

---

①《中州集校注》卷十《读裕之弟诗稿，有"莺声柳巷深"之句，漫题三诗其后》，第 8 册，第 2733—2735 页。

②《中州集校注》卷十《滕奉使茂实》，第 8 册，第 2551 页。

③《中州集校注》卷七《吕中孚》，第 6 册，第 1853 页。

亲的诗句"疏灯照茅屋,新月入颓垣"①,在《大简之画松风图,为修端卿赋二首》中,引用父亲《过凤凰山》"秋风无际海波寒"②,又在《两山行记》中完整引用父亲的《过凤凰山》绝句,既寄寓着对先人的崇敬缅怀之情,又含有对这些诗歌的喜爱之情。

　　元德明去世时,元好问十六岁;元泰去世时,元好问二十一岁。尽管元好问跟随元泰的时间可能更长,但元好问对元德明的感情更加深挚。之所以如此,除血脉至亲之外,最重要的因素是元德明的诗歌成就足以让元好问感到自豪。元德明终生布衣,元好问却邀请到后来官居参知政事的杨愭为其父撰写墓志铭,杨愭称赞元德明的诗歌"不事雕饰,清美圆熟,无山林枯槁之气"③,应该不是虚美。兹举《雨后》一诗为例:"十日山中雨,今朝见夕阳。乾坤觉清旷,草棘有辉光。竹影摇残滴,松声送晚凉。南窗聊自适,无用说羲皇。"④写久雨初晴的山中景色,非常习见的题材,写得清新美好,中间两联工整自然,细致妥帖,特别是"草棘有辉光""竹影摇残滴",形象而新巧,如在目前。除诗之外,元德明还有一首《好事近·次蔡丞相韵》词传世,被元好问收录在《中州乐府》中。有此家传,元好问贞祐南渡进入诗坛之后,自然不遗余力地为之宣传延誉,经他鼓吹,"世始知有元东岩之诗"⑤,元德明诗歌走出了忻州,赢得杨云翼、雷渊、王渥、李汾等众多诗人的称赞。元德明当年在忻州系舟山读书,元好问为了宣扬其父,先邀请著

①《元好问诗编年校注》卷五,第3册,第1016页。
②《元好问诗编年校注》卷五,第3册,第1181页。
③《中州集校注》卷十《先大夫诗》,第8册,第2681页。
④《中州集校注》卷十,第8册,第2689—2690页。
⑤《中州集校注》卷十《先大夫诗》,第8册,第2681页。

名画家李遹画《系舟山图》,再邀请赵秉文、杨云翼、赵元等名流题诗,赵秉文还将系舟山更名为"元子读书山",元德明的名声因此更加彰显。

相对于元泰而言,元德明对元好问的影响也更为深刻。元好问虽然也进入仕途,但并不顺利,金亡之际,更是卷入崔立碑事件,引发非议。可以说,他在官场上差不多是个失败者。但在当时诗坛,却是一个地位日高、无人能及的大诗人。在官员与诗人之间,元好问本人明确将自己定位为诗人。金亡之后,元好问编纂《中州集》,搜集、整理元德明诗歌,反思自己的人生抉择,说:"小子不肖,暗于事机,不能高蹈远引,恋嫪升斗,徼幸万一,以取縶维之祸。残息奄奄,朝夕待尽。"①这时,元好问觉得愧对元德明的教诲,误入歧途。他晚年绝意仕进,高蹈远引,终于回归到他父亲指引的诗人之路。

父亲之外,元好问的两个兄长元好古(字敏之)、元好谦(字益之)对元好问都有一定的引导之功。元好问多次提到他们,可是并没有说孰伯孰仲,这就导致后来两派不同的观点。这里我们不得不面对这一疑难问题,需要费些笔墨,略抒管见。

一派观点认为元好谦为长兄,元好古为次兄,依据是民国二十六年的抄件《元氏家谱》。降大任先生《元遗山新论》、狄宝心先生《元好问年谱新编》等书赞同此说。狄著还补充一论据,就是元好问《示侄孙伯安》说"伯安入小学,颖悟非凡儿"②。伯安肯定不是元好古之子,因为元好古只活了二十九岁,而且娶妇不谐,是否有子,都不见记载,不可能那么年轻就有孙子。元伯安应该是元

①《中州集校注》卷十《先大夫诗》,第8册,第2681页。
②《元好问诗编年校注》卷三,第2册,第497页。

好谦之子。狄宝心认为该诗写作于内乡期间,正大六年(1229)前后,元好问四十岁左右。如果这一年元伯安入小学,按照八岁来计算,元伯安应出生于元光元年(1222),这时元好谦至少在四十岁左右,应出生在大定二十二年(1182)前后。如此算来,元好谦年长于元好古(1186—1214)。这一推论有两点可疑之处:其一,《示侄孙伯安》是否一定作于内乡?诗中云:"我有商於田,汝壮可耘耔。"①古商於确实在内乡,但不能以此来判断该诗作于内乡。按其口气,不像是在内乡本地所说,反而更像是离开内乡的口吻。元好问先后任镇平、内乡、南阳县令,三县相隔不远。在镇平期间,元好问写有《镇平寄侄孙伯安笔》,《示侄孙伯安》也可能写作于相邻的南阳或其他地方。其二,元好问在《南冠录引》中说"岁甲午(1234),羁管聊城……伯男子叔仪、侄孙伯安皆尚幼"②,叔仪是元好问长子元拊,生于正大六年(1229),这时才六岁,还是幼童。按照上文伯安生于元光元年(1222)来算,伯安此时已经十三岁了,如果依据《礼记·曲礼》人生十岁为幼学的说法,元伯安就不能再算幼了。何况叔仪、伯安并列,二人年岁应该相差不大。因此,元伯安以及元好谦的年龄可能没有那么大。所以,元好谦为长兄、元好古为次兄之说,证据并不充足。

另一派以为元好古为长兄,元好谦为次兄,出自翁方纲《元遗山先生年谱》所引《静乐旧钞遗山诗后世系略》,后来诸家年谱多从此说,只是没有做出更多的论证。元好古卒于贞祐二年(1214)忻州之难,享年多少?很奇怪,元好问居然有三个不同的记载。《敏之兄墓铭》说是年二十九,《续夷坚志》卷一《敏之兄诗谶》说是

---

①《元好问诗编年校注》卷三,第 2 册,第 497 页。
②《元好问文编年校注》卷四,上册,第 347 页。

年三十二,《中州集》卷十《敏之兄诗》说是年三十一。孰是孰非?
从文本可靠性来看,《敏之兄墓铭》最早最为原始,最值得信赖。
还有一内证可以证明《敏之兄墓铭》最为可靠。《敏之兄诗》的内
容源自《敏之兄墓铭》,二者基本一致。二者都说元好古二十岁第
一次参加科举,当时元德明已经去世。元德明去世于泰和五年
(1205),次年就是科举考试年。元好古应该是赴太原参加府试。
以泰和五年二十岁推算,元好古生于大定二十六年(1186),贞祐
二年(1214)去世时,正好二十九岁。综合这两点,可以确定元好
古的生卒年(1186—1214)。《续夷坚志》《敏之兄墓铭》有关其享
年的记载,当是记忆或传抄之误。如此算来,元好古应比元好问
年长四岁。笔者赞成元好古为长兄说,还有以下两点理由:其一,
元好问在《敏之兄墓铭》中说:“年二十,就科举。时东岩已殁,太
夫人年在喜惧,望其立门户为甚切。”①《敏之兄诗》与此相同。元
好问母亲殷切希望元好古能早日自立门户,一般情况下,这是对
长子的期待。长子也应该有独立门户的责任,他后来“狷介得
疾”,可能与科举落第、压力太大等有关。其二,传统士大夫重视
子女命名的用意。元好古(字敏之)的名字出自《论语·述而》“好
古,敏以求之者也”②,元好谦(字益之)的名字出自《周易》“人道
恶盈而好谦”③和《尚书》“满招损,谦受益”④,元好问(字裕之)的

---

① 《元好问文编年校注》卷三,上册,第 253 页。
② 何晏注,邢昺疏:《论语注疏》卷七《述而》,《十三经注疏》,下册,第 2483 页。
③ 王弼、韩康伯注,孔颖达等正义:《周易正义》卷二《谦》,《十三经注疏》,上
册,第 31 页。
④ 孔安国传,孔颖达等正义:《尚书正义》卷四《大禹谟》,《十三经注疏》,上
册,第 137 页。

名字出自《尚书·仲虺之诰》"好问则裕，自用则小"①。三兄弟命名方式一致，其中既含有命名者的用心，也含有逻辑关联。笔者揣测，按好古、好谦、好问这样的顺序排列，更能体现出渐次推进的逻辑关系，因为好古是方向，好谦是态度，好问是方法。

作为长兄，元好古读书、学诗、作文都早于元好问，所以有时能提点元好问。元好问《锦机引》中曾引元好古的话："文章，天下之难事，其法度杂见于百家之书，学者不遍考之，则无以知古人之渊源。予初学属文，敏之兄为予言如此。"②元好古告诉元好问，要从前人书中学习古人的法度，元好问受此启发，将前人讨论为文法度的精彩言论汇编成《锦机》一书。

他们兄弟在一起经常交流见闻，元好古的见闻与命运对元好问的人生观和诗学观产生一定的影响。《续夷坚志》卷一《王全美母氏诗语》记载，元好问的舅母自幼礼佛，平素不知书，忽然有一天举出十多则诗句，问元好古能否作为偈语，其中只有"天机割断繁华梦"一句，"殆似从慧中得之"③。但这一句类似诗谶，其舅母不久即去世。在他们看来，这是不可解的宿命。泰和七年（1207），元好古的朋友田紫芝（1192—1214）作《夜雨寄元敏之昆弟》："醉梦萧森蝶翅轻，一灯无语梦边明。虚檐急雨三江浪，老木高风万马兵。枕簟先秋失残暑，湖山彻晓看新晴。对床曾有诗来否，为问韦家好弟兄。"元好古读后，私下告诉元好问："诗首二句，非鬼语乎？吾谓其非寿者相也。"④后来他果然弱冠下世。田紫

---

①《尚书正义》卷八，《十三经注疏》，上册，第 162 页。

②《元好问文编年校注》卷一，上册，第 4 页。

③《续夷坚志》卷一，第 18 页。

④《续夷坚志》卷四《田德秀夙悟》，第 87 页。

芝作诗有李贺风调,元好古准确地揭示出田诗的特点,体现出他的辨别能力。这种讨论,有利于引导元好问诗歌健康发展,有利于提高诗歌艺术。荒诞不经的是,元好古后来重蹈田紫芝的旧辙。贞祐元年(1213)中秋节,他与王万钟、田德秀等人聚会赏月,不巧天阴无月,元好古作《中秋无月》诗:"佳辰无物慰相思,先赏空吟昨夜诗。莫怪更深仍坐待,密云或有暂开时。"①王、田等人戏称该诗"诗境不开廓"②,后来元好古不及三十而卒。平心而论,元好古诗歌是乐观的,后两句仍然充满希望,元好问却将之视为"敏之兄诗谶"记录下来,大概为其短寿而寻找托辞吧!以上三则带有迷信色彩的文献,给元好问留下了较深的负面印象。他后来很反感这种不阳光、不开朗的"鬼语"诗,如《论诗三十首》批评孟郊、李贺等人诗歌:"切切秋虫万古情,灯前山鬼泪纵横。鉴湖春好无人赋,岸夹桃花锦浪生。"③这种审美观,或许与元好古有潜在的关联。更重要的是,元好古应该由于生病而没有与其家人一道南下避乱,留在忻州。贞祐二年三月,蒙古人攻下忻州,残暴屠城,死者十余万人,元好古不幸死于忻州之难。亲人以及乡亲遭遇横祸,给元好问以极大震撼,促使他用诗歌来表现民众的苦难、国家的命运。

　　元好古、元好问兄弟间经常交流各自的诗歌。元好古有一组诗,题作《读裕之弟诗稿,有"莺声柳巷深"之句,漫题三诗其后》,值得重视:

　　　　阿翁醉语戏儿痴,说着蝉诗也道奇。吴下阿蒙非向日,

①《中州集校注》卷十,第8册,第2733页。
②《中州集校注》卷十《敏之兄诗》,第8册,第2732页。
③《元好问诗编年校注》卷一,第1册,第59页。

新篇争遣九泉知。

　　莺藏深树只闻声，不着诗家画不成。惭愧阿兄无好语，五言城下把降旌。

　　传家诗学在诸郎，剖腹留书死敢忘。背上锦囊三箭在，直须千古说穿杨。①

题目中的诗稿，当是元好问早年的习作。"莺声柳巷深"是其中的秀句，原诗已失传。元好问后来将此得意诗句再次运用于《内乡杂诗》中："犬吠桃源近，莺声柳巷深。苍苔留醉卧，青竹伴幽寻。"②元好古这组诗大力夸赞其弟的诗作，第一首先回忆其父亲早年的诗教，然后称许元好问的显著进步，感慨父亲再也看不到元好问的新诗了。第二首先正面称赞"莺声柳巷深"所表现的境界，只有"诗家"才能表现出来，将年轻的弟弟称作"诗家"，这是很高的评价。接着将自己与元好问相比，承认自己的诗歌不及元好问，甘拜下风。第三首又回到父亲的诗教，以元德明"剖腹留书"的遗言来激励元好问，期望他继承父亲的诗歌传统，诗歌技艺越来越精湛。元好问受到兄长这样的肯定，一定备受鼓舞，激励他按照父兄的指导，继续在诗坛不断前行。值得注意的是，元好古这三首诗还是论诗绝句，远早于《论诗三十首》，元好问牢记在心，数十年后，将之收入《中州集》。元好问那些引起后人仿效的论诗绝句，也是承继了他的父兄传统。

　　与元好古、元好问不同，元好谦似乎并不擅长诗歌，元好问从

――――――――

① 《中州集校注》卷十，第 8 册，第 2733—2735 页。
② 《元好问诗编年校注》卷三，第 2 册，第 495 页。

未提到他的诗歌,也未提及他是否参加科举考试。他的生平比元好古模糊得多,大概贞祐二年与元好问一同南下避乱。这时,元好问生父、养父、长兄相继去世,元好谦成了元好问生活上的重要帮手和感情的重要依托。元好问与他手足情深,金亡之前,就有多首怀念元好谦的诗歌。在《怀益之兄》中说:"牢落关河雁一声,干戈满眼若为情。三年浪走空皮骨,四海相望只弟兄。"①战乱岁月,他们兄弟为生计各自奔波,元好谦去了遥远的阌乡(今河南灵宝),天各一方,相互惦念,"只弟兄",透出兄弟情的无比珍贵。正大五年(1228),元好问担任内乡县令期间,在秋林夏馆山购买田地,建造别业,得到元好谦的襄助。其《临江仙·内乡北山》曰:"父老书来招我隐,临流已盖茅堂。白头兄弟共论量,山田寻二顷,他日作桐乡。"②元好谦一定参与了"茅堂"的营建,他们还相约一起终老此地。

可是,随着蒙古步步进逼,战争频仍,大批民众朝不保夕,流离失所,为命运所拨弄。元好问兄弟卷入其中,再次骨肉分离。元好谦流落于南宋,陷于不可知之中,一同流落南宋的还有白华、李俊民、杨弘道、房皞等诸多文人。元好问被蒙古兵带到北方,羁管于聊城,生活艰难,感情孤苦。他痛切思念元好谦,连续写下多首思兄诗。《怀益之兄》写于惊魂甫定之后,"天宜他日定,陆已向来沉"。怀念内乡的旧居,"山田和石瘦,茅屋过云深";幻想兄弟团聚,"阿兄团聚日,曾语百年心"③。《梦归》诗写于聊城:

①《元好问诗编年校注》卷一,第1册,第126页。

②元好问撰,赵永源校注:《遗山乐府校注》卷二,凤凰出版社,2006年,第310页。

③《元好问诗编年校注》卷四,第2册,第695页。

　　　　憔悴南冠一楚囚，归心江汉日东流。青山历历乡国梦，
　　黄叶潇潇风雨秋。贫里有诗工作祟，乱来无泪可供愁。残年
　　兄弟相逢在，随分斋盐万事休。①

首联分写自己和流落江汉的兄长，尾联表达一个无限悲凉的愿
望：晚年只要能与元好谦在一起，随便吃什么粗茶淡饭，也都知足
了。实际上，这已经是不可能实现的梦想了，他后来再也未能见
到元好谦，甚至连一丁点消息都没有。他在《南冠录引》中也流露
出类似的无奈无助："岁甲午，羁管聊城，益之兄邈在襄汉，遂有彼
疆此界之限。侄抟俘絷之平阳，存亡未可知。伯男子叔仪、侄孙
伯安皆尚幼，未可告语。"元好谦及其子元抟（或作元搏），一漂泊
襄汉，一被俘平阳（今山西临汾），生死不明，元抚、元伯安都还年
幼，需要养育，元好问的知己好友如李汾、辛愿等人，也陆续死于
战乱，他痛感"举天下四方，知己之交，唯吾益之兄一人"②，而益
之兄在哪里？可以想见，元好问的心情该是多么凄苦！元好谦及
家庭的命运，加深了元好问对乱离时代不幸的痛切体会，他的那
些感人肺腑的丧乱诗一定融入了他自己及家人之痛。"国家不幸
诗家幸"，赵翼从国家命运着眼评价元好问，固然不错，但国家由
一个个小家组成，包括元好问的小家，正是一个个小家的不幸，给
元好问真切、具体的感受。从这一意义上来看，元好古、元好谦的
不幸命运，反而推动了元好问的诗歌创作，同时，也影响了他金亡
之后的道路选择。他的两位兄长都死于蒙古侵略战争，他哪里还
能腆颜出仕蒙古政权？

　　此外，元好古、元好谦还直接促进了元好问对家国文献的整

----

① 《元好问诗编年校注》卷四，第 2 册，第 698 页。
② 《元好问文编年校注》卷四，上册，第 346—347 页。

理与保护。天兴元年(1232),元好问有感于其先人生平,"殁而不书,族党之过",为其族祖父元滋新撰写墓志铭,实际上是完成其父元德明、其兄元好古的遗愿,"此先君子之志,吾敏之兄欲成之而不及者也"①。随后,他又为亡兄元好古追写《敏之兄墓铭》。金亡之前,元好谦曾让元好问撰写家族文献《元氏千秋录》,元好问着手撰写,"略具次第",却未完成。羁管聊城期间,元好问觉得时不我待:"予年已四十有五,残息奄奄,朝夕待尽。使一日颠仆于道路,则世岂复知有河南元氏哉?"②元好谦"命予修《千秋录》"的话语往来于胸,促使他不仅完成了《千秋录》,还在此基础上引申扩展,形成了内容丰富的《南冠录》。《南冠录》包括元氏"先世杂事"、元好问个人"行年杂事"和"先朝杂事"。"先朝杂事"已经突破了家族记事,属于金王朝历史了。这期间,元好问还校对家藏《笠泽丛书》、编纂《中州集》、整理家中故物撰写《故物谱》等等,都体现出他对家国文化的良苦用心。

元好问说:"在昔学语初,父兄已卜邻。"③从小开始,元好问的成长就一直没有离开过父兄的关怀和教育。"乃知父兄意,润屋亦润身。"④父兄尽管没有给他留下多少物质财富,却留下了宝贵的精神资源,滋养了他的心灵。即便在父兄相继离世之后,他们的教育仍引导他继续前行。

---

①《元好问文编年校注》卷三《族祖处士墓铭》,上册,第250页。
②《元好问文编年校注》卷四《南冠录引》,上册,第347页。
③《元好问诗编年校注》卷一《古意》,第1册,第84页。
④《元好问诗编年校注》卷五《答王辅之》,第3册,第1487页。

四、师友讲习

良师益友，是人生不可或缺的组成部分。元好问将师友讲习与国家教育、父兄渊源并列，视为士大夫自立于世的三要素之一，说明他一定有着真切而丰富的体会，一定从诸多师友处获益匪浅。

元好问受益于多少老师？现不得其详。元好问七岁入小学，那些教他识字、句读的"童子之师"，按照韩愈的说法，不是传道授业解惑的师者，也未见元好问记载，可以忽略。最早的名师记录出自郝经的《遗山先生墓铭》，说元好问十一岁那年，即承安五年（1200），随其叔父至冀州，受到罢官在家的名臣路铎（字宣叔）的赏识，路铎"教之为文"。对路铎，元好问相当尊敬，称之为"路公宣叔"，又说他"文最奇。尤长于诗，精致温润，自成一家"，对其极言直谏的品节亦赞赏有加，说是"有古直臣之风"①。但元好问现存文献中并未提及从其习文之事，不排除文献失传的缘故，但更重要的原因，应该是元好问那时尚年幼，为文尚在起步阶段，受路铎的教益有限。另外，《永乐大典》卷五二〇五引《太原志》曰："吴章字德明，石州人，道号定庵，以儒业进身，官至翰林学士，乃元遗

---

① 《中州集校注》卷四《路司谏铎》，第 3 册，第 1021 页。

山之师。"①据李庭《挽吴德明》诗注,吴章(? —1246)为承安二年(1197)进士,与李庭、刘祁、丘处机等人有所交往。《太原志》所言或有其据,可惜无其他文献作为旁证,只能存疑待考了。

元好问明确记载的老师有三位:王中立、郝天挺、赵秉文。他们都给予了元好问重要的教诲和引导。

王中立字汤臣,岢岚(今山西岢岚)人。岢岚位于忻州西偏北,与忻州相邻。王中立是位神仙般的传奇人物,元好问《中州集》卷九将他列为"异人"类中的第一人,用了六百多字,叙述他种种奇异言行:他财大气雄,经常大宴宾客,而自己生活却很简淡,"日食淡汤饼一杯而已"。年轻时"就有声场屋间",成年后反而放弃科举。四十岁丧偶,再没有续弦,对声色犬马毫无兴趣,像僧人一样斋居了三四年。当他再次走出斋房,面貌大变,判若两人,"若有物附之者",在别人看来,简直是神仙附体。他"谈吐高阔",特别擅长评论前代历史人物,可以随口引用前人数十条议论,滔滔不绝,耸动左右,他的口才能与另一奇人李纯甫的玄谈相提并论,号称独步。他的书法"超绝",一绝是爱写别人很难写好的"擘窠大字",二绝是他的写字方式,"往往瞑目为之",还能做到"笔意纵放,势若飞动"。有一次中秋节酒后赋诗,他在赵秉文家的墙壁上书写"龟鹤"二字,居然"广长一丈"。众人不解:这么大的字,用什么笔墨写成? 引发好事者围观,导致"车马填咽",道路拥堵,他乘兴挥笔,在二字之下又题诗一首:"天地之间一古儒,醒来不记醉中书。旁人错比神仙字,只恐神仙字不如。"②这场自比神仙的

---

① 解缙等编:《永乐大典》卷五二〇五引《太原志》,中华书局,1986 年,第 3 册,第 2315 页。
②《中州集校注》卷九《拟栩先生王中立》,第 7 册,第 2415 页。

现场表演,足见其诡谲狂放之态。他的这些奇行异举,倒是没有直接作用于元好问,但元好问与他的交往,对他的了解,有助于元好问认识各类特立独行的人物,并予以包容和认可,特意在《中州集》中开辟"异人"一类,为他们立传。

王中立与元好问很早就相识。郝经《遗山先生墓铭》说:"先生七岁能诗,太原王汤臣称为神童。"他的聪慧引起了王中立的激赏。神童之誉,带有感情色彩,能给年幼的元好问以鼓舞,更能扩大元好问的名声。

王中立不是职业教师,元好问随他学习,当是短期、临时性质。即便如此,王中立在某些方面还是给了元好问重要的启迪。元好问晚年编纂《中州集》,对一次请益还记忆犹新:

> 予尝从先生学,问作诗究竟当如何? 先生举秦少游《春雨》诗云:"'有情芍药含春泪,无力蔷薇卧晚枝',此诗非不工,若以退之'芭蕉叶大栀子肥'之句校之,则《春雨》为妇人语矣。破却工夫,何至学妇人?"①

元好问请教如何作诗,王中立没有正面作答,只是从反面告诫他不能"学妇人"。这一记载声口毕肖,符合奇人王中立豪迈不羁、歧视女性、果敢有力的个性。"妇人语",向来是个贬义词。早在北宋时期,晏几道与蒲传正谈词,为其父亲晏殊辩护,说晏殊"小词虽多,未尝作妇人语"②。在以香艳软媚为本色的词中,"妇人语"都难免遭人白眼,那么在传统的诗歌领域,"妇人语"更是不

---

① 《中州集校注》卷九《拟栩先生王中立》,第 7 册,第 2416 页。
② 胡仔纂集,廖德明校点:《苕溪渔隐丛话》前集卷二六,人民文学出版社,1962 年,上册,第 178 页。

受人待见。抛开严重的女性歧视不言,王中立所谈本质上是风格论,他反对高邮多情才子秦观《春雨》那样婉弱绮丽的诗歌,喜欢韩愈《山石》那种强健壮硕的诗风,以他们两组描写花卉的诗句做对比,态度比前人更加鲜明。他实际上表达了北方文人共同的审美观。元好问完全赞同此论,将之收在《诗文自警》中,用作自我警醒的座右铭,又将之改写为论诗绝句:

> 有情芍药含春泪,无力蔷薇卧晓枝。拈出退之《山石》句,始知渠是女郎诗。①

该诗完全是复述王中立的观点,只是将"妇人语"替换为"女郎诗",弱化了女性歧视色彩,强化了青春、亮丽、爽朗的诗意,更符合"如时女步春"的秦观其人其诗。所以,"女郎诗"一语更加新警,此诗亦因此传播更广。元好问诗歌摒弃柔婉风格,挟幽并豪侠之气,当与接受王中立的教导有一定的关系。

在师从王中立期间,元好问还得到过他的一次夸奖。泰和五年(1205),元好问十六岁,赴试太原,途中写下了成名作《摸鱼儿》(恨人间情是何物),王中立读后,写下《题裕之乐府后》:"常恨小山无后身,元郎乐府更清新。红裙婢子那能晓,送与凌烟阁上人。"②王中立此诗首开论词绝句之先河,将年轻的元好问当成北宋名家晏几道(号小山)的"后身",称赞他的词比晏词更加清新,认为元词内涵非一般歌女所能理解,而应该得到士大夫高层的赏识。元好问该词就殉情大雁而发,是动物间的情爱,但不同于二晏等人的艳情词,没有脂粉气息,特别是下片"横汾路。寂寞当年

---

① 《元好问诗编年校注》卷一《论诗三十首》二四,第 1 册,第 67 页。
② 《中州集校注》卷九,第 7 册,第 2421 页。

箫鼓。荒烟依旧平楚"等语,透出历史的沧桑感,张炎说其"立意高远"①,后人多说该词有稼轩风味,正好印证了王中立的观点。王中立的鼓励,有助于引导元好问词风走向苏、辛一派,以诗为词,抒写人生况味。元好问在《中州集》中收录了王中立此诗,应该寄寓着一些知遇之感吧!

元好问受益更大的老师是郝天挺。郝天挺(1161—1217),字晋卿,陵川(今山西陵川)人。泰和三年(1203),元好问十四岁时,他的叔父担任陵川县令,为他精心选择老师,选中当地名儒郝天挺,"从先生学举业"。举业是头等大事,但从元好问记载来看,他受到的教育比较全面。

郝天挺非常重视品德教育,认为学者应有"受学之器",所谓"器"即是"慈与孝"。他认为许多官员之所以贪墨腐败,是因为他们承受不了"饥冻","男子生世不耐饥寒,则虽小事不能成"。郝天挺本人正是如此,"为人有崖岸,耿耿自信,宁落薄而死,终不一傍富儿之门"。他提倡"选官不为利养",做官不为钱财,可见其甘于贫贱的坚贞品节。

郝天挺反对急功近利的教育观,主张"读书不为艺文",批评当时的一些举子及学风,"今人学词赋,以速售为功。六经百氏分裂补缀外,或篇题、句读之不知。幸而得之,不免为庸人,况一败涂地者乎?"②其时有许多应试类读物,为便于记忆,经常肢解经典,导致部分学子不读原典,掌握不了经典要义,这样即使考取进士,也难免平庸的下场。郝天挺有意避免这种应试教育,特意教

---

① 张炎著,夏承焘校注:《词源注·杂论》,人民文学出版社,1981年,第32页。
② 《元好问文编年校注》卷三《郝先生墓铭》,中册,第610页。

导元好问"肆意经传,贯穿百家"①,甚至还写作一些与科举无关的诗歌。有人质疑写诗是否在浪费光阴,他解释说:"教之作诗,正欲渠不为举子耳。"②真是别具匠心,他传授举业,却不想让元好问成为纯粹的应试举子。根据郝天挺之孙郝经的记载,在郝天挺的教育观里,"治经行己为本,莅官治人次之,决科诗文则末也"③。作为以教书谋生的地方乡儒,能将应试放在最次要的位置,这种价值观至今仍有现实意义。他的这番教育,为元好问后来考中进士、进入仕途成为优秀的官员、杰出的诗人奠定了厚实的基础。

《中州集》卷九收录郝天挺一首诗,题作《送门生赴省闱》。门生是谁?一般理解为元好问。笔者赞成这一观点,理由有三:其一,《中州集》前七卷有魏道明等人所编《国朝百家诗略》作基础,后三卷所收诗人诗作,人多诗少,意在以诗存人,诗歌多是元好问搜集而来,很多出于他自己的收藏和记忆。该诗很可能是郝天挺赠送给他自己的作品。其二,诗中说"未饶徐淑早求举,却笑陆机迟得名"④,上句用东汉徐淑举孝廉之典,他因不符合年满四十的资格规定而落选,言外之意,这位门生还远不到被举荐孝廉的年龄,必须走科举之路。下句用陆机典,陆机二十九岁入京师洛阳,虽轰动一时,成名却略迟,郝天挺希望他的门生成名比陆机更早。郝天挺所言正好符合元好问的身份和经历。其三,郝经在《先大父墓铭》中说,郝天挺回乡设帐授徒,"远近俊茂,多从之学",但他

①《郝经集编年校笺》卷三五《遗山先生墓铭》,下册,第 909 页。
②《元好问文编年校注》卷三《郝先生墓铭》,中册,第 611 页。
③《郝经集编年校笺》卷三六《先大夫墓铭》,下册,第 957 页。
④《中州集校注》卷九,第 7 册,第 2302 页。

仅列举元好问一人,"河东元好问从之最久,而得其传,卒为文章伯,震耀一世",说明元好问最优秀,最值得郝天挺寄予厚望。倘若上述推论成立,那么《送门生赴省闱》一诗当作于大安元年(1209)前后,当时元好问赴燕京参加省试,诗歌尾联是对元好问的祝愿:"此行占取鳌头稳,平地烟霄属后生。"虽是套话,但郝天挺的教诲一定会给元好问以鼓舞和鞭策,元好问铭记在心。

王中立、郝天挺都是布衣文人,影响有限。而赵秉文(1159—1232)是当时首屈一指的文坛领袖、诗人、书法家,在元好问认识他之前,他已历任翰林修撰、翰林直学士、翰林侍讲、礼部侍郎、礼部尚书等要职,更重要的是,他知贡举,是主管科举考试的最高官员。其诗文、书法成就、政治地位、社会影响,都远在他人之上。元好问拜他为师,是他人生中至为关键的一步。

元好问参加科举考试之前,照例要开展自我宣传、公关类活动。他带着自己的得意之作拜见年近花甲的礼部尚书赵秉文,一举获得赵秉文的青睐。用元好问二十年后的话来说,赵秉文"以为可教,为延誉诸公间"①,说得比较克制和低调。用《金史·元好问传》的话来说,元好问"为《箕山》《琴台》之诗,礼部赵秉文见之,以为近代无此作也,于是名震京师"②,评价之高,令人激动。《箕山》《元鲁县琴台》二诗现存,为五言怀古诗,分别缅怀许由、元德秀的高洁情操,赵秉文大力推许,说"近代无此作",又说"五言造平淡,许上苏州坛"(杨云翼诗,详后)。郝经《祭遗山先生文》记载了赵秉文(号闲闲老人)对元好问的另一评语:"闲闲初见公文,

---

① 《元好问文编年校注》卷四《赵闲闲真赞》,上册,第453页。
② 《金史(点校修订本)》卷一二六《元好问传》,第8册,第2892页。

曰：'是间世生者。'"①间世生者，就是几世一遇的难得人才，事实证明，赵秉文此评并非虚誉，体现出他的远见卓识。

　　赵秉文的延誉为元好问参加科举考试营造了有利的氛围。兴定五年（1221），元好问凭借自己的实力，加上主考官赵秉文的奖掖，进士及第，但由此引起了别人强烈的嫉恨和不平："宰相师仲安班列中倡言，谓公与杨礼部之美、雷御史希颜、李内翰钦叔为元氏党人。"②攻击者出自宰相师仲安阵营，不可小觑，攻击目标包括赵秉文、杨云翼、雷渊、李献能等人，将他们全部归为"元氏党人"，可谓居心叵测。奇特的是，元好问只是一名新科进士，没有特别的背景，在所谓元氏党人中地位最低，却成了核心攻击目标，攻击者将党派命名为"元氏党人"而非赵氏党人，仿佛元好问成了一党之首，正所谓树大招风，才高招嫉。赵秉文不为所动，元好问则不赴选调，回归嵩山家里。该年夏天，赵秉文游嵩山，寻访元好问不遇，留下《寄元裕之》诗："紫芝眉宇何时见，谁与嵩山共往还。"③表达出对这位门生的惦念之情。三年后，元好问参加制科考试及第，再次向世人证明了自己的实力，也为赵秉文洗刷了元氏党人的嫌疑。赵秉文高兴地向主考官、右司谏陈规说："人言我党元子，诚党之耶？"④

　　进士及第，固然获得了更高的交往平台，但并不是每个进士都能顺利地跻身上层。元好问知道自己的先天不足，"起寒乡小邑，未尝接先生长者余论，内省缺然"，他必须得到贵人的帮助。

①《郝经集编年校笺》卷二一，下册，第 566 页。

②《元好问文编年校注》卷四《赵闲闲真赞》，上册，第 453 页。

③《赵秉文集》卷七《寄元裕之》，第 192 页。

④《元好问文编年校注》卷四《赵闲闲真赞二首》，上册，第 453 页。

赵秉文带领他进入上层,结交名流。譬如杨云翼(1169—1228)与赵秉文齐名,代掌文柄,号为"杨赵"。如果不是赵秉文的提携,元好问未必能登"杨赵之门"(特别是杨门),交结一些号称"天下之选"①的名流,未必能得到杨云翼以"国士"相待的隆高礼遇②。从杨云翼诗歌《李平甫为裕之画系舟山图,闲闲公有诗,某亦继作》这个题目来看,年长的赵秉文先应约题诗,年轻十岁的杨云翼再写题诗,他的题诗多少受到了赵秉文的一些带动。该诗仅开篇几句题画和赞美元德明,后面大量篇幅是叙写元好问如何受到赵秉文的优待,称赞元好问的诗歌才华:

> 羯来游京师,士子拭目观。礼部天下士,文盟今欧韩。一见折行辈,殆如平生欢。舞雩咏春风,期著曾点冠。五言造平淡,许上苏州坛。我尝读子诗,一倡而三叹。世人非无才,多为才所谩。高者足诋诃,下者或辛酸。吾子忠厚姿,不受薄俗漫。晴云意自高,渊水声无湍。③

可见,是赵秉文的夸奖带动了杨云翼的阅读和评价。

杨云翼所说"舞雩咏春风,期著曾点冠",并非泛泛而论。元好问经常陪伴赵秉文,晚年他回忆:"余往在南都(指汴京),侍闲闲赵公、礼部杨公(杨云翼)、屏山李先生(李纯甫)燕谈。"④这种侍坐闲谈,继承了子路、曾晳等人侍孔子坐的传统,往往自在从容,无所不及,晚辈如沐春风,未尝不是一种有效的学习方式。赵秉文还带领他参加诗会。据《归潜志》卷八记载,正大元年(1224)

---

①《元好问文编年校注》卷六《答聪上人书》,下册,第 1400 页。

②《元好问文编年校注》卷二《内相文献杨公神道碑铭》,上册,第 163 页。

③《中州集》卷四,第 3 册,第 1115 页。

④《元好问文编年校注》卷六《暠和尚颂序》,下册,第 1380 页。

重阳节，赵秉文会同陈规、潘希孟、雷渊、元好问等人，举行雅集，饮酒赏菊赋诗，其中元好问最年轻，职务最低。赵秉文作《野菊》，元好问奉命作了两首同题诗《野菊座主闲闲公命作》《野菊再奉座主闲闲公命作》。金亡后，元好问深情怀念这次雅集：

> 往年在南都，闲闲主文衡。九日登吹台，追随尽名卿。酒酣公赋诗，挥洒笔不停。蛟龙起庭户，破壁春雷轰。堂堂髯御史，痛饮益精明。亦有李与王，玉树含秋清。我时最后来，四座颇为倾。今朝念存殁，壮心徒自惊。①

当年聚会，名流云集，场面热烈生动：座师赵秉文挥笔赋诗，惊天动地；大胡子监察御史雷渊痛饮美酒，还透着一股精明劲头（如他经常利用美酒佳肴、珍稀纸砚、动听言辞打动赵秉文，为他题字）；"李与王"（可能是李献卿、王革）则温文尔雅，静坐一旁，如同秋日佳木。元好问最年轻，所作诗歌却赢得满座好评。"四座颇为倾"中，应该含有对元好问诗歌的评点讨论。

当然，元好问不只是被动地参加诗会、奉和之类雅集活动，他还不失时机地主动请教赵秉文。他请赵秉文为他父亲元德明读书的系舟山题诗，赵秉文爽快地写下《题东岩道人读书堂》："山头佛屋五三间，山势相连石岭关。名字不妨从我改，便称元子读书山。"②他喜欢柳宗元《戏题阶前芍药》、苏轼《和陶和胡西曹示顾贼曹》《王伯扬所藏赵昌花四首》、党怀英《西湖芙蓉》《西湖晚菊》，王庭筠《狱中赋萱》等诗，就请赵秉文将这九首诗"共作一轴

---

① 《元好问诗编年校注》卷五《九日读书山，用陶诗"露凄暄风息，气清天旷明"为韵，赋十诗》（其七），第 3 册，第 1021 页。
② 《赵秉文集》卷九《题东岩道人读书堂》，第 251 页。

写"①。赵秉文是当时大名鼎鼎的书法家,求字的人太多,成了他很大的烦恼。《归潜志》卷九有大段生动记载。元好问能请动他连写九首诗,足见他们师生情谊深厚。元好问还与赵秉文一同讨论他人的诗歌。性英禅师是金末著名的诗僧,与赵秉文、元好问都有所交往,元好问在《寄英禅师,师时住龙门宝应寺》诗中称赞性英的诗歌:"爱君《梅花》篇,入手如弹丸。爱君《山堂》句,深静如幽兰。诗僧第一代,无愧百年间。"②元好问向赵秉文介绍这首诗歌,得到赵秉文的首肯,"公亦不以予言为过也"③。

　　在耳濡目染中,元好问自然受到赵秉文文学思想的影响。小到具体诗句、诗人的评价,大到诗坛风向的转变,元好问都有不少受益于赵秉文之处。金末,诗坛面临何去何从的抉择,是赵秉文最先弃宋学唐,晚年的诗歌"多法唐人李、杜诸公",只是"未尝语于人"④。追随在他左右的元好问,不可能没有察觉他的这一转向,元好问等人在此基础上,正式提出"以唐人为指归"的口号。再如词学方面,赵秉文不以词名,元好问《中州乐府》选录六首,位居第六,其中《大江东去》(用东坡先生韵)、《缺月挂疏桐》(拟东坡作)二首作品说明他特别推崇东坡词。元好问在《题闲闲书赤壁赋后》中将苏轼《念奴娇·赤壁怀古》推为"乐府绝唱",称赵秉文的和作"非特词气放逸,绝去翰墨畦径,其字画亦无愧也"⑤。与

① 《元好问文编年校注》卷七《赵闲闲书柳柳州苏东坡党世杰王内翰诗跋》,下册,第 1536 页。
② 《元好问诗编年校注》卷二《寄英禅师,师时住龙门宝应寺》,第 1 册,第 106 页。
③ 《元好问文编年校注》卷五《木庵诗集序》,中册,第 1087 页。
④ 刘祁撰,崔文印点校:《归潜志》卷八,中华书局,1983 年,第 85 页。
⑤ 《元好问文编年校注》卷六《题闲闲书赤壁赋后》,下册,第 1162 页。

赵秉文推崇东坡词有关,元好问认为:"乐府以来,东坡为第
一。"①创作上,元好问还有意效仿赵秉文,传世作品《促拍丑奴
儿·学闲闲公体》就是例证。

　　赵秉文对元好问的影响应该不限于上述诸端。天兴元年
(1232),元好问在任尚书省左司都事期间,有机会看见赵秉文与
杨云翼、雷渊联名举荐他的奏章,竟然多达十七篇,让他感慨万
端。赵秉文用力之大,正所谓"辱公陶甄。携之提之,且挽且
前"②。赵秉文去世后,元好问写下了《闲闲公墓铭》《五月十二日
座主闲闲公讳日作》《跋闲闲自书乐善堂诗》《赵闲闲真赞二首》
《闲闲公书拟和韦苏州诗跋》等系列作品,在深切缅怀的同时,全
面、高度评价赵秉文,认为赵秉文不仅是五朝老臣,还是"中国百
年之元气"③所在。

　　除上述三人之外,元好问还对杨云翼、李遹、王若虚、完颜璹、
耶律楚材、耶律铸等人自称门生或门下士。门下士有门生、门客
双重含义,耶律楚材与元好问同龄,耶律铸是晚辈,在他们面前,
元好问所说的门下士,是门客之意。对前四位,门下士就是门生
之意。元好问执弟子礼,视之为师长辈,与他们多有讲习交流。
如李遹(1156—1222)工于诗画,仕至东平府治中,名声不是很大。
元好问贞祐南渡之初,即登其门,与之交往近十年时间。李遹不
鄙弃他的"愚幼不肖","与之考论文艺,商略古昔人物之流品、世
务之终至,问无不言,言无不尽,开示期许,皆非愚幼不肖所当得

①《元好问文编年校注》卷四《遗山自题乐府引》,上册,第 336 页。
②《元好问文编年校注》卷四《赵闲闲真赞二首》,上册,第 453 页。
③《元好问文编年校注》卷四《赵闲闲真赞二首》,上册,第 453 页。

者"①。这种讲习讨论,主要在元好问进士及第之前,对元好问的成长多有裨益。

元好问生逢乱世,是人生之大不幸,得遇良师,则是不幸中之大幸。元好问尽管在仕途上远不及赵秉文,书法上也没有得到王中立、赵秉文的真传,但在文学创作方面可谓青出于蓝而胜于蓝,远胜乃师。乃师若地下有知,当含笑九泉矣。

师辈之外,元好问有许多身份不一、年辈不同的朋友,其中还有多位知交密友。常言道,人生得一知己足矣,元好问自己也说"古来知己难"②,但他至少有三位以上让他念念不忘的知己。他在编纂《中州集》时,直接将辛愿、李汾、李献甫称为"三知己",赫然单列一类,他还说:"天下爱予者三人:李汾长源、辛愿敬之、李献甫钦用。"③足以见出他们的感情是多么深厚!他们都是元好问的益友,让我们感兴趣的是,构成其友谊的基础是什么?元好问与他们都讲习些什么?

辛愿是位出生于农民家庭的布衣诗人。他的祖父从陕西凤翔移居到河南福昌(今河南宜阳),"以力田为业",当地有座女几山,隋唐宋以来的风景名胜地,又名花果山,辛愿自号"女几野人",而非女几居士,突出的是草根特征。他有五六十亩田地,养有一头耕牛,说明他继承了祖业,以务农为生。与父祖不同的是,他二十五岁开始读书,一发不可收拾,从《白氏讽谏集》到《诗》、《书》、三传、内典,"欲罢不能",以致"博极群书",特别喜欢杜诗韩

---

① 《元好问文编年校注》卷五《寄庵先生墓碑》,中册,第 674 页。
② 《元好问诗编年校注》卷二《赠答杨焕然》,第 1 册,第 182 页。
③ 《元好问文编年校注》卷五《蓬然子墓碣铭》,中册,第 549 页。

文，"未尝一日去其手"。还很喜欢作诗，"诗律深严，而有自得之趣"①。诗歌是他与元好问结交的重要媒介。

贞祐四年（1216）春，蒙古军队包围太原，元好问举家从山西逃难至河南福昌三乡（在今河南宜阳境内），十月，至女几山附近。大概就在这时，元好问结识了当地诗人辛愿。辛愿应该比元好问年长一二十岁，自称辛老子、溪南诗老，元好问也屡屡称他为辛老子、溪南诗老。辛愿是否给予元好问一家生活上的便利，未见记载，从元好问"溪南老子坐诗穷，穷到箪瓢更屡空"②来看，辛愿难以给予元好问物质资助。可见，他们是纯粹的诗友。

辛愿有三点为元好问所折服。一是面对贫困的生活态度。辛愿因受高献臣案牵连而被"讯掠"，一度陷入极贫境地，生活极其狼狈，"枯槁憔悴，流离顿踣"，家小嗷嗷待哺，但能够"雅负高气，不能从俗俯仰"，能够做到"落落自拔，耿耿自信，百穷而不悯，百辱而不沮，任重道远，若将死而后已者三十年"，真是难能可贵。元光元年（1222），元好问与李献能在孟津，辛愿从女几山来访，小住数日，临行前担任翰林应奉文字的李献能设宴为他饯行，"备极丰腴"，辛愿放下筷子无限感慨地说："平生饱食有数，每见吾二弟，必得美食。明日道路中，又当与老饥相抗去矣。会有一日，辛老子僵仆柳泉、韩城之间，以天地为棺椁，日月为含襚，狐狸亦可，蝼蚁亦可耳！"真是坦然，即使死在女几山附近柳泉、韩城这些小地方，没有棺材没有葬礼，与狐狸、蝼蚁为伍，也无所畏惧。二是辛愿作诗数千首，其中有许多好诗，如"自怜心似鲁连子，人道面如裴晋公""浪翻鱼出浦，化动鸟移枝"等等。元好问特别欣赏他

①《中州集校注》卷十《溪南诗老辛愿》，第8册，第2459—2460页。
②《元好问诗编年校注》卷一《三乡杂诗三首》（其三），第1册，第78页。

《三乡光武庙》中的一句诗:"万山青绕一川斜。"认为只有到了其地,才能知道这一句写景之工("到其处,知为工也")①。多年后,他追怀辛愿时,仍然大加称赞,"万山青绕一川斜,好句真堪字字夸"②。三是辛愿敢于明辨是非的勇气和评点诗歌的专业水准。当时诗坛存在只能吹捧、不能批评的恶习,一旦受到了指摘,就终生为敌。辛愿则不然,每次读到刘昂霄、赵元、雷渊、李献能、杜仁杰、王渥、麻九畴等人诗歌时,一定要与他们"探源委,发凡例,解络脉,审音节,辨清浊,权轻重",该肯定的予以肯定,"片善不掩",该批评则批评,"微颣必指",有病必纠。也许正是这么认真,才会被刘昂霄称之为"迂辛"③,大概由认真走向较真,以至于近乎迂执了。同时,他还极具眼力,元好问说他论诗"如老吏断狱,文峻网密,丝毫不相贷;如衲僧得正法眼,征诘开示,几于截断众流"④。被批评者始则愤怒,中则怀疑,终则信服。所以,在元好问的朋友圈中,他是公于鉴裁的第一人。

元好问与辛愿交往密切,互有诗词酬赠。辛愿从孟津回女几山,元好问写下《临江仙》(自笑此身无定在,风蓬易转孤根)为之送行,有"回首对床灯火处,万山深里孤村"⑤之语,辛愿亦有留别词,"邂逅对床逢二妙,挥毫落纸堪惊",将元好问、李献能称为二妙。对床夜话,是他们共同的记忆。元好问自三乡移家许州时,

①《中州集校注》卷十《溪南诗老辛愿》,第8册,第2460页。
②《元好问诗编年校注》卷五《过三乡望女几村,追怀溪南诗老辛敬之二首》
　　(其二),第3册,第1185页。
③《中州集校注》卷七《同敬之、裕之游水谷,分韵赋诗,得荷风送香气五字》
　　(其五),第6册,第1964页。
④《中州集校注》卷十《溪南诗老辛愿》,第8册,第2461页。
⑤《遗山乐府校注》卷二,第294页。

辛愿作《送裕之往许州,酒间有请予歌渭城烟雨者,因及之》:

> 白酒留分袂,青灯约对床。言诗真漫许,知己重难忘。
> 爽气虚韩岳,文星照许昌。休歌渭城柳,衰老易悲伤。①

韩岳为女几山的别称。从上诗可知,谈诗是他们青灯下对床夜话的重要内容,元好问对辛愿的诗歌推许有加,许之以知己。辛愿将元好问称之"文星",看似老套,实为真话。因为元好问是当时三乡诗坛中最出类拔萃的诗人,辛愿曾对同在三乡的杜仁杰说:"吾读元子诗,正如佛说法云:吾言如蜜,中边皆甜。"②除了赞扬之外,辛愿对元好问的诗歌一定还有所商榷和指点,可惜无文献可征了。

在与辛愿的交往中,除了友情之外,元好问还得到了哪些启发?约略言之,有如下三点:其一,学习其敢于批评的诗学态度和专业的诗学品评。在结识辛愿的三乡期间,元好问写下了著名的《论诗三十首》,以"诗中疏凿手"自任,辨明正伪,历评前贤得失。《中州集》编纂完成之后,元好问感慨没有精通诗歌的知音,非常怀念辛愿:"文章得失寸心知,千古朱弦属子期。爱杀溪南辛老子,相从何止十年迟。"③他晚年很自豪地说:"至于量体裁、审音节、权利病、证真赝,考古今诗人之变,有戆直而无姑息,虽古人复生,未敢多让。"④这与"有公鉴而无姑息"的辛愿,合若符契。其二,学习其宗法杜甫的诗学倾向。辛愿爱好杜诗,"五言尤工,人

①《中州集校注》卷十《送裕之往许州,酒间有请予歌渭城烟雨者,因及之》,
　第 8 册,第 2485 页。
②《元好问全集(增订本)》卷五三《杜仁杰序》,下册,第 1253 页。
③《元好问诗编年校注》卷五《自题中州集后五首》(其四),第 3 册,第 1333 页。
④《元好问文编年校注》卷六《答聪上人书》,下册,第 1400 页。

以为得少陵句法"①,元好问于辛愿生前和死后两次以"百钱卜肆
成都市,万古诗坛子美家"来评价他,一见《寄辛老子》,一见《过三
乡望女几村,追怀溪南诗老辛敬之二首》,前句言其穷困潦倒,后
句赞其诗宗老杜。在不知何去何从的贞祐诗坛,辛愿与杨弘道等
人率先"以唐人为指归"②,是金末诗风转向的先行者,对元好问
的创作起到了引领作用。其三,元好问认同辛愿对全真教的评
价。当时,全真教风靡北方,评价不一,元好问记载了辛愿之论:
"全真家,其谦逊似儒,其坚苦似墨,其修习似禅,其块然无营又似
夫为浑沌氏之术者。"③元好问还将这几句话改写成《长真庵铭》,
说明辛愿深深地影响了元好问对全真教的认识。

　　三知己中,李汾(1192—1232)是太原人,与元好问有"同乡
里"④之谊,应该是旧相识。元好问比他年长两岁,所以亲切地称
他为"并州少年"。太原被围之后,李汾南下赴关中避乱,在大雪
纷飞的季节,路过三乡女几山,与元好问相聚。其后,李汾几度参
加科举考试,都名落孙山,因人推荐才进入史馆,不久又得罪上
司,被赶出史馆。后任恒山公武仙行尚书省讲议官,为武仙所害。

　　李汾虽然有着强烈的功名心,积极作为,但最终一无所成。
他为人的最大特点是"旷达不羁,好以奇节自许"⑤,"为人尚气,
跌宕不羁"⑥。有的士人考中进士之后,立刻高人一等,"视布衣
诸生遽为两途",连老朋友都不再交往,李汾愤怒地反击他们:"以

① 《归潜志》卷二,第 15 页。
② 《元好问文编年校注》卷五《杨叔能小亨集引》,中册,第 1020 页。
③ 《元好问文编年校注》卷五《太古观记》,中册,第 768 页。
④ 《归潜志》卷九,第 95 页。
⑤ 《中州集校注》卷十《李讲议汾》,第 8 册,第 2487 页。
⑥ 《归潜志》卷二,第 19 页。

区区一第傲天下士邪?"①在史馆担任书写官时,李汾反感那些端着架子、没有多少史才的上司,故意高声朗诵《左传》《史记》中的篇章,以讽刺那些水平低下的史官。元好问在《中州集》卷十中有大段形象生动的描写。在诗中,元好问还一再揄扬和欣赏李汾非凡的抱负,如:

> 君不见,并州少年夜枕戈,破屋耿耿天垂河,欲眠不眠泪滂沱。著鞭忽记刘越石,拔剑起舞鸡鸣歌,东方未明兮奈夜何!②

> 君不见,东家骑鲸李,胆满六尺躯。万言黄石策,八阵夔州图。酒酣起舞不称意,长吁青云指夷吾。③

> 君不见,并州少年作轩昂,鸡鸣起舞望八荒,夜如何其夜未央。④

李汾怀才不遇,这种豪杰之气必然会贯穿到诗歌创作之中。正大八年(1231)秋天,李汾在襄城与元好问相遇,在酒席上,李汾吟诵自己往来关中、汴京途中所写的十来首诗歌,抒发"其流离世故,妻子凋丧,道途万里,奔走狼狈之意",尽管"辞旨危苦",但仍不失豪杰之气,"耿耿自信者故在,郁郁不平者不能掩,清壮磊落,有幽并豪侠歌谣慷慨之气"⑤。后一句让我们联想到《金史·元好问传》对元好问诗歌的评价:"歌谣慷慨,挟幽并之气。"⑥可见,元好

---

①《归潜志》卷七,第 76 页。

②《元好问诗编年校注》卷一《并州少年行》,第 1 册,第 36 页。

③《元好问诗编年校注》卷三《此日不足惜》,第 2 册,第 508 页。

④《元好问诗编年校注》卷二《雪后招邻舍王赞子襄饮》,第 1 册,第 127 页。

⑤《中州集校注》卷十《李讲议汾》,第 8 册,第 2487 页。

⑥《金史(点校修订本)》卷一二六《元好问传》,第 8 册,第 2892 页。

问与李汾意气相投,诗风相似。

　　李汾生平中还有一特殊之处,就是经常出入关中。据载,他年少时就曾"游秦中"①,到过长安,元好问十九岁游长安,很可能与他结伴同行。李汾后来南下避乱,又"归关中",元好问作《女几山避兵,送李长源归关中》为其送行,以"若个男儿不湮阨""自古饥肠出奇策"相安慰,期待他能有所作为,成就功名富贵,"见君轩盖长安陌"②。贬出史馆之后,李汾本人有《西归》诗,李庭作《送长源李弟西归岐阳》。李汾经过内乡时,元好问写下一首赠别词《水调歌头》:"相思一尊酒,今日尽君欢。长歌一写孤愤,西北望长安。"③这些都指向长安或岐阳,那里应该是李汾的寓居地。正大八年(1231)春,岐阳沦陷,惨遭屠城,元好问写下著名的丧乱诗《岐阳三首》,"岐阳西望无来信,陇水东流闻哭声"④。岐阳是李汾的家,这时即便李汾不在岐阳,他的家人也应该在岐阳,不幸遇难。知己好友蒙难,加深了元好问的痛苦,从而写出痛彻肝胆的诗篇。

　　李汾"平生以诗为专门之学",写下了许多佳作,如"烟波苍苍孟津渡,旌旗历历河阳城""长河不洗中原恨,赵括元非上将才""空余一掬伤时泪,暗堕昭陵石马前"。元好问称赞其七言律诗,"清壮顿挫,能动摇人心,高处往往不减唐人"⑤,可惜死于非命,

---

①《归潜志》卷二,第 18 页。
②《元好问诗编年校注》卷一《女几山避兵,送李长源归关中》,第 1 册,第 34 页。
③《遗山乐府校注》卷一,第 30 页。
④《元好问诗编年校注》卷三《岐阳三首》(其二),第 2 册,第 548 页。
⑤《元好问文编年校注》卷七《逃空丝竹集序》,下册,第 1522 页。

否则，纵然不能如胡应麟《诗薮·杂编》卷六所说，"出元裕之上"①，也会取得更大的成就。所以，元好问遗憾地悼念他："千丈气豪天也妒，七言诗好世空传。"②

与辛愿、李汾这两位布衣诗人不同，李献甫（1194—1234）出身高门，祖上以武功封金吾卫上将军，号金吾李家，一家四位进士，其中堂兄李献能为贞祐三年（1215）省元，李献甫为兴定五年（1221）第三名，家境优越，远非元好问等人所能比。元好问与李献能、李献甫兄弟都为至交密友，曾说"惭愧君家兄弟，半世相亲相爱"③，时间之久，感情之深，超乎寻常。元好问与李献甫关系更加亲密，有一个重要原因，他们同一年进士及第，旧称"同年"，同年是科举时代重要的交际圈。李献甫最大的过人之处是他的干才，"为人有干局，心所到则绝人远甚"，有谋略，有能力，精力充沛，当时人称赞他"精神满腹"①。曾出使西夏，与夏人激辩岁币之事，迫使对方放弃岁币的要求，成功地签订和议。后担任长安县令，事务极其繁剧，李献甫总能从容应对，成为金代百年来著名的"循吏"，受到《金史·循吏传》的表彰。不幸的是，天兴二年（1233），金哀宗出逃蔡州，李献甫扈从，最终死于蔡州之难。

相较而言，李献甫在诗歌上的投入，不及辛愿、李汾，成就也不及他们。他的诗文集《天倪集》，早已失传。元好问没有评价过他的诗，在《中州集》小传中也没有摘句评论，他们之间诗歌讲习相对少一些。元好问有《寄钦用》、《满江红》（汉水方城）、《木兰花

①胡应麟：《诗薮·杂编》卷六，中华书局，1958年，第330页。
②《元好问诗编年校注》卷五《过诗人李长源故居》，第3册，第1208页。
③《遗山乐府校注》卷一《水调歌头》（长安夏秋雨），第20页。
④《中州集校注》卷十《李户部献甫》，第8册，第2528页。

慢》(流年春梦过)等寄赠李献甫之作,表达怀念之情,李献甫应该
有所酬答,可惜全部失传。在《答聪上人书》中,元好问说:"常记
平生知己,如辛敬之、李钦用、李长源辈数人,每示之一篇,便能得
人致力处,自诸贤凋丧,将谓无复真赏。"①诗歌创作与鉴赏力是
他们知己之交的重要基础。李献甫在长安一带任职时,写下了多
首乱亡主题的诗歌,如《长安行》:"长安道,无人行,黄尘不起生榛
荆……杀人饱厌敌自去,长安有道谁当行。"②《围城》:"碧树苍烟
起暮云,长安陌上断行人。百年王气余飞观,万里神州隔战
尘。"③这些诗歌沉痛苍凉,一定引起了元好问的共鸣,促进了元
好问的丧乱诗写作,并与元好问的丧乱诗形成呼应,直接推动他
金末诗歌创作的转向与登顶。

在元好问的朋友中,三知己是第一层次。还有一些朋友也是
元好问的知交,可以称之为准知己,包括上文提到的李献能,还有
赵元、刘昂霄、王革、性英禅师等人,属于第二个层次。

赵元与元好问算是同乡,定襄人,定襄现为忻州市属县。赵
元曾说"元家故山吾与邻"④。赵元的父亲赵淑与元好问的养父
元泰为莫逆之交,所以他们两家又算是世交。赵元年长于元好
问,元好问有时称之为"先生",说"先生真是有道者,老境一愚聊
自送"⑤。赵元的家庭出身高于元好问,自己也是经童,后考进士
失利,大概于泰和年间,由门荫出任某县主簿,可惜天妒英才,不

①《元好问文编年校注》卷六《答聪上人书》,下册,第 1400 页。

②《中州集校注》卷十,第 8 册,第 2534 页。

③《中州集校注》卷十,第 8 册,第 2542 页。

④《中州集校注》卷五《题裕之家山图》,第 4 册,第 1401 页。

⑤《元好问诗编年校注》卷一《愚轩为赵宜之赋》,第 1 册,第 40 页。

久即失明。他擅长作诗,"作诗有规矩",早在泰和年间就有诗名。失明后,无所事事,"万虑一归于诗"①,诗歌写得更好了。蒙古兵南侵,殃及他所居住的愚轩,他不得不像元好问一样,南下逃难,途中经过忻州,记载忻州被屠后的惨况:"倾城十万口,屠灭无移时。敌兵出境已逾月,风吹未干城下血。"②他也到了河南三乡,与元好问相会,后往来洛西山中。元好问与赵元交往密切,即便在赵元失明之后,元好问仍然有多首赠答赵元的诗歌,称赞"愚轩具诗眼,论文贵天然"③。赵元特别思念元好问,"不见元鲁山,梦寐役所思";盼望元好问能带来奇书,读给他听,"奇书多携来,为子卧听之"④;非常渴望能与元好问对床夜话,"闷欠朦元夜对床"⑤。他们所谈内容自然含有诗歌,如赵元所说,"行藏一话倾心肺,古律三诗淬齿牙"⑥,说出掏心窝的话,足见感情之真诚。

　　另一位刘昂霄也与元好问有乡谊,他是陵川人,陵川是元好问养父任职之地,也是他从师郝天挺学习举业之地。元好问十六岁在太原参加科举考试时,结识刘昂霄。贞祐南渡后,刘昂霄客居河南三乡,自号女几樵人,与辛愿号女几野老同一意趣,当是长期居住在女几山一带。元好问与他交往频繁,从"奋袖高谈夜窗白"⑦来看,他们也是经常对床夜话。他们还一同浏览三乡光武庙、水谷等地,一同赋诗。正大二年(1225),刘昂霄的母亲请求元

①《中州集校注》卷五《愚轩居士赵元》,第 4 册,第 1371 页。
②《中州集校注》卷五《修城去》,第 4 册,第 1383 页。
③《元好问诗编年校注》卷二《继愚轩和党承旨雪诗四首》,第 1 册,第 189 页。
④《中州集校注》卷五《书怀继元弟裕之韵四首》(其二),第 4 册,第 1377 页。
⑤《中州集校注》卷五《寄裕之二首》(其一),第 4 册,第 1393 页。
⑥《中州集校注》卷五《次韵答裕之》,第 4 册,第 1391 页。
⑦《元好问诗编年校注》卷二《寄答景玄兄》,第 1 册,第 396 页。

好问为三年前去世的刘昂霄撰写墓志铭,对元好问说:"子与之游,最为知己。"元好问也觉得义不容辞:"铭吾兄者,莫好问为宜。"①

王革比元好问年长二十岁左右,字德新,元好问以"王丈德新""德新丈"相称。家庭出身应该不错,能"以荫补官",曾经六次参加廷试不中,被赐进士,仕途失意,"碌碌筦库余三十年"。擅长诗歌,他的名句"赤心遭白眼,笑面得嗔拳",得到金源贵族完颜璹的喜爱;"孤身去国五千里,一第迟人四十年",受到诗坛领袖赵秉文的赞赏。元好问说他交游满天下,唯独以李献能与元好问为"莫逆"之交②。

性英禅师(1190—1273)号木庵,是金代最著名的诗僧,与元好问为同龄人,原本是少年举子,出家为僧,贞祐南下避乱,也到了河南三乡,成了三乡诗坛中相当活跃的一员,后来长期居住在洛阳宝应寺、嵩山少林寺。元好问与他感情非同一般,甚至说出"同病同忧只有君"③"兄弟论交四十年"④这样亲密无间的话,完全看不出一僧一俗之间的身份阻隔。性英爱作诗,元好问为他的《木庵诗集》作序,列举他多篇诗句,"为之击节称叹"⑤,遗憾的是,这一诗集早已散佚,因他去世得比元好问晚,所以他的诗歌未能入选《中州集》。元好问与他的交往,具有特殊意义。元好问说:"不见木庵师,胸中满泥尘。西窗一握手,大笑倾冠巾。"⑥大

---

①《元好问文编年校注》卷一《刘景玄墓铭》,上册,第96页。

②《中州集校注》卷七《王主簿革》,第6册,第1951页。

③《元好问诗编年校注》卷五《寄英上人》,第3册,第1335页。

④《元好问诗编年校注》卷五《夜宿秋香亭有怀木庵英上人》,第3册,第1472页。

⑤《元好问文编年校注》卷五《木庵诗集序》,中册,第1087页。

⑥《元好问诗编年校注》卷二《龙门杂诗二首》(其二),第1册,第116页。

概元好问见了出家的性英,便觉心中清爽,能脱弃尘垢。他们讨论的不仅有诗,还有禅。众所周知,元好问喜欢以禅论诗,喜欢以禅语入诗,如"诗为禅客添花锦,禅是诗家切玉刀"①"鸳鸯绣了从教看,莫把金针度与人"②,这些耳熟能详的名句,都源自禅宗,虽然未必与性英有直接的关系,但性英一定给他以启迪。

金亡前后,上述知己至交除性英禅师之外,都死于非命,元好问感到非常痛心和失落,一时间,"举天下四方,知己之交,唯吾益之兄一人"③,将自己的兄长元好谦当成知己,可见其无奈之情。还有一些好友不幸遇难,如雷渊、王渥、冀禹锡等人,元好问与他们在汴京期间,"相得甚欢,升堂拜亲,有昆弟之义"④,两三年间,他们陆续去世,多年之后,元好问在整理他们的诗歌时,还不禁泪流满面。当然,金亡后元好问还有一些重要朋友,譬如名列河汾诸老的曹之谦,与元好问是"奕世通家",又曾经一起共事尚书省,元好问有首诗,题作《益父曹弟见过,挽留三数日,大慰积年倾系之怀,其行也,漫为长句以赠。弟近诗超诣,殆欲度骅骝前,故就其所可至者而勉之》,可见他们之间深厚的感情。曹之谦曾说,他与元好问"虽在艰危警急之际,未尝一日不言诗",多有"论辨"⑤。论诗成了他们的日常生活。再比如元好问与张德辉(1192—1274)在金亡之前,交往有限,金亡之后,蒙古宪宗二年(1252),他们一同觐见忽必烈。张德辉为人严肃,不苟言笑,以礼法自持,元

①《元好问诗编年校注》卷二《答俊书记学诗》,第1册,第394页。

②《元好问诗编年校注》卷六《论诗三首》(其三),第4册,第1869页。

③《元好问文编年校注》卷四《南冠录引》,上册,第347页。

④《中州集校注》卷六《冀都事禹锡》,第5册,第1793页。

⑤段成己:《元遗山诗集引》,《元好问全集(增订本)》卷五三,附录一,下册,第1255页。

好问称他为"畏友"①。元好问去世后,张德辉为之编《遗山先生文集》。还有李治(1192—1279)晚年住在封龙山下,元好问与他交往较多,他们与张德辉并称"龙山三老"。

　　元好问将"师友讲习"视为人才成长的三要素之一。他与郝天挺、赵秉文等老师辈之间的讲习,他是主要受益方。他与"三知己"及其他朋友之间的讲习,大家都是受益方。那些诗歌才华、名声逊于元好问的朋友,可能受益更多。元好问带动了诸多朋友的创作,这是另一话题,暂且搁置不论。

---

①苏天爵辑撰,姚景安点校:《元朝名臣事略》卷十《宣慰张公》,中华书局,2019年,第219页。

五、姻亲贵戚

中国是个亲情社会，因婚姻关系而形成的亲属圈是其中重要组成部分，而古代儿女们的婚姻大事，总是有父母之命的参与，在追求门当户对的同时，不免有一些现实的考量，因此婚姻往往具有比传宗接代更多的意义。

理论上来说，姻亲包括其父母、本人以及子女等人因婚姻而形成的亲属，这里仅限于元好问本人的姻亲，不讨论其父母和子女的姻亲关系。元好问有两任妻子，结发妻子张氏，再配妻子毛氏，因此就有了两个姻亲圈。

结发妻子张氏与元好问是同乡，都是秀容人。她的父亲张翰（1164？—1218？），字林卿，大定二十八年（1188）进士，历任隰州军事判官和东胜、义丰、会川县令。张翰这一身份比元好问生父元德明优越，与担任陵川县令的养父元泰大体相当。元好问与张氏的婚姻背景是同一籍贯的两个县令家庭，不同的是，元泰止于县令，仕途单一；张翰步步高升，后来担任监察御史、户部员外郎、翰林直学士、户部侍郎、户部尚书等重要职务，甚至有了拜相的声望。对于元好问而言，他的岳父张翰有何意义？

在元好问看来，张翰最突出的是他的行政能力，仿佛天生具有管理才干，"如素宦然"。在户部尚书任上，面对经费空竭的困境，"虽米盐细物，皆倚之而办"。有一次元好问在户部衙门，亲眼见到他与邠州一书生讨论时事,相互诘难,邠州书生提出了几十个问题,张翰都能不假思索地予以解答,而且很精确,很妥当。如果是一般人,即使反复计算认真准备,也未必能做得到。元好问目击这一幕,陡生佩服、景仰之情,由衷地叹服张翰是"通济之良材"①。不管元好问是否学到了岳父的干才,但一定受到了一些感染,增长了见识。

按常情推测,元好问应该得到了张翰方方面面的帮助,《续夷坚志》卷二记载,元好问曾从张翰家获得一则治疗背疽的药方,他得到的帮助应该远不止区区一药方。上述元好问与张翰相见于户部之事,没有说明具体时间。狄宝心《元好问年谱新编》将之确定在贞祐二年(1214),王庆生《金代文学家年谱》将之确定在兴定元年(1217)之后,笔者赞成后者。因为根据《金史·张翰传》,贞祐二年南渡后,张翰迁河平军节度使,此后又历任都水监、提控军马使,最后任户部尚书,四次职务变动,不可能在一年内完成。兴定元年,元好问去汴京,很可能住在张翰家,此行的重要目的是拜访礼部尚书、翰林侍读学士、主贡举的文坛领袖赵秉文,为参加科举考试做些公关。元好问后来回忆说"以诗文见故礼部闲闲公"②,诗文类似于唐代举子的行卷。作为一个尚未成名的年轻诗人,如何能轻易拜见官高位重的赵秉文,并且还能获得他的说项?张翰此前曾任翰林直学士,与赵秉文应该早已相识。赵秉文《和林卿锦波亭韵》就是他们交往的证明,诗云"使君兴寄本儵然,爱此澄波清且涟"③,应该作于张翰任职河平军节度使期间,河平军位于

---

①《中州集校注》卷八《张户部翰》,第7册,第2164页。

②《元好问文编年校注》卷四《赵闲闲真赞二首》,上册,第453页。

③《赵秉文集》卷七《和林卿锦波亭韵》,第174页。

河北西路卫州(今河南卫辉)。现在,他们同朝为官,一为户部尚书,一为礼部尚书,官阶相等,张翰向主考官赵秉文引荐有志参加科举考试的女婿,既理所当然,又轻而易举。元好问本身很优秀,赵秉文予以夸奖,既出于真心,又是顺水人情,他何乐而不为?元好问之所以顺利登上杨(杨云翼)、赵之门,背后一定有岳父张翰的助推。可惜张翰担任户部尚书仅一两年就因病去世,享年五十五岁,否则,元好问的仕途也许会更加顺利。

张翰不以诗歌著名,元好问《中州集》卷八录其诗五首,未予置评。是水平不高还是元好问有意避嫌?且看以下二诗:

> 昨日龙泉已自奇,一峰寒翠压檐低。兼并未似平州馆,屋上层峦屋下溪。
>
> ——《奉使高丽过平州馆》①

> 山馆萧然尔许清,二更枕簟觉秋生。西窗大好吟诗处,听了松声又雨声。
>
> ——《金郊驿》②

据《高丽史》记载,崇庆元年(1212)六月,大理卿完颜惟基、翰林直学士张翰出使高丽,册封高丽王③。在金人看来,出使高丽是令人艳羡的美差,何况是受到隆厚礼遇的册封使。他带着轻松愉快的心情,一路欣赏美景。第一首诗写高丽境内倚山而建的馆舍,屋后层峦叠翠,门前溪水潺潺,山水相依;第二首写夜宿森林环抱的旅馆,听着松涛声、雨声,体会到盛夏中难得的凉爽宜人,心情

---

①《中州集校注》卷八,第7册,第2169页。
②《中州集校注》卷八,第7册,第2169页。
③郑麟趾等撰、孙晓主编:《高丽史》卷二一,西南师范大学出版社、人民出版社,2014年,第2册,第670页。

也随之大好。这两首诗虽然称不上特别优秀,但写出了途中景物的特色,抒发了怡然自得的心情,水平当在中等之上,至少可以说明,张翰比元好问的养父更懂得诗歌。这有助于他正确评估女婿元好问的诗歌才华以及未来前途,有助于他用力提携元好问。

在张家,元好问还有几个亲戚。张翰的弟弟张翕,字飞卿,承安五年(1200)进士,曾任同知河东北路兵马都总管事。张翰的侄子张天彝,字仲常,至宁元年(1213)进士;张翰的儿子张天任,字西美,曾任近侍局副使,天兴二年(1233)死于宋州(今河南商丘)之难。元好问在《中州集》卷八张翰小传中记载他们的大概生平,一定与他们多有交往,只是现在难得其详。《金史·赤盏合喜传》记载,天兴元年四月,蒙古退兵,赤盏合喜居然恬不知耻以为自己守城有功,呼喊元好问召集翰林院官员撰写贺表,恰巧第二天张天任来到尚书省,元好问与他私下谈起贺表之事,张天任很反感地说:“人不知耻乃若是耶!”①由此可见张天任正直的品性。金亡之后,元好问羁留山东期间,曾应李辅之的邀请,游览济南城,有两位济南府参佐张子钧、张飞卿陪同他游览绣江亭,“剧谈豪饮,抵暮乃罢。留五日而还”②。如此欢乐尽兴,非故交而不能,这位张飞卿或许就是他的叔岳丈张翕。

元好问与妻子张氏生活了十余年,张氏生下了三女一子,于正大八年(1231)病故。元好问非常悲痛,写下多首悼亡诗词,如《三奠子》(离南阳后作)下片:“芳尘未远,幽意谁传。千古恨,再生缘。闲衾香易冷,孤枕梦难圆。西窗雨,南楼月,夜如年。”③可

---

① 《金史(点校修订本)》卷一一三《赤盏合喜传》,第 7 册,第 2639—2640 页。
② 《元好问文编年校注》卷四《济南行记》,上册,第 359 页。
③ 《遗山乐府校注》卷二,第 238—239 页。

见他们夫妻情深。

第二年,元好问娶了第二任妻子毛氏。毛氏姻亲有点复杂,为叙述方便,下文按照亲疏程度,分为三个层次。

第一层,是岳父及妻兄弟。

毛氏父亲是彭城(今江苏徐州)人毛端卿(1162？—1221？),母亲是辽阳大户人家、西京路转运使高德裔的女儿。毛端卿出身于普通官吏家庭,父亲毛矩曾任桓州(今内蒙古自治区锡林郭勒盟正蓝旗)军事判官,大安三年(1211)蒙古兵入侵桓州,城陷不降,自缢而亡。毛端卿二十岁才开始读书,从济南名士刘蟠学习,"备极艰苦。饥冻疾病,不以废业"①,经过十年的刻苦努力,在东平参加初试,获得经义第一名,泰和三年(1203)考中进士,历任崞县(今山西原平)主簿,累迁提举榷货司、户部员外郎。兴定元年(1217),监察御史粘割梭失弹劾他贪污不法,许古为之辩解,亦受到牵连被贬官。毛端卿被贬为孟津县丞,不幸怨愤感疾而亡。

元好问在与毛氏结婚之前,就认识毛端卿。元好问后来在《毛氏家训跋后语》中说:"某向在汴梁,妇翁提举以宗盟之故,与君通谱牒,相好善已数十年矣。"②妇翁提举,指他的岳父毛端卿,"君"指毛端卿同宗的毛伯朋。这时毛端卿还健在,元好问就知道毛端卿与毛伯朋两家宗盟关系。还有一个巧合,毛端卿任职的榷货司隶属于户部,其时户部尚书正好是元好问的岳父张翰。两位岳父都是户部官员,他们之间彼此熟识,元好问也可能通过张翰而认识毛端卿及其家人。

元好问与毛氏结婚这一年,双方父亲早已过世,元好问母亲

①《中州集校注》卷八《毛提举端卿》,第7册,第2224页。
②《元好问文编年校注》卷五《毛氏家训跋后语》,中册,第1099页。

也已过世,毛氏母亲是否在世,不可考。其时,元好问已经四十三岁,在汴京担任尚书省掾。城外,蒙古军队步步紧逼,一路杀到汴京,将汴京包围起来。城内已戒严,危机四伏,缺衣少食,疫情爆发,死者达数十万人,在这一极端环境之下,父母之命已经不存在,媒妁之言也不再重要,政治之类的考量更是毫无意义,相依为命、患难与共成了首要目标。

毛氏应该比元好问年轻二十岁左右,嫁给元好问后,有了依归。元好问也得到了毛家的一些照顾。由于毛端卿去世较早,元好问与他交往有限,但与其子毛思遹应该交往稍多。毛思遹以父荫仕为酒官,金亡后,毛思遹还住在东平①。元好问羁留山东期间,多次客居东平,除了投靠严实、严忠济父子,协助兴办东平府学之外,还有一个重要因素,东平是其岳父毛端卿及其子毛思遹家庭所在地。《续夷坚志》卷二记载毛端卿家门口大树下有一虎一彪,望之令人"毛发森立",说明他对毛家比较熟悉,只是不知道这是否就是他在东平的住处。蒙古太宗九年(1237)四月,元好问自冠氏县移居东平,作《人月圆·卜居外家东园》,外家即是夫人毛氏家,东园很可能是毛思遹为他置办的栖身之所。

元好问对毛氏一家怀有患难与共的感情,《毛氏宗支石记》历叙毛氏先祖及子孙,文末云:"维毛氏祖考积累如此,躬不受祉,后当有兴者,子孙其永念之。"②对毛家先人处于乱世,未能享受福祉而抱恨,对毛家未来寄予厚望,这完全是家人的口气。毛端卿不以诗名,《中州集》卷八录其诗一首《题崞县郝子玉此君轩》,体现了他因诗存人、寄托怀人之情的意图。

---

① 参见《中州集校注》卷八《毛提举端卿》,第 7 册,第 2224 页。
② 《元好问文编年校注》卷三《毛氏宗支石记》,上册,第 293 页。

第二层，是毛氏同宗亲戚，包括同宗岳父及连襟。

在毛氏亲戚圈中，还有另一位特殊人物，那就与毛端卿为同宗的毛伯朋。毛伯朋（1166—1215），河北大名人，曾任灵宝主簿、潞州录事，贞祐三年（1215）蒙古兵攻大名，义不受辱，触墙自杀。毛伯朋与毛端卿家关系密切，元好问在《潞州录事毛君墓表》中说毛伯朋对元好问妻子毛氏"恩文备至，有骨肉之爱"①，简直就是一家人。毛伯朋生有四子二女，其中长女嫁给乔惟忠，次女嫁给张柔。因此，元好问妻子毛氏与乔惟忠妻子、张柔妻子是同族姐妹，元好问与他们是连襟关系。

乔惟忠（1192—1246）、张柔（1190—1268）都是涿州定兴（今河北定兴）人，都尚勇好侠，金末先聚众抗击蒙古入侵，后投降蒙古，率军攻打金国，二人均因军功被封。乔惟忠是张柔部下，被封为行军千户，张柔封为顺天万户，率军灭金攻宋，最后进封蔡国公。元好问与他们虽是同龄人，但一文一武，一效忠于金，金亡不仕；一效力于蒙古，攻打金国，政治立场完全不同。天兴元年（1232）张柔带兵包围汴京，第二年汴京城守将崔立举城投降，张柔入城。难得的是，他入城之后，"于金帛一无所取，独入史馆，取《金实录》并秘府图书；访求耆德及燕赵故族十余家，卫送北归"②。这一举动不仅给元好问留下了好感，也与元好问抢救保存金朝文化的苦心相一致。这期间，元好问没有得到张柔特别的照顾，不在被护送北归十余家之中，也没有得到其他关心。当时陷于危乱无序之中，元好问与张柔或许无暇接触，甚至还不认识。蒙古定宗元年（1246），元好问在给白华书信中谈到所撰写的金史

①《元好问文编年校注》卷五《潞州录事毛君墓表》，中册，第1095页。
②宋濂等撰：《元史》卷一四七《张柔传》，中华书局，1976年，第11册，第3474页。

著作时说："惟有《实录》一件,只消亲去顺天府一遭,破三数月功,抄节每朝终始及大政事、大善恶系废兴存亡者为一书,大安及正大事则略补之。此书成,虽溘死道边无恨矣。"①轻松简单的语气背后,又透出他与张柔不错的交情,姻亲是他们之间最重要的关系。海迷失后二年(1250),元好问去张柔家查阅《金实录》,并作《顺天府营建记》,歌颂张柔建设顺天府(今河北保定)之功,文中说:"自予来河朔,雅闻侯名,人谓其文武志胆,可谓当代侯伯之冠。"②说明他对张柔的了解有一个由陌生到熟悉的过程。

　　元好问与乔惟忠的交往也不太密切,倒是在乔惟忠病故之后,元好问写下《乔千户挽诗》和《千户乔公神道碑铭》,诗如下:

　　　　高冢惊看石表新,空将事业望麒麟。燕辽部曲千夫长,楚汉风云百战身。赤羽有神留绝艺,素旗无诔记连姻。阴功未报天心在,累将重侯又几人。③

从首句"高冢惊看石表新"来看,该诗不是写作于乔惟忠去世当年,而是正式下葬之后,只是墓前的石表(无字碑)还没有刻写碑文。元好问于海迷失后二年经过顺天,其子"以仆辱在葭莩之末,以神道碑为请"④,"葭莩",是芦苇秆内的薄膜,语出《汉书·中山靖王传》,通常用来形容关系疏远的亲戚。可见《乔千户挽诗》与《千户乔公神道碑铭》为同时所作。该诗首联化用杜甫《曲江》"花边高冢卧麒麟"诗句,写壮志未酬;颔联概括他纵横南北的战争经历;颈联一写其生前军事才能,一写其死后尚无诔文;尾联予以安

①《元好问文编年校注》卷五《与枢判白兄书》,中册,第935页。
②《元好问文编年校注》卷五《顺天府营建记》,下册,第1133页。
③《元好问诗编年校注》卷五《乔千户挽诗》,第3册,第1255页。
④《元好问文编年校注》卷五《千户乔公神道碑铭》,下册,第1142页。

慰,他的阴功将荫及子孙后世。附带说一下,诗末原有自注:"潘安仁《杨使君诔》有'表之素旗'之句。乔与予皆毛氏之婿。"①《杨使君诔》指潘岳为其岳父杨肇所写的《杨荆州诔》,经查,文中没有"表之素旗"之句,大概是元好问误记。"表之素旗"出自曹植《王仲宣诔》。

第三层,是同宗的后代,主要是乔惟忠之子乔琚、张柔之女张氏夫妇。

乔琚是乔惟忠次子,曾任"顺天路人匠总管,雄州、新城等处长官"②,与张柔长女结婚,实为血缘关系非常亲近的结合,虽是亲上加亲,却违背科学。张氏是一才女,"幽闲执礼","赋诗弹琴,窈窕物外",还擅长丹青,喜欢参禅。元好问很喜欢她,既称之为"姨女"(姨侄女),显示出亲属关系;又称之为乔夫人,含有一些敬重之意(当时她应该四十岁左右);更因其气质娴静高华,称之为"静华君"③,暗含平等意识和怜赏之情。

元好问不同寻常地为这位姨侄女写下四首诗歌。《听姨女乔夫人鼓风入松》是首音乐诗:

> 白雪朱弦一再行,春风纤指十三星。云窗雾阁有今夕,宝靥罗裙无此声。潇洒寒松度虚籁,悠扬飞絮搅青冥。胎仙不比湘灵瑟,五字钱郎莫漫惊。④

《风入松》是著名古琴曲,据载是嵇康所作。"白雪"比喻琴曲之高雅,"朱弦一再行",意思是演奏了一曲又一曲,"春风纤指",形容

①《元好问诗编年校注》卷五《乔千户挽诗》,第3册,第1255页。
②《元好问文编年校注》卷五《千户乔公神道碑铭》,下册,第1142页。
③《郝经集编年校笺》卷三五《公夫人毛氏墓碑》,下册,第937页。
④《元好问诗编年校注》卷五《听姨女乔夫人鼓风入松》,第3册,第1342页。

乔夫人之美,"十三星"指琴弦上标示音节的十三颗星徽。"云窗雾阁有今夕",良辰宝地时时有,但像今晚能欣赏琴曲者则难得一遇,"宝靥罗裙无此声",世间美女千千万,能演奏如此美妙琴曲的能有几人?在反衬中突出姨女其人其乐的卓绝不群,其中不无美化、夸饰的感情倾向。"潇洒寒松度虚籁,悠扬飞絮搅青冥",模拟琴声高远悠扬的风韵,末两句将乔夫人鼓琴与传说中的湘灵鼓瑟相比。湘灵鼓瑟,河神冯夷随之起舞,姨女鼓琴有所不同,闻之起舞的是胎灵大神(道教神名),同样是魅力超凡。当年写过名诗《省试湘灵鼓瑟》的钱起,看到这一情景,不要惊讶,我的姨侄女完全不输湘灵!从中可见长辈呵护、欣赏晚辈的喜爱之情。

其他三首是题画诗,题为《乔夫人彩绣仙人图》《乔夫人墨竹二首》,兹引后者如下:

> 万叶千梢下笔难,一枝新绿尽高寒。不知雾阁云窗晚,几就扶疏月影看。

> 只待惊雷起蛰龙,忽从女手散春风。渭川云水三千顷,悟在香严一击中。①

刘因说,乔夫人"贞静端洁,其气类之合,又有与竹同一天者,故素善墨竹"②,郝经为之撰写《静华君墨竹赋》。后来,乔夫人将有关题画诗赋汇编成册。元好问此诗第一首诗体会乔夫人如何画竹,"雾阁云窗"与前诗"云窗雾阁"相同,指其居室之幽美高深,元好

---

① 《元好问诗编年校注》卷五《乔夫人墨竹二首》,第 3 册,第 1343—1344 页。
② 刘因著,商聚德点校:《刘因集》卷十一《静华君张氏墨竹诗序》,人民出版社,2017 年,第 195 页。

问想象乔夫人不知道在其闺阁窗前月下观察过多少次扶疏竹影，才能做到胸有成竹。第二首诗表现乔夫人落笔成春，并由画面联想到广袤的渭川云水，观察出静谧的画面所寓含的禅意。元好问在末句有自注："夫人参洞下禅有省。"乔夫人参习曹洞宗禅，香严禅师在除草时，以瓦砾碎石击打竹林，发出一种悦耳的声响，让他忽然开悟。乔夫人不仅能画竹，还能表现类似禅意，这就高人一筹。

可以说，在元好问的姻亲中，姨侄女乔夫人最能激发元好问的创作热情，不料这一现象却引发个别卫道者的冬烘怪论。明人何孟春根据这一组诗指责元好问没有好好地教导"明慧多艺"的姨侄女"内范"（指妇德），"岂不可惜"？并进而批评元好问"岂复知名教者哉"①。真是既不懂诗又不解风情的迂夫子！

人是社会关系的总和，关系千万重。元好问处于多维复杂的关系之中。金亡之前，张翰一家的亲属对其参加科举考试、进入汴京文人圈起到了积极作用，金亡前后，特别是金亡之后，毛氏亲戚群有助于元好问搜集和保护金代历史文化资料，推动了元好问部分诗文的写作。当然，关系总是双向的、多向的，元好问的那些姻亲也受益于元好问。没有元好问的作品，张翰、毛端卿、乔惟忠、张柔等人的生平与面貌将变得模糊不清。

---

① 何孟春：《余冬诗话》卷下，中华书局，1985年，第22页。

六、长安之行

如果说汉、唐是寄托中华民族盛世梦的朝代，那么长安就是寄托盛世梦的都城。经过唐宋人的多方渲染，长安简直是个梦幻般的存在。它代表着繁华风流，象征着功名利禄，当然也经常演绎着大喜大悲、大起大落。天下之人，云集长安，寻求梦想。宋代之后，长安即使不再是都城，不再是政治中心、文化中心，地位也有所下降，但仍然是中华民族的集体记忆，吸引着四面八方膜拜的目光。很多文人，无论去过与否，都有一份属于自己的长安情怀。

元好问生于寒乡小邑，像很多人一样，向往长安的繁华热闹。泰和八年（1208）前后，元好问的养父元泰在陇城担任县令，陇城在西安与兰州之间，位于今天甘肃省秦安县。这年春天，元好问从家乡忻州来到长安，参加府试。他完全可以像三年前一样，"秋试并州"，就近在太原参加府试。之所以舍近求远，当有侍奉养父和游历长安的双重考虑。尽管他后来意识到，长安不是理想的迎考之地，"二十学业成，随计入咸秦。秦中多贵游，几与书生亲？"[1]那些显贵者不爱读书，不喜欢与书生交往，可见，长安的读书风气并不浓厚，但对年轻的元好问来说，通都大邑的诱惑实在

---

[1]《元好问诗编年校注》卷一《古意二首》（其一），第1册，第84页。

无法抵挡。无论如何，长安之行都是他宝贵的人生经历。十多年后，元好问送别三两位秦中之人回家乡，提及自己当年的长安之行：

> 关中风土完厚，人质直而尚义。风声习气，歌谣慷慨，且有秦、汉之旧。至于山川之胜，游观之富，天下莫与为比。故有四方之志者，多乐居焉。予年二十许时，侍先人官略阳，以秋试，留长安中八九月。时纨绮气未除，沉涵酒间，知有游观之美而不暇也。①

这段文字的中心是谈论关中"山川之胜，游观之富"，为自己当年未暇游览而感到遗憾。年二十许，是约数，当时元好问十九岁。略阳，即陇城。秋试，指府试，因为考试时间通常在八月下旬到九月上旬。元好问像许多考生一样，提前到长安迎考。从下引有关词作来看，元好问大概二三月来到长安，十月前后离开，在长安居住了八九个月，时间偏长。参加考试是此行最主要的目的，也是最正当的理由。但元好问在向秦中朋友解释未暇游览关中名胜的原因时，却没有突出考试这一堂皇理由。也许在他看来，应试的理由不够充足，因为秋试之后，他在长安又逗留了两个月左右，完全有时间游览一些关中名胜。这只能说明他当时的兴趣点不在于此，而在于别处。在上文中，他夫子自道，不加掩饰地交代了真实的理由，是"纨绮气未除，沉涵酒间"。这种揭短式的自我评价，有些出人意料，却在那些被送朋友的情理之中。秦中诸人对他的长安生活应该有所了解，所以元好问只得实话实说。既然如此，那么何为"纨绮气"，就值得我们探究了。

①《元好问文编年校注》卷一《送秦中诸人引》，上册，第117页。

从字面上来看，纨绮气通常指富家子弟的骄奢习气。元好问虽然算不上是富家子弟，但也是官宦人家，能在长安生活八九个月，说明当时元好问的生活条件不差，至少不拮据。在繁华的大都市中，见到了许多"贵游"，试看他的《长安少年行》：

> 黄衫少年如玉笔，生长侯门人不识。道逢豪客问姓名，袖把金鞭侧身揖。卧驼行橐锦帕蒙，石榴压浆银作筒。八月苍鹰一片雪，五花骄马四蹄风。日暮新丰原上猎，三更歌舞灞桥东。①

《长安少年行》原是乐府旧题，元好问此诗是拟作还是写实？难以遽然下判断。即便是拟作，也寄托着他的理想。这位贵介少年身材挺拔，皮肤白皙，穿着一身富贵的黄衫，骑着五花宝马，手执金鞭，英俊潇洒，阔绰奢豪，纵酒游猎，歌舞酣乐，畅享人生，好不快意。这正是少年人普遍的梦想，面对如此贵少，元好问难免有些眼热心动，将之形诸笔下。

根据元好问的自述，他的"纨绮气"主要表现在"沉涵酒间"。元好问好酒，人所共知，有《饮酒》《后饮酒》等诗传世。早在长安期间就已经露出一些端倪，如《点绛唇·长安中作》：

> 沙际春归，绿窗犹唱留春住。问春何处，花落莺无语。
> 渺渺吟怀，漠漠烟中树。西楼暮。一帘疏雨。梦里寻春去。②

"沙际春归"，有的版本作"醉里春归"，以此证明他好酒，尚不够有力。另一首《蝶恋花·戊辰岁长安作》则更加明显，由伤春惜花写

---

① 《元好问诗编年校注》卷一《长安少年行》，第1册，第5页。
② 《遗山乐府校注》卷三，第520页。

到饮酒寻欢、歌舞享乐：

> 　　一片花飞春意减。雨雨风风，常恨寻芳晚。若个花枝偏
> 入眼。尊前细向春风拣。　　醉里看花云锦烂。只记莺声，
> 不记红牙板。留著佳人鹦鹉盏，明朝剩把长条换。①

戊辰岁，即泰和八年（1208）。首句从杜甫《曲江二首》“一片花飞
减却春”化出，写风雨落花，“寻芳”，语带双关，词人把酒赏花，欣
赏最入眼的那个花枝，那位歌女。下片词人一边饮酒，醉眼迷离，
一边欣赏美人歌舞。云锦烂，形容女子的美貌。莺声，形容女子
动听的歌声。红牙板，指女子演唱时打节拍的牙板。他只顾着欣
赏女子的如花美貌、似莺歌声，而不在意她演唱的是什么歌曲。
换言之，他在意的是歌女的色相，而非歌唱技艺。末句表明心甘
情愿地沉湎其中，及时行乐，因为明天将要与她分别。这首词就
不再是单纯的“沉涵酒间”，而差不多是沉湎酒色了。美酒、佳人、
春花、歌舞，这些艳情词的要素一应俱全。从“戊辰岁长安作”这
样纪实性的提示来看，这首词应是写实之作，是他长安生活的忠
实纪录。

　　元好问在流连歌舞之际，是否还有更加浪漫不羁之举？从常
情推测，难以排除。试看《鹧鸪天》：

> 　　少日骊驹白玉珂。灵砂犀角费频磨。西城灯火长安梦，
> 满意春风似两坡。　　流素月，溯秋河。百年狂兴一声歌。
> 醉归扶路人应笑，头上花枝奈老何。②

该词写作时间不详，当是离开长安之后所作。上片回忆过去年少

---

① 《遗山乐府校注》卷二，第 276 页。
② 《遗山乐府校注》卷三，第 390 页

时光,"骊驹白玉珂"是指戴着玉佩的宝马,源于杜诗"知君未爱春湖色,兴在骊驹白玉珂"①,宝马玉珂,似乎是纨绮少年的标配。"灵砂犀角费频磨"出自黄庭坚《再和元礼春怀十首》其五"酒恶花愁梦多魇,灵砂犀角费频魇(一作磨)"②。据黄诗自序,元礼是北宋时期成都的一位美少年,"好狎使酒",沉迷于钱塘的"风烟花月","心醉而忘反",后来有所收敛,"折节自苦"。在黄诗中,灵砂、犀角指代治疗沉湎于花酒梦魇的珍贵丹药。后两句,"西城灯火长安梦,满意春风似两坡",长安的夜生活令人沉醉快乐,难以忘怀。问题是,何为长安梦?"似两坡"是理解长安梦的关键,可惜当代元好问词的相关注本如《遗山乐府校注》《全金元词评注》都未出注。"两坡"指长安平康坊内的烟脂坡、翡翠坡,是青楼聚集地。元人骆天骧《类编长安志》卷三《馆阁楼观》记载:"古老相传,秦楼、青楼,俱在画桥东平康坊。烟脂、翡翠,二坡相对。"③冯子翼《江城子》:"烟脂坡上月如钩。问青楼,觅温柔。"④由此可见,他的长安梦是与秦楼楚馆相关的放荡情怀。词的下片,感怀当下,星河流转,时光飞逝,人生百年一瞬,自己也将老去,流露出人生有限的无奈和伤感。

　　说元好问在长安期间,可能会出入风月场所,似乎有些不恭,甚至会损害其声名。其实,在古代并不稀奇,世人也不以为非。谓予不信,请看他的几位朋友。

---

① 《杜甫集校注》卷十三《奉寄别马巴州》,第5册,第2024页。
② 黄庭坚撰,任渊、史容、史记温注,刘尚荣校点:《黄庭坚诗集注·山谷诗外集补》卷三,中华书局,2003年,第5册,第1675页。
③ 骆天骧撰,黄永年点校:《类编长安志》,三秦出版社,2006年,第98页。
④ 《中州集校注》之《中州乐府》,第8册,第2812页。

　　李汾是元好问的三知己之一,年少时即游历长安,后来追忆往事,自称"薄游却忆开元日,常逐春风醉两坡"①,以开元指代过去的太平岁月。正大四年(1227),李汾再试不第,加之与雷渊、李献能等人发生纠纷,牢骚满腹,不得不离开汴京,再归长安。李庭、陈赓、雷琯等一干诗人为他写诗送行,杨弘道故意调侃他说:"何时一斗凤鸣酒,满酌与君洗不平。男儿年少鬓如漆,日落胭脂坡上行。"②凤鸣酒,应该是长安一带的特产。他料想李汾回长安后,一定会借酒浇愁,纵情声色,相信那时才能消尽胸中块垒与不平。杨弘道居然公开声扬、纵容李汾的饮酒狎妓之行,在今天看来,有些匪夷所思,但在当时却是公开的、正常的行为。

　　元好问的另一知己李献甫也有此好。请看他在长安期间所作的《别春辞》:

　　　　东皇按辔来何迟,人间二月才芳菲。六十日春能几时,不如意事常相随。一声啼鴂花片飞,把酒却与春别离。春缓归,听我歌,滔滔岁月如流波,贵忧孰与贱乐多。吾宁不欲列华鼎,驰鸣珂,香屏倚妓荐绮罗。人生赋分有定在,谁能买愁费天和。长安市上酒如海,跨驴径上胭脂坡。酒酣醉舞双婆娑,春自来去如予何!③

该诗疑作于长安,春天短暂,二月才至,三月又别,还伴随着诸多不如意之事,如何消解人生烦恼?也只好以酒色自娱,"长安市上酒如海,跨驴径上胭脂坡",以酒色来麻醉自己,度过春去春来的

<hr />

①《中州集校注》卷十《州北》,第 8 册,第 2496 页。
②杨弘道:《小亨集》卷五《调李长源》,《李俊民集　杨奂集　杨弘道集》,第 456 页。
③《中州集校注》卷十,第 8 册,第 2535—2536 页。

时光。

　　元好问还有一位"臭味既同,而相得甚欢"的朋友张伯遒。此人出身显贵,"三世辽宰相家,从少日滑稽玩世,两坡二枣,所谓入其室而啖其炙者,故多喜而谑之之辞"①。"二枣",原意失考,与"两坡"并列,性质应该相同。"入其室而啖其炙",化用黄庭坚在《再和元礼春怀十首》序中对元礼的评价:"元礼盖入其乡、啖其炙者也。"②所以,张伯遒是与元礼相似的风流浪子,他的《新轩乐府》中免不了一些艳情之作,元好问亦不以为过。

　　俗话说,观其友,知其人。这些都说明,当时士大夫流连烟花巷陌,基本不受道德谴责。假使元好问涉足"两坡",也有其合理性,不是什么惊世骇俗、不可原谅的过失。因此,他也不讳言长安风月。下面这首《鹧鸪天》很可能是怀念长安某女子之作:

　　　　百啭娇莺出画笼。一双蝴蝶蹁芳丛。葱茏花透纤纤月,暗淡香摇细细风。　　情不尽,梦还空。欢缘心事泪痕中。长安西望肠堪断,雾阁云窗又几重。③

有学者将此词当成金亡之后羁管聊城期间所作,将长安理解为汴京,认为是感时伤乱之词,体现香草美人的传统,内含黍离之悲,可惜没有任何可靠的文献依据。从词面上来看,上片怀旧,写春日丽景,鸟语花香,雍容娴雅,温柔纤巧,没有丝毫乱亡气象,应该是当年在长安与女子相会的美好记忆;下片伤今,往事成空,鸳梦难以重温,长安成了他不堪回首的伤心地。如此看来,元好问在

---

①《元好问文编年校注》卷六《新轩乐府引》,下册,第 1384 页。

②《黄庭坚诗集注·山谷诗外集补》卷三《再和元礼春怀十首》,第 5 册,第 1674 页。

③《遗山词校注》卷三,第 419 页。

长安有他牵肠挂肚的佳人，只是他没有直白地说出她的名字。

离开长安之后，这段经历会让元好问触景生情，借题发挥。大安二年(1210)，养父元泰病故，元好问从秦中扶灵柩回家乡，途经绛阳(今山西绛县)时，遇见一位英俊少年，是当地观察判官之子崔振之，正与一位叫阿莲的琴妓告别，两人泪水涟涟。元好问目睹这一幕，写下一首《江城子·观别》词，记录其事：

> 旗亭谁唱渭城诗。酒盈卮。两相思。万古垂杨，都是折残枝。旧见青山青似染，缘底事，澹无姿。　　情缘不到木肠儿，鬓成丝，更须辞。只恨芙蓉，秋露洗胭脂。为问世间离别泪，何日是，滴休时。①

上片开头即用长安旗亭画壁的典故，或许带有元好问的长安别情记忆。人生受制于各种因素，离别总是不可避免，昔日苍翠如染的青山，也因为心情低落而变得暗淡无光，失去了动人的风姿。下片先议论，人世间只有那些木石心肠的人，对感情无动于衷，而多情之人，一定不辞愁苦，相思到老。接着描写阿莲伤心憔悴的面貌，芙蓉指代如花般的阿莲，她的泪水如同秋露一般，打湿了她的胭脂，让她花容失色。元好问感慨，何时天下有情人不用分离不用流泪？元好问写作此词时，还在丁忧(守孝)期间，他一定有所感触，情不能已，才落笔成词，并融入他自己的离情别恨。

少年情事，往往刻骨铭心，相伴终生。二十五年后，绛阳离别的男主人公崔振之拜访元好问，这时二人都已进入中年，他们又谈起这件往事，引发元好问的再次感慨，又写下了一首《太常引》。词前小序详细交待两首词的写作缘由：

---

① 《遗山乐府校注》卷二，第229页。

> 予年廿许,时自秦州侍下,还太原,路出绛阳。适郡人为观察判官祖道道傍。少年有与红袖泣别者,少焉,车马相及,知其为观察之孙振之也。所别即琴姬阿莲,予尝以诗道其事。今二十五年,岁辛巳,振之因过予,语及旧游,恍如隔世,感念今昔,殆无以为怀,因为赋此。①

前半段即是上引《江城子·观别》的本事。辛巳,据赵永源《遗山词研究》考证,可能是"乙未"之误,乙未为蒙古太宗七年（1235）,当时金王朝已经灭亡,元好问正羁管于聊城。他们聊起过去交往之人,很多人已经死于战乱,大概如同杜甫所言,"访旧半为鬼,惊呼热中肠",所以感到"恍如隔世"。词曰:

> 渚莲寂寞倚秋烟。发幽思、入哀弦。高树记离筵。似昨日、邮亭道边。　　白头青鬓,旧游新梦,相对两凄然。骄马弄金鞭,也曾是、长安少年。

"渚莲",既是水中莲花,又关合崔振之的情人阿莲。一别之后,幽思杳渺,离别的场景恍惚就在昨天。而人生已老,如同秋天水中莲花,含愁带恨,更有些友朋陆续凋零,不禁让人凄然神伤。好在我们都曾年轻过,都曾风流放纵过,都曾享受过美好的爱情。"骄马弄金鞭,也曾是、长安少年。"这两句兼指元好问与崔振之,崔振之生平不详,年轻时是否游览过长安,不可考。如果他没有去过长安,那么词中的长安就应该借指汴京,但对元好问而言,长安应是实指,因为元好问进入汴京时已经不再年少。他这时回首过去,那种骄马金鞭、美酒佳人的青葱岁月,是人生的骄傲,是如今困顿人生的精神安慰。顺带说一下,元好问还有一首乐府诗《渚

---

① 《遗山乐府校注》卷三,第445页。

莲怨》："阿溪何许来，素面浣风雨。寂寞烟中魂，依依欲谁语。"①
内容、情调与这首词上片高度相似，很可能也是有感于崔振之与
阿莲情事而作。

　　元好问长安之行，八九个月时间，只是元好问人生中的一小
段经历，却具有特别的意义。

　　其一，增加了元好问对长安的感性认识，为日后的牵挂、关注
打下了基础。后来李汾、李献甫、雷渊、杨弘道等人赴长安，元好
问一再寄予关怀之情。如贞祐四年（1216），李汾经过河南女几山
回关中，元好问作诗为之送行，在同情其蹉跎不遇的遭际之后，寄
希望于未来："从知鲛鳄无隐鳞，芥视三山需一蟇。自古饥肠出奇
策，汉廷诸公必动色，见君轩盖长安陌。"②长安曾经是个能够上
演奇迹的地方，如马周落拓时，客居新丰旅店，受到店主的冷落，
"吾闻马周昔作新丰客，天荒地老无人识"③，后因代中郎将常何
上书，谈论朝政，受到唐太宗的赏识，从而步步高升。

　　其二，早年的纨绮之气，有助于理解和评论前人和时人的艳
情类创作。词为艳科，描写艳情是词的本色，即使经过苏轼以诗
为词的变革之后，艳情底色仍然存在。如果元好问在生活中排斥
艳情，像道学家那样非礼勿视，甚至存天理，灭人欲，那么他就会
否定和排斥艳情词。譬如黄庭坚写下诸多艳情词，受到法秀道人
"以笔墨劝淫"的指责，元好问却为之辩解，"法秀无端会热谩，笑

---

① 《元好问诗编年校注》卷六《渚莲怨》，第 4 册，第 1760 页。
② 《元好问诗编年校注》卷一《女几山避兵送李长源归关中》，第 1 册，第
　　34 页。
③ 李贺著，王琦等注评：《三家评注李长吉歌诗》卷二《致酒行》，上海古籍出
　　版社，1998 年，第 86—87 页。

谈真作劝淫看"①。又如金初词人蔡松年,被元好问视为金代百年词人的代表,他的《石州慢·高丽使还日作》写与高丽馆妓的艳情,为人们哄传一时,元好问持开明的态度,将之收入《中州乐府》之中。

其三,长安风月丰富了他的人生体验,有助于他的词体创作。元好问本人也创作了少量软媚的艳情词,如《鹧鸪天·宫体八首》,其中就有"天上腰肢说馆娃。眼中金翠有芳华""罗裙细看轻盈态,元在腰肢婀娜边"②之类绮艳描写。他的爱情词名篇《摸鱼儿》作于贞祐四年(1216),"问莲根、有丝多少。莲心知为谁苦"③,写得如此缠绵悱恻,未尝不含有他对阿莲之类女子感情以及自己长安风月的体会。

总之,早年的长安之行,如元好问所言,"骄马弄金鞭,也曾是、长安少年",正所谓青春无悔。

①《元好问诗编年校注》卷六《题山谷小艳诗》,第 4 册,第 1811 页。
②《遗山乐府校注》卷三,第 378 页。
③《遗山乐府校注》卷一,第 59 页。

七、三乡诗思

《论诗三十首》是元好问诗歌的代表作,也是历代论诗绝句的代表作,实际上标志着元好问诗歌创作的第一个高峰。元好问在题下自注说是"丁丑岁三乡作",丁丑为金宣宗兴定元年(1217),当时元好问二十八岁。三乡位于南京路嵩州福昌县,与永宁县相邻,在洛阳西南方向,今天属于河南省宜阳县,离洛阳九十公里左右。元好问有时以永宁来指代三乡,有时以洛西来指代三乡。赫赫有名的《论诗三十首》,就诞生在这鲜为人知的小村镇,其中有哪些偶然性与必然性因素?

贞祐年间,蒙古兵多次南侵,元好问的家乡忻州遭到屠城的大不幸,到了贞祐四年(1216)春,蒙古兵攻打太原,元好问不得不偕其母亲、妻子等家人,带着一些图书和画轴,南下避乱。五月,经过解州虞乡(今山西永济境内),渡过黄河,进入南京路,也就是今天的河南省境内。大概在六月前后,到达三乡,在三乡住了下来。元好问为什么会选择三乡?他没有直接说明理由,但我们从现存文献可以看出,在三乡一带避乱,是很多人的共同选择。譬如"河汾诸老"成员的陈赓、陈庚兄弟,他们的父亲,规措使陈仲谦遭遇贞祐元年(1213)兵乱,先弃官回家乡临晋(在今山西临猗县西南),然后带着一家渡过黄河,到达永宁,陈仲谦"爱永宁山水之胜,遂欲终隐"①。陈赓"买田洛西,治生产,日置酒速客,登山临水,以乐其亲"②。无独有偶,费县(今属山东)县令郭峤在贞祐战乱期间,也逃往永宁,其原因亦如元好问所说,"洛西山水佳胜,衣冠之士多寓于此"③。其实,早在隋唐时期,三乡一带就是著名的风景区,大名鼎鼎的连昌宫就位于此,唐高宗李治、女皇武则天、唐玄宗李隆基、贵妃杨玉环等曾游幸连昌宫。中晚唐后,连昌宫成了废墟,但山河依旧,美景依然。金代全真教徒秦志安盛赞其地:"形势平正,土壤膏腴,名曰三乡,最为天下甲。四水回环,三川围绕,富于桑麻粳稻。翠竹成林,红椒满圃,真人间繁华锦绣之地也。"④相对安宁,有险可守,交通便利,风景优美,是众人将三乡当成避难所的重要原因。元好问随大流,也喜爱这片山水。还有另外一层原因,就是他南下避乱相对较迟,世交赵元大概比他早两年到达三乡一带,同乡刘昂霄也应该先期抵达,元好问很可能投奔他们而来,或者受邀而来。

　　"山林皋壤,实文思之奥府。"⑤自屈原之后,鲜有诗人不得到"江山之助"。既然三乡风光优美,那么周边有哪些佳山胜水,能够激发元好问等人的诗思?最具代表性的应该是女几山和光武庙。

　　女几山又叫韩岳、石鸡山、花果山,海拔高达一千八百多米,比中岳嵩山还要高大。唐宋时期,岑参、刘禹锡、邵雍等人有诗歌

①《元好问文编年校注》卷五《故规措使陈君墓志铭》,中册,第629页。

②程钜夫:《故河东两路宣慰司参议陈公墓碑》,《全元文》,第16册,第516页。

③《元好问文编年校注》卷五《费县令郭明府墓碑》,中册,第638页。

④王宗昱编:《金元全真教石刻新编》之《重修玉阳道院记》,北京大学出版社,2005年,第149页。

⑤《文心雕龙解析·物色第四十六》,下册,第722页。

题咏女几山。中唐时期,山东泰山人羊士谔经过三乡,望见女几山,为其美景深深吸引,想在此安家,无奈人在仕途,不得不一步三回头,依依不舍地离开。其诗《过三乡望女几山,早岁有卜筑之志》曰:"女几山头春雪消,路傍仙杏发柔条。心期欲去知何日,惆怅回车上野桥。"①随着中原王朝首都的迁移,长安、洛阳的地位有所降低,女几山也随之落寞下来,雷渊称其地"水原衍沃,修竹乔木弥望,泉行竹间,泠泠有声"②。现为洛阳花果山森林国家公园。女几山离三乡镇很近,约十五公里左右,北宋邵雍说:"空余女几山,正对三乡驿。"③贞祐四年十月,蒙古兵攻破潼关,进逼洛阳、汴京一带,元好问等人离开三乡,到女几山山中避乱,他的知己辛愿就是三乡本地人,好友刘昂霄号女几樵人,也于此安家。元好问是否登临过女几山,未见记载,但他后来在《竹林禅院记》中有一段关于女几山风光的描写,相当精彩:

> 东望女几,地位尊大,居然有岳镇之旧,偎蹲劫立,莫可梯接。仙人诸峰颜行而前,如进而侍,如退而听,如敬而慕,如畏而服。重冈复岭,络脉下属,至白马,则千仞突起,朗出天外,俨然一敌国之不可犯。金门、乌啄奔走来会,小山累累,如祖龙之石,随鞭而东。云烟杳霭,浓淡覆露,朝窗夕扉,

---

① 羊士谔:《过三乡望女几山,早岁有卜筑之志》,彭定求等编:《全唐诗》卷三三二,中华书局,1960年,第10册,第3695页。
② 雷渊:《嵩州福昌县竹阁禅院记》,阎凤梧主编:《全辽金文》,山西古籍出版社,2002年,下册,第2760页。
③ 邵雍:《伊川击壤集》卷三《故连昌宫》,郭彧、于天宝点校:《邵雍全集》,上海古籍出版社,2016年,第4册,第38页。

万景岔入，广一揽而洛西之胜尽。①

巍峨的女几山，山峰林立，形态各异，气象万千，从如此详细而形象的描写中来看，元好问很可能游览过女几山，而且非常喜欢这里的风景。

光武庙因纪念东汉光武帝刘秀而建。建武三年(27)，刘秀在三乡降服樊崇领导的赤眉军，一举奠定东汉基业，后来其子汉明帝刘庄诏令修建光武庙。这座"汉刹云山"与女几山隔河(洛水)相望，是当地著名的景点。元好问曾与辛愿、刘昂霄、麻革等众多诗人游览光武庙，举行诗酒会，各自题诗，元好问作《秋日载酒光武庙》诗："美酒良辰邂逅同，赤眉城北汉王宫。百年星斗归天上，万古旌旗在眼中。草木暗随秋气老，河山长为昔人雄。一杯径醉风云地，莫放银盘上海东。"②面对历史遗迹，诗人感慨王朝兴废、人物浮沉。

除了以上一山一庙之外，三乡一带随处可见的优美风光也会激发其诗情。如《胜概》(三乡作)所说："胜概烟尘外，新诗杖屦间。偶随流水去，澹与暮云还。"③触目所见的洛河流水和山间浮云，都能诱发元好问写出新诗。他的《三乡杂诗》组诗前两首都是写景之作：

梦寐沧州烂熳游，西风安得钓鱼舟。薄云楼阁犹烘暑，细雨林塘已带秋。

尖新秋意晚晴中，六尺筇枝满袖风。草合断桥通暗绿，竹摇残照漏疏红。④

①《元好问文编年校注》卷二，上册，第188—189页。
②《元好问诗编年校注》卷一，第1册，第75页。
③《元好问诗编年校注》卷一，第1册，第79页。
④《元好问诗编年校注》卷一，第1册，第76—77页。

初秋季节,暑热尚存,细雨凉风,带来一些快意,诗人欣赏初秋池塘、竹林的景致,享受舒适自得之情,流露出隐逸山林的意愿。所写景象纯净美好,看不出丝毫战乱气氛。在兵连祸结的年代,能有这样一方宁静之地,简直就是充满诗意的绿洲。

三乡美景,在词中也有反映。如下列二词:

朝中措·永宁时作

　　连延村落并阳崖。川路到山回。竹树攒成风月,溪堂隔断尘埃。　　小亭幽圃,酴醾未过,芍药初开。驴上一壶春酒,主人莫厌重来。①

点绛唇·青梅(永宁时作)

　　玉叶璁珑,素妆不趁宫黄媚。谢家风致。最得春风意。　　手把青枝,忆得斜横鬓。西州泪。玉箸无味。强为清香醉。②

二词所写都是"隔断尘埃"的春日丽景,元好问在三乡度过一段安宁自在的生活。但三乡毕竟是避乱客居之地,诗人不可能完全忘怀现实,所以他仍然不时地担忧时局、怀念家乡:"烽火苦教乡信断,砧声偏与客心期。"③"八月并州雁,清汾照旅群。……南来还北去,无计得随君。"④

对元好问而言,三乡一带的人文环境比山水佳胜更为重要。诗可以群,诗歌让一帮年轻诗人聚集在一起,反过来,聚集在一起的诗人形成了创作群体,形成了浓厚的文学氛围,他们互相切磋,互相促进,共同提高。当时聚集在三乡的诗人有辛愿、赵元、刘昂

①《遗山乐府校注》卷三,第456—457页。
②《遗山乐府校注》卷三,第523页。
③《元好问诗编年校注》卷一《永宁南原秋望》,第1册,第88页。
④《元好问诗编年校注》卷一《八月并州雁》,第1册,第24页。

霄、魏璠、马伯善、麻革、性英、张澄等人,元好问晚年为性英禅师《木庵诗集》作序,回忆三乡诗坛:

> 贞祐初南渡河,居洛西之子盖,时人固以诗僧目之矣。三乡有辛敬之、赵宜之、刘景玄,予亦在焉。三君子皆诗人,上人与相往还,故诗道益进。①

性英禅师也是因为避乱逃到洛西,因为与三乡诗人交往密切,所以"诗道益进"。元好问身处其间,能体会到交游唱酬之乐,能排解流离他乡的苦闷,同时,他的诗歌创作也得益于这一环境。且不说与严于论诗的辛愿、年长一些的世交赵元等人的诗歌往还,这里就以刘昂霄为例。元好问曾与刘昂霄、辛愿、魏璠、马伯善、麻革等人一同游览光武庙,各自写诗,元好问、刘昂霄的诗歌现存于世,元好问诗已见上文,刘昂霄在元好问之后,写下《中秋日同辛敬之、魏邦彦、马伯善、麻信之、元裕之燕集三乡光武庙,诸君有诗,昂霄亦继作》,被元好问收录在《中州集》卷七之中:

> 积甲原头汉阙宫,登临还喜故人同。超超万里乾坤眼,凛凛千年草木风。今古消沉诗句里,河山浮动酒杯中。极知胜日须麦醉,更待银盘上海东。②

刘昂霄比元好问年长四岁,知识渊博,口才出众,他的这首诗与元好问诗韵脚大多相同,虽然不是次韵诗,但处处紧扣元好问诗,大有与元好问诗歌一争高低之意。我们可以稍作比较。二诗首联都是叙事,交代与朋友一同游览光武庙之事,元诗侧重时间与地

---

① 《元好问文编年校注》卷五《木庵诗集序》,中册,第 1087 页。
② 《中州集校注》卷七,第 6 册,第 1958 页。"超超万里",《归潜志》卷三引作"迢迢万里",疑是。

点,突出美酒良辰,刘诗则注重历史背景,化用赤眉军败降后"积兵甲宜阳城西,与熊耳山齐"①的史实,使得开篇更具历史深度。二诗颔联都比较博大开阔,写法略有不同,元诗重在表现物是人非的历史虚幻感,刘诗重在写景,更符合登高怀古类诗歌的常规写作路数。元诗颈联以写景来咏怀,刘诗颈联俯仰今昔,与吟诗饮酒相结合,以小见大。二诗尾联都以饮酒结束,元诗"一杯径醉风云地,莫放银盘上海东",劝大家饮酒,意思是说不要喝到明月当空之时,影响赏月,元好问此论偏于实在,执着于赏月之念。刘诗与元诗恰恰相反,主张痛饮美酒,直到深夜,一任明月当空,刘昂霄结句更加空灵。不得不承认,就怀古抒情而言,刘诗可谓后来居上,赢得了元好问的喜爱和赞赏。刘祁《归潜志》卷三引用刘诗四句,说"元裕之尝称之"②,说明元好问曾公开称赞刘昂霄此诗。蒙古乃马真后三年(1244),元好问重游三乡光武庙,写下《定风波·三乡光武庙,怀故人刘公景玄》一词,再次称赞刘诗:

> 熊耳东原汉故宫,登临犹记往年同。底事爱君诗句好?解道,河山浮动酒杯中。　　存没悠悠三十载,谁会,白头孤客坐书空。黄土英雄何处在?须待,醉寻萧寺哭春风。③

元好问对刘昂霄的怀念主要集中在光武庙聚会及其诗歌方面,还特别征引"河山浮动酒杯中"一句,可见他对刘昂霄这首诗记忆之深刻。尽管元好问后来的诗歌成就高出三乡诸人,但他直到晚年,仍然坚称赵元、辛愿、刘昂霄三人是当时最优秀的诗人,"皆天

---

①范晔撰,李贤等注:《后汉书》卷十一《刘盆子传》,中华书局,1965年,第2册,第485页。

②《归潜志》卷三,第25页。

③《遗山乐府校注》卷四,第606—607页。

下之选"①。所以,在元好问刚刚崭露头角的三乡时期,辛愿、赵元、刘昂霄等人的诗歌一定是他学习和借鉴的对象。

三乡还聚集着一批其他文化名流和乡贤。元好问在《费县令郭明府墓碑》中说,郭峤在永宁"与贾吏部损之(贾益),赵邠州庆之,刘文学元鼎,李泽州温甫,刘内翰光甫(刘祖谦),名流陈寿卿、薛曼卿(薛继先)、申伯胜、和献之诸人,徜徉泉石间,日有诗酒之乐"②,在《故规措使陈君墓志铭》中也说,陈仲谦与"贾吏部损之、赵漕使庆之、麻凤翔平甫、刘邓州光甫""女几辛敬之(辛愿)、定襄赵宜之(赵元)、邑子和献之"等人交游,虽然其中有些人物生平不可考,但都是当时的"高人胜士"③。元好问《定风波》(离合悲欢酒一壶)词还提到"永宁范使君园亭、汝南周国器、汾阳任亨甫、北燕吴子英、赵郡苏君显、淄川李德之"等"六客",赞美"洛西清燕百年无"④。这些人共同构筑了有利于元好问成长和发展的三乡文化高地。

三乡山水、人文为元好问诗歌创作提供了良好的土壤,但元好问写出《论诗三十首》等诗,还取决于他的主观条件。

元好问当时的主要目标是参加科举考试,获得进入仕途的资格。但在备考的同时,元好问一直没有放弃写作诗歌这一爱好,写作诗歌的兴趣应该大于应试。从家乡南下,到了洛阳一带,实际上进入了中原文化核心区域,写作诗歌的兴趣会有所强化。三乡尽管是个小镇,却毗邻洛阳、长安等地,与汴京亦不算很远,三

---

① 《元好问文编年校注》卷六《张仲经诗集序》,下册,第1389页。
② 《元好问文编年校注》卷五《费县令郭明府墓碑》,中册,第638页。
③ 《元好问文编年校注》卷五《故规措使陈君墓志铭》,中册,第628页。
④ 《遗山乐府校注》卷四,第609页。

乡是他进军京都诗坛圈的跳板。三乡众多诗人的活动，点燃了他的创作热情，使得他成为三乡诗坛的活跃人物。雷渊在《赠答麻信之》序中将元好问与刘昂霄并称为"国士"①，也就是国家级的士人，可见元好问在三乡诗坛声誉日隆的地位。"国士"的声誉，加大了元好问进军主流诗坛的决心，同时，也促使他必须思考有关问题：以何种姿态进入主流诗坛？要写出什么样的诗歌才能流芳后世？

　　元好问二十八岁之前，想必写过很多诗歌，有过很多尝试，如他自己所说："我诗初不工，研磨出艰辛。"②之所以艰辛，不仅在于诗歌写作的规范和技巧，还在于诗歌写作路径和方向的迷茫。这一年，有一个特殊机缘促进他深入系统地思考诗歌的理论问题，那就是拜见诗坛领袖、礼部尚书赵秉文。赵秉文是主管科举考试的最高官员，元好问在其岳父、户部尚书张翰的陪同下，拜访赵秉文。拜访的目的主要是考前的公关请托，建立感情。带上礼物，带上"时文"，予以请益，自是秘而不宣的首要内容。可以堂而皇之、公开谈论的是诗歌，谈论诗歌更能够增进感情，其重要性不言而喻。元好问必须有两方面的充分准备：一是有形的准备，就是抄录一份自己的得意之作，向赵秉文请教，类似唐人的行卷。元好问带了自己多少首诗歌？现已不得而知，从常情来推测，不应该只有三两首。可以肯定的是，在交谈中，赵秉文对元好问诗歌有所评点，并盛赞元好问的《箕山》《元鲁县琴台》两首五言古诗，"以为近代无此作也"③。二是无形的准备。从元好问的角度

---

①《中州集校注》卷六，第5册，第1709页。
②《元好问诗编年校注》卷五《答王辅之》，第3册，第1487页。
③《金史（点校修订本）》卷一二六《元好问传》，第8册，第2892页。

来看，无论赵秉文是否有时间或者是否愿意与他谈论诗歌，元好问都要做好有关应对的思考。譬如关于前代名家名作、诗风流派以及关于当代诗坛的各种现象等等，交流中都可能有所涉及，作为晚生后辈，元好问当然以倾听为主，但也要回答前辈的询问。这种讨论一定会启发元好问进一步思考有关诗歌的问题。

《论诗三十首》是元好问思考诗歌理论系列问题的结晶。是写作于拜访赵秉文之前还是之后？该年十一月，元好问在三乡闲居，曾将前人有关诗文的议论文字编在一起，命名《锦机》，作为自己写作的参考。其动机与《论诗三十首》的写作有一致之处，狄宝心《元好问年谱新编》认为《论诗三十首》是对编纂此书有关"前人议论"[1]的感受，从而将之确定为冬天所作。笔者倾向于赞成此说，怀疑写作于拜访赵秉文之后。赵秉文的鼓励，名震京师的影响，增加了元好问褒贬诗坛的信心。京师生活期间，又结识杨云翼等人，让他对当代诗坛有了切实的认识。尽管元好问非常尊重杨、赵等人，但也应该意识到，将他们放到诗歌史中来看，他们还不能与前代一二流诗人抗衡，尚不足以承担"诗中疏凿手"的重任，否则，元好问《论诗三十首》开篇就不会发出"谁是诗中疏凿手，暂教泾渭各清浑"[2]的呼唤了。他的《箕山》《元鲁县琴台》二诗，虽然赢得了赵秉文的好评，但是雅正有余，诗意不足，不能代表元好问的诗风和成就，后世选本很少入选这两首诗歌，就说明了这一点。如果元好问还带了其他诗歌（如《八月并州雁》《三乡杂诗》之类），却未能引起赵秉文的关注，那只能说明赵秉文的表彰突出体现了他偏于保守的诗学观，与元好问的诗学观未必完全

---

[1] 狄宝心：《元好问年谱新编》，中国文联出版社，2000年，第52页。

[2]《元好问诗编年校注》卷一《论诗三十首》（其一），第1册，第45页。

吻合，元好问后来的发展，突破了赵秉文的诗学路径，也证明了元好问与其师赵秉文在诗学观念上的分歧。赵秉文过多强调拟古，忽视了创新和个性。因此，赵秉文的夸奖，固然有益于引导元好问进入诗坛中心，但何尝不会激起元好问更多的思考，从而促成他写作《论诗三十首》？

《论诗三十首》是元好问精心结撰的组诗，似非一朝一夕完成。明确以"论诗"作题目，是其首创，体现出强烈的理论自觉性；三十首的篇幅，大大超过杜甫《戏为六绝句》以来论诗组诗的规模，能够展开系列话题的讨论；从开宗明义的第一首（"汉谣魏什久纷纭，正体无人与细论。谁是诗中疏凿手，暂教泾渭各清浑。"）到自我总结的最后一首（"撼树蚍蜉自觉狂，书生技痒爱论量。老来留得诗千首，却被何人校短长。"），结构完整；理论观点旗帜鲜明，议论大气磅礴，才气纵横；辞采丰富，活泼自如，诗味隽永，是诗歌理论与诗歌艺术的完美结合。《论诗三十首》充分展示了元好问的理论修养和诗歌才华，不愧是论诗绝句史上的经典之作。

八、科举之路

自唐宋以来，科举制度日益成为士人晋升的重要通道，不仅事关个人的前途，还事关自己的荣辱。金代继承唐宋以及辽代的传统，"以词赋、经义取士，预此选者，选曹以为贵科，荣路所在，人争走之"①，正因为此，科场如同战场，历来是几家欢乐几家愁，成功者永远只是少数幸运儿。所以，对科举的认识，往往会因人而异，同一人也会因时间而有所不同。

元好问像许多读书人一样，自小就确定了科举之路。他自称"七岁入小学，十五学时文"②，也就是说，他最迟从十五岁开始，就认真准备参加科举考试，拜郝天挺为师，学习举业。当时虽然年少，对科举之路的艰难程度应该有基本的认识。他的父亲元德明早年也参加过科举考试，还一度"有声场屋间"③，在应考过程中有了较大的名声，有望考取功名，但不幸的是，在多次败北之后，不得不放弃科举，把希望寄托在他的孩子身上。可是，元好问的兄长元好古尽管聪颖过人，但二十岁参加科考失利，后来又铩羽而归，压力山大，过早离开人世。父亲、兄长的切身之痛，是无

①《元好问文编年校注》卷三《闲闲公墓铭》，上册，第257页。
②《元好问诗编年校注》卷一《古意》，第1册，第84页。
③《中州集校注》卷十《先大夫诗》，第8册，第2681页。

情的反面教材,元好问必须承受他们传导下来的压力,努力实现他们未了的遗愿。这一家庭背景,决定他重视科举的态度。用他自己的话来说,就是"平居作举子计",以致养父身患疽疾,都不懂得及时寻医问药,导致贻误病情,令他深感愧疚,"惭恨入地"①。

但是,重视科举,并不代表心不旁骛。郝天挺一边教元好问应试的时文,一边教元好问写作诗歌,"正欲渠不为举子耳"②。元好问如其师所望,两手抓,自言"学时文,五七年之后,颇有所省。进而学古诗,一言半辞,传在人口,遂以为专门之业"③。在基本熟悉时文写作之后,就学习写作诗歌,最后诗歌取代时文,成了专业。可见,作举子而不限于举子,重视科举而不唯科举,这反映出元好问比较成熟的科举观。元好问去世之后,郝经撰写《遗山先生墓铭》,《金史·元好问传》沿袭郝经的说法,有意夸大元好问"不事举业,淹贯经传百家"的一面,仿佛不事举业而能中举,才能高人一等,脱于流俗,这显然与事实不符。元好问从十六岁参加第一次科举考试,以后每次考试都参加,直到三十二岁进士及第,历十六年之久,这样坚持,哪里是"不事举业"之人?

元好问至少参加过五六次科举考试,期间压力之大,难以想象。在这漫长的应试生涯中,元好问是否动摇过?当时,考过两三次而放弃者,比比皆是,如他的族祖父元滋新"弱冠就科举,一不中,即以力田为业"④,他的父亲元德明也选择放弃。对很多及第无望者来说,早放弃,早解脱,早谋其他出路,未尝不是明智之

---

① 《续夷坚志》卷二《背疽方二》,第41页。
② 《中州集校注》卷九《郝先生天挺》,第7册,第2299页。
③ 《元好问文编年校注》卷六《答聪上人书》,下册,第1400页。
④ 《元好问文编年校注》卷三《族祖处士墓铭》,上册,第249页。

举。元好问就那么坚定不移？其实也未必。他也曾灰心过。如他在《示崔雷诗社诸人》中说："一寸名场心已灰，十年长路梦初回。"感慨"卖剑买牛真得计，腰金骑鹤恐非才"①。兴定三年（1219），元好问果真在叶县购买了一块田地，一度想以耕种为业。《雪后招邻舍王赞子襄饮》就透露出这种念头：

> 遗山山人伎俩拙，食贫口众留他乡。五车载书不堪煮，两都觅官自取忙。无端学术与时背，如瞽失相徒怅怅。今年得田昆水阳，积年劳苦似欲偿。邻墙有竹山更好，下田宜秫稻亦良。已开长沟掩乌芋，稍学老圃分红姜。②

诗中充满沮丧和牢骚情绪。元好问自嘲缺少谋生的手段，使得生活陷于困顿。再多的图书也换不来物质财富，长年奔波于中都与汴都，参加科举考试，屡战屡败，大概是自己平生所学与时相背，以致像盲人失去了向导一样，迷失了方向，于是不得不买块田地，自食其力，并且开始种植乌芋和红姜等农作物。这说明元好问已经着手准备退路了。

难得的是，元好问坚持下来了。更难得的是，他的科举观发生了重要变化。兴定四年（1220）秋天，元好问赴汴京参加府试（秋试），与百名太原考生相会，他们特意选择状元楼进行宴饮聚集，类似考前动员誓师大会。从"状元楼"这一酒店名称就可以看出汴京的考试经济兴盛，"状元"之名满足了广大举子以及家人们世俗而美好的期待。聚会时，大家一一签名，推举元好问撰写"题名引"，类似题名簿上的卷首语。如果按照常规的思路，元好问应

①《元好问诗编年校注》卷二，第1册，第119页。
②《元好问诗编年校注》卷二，第1册，第127—128页。

该说出一些励志的豪言壮语,加上一些吉利的祝福之辞,祝愿大家都能得偿所愿,金榜题名,蟾宫折桂。而元好问却完全跳出平庸,另辟新境,只字不提考中与否的话。《兴定庚辰太原贡士南京状元楼宴集题名引》全文如下:

> 晋北号称多士。太平文物繁盛时,发策决科者,率十分天下之二,可谓富矣!丧乱以来,僵仆于原野,流离于道路,计其所存,百不能一。今年预秋赋者,乃有百人焉。从是而往,所以荣吾晋者,在吾百人而已;为吾晋羞者,亦吾百人而已。
>
> 然则为吾百人者,其何以自处耶?将侥幸一第,以苟活妻子耶?将靳固一命,龊龊廉谨,死心于米盐簿书之间,以取美食大官耶?抑将为奇士,为名臣,慨然自拔于流俗,以千载自任也?使其欲为名臣、奇士,以千载自任,则百人之少亦未害。如曰不然,虽充赋之多至十分天下之九,亦何贵乎十分天下之九哉!
>
> 呜呼!往者已矣,来者未可期。所以荣辱吾晋者,既有任其责者矣。凡我同盟,其可不勉![1]

虽然不足三百字,却是"一篇不可多得的作品","实在是一篇奇文"[2]。它最奇特之处是超越考中与否这一现实目标,着眼未来,计议长远,立足于家乡荣誉、天下责任,发出大议论。文章可以分为三层:第一层针对参加此次秋试的百名同乡而言,相对于丧乱之前,考试人数大幅减少,所以这百人极为重要,直接关系到晋地的名声。第二层急转而下,突然抛出一个问题,发出灵魂拷问:考过之后,每个人将"何以自处"?有三条人生道路可供选择:一是

---

①《元好问文编年校注》卷一,上册,第22页。

②朱东润著,陈尚君整理:《元好问传》,上海古籍出版社,2016年,第42—43页。

考中进士，只是养活家人，苟且过日，碌碌无为；二是终生忙于琐碎事务，能获取美食高官，实际上却无所建树；三是立志成为奇士名臣，以天下为己任，以千秋事业为目标。元好问态度鲜明，认为如果能成为奇士名臣，百名已经不算少；如若不然，再多也无益。第三层抒发感慨，愿与大家共勉，共同承担起为家乡争光的责任。这种写法完全跳出考前动员的套路，体现了元好问对科举的新认识，展示出博大的胸襟和高远的气度。

兴定五年（1221）三月，元好问终于进士及第。多年辛苦努力，一朝获得成功，他自然非常高兴。唐代以来，进士及第之后，要举行杏园探花宴、曲江樱桃宴等庆祝活动，探花宴选取最年轻的进士担任探花郎，集体饮酒赏花。金代继承这一传统，元好问及第当年有六十位进士（包括恩赐进士十数人）参加探花宴，元好问写下了五首《探花词》：

> 禁里苍龙启九关，殿前鹦鹉唤新班。沉沉绿树鞭声远，袅袅薰风扇影闲。

> 浩荡春风入绣鞍，可怜东野一生寒。皇州花好无人管，不用新郎走马看。

> 六十人中数少年，风流谁占探花筵。阿钦正使才情尽，犹欠张郎白玉鞭。

> 美酒清歌结胜游，红衣先为渚莲愁。曲江共说樱桃宴，不见西园风露秋。

人物风流见蔼然,逼人佳笔已翩翩。龙津春色年年在,
莫着新衔恼必先。①

第一首写新科进士在宫中集合,在春风荡漾、绿意盎然的美好时
节,跨马扬鞭,一同赴宴,洋溢着喜悦之情。第二首以孟郊及第后
"春风得意马蹄疾,一日看尽长安花"的兴奋作为对比,元好问及
第后更加从容淡定。第三首调侃他的知己李献甫(阿钦),虽然年
轻,仅二十七岁,却因为一岁之差,而未能荣膺探花郎("李钦用二
十七,张梦祥少一岁,又未婚云")。第四首很特别,元好问偏偏从
喧阗喜庆、繁花似锦中,生出花落秋来的忧愁,似乎预感到寒冷的
风霜即将来临,颇有众人皆醉我独醒的意味。为何如此?也许与
其后"不就选"相关。第五首前两句夸赞新科进士的才华,后两句
用典。龙津是汴京城南的桥名,位于蔡河之上,从同时人张大节
"龙津桥上黄金榜,三见门生是状元"来看,龙津桥是张贴黄金榜
的地方,也是新科进士游览之所。尾句化用唐代诗人韩仪(韩偓
之兄)《记知闻近过关试》中的诗句:"短行轴了付三铨,休把新衔
恼必先。今日便称前进士,好留春色与明年。"②"必先"是举子之
间的敬称,韩仪诗中的"新衔"是指通过吏部"三铨"(尚书铨、东
铨、西铨)选拔的进士,也就是所谓的"前进士",原本相对于未通
过吏部铨选的进士而言,元好问用来借指新科进士,"必先"借指
那些落第进士。意谓龙津桥畔,年年都有美丽的春光,下一届仍
然会有新人名登黄金榜,因此不要以自己的新科进士身份来炫
耀、刺激那些落榜者。元好问特意提示新科进士,不要以进士矜
夸于人,有意弱化进士的身份,能够体谅、照顾那些落第者的心

①《元好问诗编年校注》卷二,第 1 册,第 170—173 页。
②《全唐诗》卷六六七,第 19 册,第 7643 页。

情。当时，确实有些文人一旦考中进士，立刻膨胀起来，与布衣文人划清界线，甚至断绝故交，"以区区一第傲天下士"①。可见，元好问此诗正是针砭这种浇薄士风。他进士及第后，依然视李汾等落第者为知己，并给予更多的关心和帮助。

按照惯例，进士及第者，当年即可授予行政职务，正式进入仕途，也就是所谓的"释褐"。第一任职务通常是县丞、县簿之类副职，如李献甫就被任命为咸阳簿，而元好问却作出惊人抉择，偏偏"不就选"，不接受职务任命。究其原因，是对恩师赵秉文所受到的不公正待遇的抗议，同时也是对恩师和自己声誉、品节的抗争。赵秉文作为读卷官，出现了工作失误，没有看出考生卢元答卷重复用韵的差错，将他录取为进士，因此被追究责任，降职两级，处分不可谓不重，赵秉文自请退休。此外，赵秉文录取元好问，也被人诽谤，认为他偏袒元好问，是"元氏党人"，虽然没有证据，赵秉文没有因此受到责罚，但元好问仍然愤然放弃官职，退出仕途。他要以此证明自己的清白，还要等待机会，再次证明自己的实力，洗刷恩师蒙受的诬蔑。由此可见，在大是大非、名节荣辱面前，进士以及由此而来的官职都变得无关紧要了。"不就选"之举，真正践行了元好问以奇士为人生目标的自我期许。

不就选之后，元好问在汴京、嵩山、叶县一带与朋友过从，或种地，或吟诗。正大元年（1224）五月，元好问参加宏词科考试，一举考中。金代科举考试原有词赋科、经义科等，明昌元年（1190）增设宏词科，主要选取起草诏令的人才。考试内容包括诏、诰、章、表、露布、颂、箴等应用文，参加考试者必须是进士或六品以下官员，所以宏词科实际上是有很高前置条件的再次选拔性考试，

①《归潜志》卷七，第76页。

考试难度更大,考中的显示度更高。元好问完成四篇应试文章:《秦王擒窦建德降王世充露布》《章宗皇帝铁券行引》《光武中兴颂》《大司农疏》。前两篇现存于世,从中可以看出元好问写作程文的能力。特别是《秦王擒窦建德降王世充露布》传播较广,李献甫曾在礼部衙门朗诵该文,赞赏有加,赵秉文也很得意。元好问再次证明了自己的实力,也再次回击了赵秉文偏袒元好问的流言蜚语。

至此,元好问才算真正走完了科举之路,正式进入仕途,担任国史院编修官。纵观元好问近二十年的科举生涯,他既不是科场得意者,毕竟历时太久;又不是科场失败者,毕竟最终如愿以偿。这种特殊经历不仅让他对科举有了很多真切的体会,还让他对科举制度得失利弊、科考过程中的人情冷暖都有了更加全面深刻、超越同侪的认识。

首先,元好问充分肯定科举考试选拔人才的重要意义。晚年在《鸠水集引》中,他评论隋唐以来的科举制度,说:

> 自隋、唐以来,以科举取士。学校养贤,俊逸所聚,名卿材大夫为之宗匠,琢磨淬砺,日就作新之功。以德言之,则士君子之所为也;以文言之,则鸿儒硕生之所出也;以人物言之,则公卿大臣之所由选也。①

他认为,科举取士是国家教育的重要组成部分,能够为国家选拔出一代又一代的君子、鸿儒、大臣等人才。这一评价应该包括金代科举,在《内相文献杨公神道碑铭》中,他说得更加具体明确:

> 维金朝大定已还,文治既洽,教育亦至,名氏之旧与乡里

①《元好问文编年校注》卷六,下册,第1326页。

之彦,率由科举之选。父兄之渊源,师友之讲习,义理益明,利禄益轻,一变五代、辽季衰陋之俗。迄贞祐南渡,名卿材大夫布满台阁。①

大定是金王朝的盛世,元好问充分肯定自大定以来的科举养育人才之功。

其次,元好问对科场优胜者从不吝惜赞美之词。如他称赞大定十三年(1173)赵承元所"赋《周德莫若文王》,超出伦等,有司目为'金字品'";又称赞贞祐三年(1215)经义状元刘汝翼撰写的"诗传三题","绝去科举蹊径,以古文取之,亦当在优等,故继有'金字'之褒"②,将科举文写得不落科举文窠臼,是他的独门秘诀。元好问还称赞大定二十八(1188)进士史公奕,"程文极典雅,遂无继之者"③。

再次,元好问认识到科举制度的弊端,予以批评。他曾指责辽代"以科举为儒学之极致,假贷剽窃,牵合补缀"④,批评金代明昌以来的科举风气:

> 明昌承安间,科举之学盛,大夫士非赋不谈。⑤
> 初,泰和、大安间,入仕者惟举选为贵科,荣路所在,人争走之。程文之外,翰墨杂体,悉指为无用之技。尤讳作诗,谓其害赋律尤甚。至于经为通儒,文为名家,不过翰苑六七公

---

① 《元好问文编年校注》卷二,上册,第141—142页。
② 《元好问文编年校注》卷六《大中大夫刘公墓碑》,下册,第1298—1299页。
③ 《中州集校注》卷五《史内翰公奕》,第4册,第1252页。
④ 《元好问文编年校注》卷三《闲闲公墓铭》,上册,第257页。
⑤ 《中州集校注》卷十《先大夫诗》,第8册,第2681页。

而已。①

有的考生只会写程文,其他诗文一窍不通。有的考生高分低能,入仕后,不能胜任其职。刘祁《归潜志》卷七记载状元王泽(字泽民)、吕造在翰林院,不善作诗,应对失体,被人群嘲,说是"泽民不识枇杷子,吕造能吟喜欲狂"②。

　　最后,对有才而被黜者,寄予关心与敬意。如麻九畴少时就有"神童"之名,曾蒙金章宗召见,表现精彩。弱冠之年,在太学期间,就有很大名声。博通五经,精通医学,擅长草书,能诗,"兴定末府试经义第一,词赋第二,省试亦然"。在最后的殿试中失误下第。他"先有才名,又连中甲选,天下想望风采,虽牛童马走,亦能道麻九畴姓名",后来被赐进士,权应奉翰林文字,但他天资野逸,称病引退,"能自树立,一日名重天下"。麻九畴有才华,有品节,最终还能有所成就,赢得了赵秉文等人的敬重。赵秉文不呼其名,而尊称他"麻征君",有《送麻征君知几》诗、《送麻征君引》。元好问在编纂《中州集》时,带着惋惜而又崇敬的心情,为他撰写了近千字的传记③。对困顿科场者,元好问亦予以同情与理解,并不因此而贬低或嘲讽别人。譬如李澥累举不第,元好问赞赏他诗书画兼长的才华,充分肯定其为人处世,"雅有前辈典刑"④。对其他不事科举者,元好问更是宽容,如邢安国"少日有赋声。四十

①《元好问文编年校注》卷六《故河南路课税所长官兼廉访使杨公神道之碑》,下册,第1455—1456页。
②《归潜志》卷七,第72页。
③《中州集校注》卷六《麻征君九畴》,第5册,第1531—1532页。
④《中州集校注》卷七《李澥》,第6册,第1907页。

岁后，即不应科举，以诗酒自娱"①，南湖先生靖天民两次在乡试中夺魁，却"不乐为举子计"②，元好问在叙述中不无欣赏之情。

元好问进士及第之后，金王朝还举行过三次科举考试。时值金室南渡，仕进更加艰难，以至于当时有人说："一举成名天下知，十年窗下无人问。"有些进士不得不"归耕，或教小学养生"③。金末进士的地位、荣耀大幅下降。元好问在《伦镇道中见槐花》中自嘲："名场奔走竞官荣，一纸除书误半生。笑向槐花问前事，为君忙了竟何成。"④从轻松的口气来看，应该写于金代灭亡之前，大概作于正大年间。伦镇可能是河南境内的一个小村镇。途中见到槐花，元好问想起自己应试期间结夏课的情景，"槐花黄，举子忙"，过去为了进士，为了一个官职，差不多奋斗半辈子，如今得到一纸任命，反而有些失落：有了官职，最终又能成就什么？想到这，不免有些无奈和虚无情绪。但总体来说，元好问还是幸运的。他赶上了末班车，通过科举考试成功进入仕途，当了近十年的金王朝臣子，且由此跻身文化高层。科举对他产生了深远的影响。试想，如果元好问没有考中进士，他还会有后来的担当和作为吗？

---

①《中州集校注》卷九《邢安国》，第 7 册，第 2317 页。
②《元好问诗编年校注》卷四《南湖先生雪景乘骡图》，第 2 册，第 938 页。
③《归潜志》卷七，第 74 页。
④《元好问诗编年校注》卷三，第 2 册，第 585 页。

九、史院苦衷

正大元年(1224)，元好问三十五岁，获得了第一份工作——权国史院编修官。"权"有暂时代理、先期试用的含义。这份工作让他很失望，勉强当差一年，就告归嵩山。缘何至此？李峭仑《元好问史院告归原因之推断》[①]分析原因有三：与李汾唱和《芳华怨》《代金谷佳人答》等诗触犯上层忌讳；可能参与杨奂上万言策，议论时事，遭受打击；拜访贾益谦获得有关卫绍王的评价不为上层所接受。这一推断多从政治因素加以考量，能给人以启迪，但陈义偏高，元好问刚入官场担任临时性质的编修官，未必会犯上述敏感的政治错误。该文对其国史院工作日常注意较少，对其间诗词创作重视不够，未能全面把握元好问当时的苦衷，所以，尚有未尽之意，值得旧话重提，继续探究。

国史院常被简称为史院、史馆，设有监修国史、修国史等职务，编修官品级较低，只是正八品。元好问先进士及第，后中宏词科。按照当时的制度，进士及第，通常授正九品的县丞、主簿、县尉之类职务，中宏词科者，上等可以迁擢两官，次等迁擢一官。元好问的朋友李献能贞祐三年(1215)省元及第，又中宏词科，释褐便是从七品的应奉翰林文字；元好问没有省元的光环，自然

---

①李峭仑：《元好问史院告归原因之推断》，《晋阳学刊》1994年第2期。

不能与李献能相比,初入官场,从正八品开始,也属正常。但他比李献能更有年资,李献能当年只有二十四岁,所以,起步正八品,元好问多少会有些失落,何况还是"权国史馆编修官"。

如果是重要职能部门的官职,正八品倒也罢了,偏偏国史院编修官是没有多少职权、极其边缘化的一介冷官。如元好问所说,"兰台从事更闲冷,文书如山白发生"①。在国史院,几乎没有参政的机会,不太可能展现才华,不太可能做出一番事业,更难有亮点政绩,当然也就不会赢得高层的关注,不会有很好的上升空间。

国史院还是一个清水衙门,编修官的俸禄低微。按照当时的俸给制度,正八品朝官的月薪(正俸),理论上"钱粟一十五贯石,麦三石,衣绢各八匹,绵四十五两"②。钱粟一十五贯石,就是钱十五贯,粟十五石。金末战争频发,财政吃紧,通货膨胀,薪劳常常缩水,实际收入应该远低于这个数字。元好问曾说金王朝贞祐南渡之初,"百官俸给,减削几尽。岁日所入,大官不能赡百指"③,连完颜璹这样的王公贵族都陷入生活困顿之中,元好问担任国史院编修官还有多少俸禄?权国史院编修官与正式的编修官,俸禄上有无差别,现已无法考知,但他感觉仍然没有脱贫。进入国史院之后,他才知道编修官原来是多么的清贫,"一官原不校贫多"④,说明比他期望的要少。当官之后,经济状况没有得到有效改善,真是大失所望。所以,他在诗词中不免叹卑嗟贫:"京师

①《元好问诗编年校注》卷二《阎商卿还山中》,第1册,第268页。
②《金史(点校修订本)》卷五八《百官俸给》,第4册,第1431页。
③《元好问文编年校注》卷六《如庵诗文序》,下册,第1487页。
④《元好问诗编年校注》卷二《寄西溪相禅师》,第1册,第294页。

不易居"①,"世俗但知从仕乐,书生只合在家贫"②,仿佛书生就命该在家里贫困潦倒,不应该出山当官,这当然是牢骚话。他还有消极的读书无用论,"五车书,都不博,一囊钱"③,甚至对多年奋斗获得的科举功名、社会名声也产生了怀疑,"半世虚名不疗贫,栖迟零落百酸辛"④,可见,贫困使人消沉,使人悲观。

令元好问失望的还有国史院恶劣的办公条件和繁杂的工作事务。他不满"城居苦湫隘,群动日蛙黾"⑤的环境,大概办公场地狭小拥挤,嘈杂如蛙鸣;他抱怨"文书如山白发生"⑥"悠悠未了三千牍"⑦,文案堆积,了不胜了。这哪里符合元好问正值壮年的心理期待?

国史院如此不堪,是不是元好问个人的认知偏差?当然不是。与元好问同一年进士及第的赵端卿,释褐为安邑县丞,后来不愿再做官,正大初年,赵秉文、杨云翼两位大佬连章推荐他进入国史院,担任编修官,"召至史馆,力辞而去"⑧。他对国史院的工作弃之如敝屣,坚决辞职,丝毫不顾及推荐人的情面。之所以如此,一定是实地了解了工作环境、工作任务和待遇之类,觉得太不满意,还不如当个江湖散人,以教授弟子为业。另一位阎商卿与元好问一同进入史馆,一个月后就辞职归山,"阿卿去月从我

①《元好问诗编年校注》卷二《李道人嵩阳归隐图》,第1册,第296页。

②《元好问诗编年校注》卷二《帝城二首》(其一),第1册,第253页。

③《遗山乐府校注》卷一《水调歌头·史馆夜直》(形神自相语),第35页。

④《元好问诗编年校注》卷二《阎商卿还山中》,第1册,第269页。

⑤《元好问诗编年校注》卷二《出京》(史院得告归嵩山侍下),第1册,第298页。

⑥《元好问诗编年校注》卷二《阎商卿还山中》,第1册,第268页。

⑦《元好问诗编年校注》卷二《帝城二首》(其一),第1册,第253页。

⑧《元好问文编年校注》卷六《奉直赵君墓碣铭》,下册,第1517页。

来，今日西山成独往"，元好问还希望他回到嵩山遇到故人时不要谈论国史院编修官，"凭君莫向山中说，白石清泉笑杀人"①，因为徒有官职，没有作为，待遇微薄，反而玷污了清名，岂不可笑？

正因为此，元好问到国史院不久，就产生了强烈的仕隐矛盾，老是想弃官而去，回归山林。他羡慕僧道之人的闲逸。在《寄西溪相禅师》诗中，他说："青镜流年易掷梭，壮怀从此即蹉跎。……拂衣明日西溪去，且放云山入浩歌。"②在《李道人嵩阳归隐图》中，他对照这位爱诗李道人，反思自己的史院生活，也想放飞梦想："愧我出山来，京尘满山衣。春风四十日，梦与孤云飞。"③在观看北宋名家范宽的山水画时，又引发他的出尘之想："嵩丘动归兴，突兀青在眼。何时卧云身，团茅遂疏懒。"④如此等等，不一而足。

当时，国史院需要有人值夜班，应该是出于安全考虑。"夜直"是苦差，元好问职务低，又是新人，所以经常当班。夜深人静、百般无聊之际，更容易自我省思，作诗词以自遣。且看他的《水调歌头·史馆夜直》：

　　　　形神自相语，咄诺汝来前。天公生汝何意，宁独有畸偏。万事粗疏潦倒，半世栖迟零落，甘受众人怜。许汜卧床下，赵壹倚门边。　　　五车书，都不博，一囊钱。长安自古歧路，难似上青天。鸡黍年年乡社，桃李家家春酒，平地有神仙。归

---

①《元好问诗编年校注》卷二《阎商卿还山中》，第1册，第269页。
②《元好问诗编年校注》卷二，第1册，第294页。
③《元好问诗编年校注》卷二，第1册，第296页。
④《元好问诗编年校注》卷二《题张左丞家范宽秋山横幅》，第1册，第262页。

去不归去,鼻孔欲谁穿。①

该词作于正大元年进入史馆不久,颇有辛弃疾《沁园春》(将止酒)等词的放旷风神。上片感慨不受重用、为人冷落的身世,下片抒发误入歧途、有意归隐的意愿。"归去不归去",正是当时纠结矛盾的心情。《帝城二首》(史院夜直作)与此同调,请看第二首:

> 羁怀郁郁岁骎骎,拥褐南窗坐晚阴。日月难淹京国久,云山唯觉玉华深。邻村烂熳鸡黍局,野寺荒凉松竹林。半夜商声入寥廓,北风黄鹄起归心。②

进入史馆才几个月,元好问就感觉岁月淹留,时间漫长,可见其无聊的心情。他怀念嵩山的自然风光,喜欢农家朴素美好的鸡黍饭局,这时秋风又起,元好问不禁又起了归隐之心。

一年左右的国史院工作,多数时光是碌碌无为,但有一经历元好问终生难忘,那就是正大二年(1225)春他受命去郑州拜访前辈大臣贾益谦。元好问进入史馆的主要工作,是参与撰写《宣宗实录》。金宣宗在上一年病故,按照惯例,要为宣宗一朝十年撰写历史,这必然会牵涉到金宣宗即位的正当性以及如何评价之前卫绍王的问题。卫绍王完颜永济泰和八年(1208)即位为帝,至宁元年(1213)八月,蒙古攻打中都时,被右副元帅胡沙虎(纥石烈执中)所杀害,胡沙虎拥立金宣宗即位。从此之后,朝堂不能客观地面对卫绍王一朝历史,要么讳言卫绍王朝之事,要么否定卫绍王,肯定弑君的胡沙虎。贾益谦(1147—1226)曾在卫绍王时期担任参知政事,对卫绍王比较了解,为了正确评价卫绍王,国史院派元

---

① 《遗山乐府校注》卷一,第35页。
② 《元好问诗编年校注》卷二《帝城二首》(其二),第1册,第254页。

好问外出调研。当时贾益谦已经七十九岁高龄,元好问登门拜访,第三次才见到贾益谦,一见倾心,交谈甚洽,元好问流连二十余日,互有诗歌酬答。可以说,郑州之行是元好问国史院一年暗淡生活中的最大亮点,也是最快乐的一段时光。金王朝灭亡之后,元好问先在《中州集》卷九《贾左丞益谦》中记载贾益谦对卫绍王精要公正的评价,后又在《东平贾氏千秋录后记》中重复记载如下:

> 我闻海陵被弑,大定三十年,禁近能暴海陵蛰恶者得美仕,史臣因诬其淫毒鸷狠,遗笑无穷。自今观之,百可一信耶?卫王勤俭,重惜名器,较其行事,中材不能及者多矣。吾知此而已。设欲饰吾言以实其罪,吾亦何惜余年![1]

据《金史·贾益谦传》,朝廷当时决定参照《海陵庶人实录》来编写《卫绍王实录》,而《海陵庶人实录》由史臣迎合金世宗之意,彻底抹黑海陵王完颜亮,导致《海陵实录》成了一部秽史,完全失实,百无一信。如此一来,历史真的成为任人打扮的小姑娘。贾益谦仗义执言,尊重历史,敢于发出自己的声音,给予卫绍王以正面肯定,称赞其勤俭品德,认为他的治国理政能力在中人之上,这一评价可谓有胆有识,拨开历史迷雾,现出真相,赢得了元好问的敬重。但是,贾益谦的看法是否符合国史院上司及官方的意图,是否被采纳,值得怀疑。元好问随后只是说"朝议伟之",很大可能没有落到实处,否则,元好问就该继续陈述史官采信、重新改写《卫绍王实录》之类的效果,这样岂不更能突出贾益谦的贡献和自己的工作成绩吗?

---

[1]《元好问文编年校注》卷六,下册,第1280页。

　　如果元好问拜访贾益谦所获得的卓见和文献没有得到国史院的重视和采纳，那么仅有的一点成就感也被摧毁殆尽。元好问再也没有留在国史院的理由了。正大二年五六月间，元好问请假告归，随即获得批准。元好问感到一身轻松，如同获得陶渊明所说的"久在樊笼里，复得返自然"的解脱感，连续写下多首诗词。其《出京》(史院得告归嵩山侍下)诗曰："从宦非所堪，长告欣得请。驱马出国门，白日触隆景。……尘泥久相浼，梦寐见清颍。矫首孤飞云，西南路何永。"①逃离污浊的京城和官场，重新回到嵩山下、颍水畔，开启与白云为伴的新生活。其《浣溪沙·史院得告归西山》曰："万顷风烟入酒壶。西山归去一狂夫。皇家结网未曾疏。　　情性本宜闲处著。文章自忖用时无。醉来聊为鼓咙胡。"②元好问在这首词中，不怪责朝廷不曾录用，只怪责自己性情与官场不符，文章不合时用，所以只好归隐江山，饮酒自娱。在另一首《洞仙歌》中，元好问于辞官心志坦露得更充分一些：

　　　　黄尘鬓发，六月长安道。羞向清溪照枯槁。似山中远志，漫出山来，成个甚，只是人间小草。　　升平十二策，丞相封侯，说与高人应笑倒。对清风明月，展放眉头，长恁地、大醉高歌也好。待都把、功名付时流，只求个、天公放教空老。③

元好问自嘲自叹，在出山之前，似乎还有些理想，就像那种在山中叫远志的草药一样，可一旦出了山，远志就成了最普通的小草，能

---

① 《元好问诗编年校注》卷二，第 1 册，第 298 页。
② 《遗山乐府校注》卷三，第 503—504 页。
③ 《遗山乐府校注》卷二，第 177 页。

有什么作为和成就？至于报效国家、功名富贵，更是渺不可及的可笑之事。他的朋友杨奂上万言策，言辞剀切，如泥牛入海，不得不浩然西归，就是现成的例证。所以，元好问现在只希望能够自由地享受清风明月，饮酒高歌，一直潇洒到老。

元好问及时抽身而去，事后证明，是个明智的抉择。国史院除了上述种种不如意之外，还有一个大问题，就是人事纷争。刘祁《归潜志》卷九记载，元好问与李汾是同乡，都有诗名，不相上下，性格不同，李汾容易愤怒，元好问喜欢滑稽，两人在国史院共事，"颇不相咸"，很不和睦，元好问作《芳华怨》，李汾作《代金谷佳人答》以对。刘祁这一记载可疑之处很多，李汾是元好问的"三知己"之一，怎么会"颇不相咸"？诗名方面，李汾哪里能与元好问相比拼？不过，李汾"好愤怒"，愤青的性格是激化国史院人事矛盾的重要因素。李汾当时为国史院书写，是国史院最低级的职务，"特抄书小吏耳"。国史院官员等级分明，平时可以一起饮酒赋诗，可一旦工作起来，"则有官长、掾属之别"，而有的官长水平很差，几乎是外行，李汾向来恃才傲物，瞧不起上峰，从而引发激烈冲突。元好问在《中州集》卷十《李讲议汾》中生动地记载了事情经过：

> 长源素高亢，不肯一世，乃今以斗食故，人以府史畜之，殊不自聊。高、张诸人率以新进入馆，史家凡例，或未能尽知，就其所长，且不满长源一笑，故刊修之际，长源在旁，则蓄缩惨沮，握笔不能下。长源正襟危坐，读太史公、左丘明一篇，或数百言，音吐洪畅，旁若无人。既毕，顾四座，漫为一语云："看！"秉笔诸人积不平，而雷、李尤所切齿，乃以谩骂官长讼于有司。然时论亦有不直雷、李者，故证左相半，逾年不能决。右

丞师公以伤风化为嫌,遣东曹掾置酒和解之,不得已,乃罢。①

此事发生在正大三、四年之间,旷日持久,沸沸扬扬,直到惊动上层,御史中丞师安石出面调解,都未能息事宁人。个中原委,难得其详,是非曲直,亦难分辨。双方应该都有责任。一方是李汾,一方是李汾的上司,包括雷渊、李献能,还有"高、张诸人"(失考)。冲突的结果是李汾以"病目"②的理由被免职。

元好问虽然在事发之前就离开国史院,但国史院的积弊由来已久,元好问初入史馆,担任临时代理职务,不可能不受到"高、张诸人"甚至雷渊、李献能等人的轻慢。可以肯定,国史院缺少和谐、愉快的工作氛围,如李汾所说,是个是非之地,"扰扰王城足是非"③。这是元好问史院告归的又一重要原因。

李汾被逐西归长安,受到很多人的同情,一批名流写诗为之送行。途中他专程绕道内乡,拜访担任内乡县令的元好问,停留多日,向元好问诉说一番。临行之际,元好问为他饯行,作《水调歌头·长源被放,西归长安,过余内乡,置酒半山亭,有诗见及,因为赋此》。上片说:"相思一尊酒,今日尽君欢。长歌一写孤愤,西北望长安。郁郁闾门轩盖,浩浩龙津车马,风雪一家寒。钟鼓催人老,天地为谁宽。"这时,李汾的"孤愤"仍然没有完全纾解,元好问在词的下片中又好言安慰:"行路古来难。松柏在南涧,留待百年看。"④希望他能着眼长远,以松柏品格自持。

除此之外,元好问还有一首《感事》诗可能与李汾史院被逐有关:

①《中州集校注》卷十《李讲议汾》,第 8 册,第 2488 页。

②《归潜志》卷二,第 19 页。

③《中州集校注》卷十《西归》,第 8 册,第 2525 页。

④《遗山乐府校注》卷一,第 30 页。

　　　　舐痔归来位望尊，骎骎雷李入平吞。饥蛇不计撑肠裂，
　　　老虎争教有齿存。神理定须偿宿业，债家犹足褫惊魂。且看
　　　含血曾谁噀，猪嘴关头是鬼门。①

清人施国祁《元遗山诗笺注》卷九引用元好问《闲闲公真赞》，认为
该诗是针对师安石等人诽谤赵秉文、杨云翼、雷渊、李献能等人为
"元氏党人"而发，当代学者大多沿袭此论，狄宝心《元好问诗编年
校注》亦持此论，将之确定为兴定五年（1221）进士及第之后所作。
降大任《元遗山论·元遗山交游考》此前曾提出质疑，认为上述观
点与《金史·师安石传》"颇不合，当存疑"②，惜未展开，故未引起
注意。现略说如下：

　　第一，师安石品行端正，并非靠巴结权贵而上位。师安石，字
仲安，又字子安，《金史》《归潜志》均有传。承安五年（1200）词赋
进士，以尚书省令史跟随完颜承晖守卫中都。完颜承晖战死，师
安石将他安葬之后，带着他的遗表逃回汴京，上奏宣宗，得到宣宗
的重用，被提拔为枢密院经历官。元光二年（1223）任御史中丞，
正大三年（1226）权左参政，因弹劾近侍触怒金哀宗，"疽发脑而
死"。《金史》卷一百八称赞其品行，同情其不幸结局，曰："安石不
负承晖之托，遂见知遇，以论列近侍触怒而死，悲夫。"③

　　第二，元好问对师安石较为尊重。在上引《中州集》卷十《李
讲议汾》中，元好问称他为"右丞师公"，没有任何仇怨情绪和贬低
之意。至于元好问《闲闲公真赞》所说"宰相师仲安班列中倡言，

---

①《元好问诗编年校注》卷二《感事》，第 1 册，第 177—178 页。
②降大任：《元遗山论·元遗山交游考（增订本）》，三晋出版社，2017 年，第
　　275 页。
③《金史（点校修订本）》卷一百八《师安石传》，第 7 册，第 2532 页。

谓公与杨礼部之美、雷御史希颜、李内翰钦叔为元氏党人"①，未必就是师安石本人。师安石当时任御史中丞(从三品)，他的"班列"包括侍御史、治书侍御史、殿中侍御史、监察御史等十多位官员，掌管监察事务。"元氏党人说"很可能出于师安石的部下。

第三，如果元好问《感事》是针对师安石班列诽谤之事，那么他们攻击的首要目标就应该是地位更高的杨云翼、赵秉文，而不是雷渊、李献能，如此一来，次句就应该是"骎骎杨赵入平吞"。

由此可见，将《感事》诗确定为批评师安石之作，理由不足。笔者以为，应该是针对李汾史院被逐之事。理由有三：

首先，"舐痔归来位望尊"符合"高、张诸人"的特点，"率以新进入馆，史家凡例，或未能尽知"，他们没有真才实学，很可能是靠巴结权贵而获得的高位。

其次，"骎骎雷李入平吞"符合雷渊、李献能的生平及在史院打压李汾之事。骎骎，是马儿跑得快的意思，比喻仕途进步得快。雷渊至宁元年(1213)进士及第，曾任遂平县令、徐州观察推官等职，元光二年(1223)任应奉翰林文字、同知制诰，兼英王府文学记室参军，正大四年(1227)升任监察御史。李献能历任应奉翰林文字、郿州观察判官，正大四年迁翰林修撰。可见，与李汾纠纷之时，正是他们升官之际。"平吞"，是一口吞没的意思，尤其符合元好问所说"雷、李尤所切齿"的愤怒情状。入平吞，不是说雷、李二人受到了迫害，整个事件中，雷、李一方居位强势，属于施害方，李汾才是受害方，是"平吞"的对象。"骎骎雷李入平吞"一句是说，仕途精进的雷、李二人也加入了驱逐李汾的行列。

最后，第二联"饥蛇不计撑肠裂，老虎争教有齿存"，以蛇、虎这

①《元好问文编年校注》卷二，上册，第453页。

些动物来比喻对方,与李汾《西归》诗中所言"日暮豺狼当路立,天寒雕鹗傍人飞"一致。第三联"神理定须偿宿业,债家犹足褫惊魂",借因果报应思想,诅咒对方不得善报,"债家"指的是放债人、施害方。"褫惊魂",意谓报应之厉,足以让对方失魂落魄。末联"且看含血曾谁噀,猪嘴关头是鬼门"用典,举例证实报应不爽。根据《苕溪渔隐丛话》前集卷五十五所引《桐江诗话》记载,北宋元祐年间,山东东平人王景亮与一批仕途失意之人组成一个民间社团,专门嘲讽讥诮士大夫,无论贤愚,只要被他们看见,就被封上一个不雅的绰号。因为缺少口德,王景亮等人被称为"猪嘴关"。一次,权臣吕惠卿察访京东,由于他身材清瘦,说话的时候,肢体语言较多,"喜以双手指画",王景亮等人就送给他一个绰号"说法马留"(马留是猴子的意思),还凑成一句七言诗,"说法马留为察访"。后来,另一大臣邵篪上朝,不慎放屁,冒犯天威,被贬出京城,出任东平知州。因为他"高鼻卷髯",故被嘲为"凑氛狮子",又被编成一句七言诗,"凑氛狮子作知州",正好与吕惠卿那句相对仗。吕惠卿受此侮辱,耿耿于怀,便找了个理由,一举粉碎了王景亮及其社团,"举社遂为齑粉"①。猪嘴关因此成了鬼门关,那些血口喷人者最终没有得到好下场。

　　元好问此诗痛诋对方,措辞狠重,有失忠厚之道,实属罕见,应该是元好问于正大四年刚听到李汾被逐之初、义愤填膺时所作,所以难免愤激,爆出粗口。

　　史馆一年,短暂而委屈,对元好问来说是一次官场历练,让他对官场有了真切的认识。参与《宣宗实录》的撰写工作,也必然会增强他的历史意识,对他在金亡之后抢救金源文化、构建野史亭等系列举措产生了一定的影响。

----

①《苕溪渔隐丛话》前集卷五五《宋朝杂记下》,上册,第378页。

十、嵩山岁月

用舍行藏,是很多人奉行的人生哲学。若能进入台阁庙堂,则兼济天下,否则就转身而去,退隐山林江湖,独善其身。文人们往往都怀有一份山水情怀,仕途失意时,这份山水情怀就会潜滋暗长,山林就成了文人容身之所和心灵家园。元好问也不例外,在青壮年时期,曾三度归隐嵩山。

第一次是兴定二年(1218),元好问二十九岁,自三乡移居嵩山。其背景是元好问科举考试连连失利,往来京城,一无所成,必须面对养家糊口的生存压力。为此,他曾愤愤不平,怨恨"无端学术与时背,如瞽失相徒怅怅"①,也曾心灰意冷,感慨"山林钟鼎不相兼,说著浮名梦亦嫌"②;到了嵩山之后,仿佛大梦初醒一般,"一寸名场心已灰,十年长路梦初回"③,似乎要绝意科举与仕途。直到两年后的八月,他才赴汴京参加秋试。次年终于进士及第,又受"元氏党人说"流言的刺激,负气不就选调,再度遁入嵩山。正大元年(1224)四五月间离开嵩山,参加宏词科考试,随后进入国史馆,担任权国史馆编修官,第二年夏辞职,又一次回到嵩山怀

---

① 《元好问诗编年校注》卷二《雪后招邻舍王赞子襄饮》,第 1 册,第 127 页。
② 《元好问诗编年校注》卷二《三乡时作》,第 1 册,第 92 页。
③ 《元好问诗编年校注》卷二《示崔雷诗社诸人》,第 1 册,第 119 页。

抱。正大三年(1226)，曾短暂进入方城县完颜斜烈幕府，不久返回嵩山。正大四年夏才真正离开嵩山，赴任内乡县令，移居内乡。元好问在嵩山居住七年左右，时间可谓长矣。他为什么选择嵩山？在这些年，有哪些欢乐忧愁？

　　嵩山很早就是历史文化名山，以优美的自然风光、丰富的佛道文化而著称于世，又靠近洛阳，离开封也不算很远，可进可退，所以经常成了真假隐士们的理想住地。唐代宋之问、王维都曾经一度隐居于此，以退为进。然而，对元好问而言，生存才是他首先要考虑的现实问题。

　　确实，相对于三乡而言，嵩山更加安全，因为金廷派重兵守卫嵩山及洛阳一带。元好问移家嵩山而不是别处，还有无其他外在因素？有学者敏锐地指出，他去嵩山是要担负起照顾已故叔父元升家属的责任①，可惜点到为止，没有展开，也不太准确。据元好问《承奉河南元公墓铭》，他的叔父元升年轻时尚武不羁，"喜从事鞍马间"，似豪侠少年，却郁郁不得志，闲居乡里。他的过人之处在于他有"干局"，虽然以耕田为业，但善于打理日常生活，治生能力超强，生活得相当殷实，"厚自奉养，禄食者不及也"②。可以想象，他积累了一定的资本，过上比一般官员(如元好问的养父元泰)还要富裕的生活。贞祐四年(1216)，元升避兵南下，客居嵩山之南的登封县，期间还以其兄陇城县令(元好问养父)的官荫，获得承奉班一职(正七品)，但未上任，便于兴定元年(1217)因病去世，享年五十五岁。以元升的治生观念和能力，他在嵩山不会不购置田地和房屋。他去世后，安葬在金店(在今河南登封市大金

①郝树侯、杨国勇：《元好问传》，山西人民出版社，1990年，第34页。
②《元好问文编年校注》卷一《承奉河南元公墓铭》，上册，第6页。

店镇)东北一里许,他的居所很可能就在此附近。关键之处还在
于,元升没有子嗣,将他的侄孙、元好谦之子元抟(或作元搏)作为
后代。元升去世时,元抟应该只有十来岁,或许尚未成人。又据
元好问《怀益之兄》题下自注,元好谦在陕州阌乡(今河南三门峡
灵宝市)。这时,谁来料理元升后事?元好问是唯一人选。他迁
居嵩山,除了照顾元升家属之外,还要接管其遗业,包括土地与房
屋等。因此,元好问安家嵩山,一开始就具有一定的物质基础。

当然,元好问不是继承叔父元升遗产,不能坐吃山空。到嵩
山之后,他像叔父元升一样,以耕田为生。他自称"卖剑买牛真得
计,腰金骑鹤恐非才"①,看来他真的买了耕牛。他给好朋友赵元
写诗,说:"自我来嵩前,旱干岁相仍。耕田食不足,又复违亲
朋。"②如此关心旱情与收成,完全是耕田者的口吻。他在《追录
旧诗二首》(其二)中先以农民自居:"潦倒聊为陇亩民,一犁分得
雨声春。"然后展望丰收景象:"悠悠世事休相问,牟麦今年晚得
辛。"③赵元回赠元好问诗歌,也说:"嵩箕有奇姿,出云何悠然。
云山足佳处,留客今几年。有子罢读书,求种山间田。"④在赵元
看来,元好问真的弃文务农了。我们暂且不论他是真正放弃读书
还是边耕边读,可以肯定的是,耕种是元好问隐居嵩山期间重要
的日常工作。

元好问很喜欢嵩山的田园风光。刚到嵩山,见到少室山南边
风光无限的原野,感觉到了神仙世界:"地僻人烟断,山深鸟语哗。

①《元好问诗编年校注》卷二《示崔雷诗社诸人》,第1册,第119页。
②《元好问诗编年校注》卷二《寄赵宜之》,第1册,第164页。
③《元好问诗编年校注》卷二,第1册,第353页。
④《中州集校注》卷五《书怀继元弟裕之韵四首》(其四),第4册,第1380页。

清溪鸣石齿,暖日长藤芽。绿映高低树,红迷远近花。林间见鸡
犬,直疑(一作拟)是仙家。"①大山深处,地方偏僻,人烟稀少,群
鸟聚集,众声喧哗,似是天然的交响乐,悦耳动听。溪流清澈见
底,从山头之间流过,伴着轻快的节奏,漱石砺齿,温暖的朝阳照
耀着森林,嫩绿的藤牙沐浴着阳光,茁壮成长。原始森林散出绿
色,高低映衬,成片的红花争姿斗妍,远近呼应。从林中偶尔能见
到鸡犬,有人家掩映其中,这哪里是农村? 诗人以其多彩画笔速
成一幅美不胜收、声色和谐的童话天地,即使与王维的山水诗相
比,也不遑多让。元好问后来担任权国史院编修官,不时厌倦京
城的俗务和杂乱的人居环境,有位爱诗李道人出示《嵩阳归隐
图》,勾起他对嵩山田园的美好回忆:"嵩阳古仙村,佳处我所知。
长林连玉华,细路入清微。连延百余家,柴门水之湄。桑麻蔽朝
日,鸡犬通垣篱。"②一个普通的村庄,有连绵到嵩山的原始森林,
有通往远方的幽深小路,有人丁兴旺、逐水而居的人家,更有长势
旺盛以致遮天蔽日的桑麻,还有萧散自然的鸡鸣犬吠,完全是一
派世外桃源的景象。乡村如此宁静美好,在此居住,真是一种
享受。

　　遗憾的是,乡村并非都是诗人、游客眼中笔下的农家乐,背后
有许多血汗和艰辛,只要身处其中,时间一久,就能体会到农家苦
了。元好问是官宦子弟,"生常免租税",能享受官方政策的照顾。
但即便如此,也未必能自食其力、自给自足。有优待的政策,还要
有很好的天气。农民常常靠天吃饭,只有风调雨顺,才能有好的
收成。而天公哪能尽遂人愿? 元光二年(1223),时值羊年,按照

---

①《元好问诗编年校注》卷二《少室南原》,第 1 册,第 365 页。
②《元好问诗编年校注》卷二《李道人嵩阳归隐图》,第 1 册,第 296 页。

老农们的经验,"羊马年,好种田",元好问想必瞅准这一时机,特意向当地农民借了一块撂荒三年的土地(很可能是租借),还借了一些麦种,进行扩大生产。可偏偏这一年,据元好问《叶县雨中》题下自注,嵩山一带遭遇严重旱灾,"春旱连延入麦秋",造成大面积的歉收。元好问丰收的愿景化为泡影,无比失望地写下了一首长诗《麦叹》:

> 借地乞麦种,微倖今年秋。乞种尚云可,无丁复无牛。田主好事人,百色副所求。盼盼三百斛,宽我饥寒忧。我梦溱南川,平云绿油油。起来望河汉,旱火连东州。四月草不青,吾种良漫投。田间一太息,此岁何时周。向见田父言,此田本良畴。三岁废不治,种则当倍收。何如落吾手,羊年变鸡猴。身自是旱母,咄咄将谁尤。人满天地间,天岂独我仇。正以赋分薄,所向困拙谋。①

我们仿佛能听到元好问丰收梦破的叹息声。他好不容易克服土地、麦种、劳力和牲畜的不足等等困难,播种小麦,没想到大吉大利的羊年变成了不祥的鸡猴年。在诗中,他居然怀疑自己是"旱母",是造成旱灾的元凶,归咎于自己运气不佳,赋分命薄,可见他是多么懊恼!这种经历让他对稼穑艰难有了切身体会,让他能深刻地体会到民生疾苦,还促使他思考,山中还可以久留吗?其结果是促使他走出山林,参加科举考试,寻求功名。

元好问在耕读之余,经常游览嵩山一带的风景名胜,他有很多记载。其中最高兴的一次要算兴定四年(1220)六月十五日,元好问与李献能、雷渊、王渥等人一同游览嵩山玉华谷,诗酒盘桓。

---

① 《元好问诗编年校注》卷二《麦叹》,第1册,第218—219页。

他们分韵赋诗,传世作品有:李献能《玉华谷同希颜、裕之分韵得秋字》,雷渊《玉华山中同裕之分韵送钦叔得归字》《同裕之、钦叔分韵得莫论二字》,元好问《同希颜、钦叔玉华谷分韵得军华二字》二首。兹引元诗如下:

> 并山一径入秋云,草树低迷劣可分。开道无烦谢康乐,挽强须得李将军。(时有虎害,故戏云)
>
> 深山水木湛清华,兴到穷探亦未涯。转石犹能起雷雨,题诗自合动烟霞。(转石,当日事)①

玉华谷在嵩山少室山,山谷有泉水。他们游兴很浓,不顾老虎伤人的传闻,冒险深入玉华谷,寻幽访胜。谷中有些巨石,每当大旱之时,山中人就转动巨石,将之推下水潭。据说,潭中之龙受此惊吓,就会下雨②。转石能引来雷雨也只是传说,但元好问就此引申,称赞大家的题诗能够"动烟霞",用得恰切而美好。元好问这次游览玉华谷,至少三四天时间,由六月十五日至十七日前后。大概在六月十七日的月夜,他们在山中一户人家饮酒,元好问作《水调歌头》(山家酿初熟)词。上片由"清溪留饮三日"联想到在此隐居的北宋诗人刘几,带着萱草、芳草二妾,"吹铁笛,骑牛山间",想象隐居山中之乐,为其所奏雅曲失传而遗憾。下片"坐苍苔,欹乱石,耿不眠",对着皎洁的明月,不由产生游仙的意兴,"长松夜半悲啸,笙鹤下遥天"③。离开玉华谷,他们又游览嵩山寺庙。在少姨庙,元好问意外发现墙壁间的题诗,经过擦拭,仔细辨

---

① 《元好问诗编年校注》卷二《同希颜、钦叔玉华谷分韵得军华二字二首》,第1册,第138—139页。
② 《元好问诗编年校注》卷二《龙潭》诗末自注,第1册,第144页。
③ 《遗山乐府校注》卷一,第1页。

认出那是一首"古仙人词"。雷渊为之题写跋记,附在《送裕之还嵩山》诗后。

嵩山期间,元好问并不孤单寂寞,因为他有诗歌,还有众多诗友。他给洛阳的英禅师介绍他的嵩山诗人圈,说"山中多诗人,杖屦时往还",并且一一评点他们的诗歌:

> 清凉诗最圆(相和尚住清凉),往往似方干。半年卧床席,疟我疥亦顽(《本草》"松枝条":松脂涂疥,顽者三两度)。济甫诗最苦(僧源字济甫,宋州人)。寸晷不识闲。倾身营一饱,船上八节滩。安行诗最工(慕容安行,山阳人,临潼簿),六马鸣和鸾。郁郁饥寒忧,惨惨日在颜。老秦诗最和(秦略字简夫,陵川人),平易出深艰。脱身豺虎丛,白发罹悍螺。张侯诗最豪(前登封令张效,字景贤,云中人),惊风卷狂澜。窍繁天和泄,外腴中已干。城中崔夫子(崔遵字怀祖,燕人),老笔郁盘盘。家无儋石储,气压风骚坛。我诗有凡骨,欲换无金丹。呻吟二十年,似欲见一斑。①

元好问在诗人名下加自注,大概是这些诗人尚不知名。他用了一系列的比喻,形容相和尚、僧源、慕容安行、秦略、张效、崔遵等六位不同身份诗人的诗歌,给予不同的好评,体现了元好问鉴裁论量诗歌的兴趣和能力。评鉴诗歌是其嵩山生活内容之一。嵩山期间,元好问诗学的一大贡献就是利用闲暇时间,编纂《杜诗学》一书:"乙酉之夏,自京师还,闲居嵩山,因录先君子所教与闻之师

---

① 《元好问诗编年校注》卷二《寄英禅师,师时住龙门宝应寺》,第 1 册,第 105—106 页。

友之间者为一书,名曰《杜诗学》。"①其书虽然失传,却正式提出了杜诗学的概念,对后世产生了深远的影响,《杜诗学引》成了杜诗研究史上的重要文献。

　　元好问本是才华杰出的诗人,在与嵩山诗人交往过程中,会有很多共同的语言,产生很多意想不到的乐趣。譬如前辈诗人王革,元好问与他原本不相识,兴定二年(1218)初秋季节,他们偶然相遇,元好问应邀去他家做客。王革家在登封费庄,庄前有条发源于嵩山的玉溪,风光绝妙,大大出乎元好问的预料,而王革其人"有蕴藉,善谈笑",二人一见倾心,后来成了忘年交、"莫逆"之交②。有此美景和可意之人,元好问高兴之余,一连写下多首诗词。其《玉溪》诗曰:"邂逅诗翁得胜游,烟霞真欲尽嵩丘。玉溪如此不一到,今日旷然消百忧。林影苍茫开雾晓,岸容潇洒带新秋。酒材已办须君酿,要及西风入钓舟。"③他惊叹玉溪几乎占尽了嵩山烟霞美景,能让他销尽所有忧愁烦恼,期待深秋再来把酒论诗。其词《水调歌头·赋德新王丈玉溪,溪在嵩前费庄,两山绝胜处也》写得更加充分:

　　　　空濛玉华晓,潇洒石淙秋。嵩高大有佳处,元在玉溪头。翠壁丹崖千丈,古木寒藤两岸,村落带林丘。今日好风色,可以放吾舟。　　百年来,算惟有,此翁游。山川邂逅佳客,猿鸟亦相留。父老鸡豚乡社,儿女篮舆竹几,来往亦风流。万事已华发,吾道付沧洲。④

①《元好问文编年校注》卷一《杜诗学引》,上册,第92页。
②《中州集校注》卷七《王主簿革》,第6册,第1951页。
③《元好问诗编年校注》卷二《玉溪》,第1册,第121页。
④《遗山乐府校注》卷一,第22—23页。

玉溪自然美景、人文环境,激发元好问纵情山水的欲望,简直可以沉醉其间,忘怀一切,将"吾道付沧洲",也就是将入世的抱负付之流水。

嵩山期间,元好问还主动参加当地的诗社活动,如在《示崔雷诗社诸人》中说"游从肯结鸡豚社,便约岁时相往来",表示要与崔遵、雷渊等诗人经常往来,得到崔、李等人的热烈响应。元好问的加入,给嵩山诗人们带来极大的欢乐。且看雷渊《同裕之钦叔分韵得莫论二字》中的片段:

> 清风何处来,佳客已在门。倒屣往从之,玉色向我温。妻孥趣作具,欢喜倾瓶盆。清夜襆被往,共就遗山元。嘲谑及俳语,发挥间微言。悬断漏天枢,高啸惊邻垣。吻合政相和,意到俄孤骞。恨不倒困廪,矧肯留篱樊。弃襦获珠玉,披榛见兰荪。①

该诗作于兴定四年(1220)。元好问这位佳客突然造访,令长期寂寞昏睡的雷渊喜出望外,倒屣相迎,倾其所有,热情款待,夜晚还抱着被褥,与元好问同住一室,诙谐调笑。他们志趣相投,能够敞开心扉深入交流,精彩纷呈。如此相聚,让雷渊发出"此乐未易得"的感慨。

给元好问嵩山生活带来乐趣的还有一些方外之人。嵩山清凉寺的相禅师(1162—1225)酷爱诗歌,每每将日常生活写入诗中,"言语动作,一切以寓之,至食息顷不能忘","朝诗有瓢,暮诗有筒",其诗"清而圆,有晚唐以来风调",元好问说他是近世不多

---

① 《中州集校注》卷六,第 5 册,第 1683 页。

见的"诗僧"①。元好问嵩山期间与他交往特别密切,"往来清凉,如吾家别业"②,经常住在清凉寺,几乎将清凉寺当成他的别墅,以至于在那里感染上了疥疮。

然而好景不长,给元好问带来巨大欢乐的诗友们陆续离开嵩山。莫逆之交的老诗人王革,赐进士及第之后,于正大年间出山,就任宜君(今陕西宜君)县主簿;热忱有加的雷渊于元光二年(1223)离开嵩山,进入汴京,担任翰林应奉;方外诗僧相禅师于正大二年(1225)辞世。此时此刻,友朋不在,欢乐不存,遗山落寞矣,山中兮不可以久留,也该出山了。正大三年除夕,元好问反思人生,说:"折腰真有陶潜兴,扣角空传宁戚歌。三十七年今日过,可怜出处两蹉跎。"③诗中先后用了两个典故,一是陶渊明担任彭泽县令期间为五斗米折腰之事,一是宁戚饭牛,扣牛角而歌,向齐桓公自我推荐获得重用的典故,从中可以看出,这时元好问已经倾向于出山了,很可能出任县令之事已经有了眉目。

嵩山七年,是元好问比较失落潦倒的时期,如他自己所说:"僵卧嵩丘七见春,商余归计一廛新。……粗疏潦倒今如此,楼上元龙莫笑人。"④僵卧嵩丘,也许有些夸大,但可见其艰难困顿。商余是其先祖元结的隐居地,一廛指平民所居的房屋及土地面积,《说文》说是一亩半,段注改为两亩半,都是形容面积之小。元好问终究不是隐士,不能终老于这一廛之地。七年时间也未能让他彻底沉静下来,走向空门,有时反而有一些时光虚度的孤愤和

①《元好问文编年校注》卷一《清凉相禅师墓铭》,上册,第101—102页。
②《元好问文编年校注》卷四《兴福禅院功德记》,上册,第404页。
③《元好问诗编年校注》卷二《除夜》,第1册,第343页。
④《元好问诗编年校注》卷二《寄希颜二首》(其一),第1册,第247页。

焦虑。如《放言》诗中所说:"悠悠复悠悠,大川日东流。红颜不暇惜,素发忽已稠。我欲升嵩高,挥杯劝浮丘。因之两黄鹄,浩荡观齐州。"①出世游仙固然是无法实现的一时兴致,时不我待才是真实的人生苦恼,并最终迫使他走出嵩山。

正大四年(1227),元好问正式出山,就任内乡县令。临行之前,写下一首意味深长的《出山》诗,结束他将近十年的仕隐纠葛:

> 松门石径(一作路)静无关,布袜青鞋几往还。少日漫思为世用,中年直欲伴僧闲。尘埃长路仍回首,升斗微官亦强颜。休道西山不留客,数峰如画暮云间。②

嵩山的一切,那么熟悉和亲切。年轻时很想有所作为,而进入中年后,精神散淡,很想与僧人为伴,过着闲散的生活。如今即将走上仕途,长路漫漫,仍然留恋着美好的嵩山。不是嵩山不留客,只是为官一方的县令,可望施展其才能;七品县令的俸禄,也强过山中劳作所得。元好问就此告别美丽如画的嵩山,进入尘世凡俗世界。从此以后,嵩山就成了他的记忆。等到金亡之后,他再回首嵩山,只能发出一声悲叹:"十年旧隐抛何处,一片伤心画不成。"③

---

① 《元好问诗编年校注》卷二,第 1 册,第 402 页。
② 《元好问诗编年校注》卷二,第 1 册,第 354—355 页。
③ 《元好问诗编年校注》卷四《怀州子城晚望少室》,第 2 册,第 805 页。

十一、军旅生活

　　文人从军,代不乏人。元好问有两段军旅生活经历:一是正大三年(1226)进入方城(今河南方城)完颜斜烈的幕府;二是正大七年(1230)进入邓州(今河南邓州)移剌瑗的幕府。两次时间都只有几个月,对元好问本人而言,这两段军旅生活只是短暂的人生插曲,并未引起人们足够的注意,似乎无关紧要。相较于他人而言,元好问的军旅生活有没有什么特别之处? 他在军中没有直接参加对蒙古的战争,军旅生活会引发他关于蒙金战争的哪些思考?

　　在讨论元好问的军旅生活和作品时,我们首先要面对一个问题:元好问为何从军? 他未作任何交代。很多文人入伍,往往是为了建功立业,报效国家,实现封侯拜相的人生理想,如高适、岑参、陆游等人。金末的李纯甫喜爱谈兵,早在泰和年间就预感到蒙古兵的巨大威胁,意识到"华人为所鱼肉"①的严重后果。李纯甫年轻时就立下远大志向,以诸葛亮、王猛自期,"由小官上万言书"②,曾两度从军,后来觉得无力回天,才放弃行伍梦,以诗酒自娱。元好问似乎不是这样。他不但没有表现出类似的雄心壮志,

①《元好问文编年校注》卷三《希颜墓铭》,上册,第215页。
②《归潜志》卷一,第6页。

甚至没有表现出积极入世的姿态,反而不时地回望山林田园。金亡后,更是心灰意冷,一再以布衣自称:"题诗未要题名字,今是中原一布衣。"①"墓头不要征西字,元是中原一布衣。"②正因为此,有学者怀疑元好问是出于生活所迫,才去军中,可惜没有确证。元好问能辞去京官,舍弃俸禄,归隐嵩山,在没有遭遇很大意外的情况下,怎么会靠从军来养家糊口?也许在很多人看来,幕府生活待遇优渥,但至少金末并非如此。元好问《自邓州幕府暂归秋林》诗称军中幕僚"升斗微官不疗饥"③,说明其收入微薄,未必高于权国史院编修官。退一步说,如果真的高出一些,元好问很在乎这笔薪水,那他为什么几个月后就高高兴兴地离开军队?因此,对其应征入伍,我们还要另找原因。

牛贵琥先生提出元好问很可能"被签入军"④,笔者基本赞成此说。据《建炎以来系年要录》卷九记载,金初实行签军制度,以家产或人口为依据,确定每家出丁人数,一些有身份的"郡县良家子"也不能例外,如河北涞水张守仁就曾被签入军,见于他的墓志铭⑤。官宦人员及其子弟是否具有兵役豁免权?不见记载。由宋仕金的蔡松年很不情愿地参加了讨伐南宋的部队,很可能属于签军性质。到金末,随着蒙古的入侵,战争形势越发严峻,签军更加频繁,签军对象更加广泛,很多人被迫从军,如李节所说:"棓头打出和籴米,丁口签来自愿军。"⑥刘祁猛烈抨击"金朝兵制最弊,

---

① 《元好问诗编年校注》卷五《为邓人作诗》,第 3 册,第 1194 页。
② 《遗山乐府校注》卷三《鹧鸪天》(华表归来老令威),第 397 页。
③ 《元好问诗编年校注》卷三《自邓州幕府暂归秋林》,第 2 册,第 535 页。
④ 牛贵琥:《金代文学编年史》,安徽大学出版社,2011 年,第 561 页。
⑤ 参见倪冰《金代张守仁墓志考》,《文物春秋》2013 年第 3 期。
⑥ 《中州集校注》卷七《李扶风节》,第 6 册,第 1892 页。

每有征伐或边衅,动下令签军,州县骚动。……号泣怨嗟,国家以为苦"。当时居然"以朝士大夫充厮役",连离任官员也不能幸免。元光年间(1222—1223),征兵官员所到之处,除现任官员之外,都是签军对象。前户部郎中、侍御史刘元规,从五品官员,年近六十,还被征入伍,下派到基层,担任军职"千户",也就是大约千人部队的长官。刘祁的父亲刘从益是名士大夫,担任过正七品的监察御史,一度赋闲在家,也被签入军中,同样担任军职"千户"。刘祁去汴京参加科举考试,刘从益赋诗相送,并寄给朝中故交赵秉文、雷渊,他自嘲道:"老作一兵吾命也,芳联七桂汝身之。厚禄故人如见问,为言尘土困王尼。"①自己四十多岁还要当兵,似乎是命中注定,希望刘祁能继承他家四世七进士的荣耀,一举及第;如果赵、雷等高官故交问起来,就说自己像西晋的王尼一样,正陷于风尘之中。可见他是多么无奈!

在这种签军的大背景下,赋闲在家的元好问就有了从军的义务。如果得到签军的指令,他不能不服从。所以,他可能如同刘从益一样,是被签入军。但与刘从益又有所不同,他与两位主帅都有所交往,两次进入幕府,都是经人推荐,得到相关主帅的邀请。这种邀请大概介于官方签军与幕府自主招聘官员之间的模糊地带,元好问的态度相应地处于半推半就的中间状态。

第一次征召元好问的是方城总领完颜斜烈。完颜斜烈(?—1226),汉名完颜鼎,字国器,女真族,世袭猛安,以善战知名,曾充任泗州、寿州帅,后镇守商州(今陕西商洛),很有威望。正大二年(1225),降职为方城总领,元好问等人一直以商帅相称。此前,元好问的朋友王渥、李献甫之兄李献诚等人已经在完颜斜烈的幕

①《归潜志》卷七,第77—78页。

府。元好问还认识完颜斜烈的弟弟完颜陈和尚（汉名完颜彝，字良佐），曾为他撰写《良佐镜铭》，称赞他"忠于爱君，笃于事长，严于治军旅。又谦谦折节下士，从诸公授《论语》《春秋》，读新安朱氏《小学》，以为治心之要"①。这说明元好问与他关系比较友好。完颜陈和尚当时正在完颜斜烈的军营中，元好问进入方城幕府，很可能得到他与王渥等人的推荐。即使没有推荐，有他们在，元好问进入完颜斜烈幕府也少了些顾虑，多了些照应。第二次征召元好问的是邓州帅移剌瑗。移剌瑗（？—1235），字廷玉，契丹族，世袭猛安，曾驻彭城，后调任邓州，担任武胜军节度使。他爱好文学，喜欢延揽文人，声名颇佳。元好问在入邓州幕之前就闻其人，兴定四年（1220）为他作《横波亭》诗，后来又在《去岁君远游送仲梁出山》中称赞他"邓州大帅材望雄，爱客不减奇章公"②。雷渊、杜仁杰、杨弘道等人先后进入他的幕府。元好问应征很可能得到刘祖谦（字光甫）的推荐。刘祖谦曾于正大四年（1227）担任武胜军节度副使，与移剌瑗相识，元好问在《寄刘光甫》中感谢他："因风寄谢刘夫子，极口推称恐太高。"③狄宝心《元好问诗编年校注》认为这两句是指刘祖谦推荐元好问进入移剌瑗幕府之事，颇有道理。

因为受到友人推荐而被征入伍，与普通签军不同，元好问从军的心情与刘从益也就有了很大差别。且看他的《被檄夜赴邓州幕府》诗：

> 幕府文书鸟羽轻，散袭羸马月三更。未能免俗私自笑，

---

① 《元好问文编年校注》卷一《良佐镜铭》，上册，第108页。此处标点有改动。
② 《元好问诗编年校注》卷三《去岁君远游送仲梁出山》，第2册，第456页。
③ 《元好问诗编年校注》卷三，第2册，第527页。

岂不怀归官有程。十里陂塘春鸭闹，一川桑柘晚烟平。此生
只合田间老，谁遣春官识姓名？①

当时元好问刚罢镇平县令，闲居嵩山。他一收到邓州帅耶律瑗的
征兵文书，就日夜兼程，虽然很留恋乡村风光，愿意终老田园，但
不能免俗，不得不服从帅府的征辟。话语中有些勉强，却并不是
很抵触。"谁遣春官识姓名"一句中还含有一些自得的意味。

　　元好问进入幕府之后，受到了主帅的尊重和礼遇。他不用像
刘从益那样，下到军队基层，去当什么"千户"长。在完颜斜烈幕
府中，元好问担任何职，无从考证，也许没有具体职务，只是协助
帅府处理一些文案事宜。当完颜斜烈免除他幕府工作之后，他为
能重新回到山中当个自由人而感到无比高兴，"逋客而今不属官，
住山盟在未应寒"，表示到家之后要向母亲称赞完颜斜烈的宽厚
有礼，"到家慈母应相问，为说将军礼数宽"②。在移剌瑗幕府中，
元好问担任"从事"，大概相当于主帅助理。几个月后，移剌瑗解
除聘任，元好问感激涕零，写诗致谢。一方面，元好问觉得"忧端
扰扰力难任，世事骎骎日见临"，军情日益紧迫，确实不堪重任；另
一方面，元好问还在丁忧期间，经过特许从军，有些愧对老母，"三
载素冠容有愧，一时墨绖果何心"。现在可以继续尽人子的义务，
为母亲守孝，在元好问看来，这简直是个很大的恩德："遥望朱门
涕横落，相公恩德九泉深"③。可见，元好问身在军营，心在家园，
从军一直有些被动和勉强。

　　元好问在两次从军期间，兴致不高，只保存下来一二十首诗

①《元好问诗编年校注》卷三，第 2 册，第 526 页。
②《元好问诗编年校注》卷二《即事》（商帅国器见免从军），第 1 册，第 331 页。
③《元好问诗编年校注》卷三《谢邓州帅免从事之辟》，第 2 册，第 544 页。

词,虽然数量偏少,但还是可以看出元好问军旅文学的一些特点。

　　作为幕僚,受聘于主帅,多少会有些依附性。高适对哥舒翰、岑参对封长清无原则的颂扬和美化最为典型。元好问与他们稍有不同。完颜斜烈与移剌瑗本身没有多少显赫战功值得歌颂,元好问也没有打算长期效力于他们的麾下,所以他的独立性强于高、岑等人。这在应酬类作品中表现得很明显。譬如正大三年(1226)中秋节,元好问参加完颜斜烈的酒宴,作《中秋雨夕》一诗,前四句只是称赞主帅完颜斜烈有赏月的雅兴:“南楼高兴在胡床,十日秋阴负一觞。庾老未应妨啸咏,素娥多自怨昏黄。”元好问用庾亮参与其僚佐闲谈的典故比况完颜斜烈与其幕僚一起饮酒之事,说明主帅没有妨碍他人的吟咏之兴,只是天公不作美而已。后四句转作宽慰之语:“此生此夜不长好,行雨行云有底忙。却恐哦诗太愁绝,且烧银烛看红妆。”①先借用苏轼《阳关词三首》中的成句,接着糅合“月有阴晴圆缺”②“故烧高烛照红妆”③等名言,以欣赏美人歌舞来弥补不能赏月的缺憾。诗中别无其他称颂主帅之词。元好问对移剌瑗也是如此。移剌瑗刚从洛阳调任邓州帅,天降甘霖,元好问奉命作诗,说“河润定应连上国,云来端合自中天”,上国、中天,指洛阳一带,也许这场好雨正是从洛阳自北向南,下到邓州一带,元好问趁机说移剌瑗带来了这场好雨,末尾进一步恭维他:“共识使君霖雨手,调元消息在今年。”④这种恭维出

①《元好问诗编年校注》卷二,第 1 册,第 322 页。

②邹同庆、王宗堂校注:《苏轼词编年校注》之《水调歌头》,中华书局,2002
　年,上册,第 174 页。

③王文诰辑注,孔凡礼点校:《苏轼诗集》卷二二《海棠》,中华书局,1982 年,
　第 4 册,第 1187 页。

④《元好问诗编年校注》卷三《邓州相公命赋喜雨》,第 2 册,第 529 页。

于人之常情,是古今常用的套话,没有实质内容,我们不能将之视为庸俗的吹捧。在移剌瑗寿筵上,元好问所作《定风波》(白水青田万顷波)词也只是常见的祝寿话语,没有过分的谀颂之辞。这说明,元好问对主帅的依附性并不强。有的时候,还能保持一定的独立性和平等性。如《月观追和邓州相公席上韵》:"月观知名旧,池亭发兴偏。露凉惊夜鹤,风细咽秋蝉。绿泛兵厨酒,红依幕府莲。无缘逐清景,空羡饮中仙。"①前半部分纯粹写景,后半部分抒写对帅府宴饮的向往以及未能参加的遗憾,其中没有直接奉承主帅的言辞。元好问还可以主动向移剌瑗索要美酒:"寒日山城雪四围,空斋孤坐意多违。江州未觉风流减,可使陶潜望白衣。"②元好问在镇平县城,为大雪所包围,独坐空斋,想饮酒御寒遣兴,就借用江州刺史王宏赠酒给陶渊明的典故,盼望移剌瑗能赠他美酒。无论此时元好问是否在移剌瑗的幕府,都说明他们之间亲切友好的关系。另一首《巨然秋山为邓州相公赋》纯是题画,一语不及移剌瑗,也说明他们之间的关系相对纯粹。

这期间,元好问毕竟在军中,对愈演愈烈的蒙金战争有了进一步思考。他曾跟随完颜斜烈去南阳,先后写下《丹霞下院同仲泽鼎玉赋》(时从商帅军至南阳)、《三奠子·同国器帅、良佐、仲泽置酒南阳故城》、《水龙吟·从商帅国器猎于南阳,同仲泽、鼎玉赋此》等诗词,其主要内容看起来不外是游览、饮酒、打猎,好像与战争无关,却含有对蒙金战争的关切,如《水龙吟·从商帅国器猎于南阳,同仲泽、鼎玉赋此》:

　　　　少年射虎名豪,等闲赤羽千夫膳。金铃锦领,平原千骑,

---

① 《元好问诗编年校注》卷三,第 2 册,第 543 页。
② 《元好问诗编年校注》卷三《从邓州相公觅酒,时在镇平》,第 2 册,第 512 页。

星流电转。路断飞潜,雾随腾沸,长围高卷。看川空谷静,旌旗动色,得意似,平生战。　　城月迢迢鼓角,夜如何、军中高宴。江淮草木,中原狐兔,先声自远。盖世韩彭,可能只办,寻常鹰犬。问元戎早晚,鸣鞭径去,解天山箭。①

上片写打猎的劲爆场面,称赞完颜斜烈的勇武凌厉,过片将打猎与战争联系起来,下片就从宴会写到危机四伏、草木皆兵的中原大地,感叹韩信、彭越有盖世才能却缺少谋略,只能算是寻常鹰犬。末句期待完颜斜烈能像薛仁贵一样,"三箭定天山",一举征服蒙古劲敌。由打猎开始,以征战结束,说明战争就在眉睫之前。

南阳一带是汉光武帝刘秀的发迹之地,也是诸葛亮隐居活动之地,曾经激荡着历史风云。元好问在跟随主帅出行时,不时地游览古迹名胜,发思古之幽情,寄伤今之感慨。且看他的《三奠子·同国器帅、良佐、仲泽置酒南阳故城》:

上高城置酒,遥望春陵。兴与废,两虚名。江山埋王气,草木动威灵。中原鹿,千年后,尽人争。　　风云瘝寐,鞍马生平。钟鼎上,几书生。军门高密策,田亩卧龙耕。南阳道,西山色,古今情。②

他们一行登上南阳故城,置酒高会。词以饮酒开篇,却不写饮酒,而写历史兴亡,觉得"兴与废,两虚名"。同时所作的《十日登丰山》也有"芳臭百年随变灭,短长千古只纷纭"之语,二者意思大体相同,都透出一些历史虚无主义倾向,原因在于眼前这块有着王气和威灵的土地,正陷于逐鹿中原的战争阴霾中,金与蒙古的拉

①《遗山乐府校注》卷一,第87—88页。
②《遗山乐府校注》卷二,第236页。

锯战仍在持续,凶多吉少。处于乱世,元好问感慨自己如同众多
书生一样,不能勒名钟鼎,杀敌报国,缅怀为韩信献计攻齐的郦通
和卧耕南阳的诸葛亮。在邓州移剌瑷幕府,元好问又写下怀古之
作《邓州城楼》:

> 邓州城下湍水流,邓州城隅多古丘。隆中布衣不复见,
> 浮云西北空悠悠。长鲸驾空海波立,老鹤叫月苍烟愁。自古
> 江山感游子,今人谁解赋登楼。①

登上邓州城楼,看见河流与坟墓,元好问感叹当地已经没有诸葛
亮这样的布衣人才,西北方向有些城池已经失守,敌人如同巨大
的鲸鲵,掀起滔天波浪,搅动天地,引发老鹤凄厉的鸣叫。谁能理
解他此刻的忧愁?全诗字面上没有写蒙金战争,却分明笼罩着山
雨欲来的恐怖氛围。

　　在凭吊先贤时,让元好问深思的是刘备、诸葛亮及其命运。
刘备兵败投奔荆州刘表时,曾驻军新野(今河南新野),期间三次
去邓县拜访诸葛亮,展开影响深远的"隆中对"。诸葛亮向他提出
占取荆州、联吴抗曹、再取益州、兴复汉室的路线图,刘备按此计
策行事。新野可谓是刘备一生的重要节点,当地为了纪念他,修
建了一座先主庙。元好问与移剌瑷一同游览先主庙,分别作诗,
移剌瑷诗已失传,元好问作了首次韵诗《新野先主庙》,现征引
如下:

> 一军南北几扶伤,长坂安行气已王。豪杰尽思为汉用,
> 江山初不假吴强。两朝元老心虽壮,再世中兴事可常。寂寞

---

① 《元好问诗编年校注》卷三,第 2 册,第 531 页。

永安宫畔土，争教安乐似山阳。①

在元好问看来，刘备率部南北征战，几次落败，伤亡很多，来到新野，深得民心，后来当阳长坂坡兵败之时，为了带上投靠他的百姓，缓慢行军，这种仁爱之心已经显示出王者气象。诸葛亮、关羽、张飞等众多豪杰都投靠于他，他原本不需要依靠东吴的力量，就可以抗衡曹魏。两朝元老的诸葛亮虽然有着兴复汉室的雄心壮志，但哪里还能辅佐后主刘禅实现中兴之梦？可惜刘备驾崩白帝城永乐宫，不能继续教育投降于魏、乐不思蜀的安乐公刘禅了。这首诗思考的中心问题是：刘备、诸葛亮这样的明主贤臣为什么未能兴复汉室、成就统一大业？除了扶不起来的阿斗这一因素之外，元好问认为"再世中兴事可常"，汉王朝大势已去，不可能再度中兴了，也就是杜甫所说的"福移汉祚难恢复"②。元好问在金王朝日薄西山之际，向移剌瑗表明自己如此见解，是否基于相关现实背景的考量？或者说，是否要引起人们关于金王朝气数已尽、无法抵御北方强敌的联想？

从军期间，元好问对诸葛亮的评价最为奇特。前引《新野先主庙》中已经对他联吴抗曹的方针提出怀疑，"江山初不假吴强"，以为刘备靠民心与那些豪杰就能与曹魏比拼。如果说这只是元好问为了抬高刘备而说的书生之见，那么他在完颜斜烈幕府中所作的《丰山怀古》就是很较真的讨论了。丰山在今南阳市北郊，该诗开头八句写丰山地势和景色，结尾十二句写山中清泠渊及丰山霜钟，中间二十六句全是评论诸葛亮：

①《元好问诗编年校注》卷三《新野先主庙》，第2册，第532页。
②《杜甫集校注》卷十五《咏怀古迹五首》（其五），第6册，第2397页。

　　炎精昔季兴，卧龙起隆中。落落出奇策，言言揭孤忠。时事有可论，生晚恨不逢。汉贼不两立，大义皎日同。吴人操等耳，忍与分河潼。夺操而与权，何以示至公？一民汉遗黎，尺地汉故封。守民及守土，天地与相终。不能御寇雠，顾以寇自功。既异鸿沟初，又非列国从。一券捐半产，二祖宁汝容。端本一已失，孤唱谁当从。至今有遗恨，庙柏号阴风。①

汉以火为德，炎精指汉王朝。元好问在诗末自注："孔明自谓汉室季兴。"诸葛亮的话出自《三国志·蜀书十二》："天下之人思慕汉室……以隆季兴之功。"②季兴就是中兴的意思。前四句是称赞诸葛亮卧龙出山，襄助刘备，贡献奇策和忠心。从第五句起，元好问提出不同意见，还为不能与诸葛亮当面讨论而抱憾。他认为，既然汉、贼不两立，吴国与曹魏一样，都是蜀汉的敌人，就不应该联合东吴，不应该将荆州三郡割让给东吴。河潼本指黄河、潼关，诗中借指战略要地。元好问批评诸葛亮将从曹操那儿夺来的土地又转给了孙权，这怎能体现对汉王朝的至公之心？因为所有的百姓和土地都是汉王朝的，保卫百姓与保卫国土同等重要。诸葛亮不能抵御东吴这一敌人，反而将联手劲敌当成一己之功。元好问认为，已经不是楚汉争霸、合纵连横的时候了，诸葛亮与东吴的一纸签约将荆州三郡江夏、长沙、桂阳割让给东吴，差不多损失了一半国土，这种出卖汉朝土地与国民的举措，完全没有必要，不会为汉高祖刘邦、光武帝刘秀所宽容。诸葛亮从一开始就犯了错

①《元好问诗编年校注》卷二《丰山怀古》，第1册，第326页。
②陈寿撰，裴松之注：《三国志》卷四二《蜀书·杜微传》，中华书局，1959年，第4册，第1019页。

误,失去民众和土地这一根本,后来还有谁跟他一起吟唱他喜爱的《梁父吟》? 庙中那些古老高大的松柏,发出阵阵松涛声,在千百年之后,仿佛仍在诉说着他不能兴复汉室的遗憾。"孤唱"指《梁父吟》,元好问《梁父吟扇头》诗:"盘礴万古心,块石入危坐。青天一明月,孤唱谁与和?"题下自注曰:"孔明箕踞坐大石上望月,作《梁父吟》。"①

蒙古乃马真后二年(1243),元好问路过刘备的故里河北涿州,凭吊昭烈庙,作《摸鱼儿·楼桑呼汉昭烈庙》词,再次对诸葛亮、杜甫发问:"登临感怆千古。当年诸葛成何事,伯仲果谁伊吕。"②杜甫在《咏怀古迹五首》(其五)中推崇诸葛亮:"伯仲之间见伊吕,指挥若定失萧曹。"③元好问不以为然,认为诸葛亮不能与商代的伊尹、周代的吕望两大名臣相比。

对诸葛亮竭尽心力辅佐刘备奠定三国鼎立的功业,人们向来称许有加,元好问为什么违背主流观点,再三指责诸葛亮联吴抗曹、从根本上否定"隆中对"以来的路线? 金代后期受到蒙古族的侵略,有人主张侵略南宋来获取补偿,而并非联合南宋对抗蒙古。元好问的指责应该不是基于金末的对宋战略,而很可能基于天下分裂的局势。诸葛亮的策略虽然使刘备强大起来,建立蜀汉政权,却彻底葬送兴复汉室的初衷,最终导致天下分裂对立。到了北宋后期,金与宋达成海上之盟,联手灭辽,金王朝承诺将燕云十六州割让给宋朝,这一历史与诸葛亮割让荆州三郡相似。金人入主中原,没有一统天下,与南宋分疆而治。金末,蒙古兵步步进

①《元好问诗编年校注》卷六《梁父吟扇头》,第 4 册,第 1793 页。
②《遗山乐府校注》卷三,第 556 页。
③《杜甫集校注》卷十五《咏怀古迹五首》(其五),第 6 册,第 2397 页。

逼,会不会再形成新的三国鼎立? 元好问回望秦汉以来历史,将三国分裂的局面归咎于诸葛亮。尽管元好问的指责失之偏颇,但体现了他主张统一的思想。如果有统一强大的中原王朝,又何愁不能抵御蒙古的入侵? 更不会有南北夹击的威胁了。

元好问离开完颜斜烈幕府不久,完颜斜烈因病去世。元好问后来在《壬辰杂编》中记载他遣返所俘虏的欧阳修后代及其乡亲的善行,还为其弟弟完颜陈和尚撰写《赠镇南军节度使良佐碑》,盛赞其战绩和忠勇刚烈品格。金亡之际,移剌瑗率众投奔南宋将领孟珙,不久病逝。元好问应该藏有他的诗歌,可惜未收入《中州集》中,不知何故。

十二、三为县令

元好问曾在河南内乡、镇平、南阳三地担任县令,相关文献记载有矛盾之处,本节采纳狄宝心先生《元好问年谱新编》的观点,其县令经历大体如下:正大四年(1227)春,元好问从嵩山走马上任内乡县令,次年秋,因丁母忧而离职;正大六年冬,丁忧期间代理镇平县令,次年春离职,原因不明;正大八年春,守孝期满,元好问出任南阳县令,七月末即调任尚书省掾。三地县令,断断续续,累计三年左右,时间有限,却是很好的人生历练,始终体现出他关念民生的情怀。

当时,金王朝推行辟举制,进士及第后,需要由三品以上的官员推荐方可授任官职,推荐者要为当事人的德能负责。金末国土收缩,职务岗位减少,元好问出任掌管一方的县令并非易事,一定是得到了别人的鼎力推荐。会是谁推荐元好问?最大可能是赵秉文、杨云翼。元好问对他们都感恩戴德,念念不忘。赵秉文是他的座师,关心和提携元好问,自当感激,那杨云翼呢?正大五年(1228)八月,杨云翼去世,元好问正在内乡县令任上,写诗悼念,称"受恩知己无从报,独为斯文泣至公"①。"至公"可作两种理解:一是泛指,称赞他最为公正;二是专指科举主考官。后者与杨

---

① 《元好问诗编年校注》卷三《杨之美尚书挽章》,第 2 册,第 485 页。

云翼的履历不符。元好问受恩于他,主要不是科考之事,而应该与官职任命有关。他推荐元好问,是出乎至公之心。天兴元年(1232),元好问在尚书省有关部门的档案中看见赵秉文、杨云翼和雷渊十七份"荐引"他的奏章①,令他感动不已。他们推荐元好问去哪?权国史院编修官,元好问有些不屑;尚书省掾,那是杨云翼去世之后的事。所以,最大可能是杨云翼推荐元好问出任县令。

怎样当县令,或者说当一个怎样的县令,元好问早有思考。历史上大概有两种地方官:一种是深得民心、载入史册、备受史官称赞的循吏,一种是不顾民众死活、唯上是从、政绩至上的能吏或酷吏。在金末,由于战争等因素,导致税赋增加,民生更加艰难,有些官吏为了迎合上峰,不惜大肆搜刮民脂民膏,压榨百姓,以便交出优秀的成绩单,作为个人晋升的资本。其时这种人大行其道。路铎记载有人反映襄城县"长官暴横","尽说秋虫不伤稼,却愁苛政苦于蝗"②,王若虚曾语重心长地叮嘱即将赴任的门人张仲杰:"民之憔悴久矣,纵弗能救,又忍加暴乎?君子有德政而无异政,史不传能吏而传循吏。若夫趋上而虐下,借众命以易一身,流血刻骨,而求干济之誉,今之所谓能吏,古之所谓民贼也。"③借众命以易一身,就是用成千上万黎民百姓的血汗来换得自己的乌纱帽,这种受官方认可的所谓"能吏",实际上是戕害百姓的"民贼"。王若虚的话反映了士大夫的道德良心。元好问闲居嵩山期

①《元好问文编年校注》卷四《赵闲闲真赞二首》,上册,第453页。
②《中州集校注》卷四《襄城道中》,第3册,第1040页。
③王若虚撰,胡传志、李定乾校注:《滹南遗老集校注》卷四四《答张仲杰书》,辽海出版社,2006年,第532页。

间,对登封县令薛居中有所观察和了解。兴定三年(1219),薛居中离任,百姓挽留,元好问特意作《登封县令薛侯去思颂》和《薛明府去思口号七首》,大力表彰薛县令"退悍吏,并冗吏,决留务,释滞狱"等方面的成效,肯定他"贷逋赋以宽流亡,假闲田以业单贫"的举措,称赞他"仁心以为质"①的执政原则,可以说薛居中已经成了元好问心目中的县令楷模。

元好问出任县令的第一站是内乡。说起内乡,现代人大约会立刻联想到气势恢宏、保存完好的内乡县衙,以为内乡古代就非常富裕,其实那是明清历代官员大兴土木的产物,是典型的穷县富衙门。内乡处于山区,土地贫瘠,交通不便,人口较少,元好问来到内乡时,县治在西峡口,冷清而凋敝,"孤城郁郁山四周,外人乍到如累囚"②,可以想见,条件简陋艰苦,工作纷繁复杂。他到任三个月后,仍然未能造福当地民众,"惠利无毫厘",不免有些着急,恰巧遇见一群百姓,随即展开调研问政:

> 汝乡之单贫,宁为豪右欺。聚讼几何人,健斗复是谁。官人一耳目,百里安能知。东州长官清,白直下村稀。我虽禁吏出,将无夜叩扉。教汝子若孙,努力逃寒饥。军租星火急,期会切勿违。期会不可违,鞭朴伤汝肌。伤肌尚云可,夭阏令人悲。③

这段话包含三层内容。第一层是元好问随机询问几个问题:孤寡贫困之人是否受到当地豪强黑恶势力的欺压? 有哪些人喜欢聚

---

①《元好问文编年校注》卷一《登封令薛侯去思颂》,上册,第15页。

②《元好问诗编年校注》卷三《半山亭招仲梁饮》,第2册,第454页。

③《元好问诗编年校注》卷三《宿菊潭》,第2册,第447页。

众闹事? 哪些人经常打架斗殴? 其核心是基层社会治安问题。第二层是元好问的自我解释。"东州长官"疑指在内乡东边叶县担任县令的刘从益,他为政清廉,管理有方,差吏很少下乡骚扰百姓。元好问说他虽然也禁止差吏上门骚扰百姓,但也不知道能否杜绝夜晚上门逼租的现象。第三层是劝谕百姓,要努力解决温饱,要按时交纳租税,否则轻则被鞭打受伤,重则死亡,那就太不幸了。所有这些,处处都透露出元好问关切同情的口吻,以及自己无力救助的矛盾心理。

在农耕时代,安抚流民、劝课农桑往往是地方官的基本工作。元好问也不例外。内乡一带自然条件恶劣,水利设施欠缺,往往"一旱千里赤,一雨垣屋败"①。他常常为旱涝天气而揪心。当看到农民春耕、桑树抽条、麦苗青秀时,他由衷地高兴,"老眼不随花柳转,一犁春事最关情"②,以至于无意欣赏春天美景。只是提高农业生产是一项常抓不懈的基础性工作,远非一蹴而就。

地方官员另一项必须限期完成的工作,也是最重要、最棘手的工作,就是税收。盛唐诗人高适担任封丘县尉,都不免经历"鞭挞黎庶令人悲"③的痛苦;南宋徐似道担任太和县令,更加悲摧,为了收租,对百姓一方面下狠手,一方面寄予同情,感到无比痛心:"一鞭加尔肤,万刃划吾腹。"④元好问亦为此烦恼,某天在县

---

①《元好问诗编年校注》卷三《观浙江涨》,第 2 册,第 477 页。

②《元好问诗编年校注》卷三《乙卯二月二十一日归自汴梁,二十五日夜久旱而雨,偶记内乡一诗,追录于此,今三十年矣》,第 2 册,第 473 页。

③高适著,孙钦善校注:《高适集校注(修订本)》之《封丘县》,上海古籍出版社,2014 年,第 182 页。

④徐似道:《装太和米纲》,项琳冰校注:《徐似道集》,浙江大学出版社,2016年,第 27 页。

衙值夜班,想到这项棘手的工作,就焦虑不安,写下了《内乡县斋书事》一诗:

> 吏散公庭夜已分,寸心牢落百忧薰。催科无政堪书考,出粟何人与佐军。饥鼠绕床如欲语,惊乌啼月不堪闻。扁舟未得沧浪去,惭愧春陵老使君。①

牢落是孤寂无依的样子。夜深人静时,百忧交集,无法入眠。困扰元好问的有两大忧愁:一是催收租科不力,没有这方面的政绩用来应对将来的任期考核;一是没有人愿意捐出粮食、支持军队。出粟佐军,是金末以卖官来改善财政的一项政策,元好问在《通奉大夫礼部尚书赵公神道碑》中有记载。大概内乡很少有这样的富农,愿意花钱(粮)买官,元好问也未能通过卖官来减缓租税压力。思来想去,又不能驾一叶扁舟,归隐江湖,觉得实在是愧对他的老祖先,唐代道州刺史元结。

内乡工作之余,元好问的一大快乐是与诗友们的往来。张澄、麻革、杜仁杰、高永、李汾、王渥、杨弘道等人先后来访,元好问与他们把酒论诗。《麻杜张诸人诗评》是内乡期间的一篇经典诗论,文中将麻革、杜仁杰、张澄三人放在一起加以比较,突出其个性,借战争喻诗,作出独到精要的点评。如评价杜仁杰的诗歌,"如偏将军将突骑,利在速战,屈于迟久,故不大胜则大败",大概杜诗喜欢走偏锋,成败都很快表现出来。评价张澄的诗歌"守有余而攻战不足,故胜负略相当",大概张诗偏于保守,创新不足,胜负相当。评价麻革的诗歌,"如六国合从,利在同盟,而敝于不相统一,有连鸡不俱栖之势。虽人自为战,而号令无适从,故胜负未

---

① 《元好问诗编年校注》卷三,第 2 册,第 445 页。

可知"①,大概麻诗有些散漫,不够集中。在元好问看来,他们都没有像李光弼指挥郭子仪部队那样,让旧阵营重现精彩,或许他们原本就没打算效仿李光弼吧!

元好问在内乡因母亲去世而离职守孝。在丁忧期间,他被调到镇平,代理镇平县令。镇平与内乡相邻,比内乡还小。元好问的情绪相对低落。如《镇平书事》诗:"劝农冠盖已归休,了却逋悬百不忧。可是诸人哀老子,半窗红日拥黄紬。"②前两句写劝农归来,工作结束,拖欠的租税也已了却,理应高兴才是,但后两句却很散淡。他说,大概是别人同情他吧,让他能够享受一下清闲,红日映照窗户时,还慵懒地躺在床上。另一首《镇平县斋感怀》中的情绪要激烈许多:"四十头颅半白生,静中身世两关情。书空咄咄知谁解,击缶呜呜却自惊。老计渐思乘款段,壮怀空拟漫峥嵘。西窗一夕无人语,挑尽寒灯坐不明。"③想到自己这样光阴虚度,壮志蹉跎而无人理解,只好独自书空击缶,默想未来。

正大八年(1231)春,元好问丁忧结束,出任南阳县令。南阳是历史文化名城,是经济、文化、人口大县,元好问此前就多次游历南阳,如今来此主政,实际上是得到了重用。他精神大振,准备大展身手,好造福一方,青史留名。只可惜刚到任几个月就被调回京城,他的才干远没有得到充分展示。值得庆幸的是,元好问在南阳县令任上留下两篇奇特的作品,从中可以见出他作为县令的抱负和情怀。

一是《南阳县令题名记》,应该是到任不久时所作。县令题名

①《元好问文编年校注》卷二,上册,第197—198页。
②《元好问诗编年校注》卷三,第2册,第515页。
③《元好问诗编年校注》卷三,第2册,第516页。

记起源于何时,尚无定论。北宋前期陈珪有篇《县宰题名记》,作于任职新昌期间,他在天圣年间(1023—1031)曾担任过江阴县尉,担任新昌县令当在这之后,具体写作时间失考,应该是较早的县令题名记,但流传不广,仅保存于清同治年间的《新昌县志》中。庆历年间,苏颂担任江宁县令,有民众因土地纠纷打官司,牵涉到前几任县令的裁决结果,但大家都记不清前任县令的姓名及任职时间,后来费了很大力气,"捃摭数十年簿书,始见其令之官氏",为上告者找到了原始依据,争回了土地。有感于此,苏颂在即将离任之际,弄清了从南唐灭国以来到庆历六年(976—1046)七十年间三十八位县令的基本情况,加上他自己,共三十九位县令,将其姓名、任职时间、主要作为一一刻在石上,立于厅事堂壁间,既"警于来者",又用以"自警"。他因此而写下《江宁县令题名记》。苏颂在文章开头说"县令题名,旧无其传"①,大概他不知道陈珪那篇《县宰题名记》。苏颂后来官居宰相,成为一代名臣和在多个领域卓有成就的科学家,他的这篇县令题名记影响远大于陈作。后来,县令题名记渐渐多了起来,如程颢《晋城县令题名记》、黄庭坚《吉州庐陵县令题名记》、金代王炎《福山县令题名记》等。这些县令题名记各有差异,但写作目的都是记载这些县令姓名,以便传之久远。元好问《南阳县令题名记》对此动机以及如何治理地方做了进一步的思考。为了更好地理解该文,这里不避辞费,征引全文如下:

为县难,为南阳尤难。由汉以来,千百年居是邦者,不知其几何人,独召、杜有父母之称,其余则有问姓名而不知者,

---

① 苏颂著,王同策、管成学、颜中其等点校:《苏魏公文集》卷六四《江宁县令题名记》,中华书局,1988年,下册,第976页。

可谓尤难矣。

　　自功利之说行,王伯之辨兴,堕窳者得以容其奸,而振厉者无以尽其力。盖尝疑焉:仁人君子,正其谊不谋其利,明其道不计其功,与夫安静之吏,悃愊无华,日计不足,月计有余者,理诚有之。然唐虞之际,司空则平水土,后稷教民稼穑,司徒则敬敷五教在宽,士明于五刑,虞则若予上下草木鸟兽,伯典礼,夔典乐,龙纳言。三载考绩,三考黜陟幽明。君臣相敕,率作兴事,必于成而后已。谓之不计其功也而可乎?汉宣帝之治,枢机密而品式具,上下相安,莫敢苟且。政平讼理,固出于良二千石德让之风。至于摘奸伏、击豪右,敢悍精敏、惷惷隽快如刀之发于硎者亦多矣!三代之民治,汉之民亦治。孰王孰伯,必有能辨之者。

　　呜呼,道丧久矣!召、杜之政,岂人人能之?唯稍自振厉,不入于堕窳斯可矣。若夫碌碌自保,寂寥而无所闻,去之日,使人问姓名而不能知,虽居是邦,谓之未尝居是邦可也!年月日,某记。①

该文没有交代写作缘起。他们这次县令题名究竟包括多少南阳县令(太守),也不得而知。在元好问看来,这些不再重要。重要的是,能否有口碑,能否被老百姓记住。所以,文章第一段就说,当县令难,当南阳县令尤其难,因为汉代之后千百年以来,被人们传颂的南阳地方官只有西汉的召信臣、东汉的杜诗两位太守,被人们尊为"召父杜母",其他地方官虽然有姓名却不为老百姓知晓,与没有姓名何异?言外之意,县令题名只是形式而已,未必能

---

① 《元好问文编年校注》卷三《南阳县令题名记》,上册,第205页。原文不分段,为便于阅读,兹分为三段。

决定某县令的名声能否传之后世。这种开头,审视县令题名刻石的动机,立意更高。第二段是对王、霸两种政治理念的思考,大量引用前代文献,今天读来,有点深奥。战国时儒家将以仁义治天下、以德服人的方略称为王道,将以武力或强制推行的政策方略称为霸道。历史上两者长期并存,难分高下。元好问疑惑之处在于,一些懈怠不作为的地方官可以借王道之名而伪饰自己,一些奋发作为的地方官有所顾虑,不能放开手脚,施展才能。他认为,董仲舒所说的"仁人君子",重道义,轻功利,汉章帝所说的"安静之吏",朴实无华,积少成多,从理论上来说,这两种人都是存在的。但是,即使是传说中的唐尧、虞舜那样的理想治世,那些大臣也都分工明确,亲力亲为,奖惩分明,难道他们没有功利的考量吗?即使是汉宣帝开创的孝宣之治,四夷宾服,富足安宁,固然与《汉书·循吏传》所标榜的"德让之风"有关,更与励精图治、果敢作为相关。谁能分得清唐虞、汉宣之治中何者为王,何者为霸?元好问这一段引经据典,核心是思考治政方略。王、霸本来就难以区分,二者之间,他似乎更倾向于王、霸兼用,更重视地方官的主动作为。第三段陈述自己的为政底线:即使难以成为召父杜母,也不能碌碌无为,懈惰怠慢,必须勤勉振作、励精图治;否则,有姓名而不为人所知,在南阳为官就像未在南阳为官一样,那么,题名勒石还有什么意义?这样结尾,就照应了文章的开头,反思如何才能做出政绩、真正能够传之久远,真正实现县令题名的初衷。实实在在的政绩才是题名刻石、流芳百世的基础。从这篇题名记来看,元好问高度重视南阳县令,对怎样当好南阳县令进行了深入的思考。

另一篇是诗歌《宛丘叹》。宛丘是陈州下属县,治在今河南省淮阳县。南阳与宛丘相隔两三百公里。根据诗下自注和康锡《按部南阳有赠》，正大八年（1231）七月，元好问陪同京南路司农丞康锡巡视南阳，到了秦阳陂一带，看见大片无人耕种的荒地，引起元好问的一番感慨。按照常情，秦阳与宛丘毫无关系，题目应该叫《秦阳叹》或者《南阳叹》，但元好问却联想到两位家在宛丘的县令：一位是关爱百姓的模范县令刘从益，另一位是压榨百姓的反面典型李某。李某十年前曾担任南阳县令，正是李某推行的牛头税让百姓不堪租税的压迫，导致上万户百姓纷纷逃离南阳。一万户人家，相当于南阳三分之一的人口，南阳农业生产因此出现了大倒退。元好问坦然面对这一现实，将诗歌定名为《宛丘叹》，正是通过对比一正一反两位县令，反思历史缘由，寻思解决之道：

> 秦阳陂头人迹绝，荻花茫茫白于雪。当年万家河朔来，尽出牛头入租帖。苍髯长官错料事，下考大笑阳城拙。至今三老背肿青，死为逋悬出膏血。君不见，刘君宰叶海内称，饥摩寒拊哀孤惸。碑前千人万人泣，父老梦见如平生。冰霜纨袴渠有策，如我碌碌当何成。荒田满眼人得耕，诏书已复三年征。早晚林间见鸡犬，一犁春雨麦青青。（髯李令南阳，配流民以牛头租，迫而逃者余万家。刘云卿御史宰叶，除逃户税三万斛，百姓为之立碑颂德。贤、不肖用心相远如此。李之后十年，予为此县，大为逋悬所困。辛卯七月，农司檄予按秦阳陂田，感而赋诗。李与刘皆家宛丘，故以《宛丘叹》命篇。）[1]

这位髯李是谁？元好问称髯李而不称其名，大概是为朋友讳，说明元好问认识他，甚至还比较熟悉。有两个人可能性最大：一是

---

[1]《元好问诗编年校注》卷三《宛丘叹》，第 2 册，第 553 页。

他的朋友李献能(1192—1232),虽然比元好问年轻,但年少得志,贞祐三年(1215)状元及第,随后进入翰林院。据《归潜志》卷二记载,他"颇有髯"①。元好问说他"谋事恨太锐,临断恨太迟。持论恨太高,徇俗恨太卑"②,说明他的性格存在明显缺陷。但是,现存文献中,看不出他曾经出任南阳县令,也不见安家宛丘的记载。二是他的同年进士李国维的哥哥李国瑞。李国瑞的父亲李彦直曾担任宛丘令,"莅官刚严",有可能在宛丘安家。据《金史》卷五十,兴定五年(1221)五月李国瑞尚任南阳县令。这与元好问在诗后自注所言"李之后十年,予为此县"时间正好一致,说明元好问所说的"髯李"就是李国瑞。这位李大胡子政绩观严重扭曲,巧立名目,盘剥百姓,以租税来邀功。他还嘲笑唐代"催科政拙"的道州刺史阳城,阳城宁愿考核等次最低(下下等),也要体恤民众。与髯李形成鲜明对照的是叶县令刘从益,他为百姓免除租税三万斛,深受百姓爱戴。元好问"大为逋悬所困",直接向刘从益学习,向朝廷申请减免三年租税的优惠政策,并获得诏许,这样就可以吸引流失人口返乡,他相信,在不久的将来,秦阳一带就可望恢复生机与活力。"邑有流亡愧俸钱"③,这充分体现出元好问这位仁者的道德良心。

康锡巡视结束,非常满意元好问的作为,写诗相赠:"鲁山佳政沾邻邑,白水欢谣见路人。县务清谈君自了,农郊凤驾我何勤。星河直上冰轮转,桃李前头玉树春。海寓疲民望他日,草堂那得

---

① 《归潜志》卷二,第 17 页。
② 《元好问诗编年校注》卷二《送钦叔内翰并寄刘达卿郎中、白文举编修五首》(其四),第 1 册,第 196 页。
③ 韦应物著,陶敏、王友胜校注:《韦应物集校注(增订本)》卷三《寄李儋元锡》,上海古籍出版社,2011 年,第 166 页。

遽移文。"①康锡用元好问的先祖、唐代鲁山县令元德秀来指代元好问,予以褒扬,说明元好问到任不久,治理南阳已经初见成效,相信南阳百姓很快能过上幸福美好的生活。"草堂那得遽移文",用孔稚珪《北山移文》中"草堂之灵……勒移山庭"②的典故,移文指代调令,意思是说,南阳百姓希望元好问不要调离南阳。康锡为何这么说? 很可能他已经听到了一些风声。果不其然,元好问随即就收到调令,立即离开南阳。他的县令理想、执政规划突然中止,一切都随之落空。

　　这么快调回京城,肯定出乎元好问的意料。八月初六,他已经在京城,有《京居辛卯八月六日作》存世。更让他万万想不到的是,等待他的将是金王朝灭亡这一天翻地覆的大事件,还有他一生中的至暗时刻。

---

① 《中州集校注》卷八《按部南阳有赠》,第 7 册,第 2229 页。
② 萧统编,李善注:《文选》卷四三《北山移文》,上海古籍出版社,1986 年,第 5 册,第 1957 页。

十三、至暗时刻

正大八年（1231）七月前后，元好问离开南阳县令的岗位，进入汴京，担任尚书省左司都事（简称尚书省掾）。由地方调入朝廷核心部门，虽是平调，都是正七品，但地位更加重要。元好问与很多人一样，完全没有预料到山雨欲来风满楼，金王朝即将坠入黑暗的深渊，迅速灭亡。我们简单列举一下这恐怖的节奏：

正大八年八月，蒙古三万骑兵进入大散关；九月，攻河中府；十一月破饶凤关，逼近汴京；十二月攻破河中府，汴京戒严。正大九年正月，金决黄河，以阻来犯之敌，迁五十万军属进入汴京，再遭三峰山惨败，十五万人的主力部队折损殆尽，金王朝改元开兴，寄托开始复兴的梦想；三月，蒙古兵攻下洛阳，再攻汴京十五日而退；四月，改元天兴，希望上天带来复兴；五月，汴京发生瘟疫，九十多万人死亡；十月，汴京城内粮食断绝，人食人；十二月底，金哀宗逃离汴京。天兴二年（1233）正月，金哀宗北渡黄河，败走归德（今河南商丘），汴京西面元帅崔立发动兵变，投降蒙古；四月，崔立率众（包括元好问）至青城；五月，金哀宗自归德逃往蔡州；十一月，蒙古与宋联手攻蔡州。天兴三年正月，金哀宗传位给完颜承麟后自缢，承麟死于乱军之中，画下金王朝的休止符。

从正大八年七月底（或八月初）入京，到天兴二年五月三日北渡黄河，元好问在汴京生活了约二十一个月，这成了他一生中最黑暗的时刻。"时代的一粒灰,落在个人头上,就是一座山。"何况是时代的巨大灾难,毁灭了多少生命多少家庭?几乎无人可以置身事外。这期间,他的女儿阿秀去世,他尊敬的老师赵秉文与他景仰的名流完颜璹同日去世,他的知交好友李汾、李献能、雷渊、冀禹锡、麻九畴、康锡、商衡、王渥、王郁等等陆续撒手人寰,他的尚书省同事蒲察琦自尽,还有百万以上的士兵、平民死于非命,死亡的阴云笼罩在上空,挥之不去。在纷至沓来的灾难世界,对很多人而言,能活着就已经拼尽全力。元好问也面临着断粮的困境,"生涯若被旁人问,但说经年鼠不来"①,加上疾病,"围城十月鬼为邻"②,是他汴京生活的真实写照。

　　现存文献中,这期间元好问多次与人讨论生死抉择。天兴二年正月二十一日,金哀宗出逃二十多天后,派人来迎接两宫,舆情汹汹,都以为朝廷要放弃汴京。元好问与参知政事完颜奴申、枢密副使完颜斜捻阿不讨论对策,他们无计可施,阿不说:"吾二人唯有一死耳。"元好问毫不客气地怼了回去:"死不难,诚能安社稷、救生灵,死而可也。如其不然,徒欲一身饱五十红衲军,亦谓之死耶?"③"安社稷、救生灵"是元好问生死观的核心价值。正月二十四日,崔立兵变后第二天,下令要求官员"改易巾髻",剪去头发,换作蒙古人的装扮,元好问的同事蒲察琦坚决不从,因为他是女真人,"袭先兄世爵",决心"以一死付公"④,回家后自缢身亡。蒲察琦念及金王朝的恩情,以死捍卫民族节义,元好问无法阻止,

①《元好问诗编年校注》卷四《围城病中文举相过》,第2册,第608页。
②《元好问诗编年校注》卷四《喜李彦深过聊城》,第2册,第682页。
③《金史(点校修订本)》卷一一五《完颜奴申传》,第8册,第2667页。
④《金史(点校修订本)》卷一二四《蒲察琦传》,第8册,第2852页。

却未必认同。

元好问是幸运者,度过了这场生死劫难,却没有逃过纷纷非议。这些非议源于两起事件:一是参与撰写崔立功德碑,二是上书蒙古中书令耶律楚材。或许还与元好问的两度职务升迁有关。

综合相关史料,崔立碑事件的基本事实如下:天兴二年正月二十三日,汴京城西面元帅崔立发动兵变,杀害参知政事完颜奴申、枢密副使完颜斜捻阿不,立梁王完颜承恪为监国,自封太师、军马都元帅、尚书令、左丞相、郑王等一长串头衔,然后至青城投降蒙古,"以救一城民"①。崔立私欲不断膨胀,还以荆王府为私第,淫暴贪婪,四月初,胁迫众人为他树立功德碑,颂扬他"救一城生灵功"②。崔党成员翟奕令翰林直学士王若虚撰写碑文,王若虚年届花甲,据理力争,认为翰林直学士的职责是代帝王立言,质问翟奕:为崔立撰功德碑能算代帝王立言吗?朝臣都出于丞相(指崔立)威权之下,自古以来,哪有部下给上峰颂功德的?这种颂功德又怎能取信于人?能言善辩的王若虚以此成功推脱"名节扫地,贻笑将来"的差事。崔党成员从王若虚那里获得启发,功德碑最好"托以京城父老意为之"③,作者最好不是朝臣。于是崔党成员、左司郎中张信之会同他的部下、左司员外郎元好问,并借助王若虚之口,召集太学生中的名士刘祁、麻革等人,让他们撰写功德碑,以不撰写碑文将"祸及亲族"相威胁。刘祁资历浅,无法拒绝,被迫撰写草稿。但他耍了点小心眼,故意写不好,以便推托给他人。王若虚当场拍板决定,让元好问在刘祁草稿基础上撰写碑

①《归潜志》卷十一《录大梁事》,第128页。
②《归潜志》卷十二《录崔立碑事》,第131页。
③《元好问文编年校注》卷五《内翰王公墓表》,中册,第742—743页。

文,署名刘祁。最终,这篇功德碑成于众手,主体部分由元好问执笔完成,铭辞由王若虚、元好问和太学生麻革、刘祁等人共同改定。

对崔立事件的性质,王若虚、元好问、刘祁等人认识完全一致。他们都想明哲保身,反复推诿,不愿意连累名节,事实上三人都未能完全摆脱干系。王若虚以年长官大甩锅,也未能完全脱手。据刘祁记载,元好问、刘祁等人写碑文时,王若虚就在现场,充当组织者、领导者。元好问正当年,又是职务使然,不能不完成撰写功德碑这一公务,在刘祁有意敷衍的情况下,只好亲自执笔,甩锅刘祁。但有那么多人在场,只能转嫁一时,刘祁等人一旦说出真相,元好问必然难逃物议。刘祁最年轻,又是名士、太学生,最适合代表京城父老,无可奈何,"隐忍保身为二亲计",成了背锅者。但两年后他写下《录崔立碑事》,详细记载崔立碑事件始末,一吐其委曲,赢得了后人的普遍同情与理解,最终成功甩锅元好问。元好问成了集众矢于一身的受害者,自然异常愤懑恼怒,几年后仍然愤愤不平,在《外家别业上梁文》中作多方辩解,郝经也为乃师叫屈,"且莫独罪元遗山"[1],但无论如何开脱,元好问都是崔立功德碑文的主要责任人。

后人对元好问参与撰写崔立碑多有批评,认为他未能以死相拒。这实际上是旁观者站在道德高地发出的轻浮指责,等于以死相逼。而死有何益? 能安社稷、救苍生吗? 像南宋王炎午撰写《生祭文丞相文》,劝文天祥速死,实际上是借道德杀人。元好问等人在迫不得已的情况下,参与撰写崔立功德碑,情有可原,何况他们已经克制再克制,连为自己辩白、对元好问有所怪罪的刘祁

---

[1]《郝经集编年校笺》卷八《辨磨甘露碑》,上册,第178页。

都承认碑文"止实叙事,亦无褒称立言"①,一定要以死来捍卫所谓的名节吗?

与崔立事件相关的是元好问的官职。功德碑完成之后,崔立召见刘祁、麻革,他们"俱诣立第受官",刘祁说给"余辈""特赐进士出身"②,"余辈"包括刘祁、麻革二人。元好问在《外家别业上梁文》中曾质问"伊谁受赏"③,说明元好问不在受赏之列。元好问在崔立兵变之后,两度职务升迁,尽管没有证据表明职务变动直接召来了明枪暗箭,但也不排除引发腹诽,加大对崔立碑事件的攻击力度。

第一次升迁,《金史·哀宗纪》有明确记载。崔立兵变后大肆封官,以笼络人心,元好问被授"左右司员外郎"。这一职务得到很多人的承认。《金史·王若虚传》记载他曾任"左右司员外郎",《归潜志》《金史·元好问传》记载他曾任"左司员外郎",两者是同一官职,正六品。元好问本人一直没有正式承认这一职务,在现存诗文中还是自称尚书省掾、左司都事,表明了自己的严正立场。

第二次升迁,唯见于元好问的学生郝经的记载。郝经在《寿元内翰》《静华君墨竹赋》《公夫人毛氏墓铭》《铁佛寺读书堂记》《先叔祖墓铭》等诗文中一再称元好问为"内翰",在《遗山先生墓铭》中明确记载"天兴初,入翰林知制诰"④。郝经如此频繁、公开地称呼元好问为内翰,不可能出于虚夸和泛指,因为当时毕竟还有很多其他知情人,特别是《寿元内翰》一诗,应该呈送给了元好

---

①《归潜志》卷十二《录崔立碑事》,第133页。
②《归潜志》卷十二《录崔立碑事》,第133页。
③《元好问文编年校注》卷五《外家别业上梁文》,上册,第410页。
④《郝经集编年校笺》卷三五,下册,第909页。

问本人,所以很难否定内翰这一职务的存在。令人不解的是,元好问为何听之任之没有纠正?后来,元人姚燧《中书右三部郎中冯公神道碑》称"内翰元遗山",杜本《洛阳程自修忘吾小传》称"翰林元裕之",清人顾嗣立《元诗选》也称元好问"入翰林"之类,都沿袭郝经之说。郝经没有记载入翰林院的具体官职,我们可以作如下推测:他所说的内翰品级应该高于此前正六品的左司员外郎,对照《金史·百官志》:"翰林待制,正五品,……衔内带知制诰。"①基本可以确定,元好问担任的是翰林待制,知制诰。郝经《遗山先生墓铭》大德碑本还记载元好问"再转中顺大夫"等一长串勋官②,中顺大夫为五品,与翰林待制相同。狄宝心《元好问年谱新编》指出,元好问称其继母张氏"显妣河南县太君",按照有关规定,五品以上文武散官才能追封母亲为"县君",说明元好问曾仕至五品③。至于元好问何时进入翰林院,应该在崔立碑事件之后数日内。元好问自己讳言此事,原因一是该官职为逆贼崔立所授,二是任职时间极短,短则几天,长则一二十天,四月二十九日,元好问就被羁押到青城,所有的官职都归零。在那乱世中,是否正式到任,都是问号。也许官本位思想暗地作祟,郝经比较在意内翰的五品官阶,以此来抬高元好问的地位;倘如此,那就像施国祁所批评的那样,有违乃师初心,那些由崔立所授的官职"不足为

---

① 《金史(点校修订本)》卷五五《百官志一》,第 4 册,第 1329 页。

② 郝经《陵川集》卷三五《遗山先生墓铭》无"再转中顺大夫"等语。该文撰于 1257 年,墓碑刻石于 1300 年,其时郝经已去世。胡聘之《元好问墓铭考》怀疑大德碑本《遗山先生墓铭》后人有改动,或有道理。参见《辽金元石刻文献全编》第一册,北京图书馆出版社,2003 年,第 374 页。

③ 《元好问年谱新编》,第 169 页。

先生荣,只取辱耳"①。《金史·元好问传》不采纳郝经说,只字不提左司员外郎以后官职,比较符合元好问的心志,更能维护元好问的品格操守。

元好问汴京期间引发争议的第二件事是上书蒙古中书令耶律楚材。此事相对单纯。天兴二年四月二十二日,元好问作《癸巳岁寄中书耶律公书》,核心内容是向耶律楚材推荐五十四位人才,请求他予以保护和任用。元好问用谦卑的口气、恳切的言辞陈说人才的重要性、人才的难得,为这些"不死于兵,不死于寒饿"的文人着想,央求耶律楚材"使脱指使之辱,息奔走之役,聚养之,分处之,学馆之"②。批评者以为,元好问是金王朝的臣子,与蒙古政要来往,既不忠于金朝,又冒犯了夷夏之大防,有失民族气节。连袒护元好问的赵翼也说他"正当危乱,尤不当先有境外之交"③。对此,当代学者降大任、姚从吾、狄宝心等人都撰文予以反驳,破除陈旧的忠君守节观念,阐释元好问此举的文化意义。笔者再补充两点:

一是该文的写作时机与寄出时间。当时,崔立已举兵投降蒙古,据刘祁记载,四月二十日蒙古兵进入汴京城,金王朝已经无力回天,只剩下出逃在外奄奄一息的金哀宗了。士大夫都处于生死存亡的关口,命运堪忧,二十九日被羁押到青城。谁能替他们呼吁?耆旧中,只有王若虚较为合适,但不知何故,他没有出面。元好问之所以挺身而出,除了他殷殷关爱人才之心外,有一个有利

①《元遗山诗集校注》卷首,第 33 页。

②《元好问文编年校注》卷四,上册,第 310 页。

③赵翼著,江守义、李成玉校注,《瓯北诗话校注》卷八,人民文学出版社,2013 年,第 338 页。

条件,就是他与蒙古将帅张柔有点亲缘关系。接受崔立投降的蒙古将领是速不台,但据《元史·张柔传》:"其臣崔立以汴京降,柔于金帛一无所取,独入史馆,取《金实录》并秘府图书;访求耆德及燕赵故族十余家,卫送北归。"①可知张柔也是接受崔立投降并进入汴京城的将帅之一,而元好问妻子毛氏与张柔妻子毛氏是同族姐妹,元好问与张柔是连襟关系。在比较重视宗亲关系的古代,他们即使没有深交,也会有所知晓。这层关系或许能给元好问提供上书耶律楚材的便利,促使他鼓起勇气,不惜铤而走险,"试微躯于万仞不测之渊"。元好问写成之后,并未贸然寄出。据《外家别业上梁文》自注,直到五月三日北渡黄河之后不久,才"献书中令君,请以一寺观所费养天下名士"②。就是说,元好问至少搁置了十多天,经过十多天的冷静思考,才做出最后的上书决定,说明元好问深思熟虑,反复权衡,力求措辞严密,无懈可击。仅从五十四位文人排列顺序就可以看出他精心结撰的苦心孤诣。五十四位文人,依次分为圣者之后、耆旧、时辈三类。圣者之后仅一人,即孔子第五十一代孙袭封衍圣公孔元措。耆旧四人,依次为冯璧(1161—1240)、梁陟、高霦、王若虚(1174—1243),梁陟、高霦生卒年不详,梁陟明昌二年(1191)进士,高霦明昌五年(1194)进士,可以看出是按照年资排序。时辈四十九人,姓名前统一加籍贯,如"平阳王状元纲、东明王状元鹗",其中王纲是大安元年(1209)状元,王鹗是正大元年(1224)状元,论私交,元好问与王鹗关系密切,显然这也是按年资排序。之所以如此用心,目的是为了避免一些非议。

---

① 《元史》卷一四七《张柔传》,第11册,第3473—3474页。
② 《元好问文编年校注》卷五,上册,第407—410页。

二是该文的无私性质。元好问列举的五十四位"天民之秀"，基本包括了当时在汴京的主要文人。经过姚从吾、狄宝心、胡传志等人的努力，大多数文人生平可考。其中有崔立碑事件的当事人刘祁、麻革，有指责元好问参与崔立碑事件的曹居一、杨奂、刘郁，可见其胸襟坦荡。如果说五十四人中含有私人因素，那就是最后两位："东胜程思温及其从弟思忠。"程思温是监察御史程震之子，金末进士，元好问的大女婿。他不是无名之辈，举贤不避亲，即使有一点照顾性质，也在合情合理的范围内。通读《癸巳岁寄中书耶律公书》，元好问没有一句为自己干谒求情，全是为他人请命。这是他在亡国前夕所做出的一大善举，是实实在在的大贡献，后人何不予以同情之理解？金亡后，元好问不仕蒙古，已经保持了与新政权的距离，积极抢救金代历史、文化，对金王朝也尽了臣子的忠心。生与死，何者更有意义？易代之际，难道非要以一死来效忠无能的君主、没落的王朝？南宋灭亡后，对宋王朝赤胆忠心的文天祥也表现出与元王朝合作的意愿："以黄冠归故乡，他日以方外备顾问。"①如果不是投降于元的留梦炎反对释放文天祥，文天祥也许能实现这一愿望，那么，他就差不多与元好问殊途同归了。

上书耶律楚材体现了元好问的主动作为，说明他在黑暗世界挣扎，不想随之沉沦消失。正是这种信念，支撑着他在危亡之际写下一系列锥心刺骨的诗歌，记载社稷苍生的苦难，奠定了他在诗歌史上无可争议的崇高地位。"国家不幸诗家幸，赋到沧桑句便工。"赵翼这两句广为人知的名言出自他的《题元遗山集》，虽然具有一定的普适性，但元好问无疑是最杰出的代表。汴京二十一

①脱脱等：《宋史》卷四一八《文天祥传》，中华书局，1977 年，第 36 册，第 12539 页。

个月正是元好问丧乱诗创作的高峰。赵翼称赞元好问的七言律诗:"沉挚悲凉,自成声调。唐以来律诗之可歌可泣者,少陵十数联外,绝无嗣响,遗山则往往有之。……此等感时触事,声泪俱下,千载后犹使读者低徊不能置,盖事关家国,尤易感人。惜此等杰作,集中亦不多见耳。"①他列举了八联诗句为例,前三联都出自困守汴京时期,足以见出这期间创作的重要性。他在汴京期间大概创作了三十首左右的丧乱诗,我们不妨看看其中几首代表作。

天兴元年十二月二十六日,金哀宗逃离汴京是金王朝走向灭亡的重要标志,汴京陷入恐慌无序之中,元好问作《壬辰十二月车驾东狩后即事五首》。五首诗未必是同时所写,写作时间当在天兴三年正月至四月二十九日之间。第五首"曲中青冢传新怨"一句,借用王昭君的典故来写即将北迁的两宫嫔妃的命运,而两宫北迁的时间是四月二十日;元好问以庾信自比,"去去江南庾开府,凤凰楼畔莫回头"②,表明自己即将北迁,其时当在四月二十二日蒙古兵入城前后。下面这首是各家必选的名篇:

> 惨淡龙蛇日斗争,干戈直欲尽生灵。高原水出山河改,战地风来草木腥。精卫有冤填瀚海,包胥无泪哭秦庭。并州豪杰知谁在,莫拟分军下井陉。③

首句"龙蛇"指代交战双方,"惨淡"形容战争的残酷激烈,"日斗争"表明交战时间之长,第二句写战争的严重后果,几乎要灭绝所有百姓。"高原"句象征山川改易的战场形势,切合金王朝决黄河

---

① 《瓯北诗话校注》卷八,第331页。
② 《元好问诗编年校注》卷四,第2册,第627页。
③ 《元好问诗编年校注》卷四《壬辰十二月车驾东狩后即事五首》(其二),第2册,第622页。

以堵绝蒙古兵的荒唐举措,"战地"句续写战场上的腥风血雨。颈联是说,精卫有心填平大海,以报仇雪恨,可是申包胥泪已流干,再也不能去秦庭恸哭求援了。精卫、包胥用以自指,抒发悲愤无奈之情。尾联含义模糊,有多种解释:第一种观点认为用《史记·淮阴侯列传》中的典故。韩信带兵伐赵,到井陉关时,分兵攻击赵营,大败赵军,元好问借此感叹现在没有韩信这样的将领,突破敌军,取得胜利。问题是,井陉虽是太行八陉之一,却属于河北西路威州(今河北井陉),与并州之间还隔了平定州。韩信虽有出入并州、井陉的历史,也难算是并州豪杰。何况这时的井陉早已沦于敌手,元好问不可能再寄希望于河朔增援汴京。第二种观点认为用《资治通鉴》中五代刘知远之事。刘知远听闻晋少帝北迁,声言将出兵井陉关,迎回晋少帝。刘知远是晋阳(今山西太原)人,堪称并州豪杰,但刘知远最终没有出兵井陉,更没有迎归少帝。元好问不可能用没有勤王行动的典故来寄托勤王的期盼。第三种观点认为,元好问期盼太行健儿派兵勤王,解汴京之围,问题是这时哪里还有握有兵权的并州豪杰?笔者结合当时的背景,尝试提出另一种解释。并州豪杰,疑指并州人李汾。李汾《陕州》自称"并州豪杰未凋零"[1],元好问曾称李汾"并州少年作轩昂,鸡鸣起舞望八荒"[2]。正大八年(1231),李汾去邓州,投奔恒山公武仙,出任行尚书省讲议官。次年正月,武仙遭遇三峰山大败,败逃南阳,收拾残部。三月,朝廷命他与参知政事完颜思烈联合救援汴京,武仙以兵力不足为由,拒绝驰援。李汾有不同意见,主张出兵救援京城,六月被害。末句井陉疑指代武仙,因为武仙为威州人,

①《中州集校注》卷十《陕州》,第 8 册,第 2494 页。
②《元好问诗编年校注》卷二《雪后招邻舍王赞子襄饮》,第 1 册,第 128 页。

威州原是井陉县,于天会七年(1129)升格而来①。下井陉,指从
"井陉"(武仙)分兵出击。莫拟,莫非打算的意思。如此一来,尾
联大意是说,如今不知道还有没有李汾那样主张救援汴京的并州
豪杰? 手握重兵的井陉人武仙是否还打算出兵救援汴京? 在绝
望无助中等待一线希望,应该是围城中人的共同心愿。

《壬辰十二月车驾东狩后即事五首》其四也是名作:

> 万里荆襄入战尘,汴州门外即荆榛。蛟龙岂是池中物,
> 蚍虱空悲地上臣。乔木他年怀故国,野烟何处望行人。秋风
> 不用吹华发,沧海横流要此身。②

金国烽火连天,从万里之外的荆襄大地到汴京城外,一片荒芜。金
哀宗不会困守城中,像蛟龙一样,已逃脱出城,可怜的是那些被抛弃
的大臣们,像蚍虱般卑微,徒自伤悲。眼前这些高大的乔木将会引
发故国之思,野烟弥漫,再也看不见金哀宗一行的身影。希望秋风
不要老是吹拂我的头发,让我的头发越来越白,在这沧海横流之际,
还需要我这样的士大夫呢! 末句体现了元好问度过危难的抱负。

四月二十日,两宫北迁,元好问作《俳体雪香亭杂咏十五首》,
抒发乱离之痛,兹引五首如下:

> 醇和旁近洞房环,碧瓦参差竹木闲。批奏内人轮上直,
> 去年名姓在窗间。(醇和,殿名)(其四)

> 琵琶心事曲中论,曾笑明妃负汉恩。明日天山山下路,
> 不须回首望都门。(其九)

---

①参见《金史(点校修订本)》卷二五《地理志中》,第 2 册,第 648 页。
②《元好问诗编年校注》卷四,第 2 册,第 626 页。

罗绮深宫二十年，更持桃李向谁妍。人生只合梁园死，金水河头好墓田。(其十一)

暖日晴云锦树新，风吹雨打旋成尘。宫园深闭无人到，自在流莺哭暮春。(其十三)

暮云楼阁古今情，地老天荒恨未平。白发累臣几人在，就中愁杀庾兰成。(其十五)①

俳体具有戏谑意味。易代之际，嫔妃以及宫女的命运总是诗人们感兴趣的话题。元好问这组诗将宫怨、亡国、伤时等复杂感情融合在一起，香艳其表，沉痛其内。

随后，元好问作《癸巳四月二十九日出京》：

塞外初捐宴赐金，当时南牧已骎骎。只知灞上真儿戏，谁谓神州遂陆沉。华表鹤来应有语，铜盘人去亦何心。兴亡谁识天公意，留着青城阅古今。(国初取宋，于青城受降)②

告别京城，也就是告别金王朝。回想起几十年的历史，自从明昌年间宴赐北部边将以来，蒙古兵就已经开始快速南下了。而金王朝还照样守备松弛，将边防视同儿戏，哪里知道这么快就灭亡了。辽东鹤回到故乡，不禁感到沧桑之变，会不解地问道：为什么要拆除金铜仙人之类的标志性建筑？谁能理解天公之意？历史竟然如此巧合，百余年前，北宋王朝在青城向金王朝投降；如今，金王朝步北宋后尘，又在青城投降于蒙古。元好问在总结历史教训

①《元好问诗编年校注》卷四，第2册，第634—641页。
②《元好问诗编年校注》卷四，第2册，第645页。

时,寄寓历史兴亡的深沉感慨。

五月三日,元好问北渡黄河,耳闻目睹,处处惊心动魄,《癸巳五月三日北渡三首》因此而作:

> 道傍僵卧满累囚,过去轺车似水流。红粉哭随回鹘马,为谁一步一回头?

> 随营木佛贱于柴,大乐编钟满市排。掳掠几何君莫问,大船浑载汴京来。

> 白骨纵横似乱麻,几年桑梓变龙沙。只知河朔生灵尽,破屋疏烟却数家。①

蒙古兵入城,大肆掳掠人口、财物。第一首写无数俘虏被捆绑,半死半活,僵卧道旁,一些年轻女子被蒙古兵胁持凌辱,哭着跟随在马后,她们难舍故土和亲人,一步一回头。此情此景,痛彻心扉。第二首写蒙古兵掠夺大量文物,佛像似柴,编钟满街,简直要把汴京城都搬走。第三首是说,眼前白骨纵横遍野,像乱麻一般,美好的家园变成了荒漠。过去只听说河朔一带生灵被杀殆尽,没想到黄河两岸也是人烟寥落。每一首都极其沉痛苍凉,令人泪下。

对元好问而言,汴京期间二十一个月遭受了太多的苦难和不幸,见证了金王朝灭亡的大变局、大动乱。也正是在这最黑暗的灾难岁月里,他以饱蘸血泪之笔记录社稷苍生的悲剧,为文学史留下了浓墨重彩的篇章。

---

① 《元好问诗编年校注》卷四,第 2 册,第 648—649 页。

十四、聊城新变

金哀宗天兴二年（1233）五月三日，元好问被蒙古士兵羁押，从开封城郊的青城出发，北渡黄河，进入山东境内，被羁管于聊城（今山东聊城）。蒙古太宗七年（1235）二三月间移居相邻的冠氏县（今山东冠县）。如果说，此前的围城是元好问一生中最艰难最黑暗的时刻，那么，不足两年的聊城岁月，就是他一生中最重要的转折期，出现了诸多新变，使得他最终成为"一代宗工"。

聊城时期，元好问最突出的身份变化是"南冠""累臣"，如他所说"憔悴南冠一楚囚"①。他用"南冠"一词为自己的撰述命名，撰写题为《南冠行》的长诗，编纂名为《南冠录》的家国史书。问题是早在前一年，汴京已经成为人间地狱，大批官民纷纷逃离，"朝官士庶往往相结携妻子突出北归"②。在元好问向耶律楚材推荐的五十四位"天民之秀"中，耆旧辈如七十多岁的冯璧，"正大壬辰，河南破，乃北归"③，他经过东平，回到家乡真定，得以寿终正寝；六十多岁的王若虚，"京城大掠之后，微服北归"，也回到了家

---

①《元好问诗编年校注》卷四《梦归》，第 2 册，第 698 页。
②《归潜志》卷十一《录大梁事》，第 126—127 页。
③《元好问文编年校注》卷五《内翰冯公神道碑铭》，中册，第 572 页。

乡真定，"浮湛里社者十余年"①；时辈如杨奂"癸巳，汴梁陷，微服北渡。羁孤流落，人所不能堪，君处之自若也"②。所谓"微服北渡"，就是换成便装，悄悄逃亡。在生死一线之际，逃出生天，是正常的本能行为，能得到人们的理解与宽容。元好问为什么没有及时逃亡而"瞑目就束缚"③，"自就拘管，同赴聊城"④？其原因大概有以下两点：

第一，与微服逃亡相比，被俘北渡，显得更加光明正大，更有利于将来的选择。冯璧、王若虚等长辈官员逃回家乡，就此终老余生，别无他念，比较坦然。杨奂、刘祁等太学生没有官职，资历较浅，顾虑较少。如果是正值壮年的朝官，私自出逃，总是有些不光彩。赵琦说："绝大多数北渡士人都避讳谈这段悲惨经历。"⑤原因就在此。元好问当时四十多岁，年富力强，声望也许暂时不及王若虚等前辈，但处于上升期，很快后来居上。相对于杨奂、刘祁等人而言，元好问能够有更多的作为，理论上他有很多种生活选择：可以慷慨就义，可以出仕新朝，可以遁归山林，还可以既不仕新朝又不排斥新朝，既与新朝保持距离又能有所合作，"秋风不用吹华发，沧海横流要此身"⑥。元好问不可能一死了之，不可能无所事事、碌碌无为。他后来周旋于赵天锡、严实、严忠济、张柔、

---

① 《元好问文编年校注》卷五《内翰王公墓表》，中册，第 743 页。
② 《元好问文编年校注》卷六《故河南路课税所长官兼廉访使杨公神道之碑》，下册，第 1448 页。
③ 《元好问诗编年校注》卷四《学东坡移居八首》（其四），第 2 册，第 748 页。
④ 《元遗山诗集笺注·元遗山年谱》，第 52 页。
⑤ 赵琦：《金元之际的儒士与汉文化》，人民出版社，2004 年，第 14 页。
⑥ 《元好问诗编年校注》卷四《壬辰十二月车驾东狩后即事五首》（其四），第 2 册，第 626 页。

史天泽、赵振玉、张德辉、耶律楚材等世侯和蒙古要员之间,甚至觐见忽必烈,往来奔走,积极抢救和保存金代文化,教授弟子,主持风雅传统,引导元初文化建设,是微服逃亡还是束手就擒更有利于他开展这些工作?显然是后者。从看管不严的羁押到不明不白的释放,自然而然地过渡到蒙古时期,元好问的这种经历更容易为金朝遗老和蒙古新进所接受。反观王若虚北渡直到去世的十年间,交往范围大为缩小,文学活动骤减,连自己的《慵夫集》都没有刊行。王若虚之所以晚景暗淡,无甚作为,应该与他微服北归、淡出主流文化圈相关。

第二,逃生之路历来道阻且长,充满艰辛和危险。在壬辰、癸巳(1232—1233)这两年的大逃亡中,不知有多少人死于道途。妻离子散、家破人亡者,触目可见。位于黄河之北的胙城县(今河南延津)是汴京的北大门,很多北逃者都要经过这里。王恽《卫州胙城县灵虚观碑》记载,"京城大饥,人相食,出逃死北渡者日不下千数"①,仅此一地,每天遇难者竟然不少于千人,多么可怕!不止于此,他还说在胙城一带冻死和淹死的,又"无虑千百数"。年轻文人刘祁、刘郁在逃亡途中,便遭受死劫。他们的母亲、祖母相继病逝,兄弟俩只能"相顾号泣而莫之何"②。大多逃难者根本回不到家乡,只能流落异地,四处漂泊,有些幸存者甚至沦为奴隶,命运极其悲惨。段成己在《创修栖云观记》中说:"自天兵南牧,大夫士衣冠之子孙陷于奴虏者,不知其几千百人。"③元好问一家约十

① 王恽著,杨亮、钟彦飞点校:《王恽全集汇校》卷五三,第6册,中华书局,2013年,第2440页。
② 《王恽全集汇校》卷四九《大元故蒙轩先生田公墓志铭》,第6册,第2335页。
③ 《全辽金文》,下册,第3559页。

口人,如果也像其他人那样逃亡,怎样保证家人的安全? 他不得
不认真考量。以他的名声、地位和影响,加上张柔、耶律楚材等人
的关照,元好问应该能判断得出,即使亡国被俘,也会受到一些优
待,至少生命无虞。两害相权取其轻,那又何必冒险逃命?

　　果然,元好问到达聊城之后,生命无忧。他有了临时住处,
住进了至觉寺,"去年住佛屋,尽室寄寻丈"①,条件虽然简陋,但
相对于那些流离失所的难民而言,已经有了能遮挡风雨的栖身
之所,他的家人再没有遭遇意外。张柔特别委托他的内弟毛居
仁"举夫人族属之留汴梁者北归"②,施国祁据此认为元好问家
人"必为万户张柔所扶护而出"③。在此艰难时刻,他们能来到
聊城举家团圆,真是不幸中之万幸,何况他们还带来了图书、字
画等故物和其他行李。这样一来,他们一家就有了基本的生活
保障。

　　元好问在《学东坡移居八首》(其四)中叙说他在聊城的生活:

　　　　壬辰困重围,金粟论升勺。明年出青城,瞑目就束缚。
　　毫厘脱鬼手,攘臂留空橐。聊城千里外,狼狈何所托。诸公
　　颇相念,余粒分凫鹤。得损不相偿,抔土填巨壑。一冬不制
　　衣,缯纩如纸薄。一日仅两食,强半杂藜藿。不羞蓬累行,粗
　　识瓢饮乐。敌贫如敌寇,自信颇亦愿。儿啼饭箩空,坚阵为
　　屡却。沧溟浮一叶,渺不见止泊。五穷果何神,为戏乃
　　尔虐。④

----

①《元好问诗编年校注》卷四《学东坡移居八首》(其五),第 2 册,第 750 页。
②《元好问文编年校注》卷五《潞州录事毛君墓表》,中册,第 1095 页。
③《元遗山诗集笺注·元遗山年谱》,第 52 页。
④《元好问诗编年校注》卷四,第 2 册,第 748 页。

刚出鬼门关,惊魂甫定,活着才是当时的头等大事。从"攘臂留空橐"来看,元好问随身没有带多少行李,只身北渡。好在得到了聊城"诸公"的接济,获得了一些粮食。诸公应该指赵天锡、严实、徐世隆等人,"凫鹤"指元好问大大小小的一家人。虽然只是过着半温半饱的苦日子,但元好问仍然较为乐观,自嘲体会到了颜回所说的"箪食瓢饮"之乐,有信心带领家人战胜贫困。元好问移居冠氏县后,条件逐步好转:"谁谓我屋小,十口得安居。南荣坐诸郎,课诵所依于。西除著僮仆,休沐得自如。"①十口,应该包括妻子毛氏、长子元抚、次女元严、次子元振、侄孙伯安、白华之子白朴等人,最值得注意的是,他还有"僮仆",而僮仆很可能是从汴京跟随他家人来到聊城的。比起那些沦为奴仆的衣冠子弟而言,元好问的聊城生活是安定而幸运的。

天兴二年秋天,元好问为曹得一写下一首长诗《南冠行》。曹得一,其人不详,施国祁怀疑是金末太原进士曹居一的兄弟辈。从诗中来看,曹得一也是居于聊城的南冠之人。诗歌开篇描写南冠的艰难生活:"南冠累累渡河关,毕连头白乃得还。荒城雨多秋气重,颓垣败屋深茅菅。漫漫长夜浩歌起,清涕晓枕留余潸。"一为南冠,就再也不可能回到从前,除非乌鸦变白。秋雨荒城,破屋长茅,二人相坐浩叹。元好问接着用十六句的篇幅,吟咏曹得一出身富贵、风流倜傥、多才多艺、名满京城的往日风光,最后又用二十多句表现汴京城破后潦倒郁闷、怀才不遇:"黄河之水天上流,何物可煮人间愁。撑霆裂月不称意,更与倒翻鹦鹉洲。安得酒船三万斛,与君轰醉太湖秋。"②灵活化用李白的诗句,"意到笔

①《元好问诗编年校注》卷四《学东坡移居八首》(其二),第2册,第743页。
②《元好问诗编年校注》卷四《南冠行》,第2册,第654页。

随,古语如己出"①。该诗虽是为曹得一所作,却寄寓了元好问的淋漓感慨。

元好问自从进入仕途之后,县令、尚书省掾等职务工作相当繁忙,那期间他是官员兼诗人;就俘之后,官员身份退去,诗人角色凸显。生活在继续,诗歌也在继续。

对时事的关注,是元好问聊城诗歌的重要主题。刚到聊城时,金王朝尚未灭亡。天兴二年六月,金哀宗从归德迁往蔡州,元好问作《淮右》诗:"淮右城池几处存,宋州新事不堪论。辅车谩欲通吴会,突骑谁当捣蓟门。细水浮花归别涧,断云含雨入孤村。空余韩偓伤时语,留与累臣一断魂。"②淮河西边的城池已经所剩无几,元好问痛感金哀宗所在的宋州(指归德)居然还自相残杀。元帅蒲察官奴杀害金哀宗随从官员三百余人,独揽大权,金哀宗反过来联合他人,处决蒲察官奴。宋州已经日益危险,金哀宗不得已逃往蔡州。而蔡州也非理想的避难之地,国用安上书力陈迁蔡"六不可",包括蔡州靠近南宋,很可能造成蒙古与南宋联手灭金。元好问也充满担忧,虽然蔡州与南宋唇齿相依,但南宋无意支持金人抗击入侵中原的蒙古大军。"细水浮花"两句出自韩偓《春尽》一诗,元好问用来象征流水落花春去也之类无奈之情。

天兴二年九月,蒙古兵围攻蔡州,十一月,又与南宋联手,蔡州所代表的金王朝奄奄一息。一年将尽,元好问忧愁万端:"海内兵犹满,天涯岁又新。龙移失鱼鳖,日食斗麒麟。草棘荒山雪,烟

①顾奎光辑,陶玉禾评:《金诗选》卷四《南冠行》,徐丽华主编:《中国少数民族古籍集成》(汉文版),四川民族出版社,2002年,第18册,第323页。
②《元好问诗编年校注》卷四《淮右》,第2册,第652页。

花故国春。聊城今夜月,愁绝未归人。"①皇帝逃亡,元好问等臣民们沦为随波逐流的鱼鳖,流落异乡,无法回家,最为伤心。天兴三年正月,金哀宗自缢,末帝完颜承麟随后被杀,金王朝灭亡。六月二十七日,给元好问带来诸多烦恼的崔立被部将李伯渊等人所杀,尸体被系在马尾示众,引起汴京民众"寸斩"他的愤怒声讨。元好问觉得大快人心,作《即事》诗,一吐崔立事件以来的心中恶气:"逆竖终当鲙缕分,挥刀今得快三军。燃脐易尽嗟何及,遗臭无穷古未闻。京观岂当诬翟义,衰衣自合从高勋。秋风一掬孤臣泪,叫断苍梧日暮云。"②首联说崔立死有余辜,理应千刀万剐。颔联用董卓被杀害并焚尸的典故,痛斥崔立遗臭万年。颈联连用两个典故,称赞李伯渊。当年王莽篡汉,翟义起兵讨伐,兵败被杀,王莽将其部下尸骨堆成五座高丘,他这样做哪能诬陷改变翟义的正义性质?契丹人张彦泽杀害高勋家人,辽太宗处以极刑,让高勋监斩,高勋身着丧服前往刑场,以其心来祭祀其亲人。尾联抒情,为金哀宗之死和金王朝灭亡而呼号哭泣。

此后,元好问写下多首伤时之作。如《秋夜》诗"百年世事兼身事,尊酒何人与细论"③,寓含沧桑感慨。《甲午除夜》回顾金王朝一百多年的历史,百感交集:

> 暗中人事忽推迁,坐守寒灰望复燃。已恨太官余曲饼,争教汉水入胶船。神功圣德三千牍,大定明昌五十年。甲子两周今日尽,空将衰泪洒吴天。④

①《元好问诗编年校注》卷四《十二月六日二首》(其二),第 2 册,第 669 页。
②《元好问诗编年校注》卷四,第 2 册,第 684 页。
③《元好问诗编年校注》卷四,第 2 册,第 686 页。
④《元好问诗编年校注》卷四,第 2 册,第 701 页。

首联言人事迁移之快,金王朝彻底消亡,不可能起死回生。颔联写金哀宗被困汴京城内,粮食断绝,逃往蔡州,不幸土崩瓦解。颈联高度概括金国历史,开国君臣的功德连篇累牍,数不胜数,金代中期大定、明昌年间五十年,鼎盛辉煌。尾联感慨一百二十年的王朝到此结束,无可奈何,他只能遥望南天,痛哭一番。元好问的这些诗歌侧重金王朝的亡国大变故,丰富了他的丧乱诗创作。

在哀挽金王朝的同时,元好问还创作了多首悼念师友、抒发一己之情的诗歌。元好问有一组《四哀诗》,分别悼念他的朋友李献能、冀禹锡、李汾、王渥。从题目来看,这组诗应该受到杜甫《八哀诗》的启发。《八哀诗》悼念王思礼、李光弼、严武、李琎、李邕、苏源明、郑虔、张九龄八位著名历史人物,用五言古诗的形式叙述其生平事迹,类似名人传记,后人多批评这组诗不够简练,"极多累句"[1],"钝滞冗长,绝少剪裁"[2]。元好问有所不同,他采取七言律诗的形式,抒发对这四位至交好友的伤痛之情,往往能直抵人心,感人肺腑。兹举《李钦叔》为例:

> 赤县神州坐陆沉,金汤非粟祸侵寻。当官避事平生耻,视死如归社稷心。文采是人知子重,交朋无我与君深。悲来不待山阳笛,一忆同衾泪满襟。[3]

李钦叔即他的好友李献能(1192—1232),正大八年(1231)担任河中(今山西永济)帅府经历官,河中沦陷之后,他来到陕州(今河南

---

① 叶梦得:《石林诗话》卷上,何文焕辑:《历代诗话》,中华书局,1981年,第411页。

② 王士禛著,张宗楠纂集,戴鸿森校点:《带经堂诗话》卷二,人民文学出版社,1982年,第54页。

③《元好问诗编年校注》卷四,第2册,第661页。

三门峡陕州市），担任行省左右司郎中。第二年，河解元帅赵伟向陕州行省索要粮食，陕州行省粮食不足，未能满足他的要求。赵伟就煽动士兵说，李献能与他关系不和，从中作梗，"坐视我军饥饿，不为存恤"。赵伟随后发动兵变，杀害陕州行省二十余名官员，"献能最为所恨，故被害尤酷"①。元好问这首诗首联写他因为粮食问题而招来杀身之祸，次联称赞他敢于担当的为官品格，第三联夸奖他的文学才华。李献能状元及第，又中宏词科，入翰林院，词采出众，与元好问交情深厚。尾联回忆一起吃住游览的经历，不禁泪流满襟。元好问在这首诗中没有历叙其生平，只是就其遇难来抒情议论，语言精练，感情强烈，可以说是对杜甫《八哀诗》的改进。

元好问还有一首怀念赵秉文的诗歌《五月十二日座主闲闲公讳日作》。后两联说："故垒至今埋恨骨，遗宗何力起新阡。门生白首浑无补，陆氏庄荒又一年。"②赵秉文去世时，汴城被围，一片混乱，只能匆匆下葬。这种临时下葬，被称为权殡、权厝，按照风俗，后来再归葬故里，或另造新阡，正式安葬。从权殡到归葬，时间长短不一，短者几个月，长者几十年，通常以两三年居多。从"至今"和"又一年"来看，赵秉文权殡时间已经较长。诸家年谱将之系在天兴二年，当时元好问还在去聊城的途中，奔命不暇，不可能有"门生白首浑无补"的心思。笔者以为该诗最早写作于天兴三年。元好问感慨，赵秉文的子孙没有能力为他建造新坟举行正式的葬礼，而作为他的老门生，自己清贫卑微，也无力报答座师，不能给座师应有的礼遇。"陆氏庄荒"，用唐人崔群的典故。崔群

①《金史（点校修订本）》卷一一六《徒单兀典传》，第8册，第2682—2683页。
②《元好问诗编年校注》卷四，第2册，第650页。

担任宰相,享有清名,他夫人劝他购买些庄园田产,他不以为然,说他主持科举考试录取的三十名进士,就是他三十所"美庄良田"。夫人立刻反唇相讥:您是陆贽丞相的门生,按照您的说法,您是陆氏的一方良田,这么多年,您给陆先生什么呢?在我看来,陆氏这方良田早就荒芜了。说得崔群惭愧难当,郁郁不乐。元好问借此典故哀悼恩师,同时抒发自己未能报答恩师的愧疚之情。

思念亲人和家乡,是元好问聊城诗歌的又一主题。如《梦归》:"憔悴南冠一楚囚,归心江汉日东流。青山历历乡国梦,黄叶萧萧风雨秋。贫里有诗工作祟,乱来无泪可供愁。残年兄弟相逢在,随分虀盐万事休。"[1]元好问日夜盼望能回到家乡与兄弟相聚。其他如"白屋寒多爱夕曛,静中归思益纷纷"[2]"恨我不如南去雁,羡君独是北归人"[3],也都体现了家乡之思。

聊城时期,元好问痛定思痛,除了继续写作诗歌,他觉得应该有更多的作为,有责任抢救、保存一代历史文化,所以,从这时起,元好问开创性地搜集与整理各类文献,他逐渐由单纯的诗人转变为更加综合的文化人。

首先,他利用诗人的特长和丰富的积累,开始着手编纂金代诗歌总集《中州集》。据《中州集序》,在上一年的围城之中,冯延登、刘祖谦就劝说元好问编纂金代诗歌总集,当时无暇顾及。到了聊城之后,"杜门深居,颇以翰墨为事",他再次想起冯、刘二人的建议,就开始抄录记忆和交游所得的诗歌。这时正巧商挺将其父亲商衡的手抄本《国朝百家诗略》(魏道明编,商衡补益)带到东

---

①《元好问诗编年校注》卷四,第 2 册,第 698 页。

②《元好问诗编年校注》卷四《白屋》,第 2 册,第 699 页。

③《元好问诗编年校注》卷四《喜李彦深过聊城》,第 2 册,第 682 页。

平,送给元好问。元好问将自己所编与之合而为一,成为《中州集》。《中州集序》写作于天兴二年十月二十二日,当时《中州集》应该完成了前七卷一百位左右诗人诗歌的编纂工作。从五月中下旬到达聊城,安顿下来,大概六七月份开始着手编纂事宜,很快就完成这么多诗歌的编写,说明元好问非常重视此事。其原因如他自己所说:"念百余年以来,诗人为多。苦心之士,积日力之久,故其诗往往可传。兵火散亡,计所存者才什一耳。不总萃之,则将遂湮灭而无闻,为可惜也。"①诗人们心灵相通,惺惺相惜,元好问此举为保存金代文学、金代历史做出不可替代的重大贡献。

　　其次,整理家藏的陆龟蒙《笠泽丛书》。元好问有不少藏书,从汴京带到聊城再带到冠氏县,"故书堆满床"②。他家收藏了两个版本的《笠泽丛书》,差别较大。早在担任内乡县令期间,麻革、张澄就希望他"合二本为一",却一直拖了下来。天兴三年四月,元好问终于着手校订二本,并写了篇《校笠泽丛书后记》。文中除了交代整理过程外,还对陆龟蒙诗文做出一番评价,承认其优点,又指出其不足。

　　最后,撰写《南冠录》。以"南冠"命名,突出金王朝遗民的角色,其中有他的先世杂事、本人行年杂事,还有先朝杂事。所谓先朝,当指刚刚灭亡的金哀宗时期。可见《南冠录》是部家族史兼部分杂史性质的著作,虽然不是很正规的史书,但元好问写得极其严谨认真,声称"我作《南冠录》,一语不敢私。稗官杂家流,国风贱妇诗。成书有作者,起本良在兹"③。元好问将它当成为后代

①《元好问文编年校注》卷四,上册,第318页。
②《元好问诗编年校注》卷四《学东坡移居八首》(其三),第2册,第745页。
③《元好问诗编年校注》卷四《学东坡移居八首》(其六),第2册,第753页。

提供可靠史料的信史。他很严肃地告诫子侄们,一定要重视此书,家置一通,"违吾此言,非元氏子孙"①,说明他的史学意识正在增强。天兴二年,元好问作《故金漆水郡侯耶律公墓志铭》,重复一年前在《聂孝女墓铭》中所列"死而可书"的人员名单,进一步申明保存历史的用心:"他日有以史学自任者出,诸公之事,未必不自予发之。"②

　　元好问在搜集整理金代文献的同时,还出现了另一个新变化,就是喜欢品评文艺。这种艺术活动给他聊城羁管生活增添不少乐趣。在《中州集》作者小传和《校笠泽丛书后记》中都有较多的诗文评论。下面我们来看看他在天兴三年的几次文艺活动。

　　三月二十一日,元好问与李天翼一同观看完颜璹所藏的书画珍品,作《密公宝章小集》。元好问深情怀念这位女真贵族,从其导源东北写起,写到汴京城内皇家的风流余韵,特别欣赏他身上所体现出来的"承平故态":"悲风萧萧吹白杨,丘山零落可怜伤。承平故态耿犹在,拂拭宝墨生辉光。恰似如庵连榻坐,一瓯春露澹相忘。"③末尾还以长长的自注,记载完颜璹的藏品及其有关见解。全诗洋洋洒洒,健笔纵横,直逼韩愈、苏轼等人,能体现元好问七言古诗的成就。

　　三月二十三日,元好问作《跋国朝名公书》,鉴赏一些金代名家书法作品。他用四个不同的比喻,分别形容任询、赵沨、王庭筠、赵秉文等人的书法,如评价赵秉文的书法"如本色头陀,学至

①《元好问文编年校注》卷四《南冠录引》,上册,第348页。
②《元好问文编年校注》卷四,上册,第342页。
③《元好问诗编年校注》卷四,第2册,第673页。

无学,横说竖说,无非般若"①。然后又列举其他书法家,对不在其中的党怀英,也不忘评价,认为缺少党怀英,就像建安时期的西园雅集缺少曹植一样,是个重要遗憾。这篇跋文纯粹谈艺,一语不及时事,充分体现了元好问的书法鉴赏力和语言表达力。

十月,元好问自编《遗山新乐府》。所谓"新乐府",意味着之前已有一部词集,此时又编新作,大概闲来无事,暂且做个阶段性总结,借机阐发自己的词学见解。他的《遗山自题乐府引》没有交代编纂缘起、收录数量之类常规内容,开篇以黄庭坚、陈与义等人词作为例,阐释言外之味,"不传之妙",然后以肤黄肪白的美味烤鹅来形容词的言外之味,生动形象。末尾虚拟与某客的对话,诙谐调笑,某客希望元好问能评价一下自己的词作,与秦观、晁补之、贺铸、晏几道相比如何?元好问洒脱地笑而不答,只是拍拍某客的后背,说笑道:"那知许事,且啖蛤蜊。"从中可见元好问对自己的词作非常得意,隐然以苏、辛传人自期。这篇序文轻松活泼,完全没有南冠生活的痕迹,俨然是位谈笑风生的艺术家,说明聊城后期元好问的生活和心情有所好转。

聊城时期,元好问还有一些交往应酬活动,与一些患难之交结下了深厚的感情,对未来产生了一定影响。譬如徐世隆是元好问在尚书省的同事,"襆被三年同舍郎",北渡后在东平严实幕府担任掌书记。天兴三年春,徐世隆路过聊城,专程看望元好问,在聊城盘桓二十来天。临别时,元好问以诗送行,题为《徐威卿相过,留二十许日,将往高唐,同李辅之赠别二首》,现引其二如下:

---

① 《元好问文编年校注》卷四,上册,第324页。

　　　　东南人物未凋零,和气春风四座倾。但喜诗章多俊语,
　　　　岂知谈笑得新名。二年阻绝干戈地,百死相逢骨肉情。别后
　　　　相思重回首,杏花尊酒记聊城。①

元好问对年轻的徐世隆出任新职,不但不以为意,反而热情赞扬,
以东南人物相许。潘尼《赠陆机出为吴王郎中令诗》称赞陆机:
"东南之美,曩惟延州。显允陆生,于今鲜俦。"②《世说新语·言
语》称赞贺循"不徒东南之美,实为海内之秀"③。徐世隆为陈州
西华(今河南西华)人,西华在汴京东南方,所以称他为东南人物。
"谈笑得新名",称赞他轻轻松松地获得严实的赏识。颈联最为深
情,他们在百死一生之后,能在他乡遇故知,自然慨叹不已。元好
问喜欢杏花,喜欢饮酒,末句将两者糅合在一起,形成特色鲜明的
美好记忆。四百多年后,清人查慎行《东昌道中》还化用此句:"辜
负遗山诗句好,杏花开后过聊城。"④元好问得到严实父子的关
照,或许与徐世隆相关。此外,元好问聊城期间还与李天翼、李杲
等人结下深厚友谊。元好问后来应李天翼的邀请,得以畅游济
南;两度病重,幸得国医李杲的及时治疗。

　　金王朝灭亡,元好问仕途中断,从此不再出仕新朝。没有了
官场事务,没有了出处纠结,元好问有了更多的闲暇和自由,能够
致力于多方面的文化活动,包括诗词写作、碑志文及其他应用文

---

①《元好问诗编年校注》卷四,第 2 册,第 680 页。
②《文选》卷二四,第 3 册,第 1156 页。
③ 刘义庆著,刘孝标注,余嘉锡笺疏,周祖谟、余淑宜、周士琦整理:《世说新
　语笺疏》卷上之上《言语第二》,中华书局,1983 年,上册,第 113—114 页。
④ 查慎行著,周劭标点:《敬业堂诗集》卷九《东昌道中》,上海古籍出版社,
　1986 年,上册,第 252 页。

写作、继续完善《中州集》、撰写金代野史、传道授业、编纂《唐诗鼓吹》等等，最终如《金史·元好问传》所说："兵后，故老皆尽，好问蔚为一代宗工。"①一代宗工，从聊城始。

---

①《金史（点校修订本）》卷一二六《元好问传》，第 8 册，第 2892 页。

十五、冠氏行止

　　蒙古太宗七年（1235）三月，元好问自聊城移居冠氏（今山东冠县），太宗十年八月离开冠氏，返回忻州。在这三年多的时间里，他受到李天翼的邀请，畅游济南，写下很多优秀的诗歌；得到冠氏帅赵天锡的照拂，在冠氏定居下来；又陪同赵天锡游览五岳之首的泰山；还曾只身回家乡，为定居故里做准备。这期间写下了一些纪行写景、交往应酬的重要作品。

　　元好问移居冠氏，应该不是他的自主选择。他依然是"楚囚"身份，生活仍然艰难，连住处都没有，只能租个小房子，"今年僦民居，卧榻碍盆盎"①。正在压抑苦闷之际，济南漕从事官李天翼邀请他去济南一游。李天翼（字辅之）是元好问的患难之交，贞祐二年（1214）进士，估计比元好问年龄稍长，曾任开封县令，与元好问一同在围城中度过黑暗时光。元好问向耶律楚材推荐的五十四名中原人才，李天翼在四十九位"时辈"之中，名列第十。汴京城破之后，他们又一同被羁押于聊城，交往密切，还一同接待过徐世隆。蒙古太宗七年三月末，李天翼出任济南漕运官，元好问与衍圣公孔元措等人为他饯行，元好问郑重其事地用四六文写下了一篇《送李辅之之官济南序》，为他出仕济南而由衷地感到高兴："辅

---

① 《元好问诗编年校注》卷四《学东坡移居八首》（其五），第 2 册，第 750 页。

之李君膺剡章之招,有泛舟之役。东门祖道,北海开樽。念会合之良难,欲殷勤之重接。"①殷殷惜别中,期待有朝一日能再次相逢。果不其然,李天翼不负所望,七月就发出邀请。元好问当时还处于羁押期,不知道经过谁的许可,得以获准离开羁押之地,可以重获自由,一洗围城以来的郁闷和忧愁,想必如"久在樊笼里,复得返自然"一般欣喜雀跃。济南不仅是座令人向往的历史文化名城,还承载着元好问童年的美好记忆。五岁那年,他随同叔父去掖县(今山东莱州),曾路过济南,对"大城府"有点模糊印象。后来,他每每听到别人谈起济南"风物之美,游观之富",时时以未能一游济南而引以为憾,现在终于可以成行了。

据元好问《济南行记》,他的这次济南之行,大概二十天。期间,有李天翼、杜仁杰、权国器(李天翼同事)、道士高生、进士解飞卿、济南府参佐张子钧、张飞卿这些旧雨新知先后作陪;有美酒佳肴款待,如"置酒历下亭故基","筋予绣江亭","剧谈豪饮";有音乐歌舞,"道士高生妙琴事,人目之琴高,留予宿者再","乐府(指歌女)皆京国之旧";有济南名胜大明湖、趵突泉、金线泉、珍珠泉、绣江亭;有开满荷花、如同锦绣般的湖面;有大明湖周边的山光水色;还有匡山、舜井、灵泉庵、读书堂等历史遗迹以及欧阳修、苏轼等人的题字。这些都让他大饱眼福,应接不暇,兴奋不已。他击节称赞华不注山在大明湖水中的倒影:"大明湖由北水门出,与济水合,弥漫无际。遥望此山,如在水中,盖历下城绝胜处也。"他雨后看泰山:"小雨后太山峰岭历历可数,两旁小山,间见层出,云烟出没,顾揖不暇,恨无佳句为摹写之耳。"②喜悦之情,溢于言表。

①《元好问文编年校注》卷四,上册,第350—351页。
②《元好问文编年校注》卷四,上册,第354—360页。

在上述因素激发下,元好问济南期间创作了许多优秀作品。除了《济南行记》之外,还有十六首诗歌。王士禛指出:"元遗山济南赋咏尤多而工。"①可以说,短暂的二十天济南之行是元好问创作的一个小高峰。《济南杂诗十首》是其代表作,兹引四首如下:

> 儿时曾过济南城,暗算存亡只自惊。四十二年弹指过,只疑行处是前生。(其一)
>
> 吴儿洲渚似神仙,笔画溪光碧玉泉。别有洞天君不见,鹊山寒食泰和年。(其四)
>
> 斫来官树午阴轻,湖畔游人怕晚晴。一夜灵泉庵上宿,四山风露觉秋生。(其六)
>
> 看山看水自由身,著处题诗发兴新。日日扁舟藕花里,有心长作济南人。(其十)②

第一首是初到济南,感叹时光如白驹过隙,从儿时到现在,四十二年弹指一挥间,济南仿佛是前生经行之处。第四首前两句写大明湖的明艳风光,如同江南一样,"秋荷方盛,红绿如绣,令人渺然有吴儿洲渚之想"③;后两句写济南当年楼台亭阁别有洞天,经过战乱已经不复存在,鹊山寒食的太平景象也已消亡。鹊山因乌鹊聚集而得名,鹊山寒食是济南一景。"泰和"有双关含义,既指金章宗泰和年间那样的承平时代,又泛指国泰民安的时期。济南人王士禛特别赞赏这一句,在诗中或直接引用:"故国风光在眼前,鹊

---

①《带经堂诗话》卷十四,第 359 页。

②《元好问诗编年校注》卷四,第 2 册,第 720、722、723、725 页。

③《元好问文编年校注》卷四《济南行记》,上册,第 354 页。

山寒食泰和年。"①或略作点化:"鹊山寒食年年负,那得樵风引棹行。"②第六首写济南天气,大明湖畔由于树木被砍,白天炎热,晚上住在灵泉庵,凉爽舒适,能感受到秋意来袭。第十首特意强调"自由身",可以尽情游山玩水,到处题诗,抒发情怀,真希望每天都能泛舟大明湖和绣江,穿行在荷花丛中,做一位快乐的济南人。在《题解飞卿山水卷》中元好问也说:"羡杀济南山水好,几时真作卷中人。"③足见他对济南山水的喜爱程度。

在最后一次游览大明湖之后,元好问写下七言长诗《泛舟大明湖》。先热情称颂大明湖的迷人风光:湖水清澈,荷花成片,蔚为壮观,"长白山前绣江水,展放荷花三十里";千佛山在湖中的倒影,摇曳动荡,仿佛一堆归拢不起来的苍烟,"看山水底山更佳,一堆苍烟收不起"④。接着写饮酒高歌,快意游览,期待缺席的杜仁杰能续写风流。

济南之行,元好问欣然赴约,满意而归,几乎是他一生中最快乐的经历,"胜游每恨隔千里,乐事便当论百年"⑤。济南风光给他留下深刻的印象,后来还不时怀念济南之行,诸如"荷叶荷花何处好?大明湖上新秋"⑥。

回到冠氏之后,元好问得到冠氏帅赵天锡的格外关照。赵天锡(1191—1240),字受之,与元好问年龄相仿,原本是冠氏的富

① 王士禛:《冶春绝句十二首》,惠栋、金荣注,宫晓卫等点校整理:《渔洋精华录集注》卷三,齐鲁书社,2009年,上册,第256页。

② 王士禛:《忆明湖》,《渔洋精华录集注》卷三,第291页。

③ 《元好问诗编年校注》卷四,第2册,第737页。

④ 《元好问诗编年校注》卷四《泛舟大明湖》,第2册,第731页。

⑤ 《元好问诗编年校注》卷四《绣江泛舟有怀李郭二公》,第2册,第734页。

⑥ 《遗山乐府校注》卷二《临江仙》(荷叶荷花何处好),第300页。

豪,他的父亲赵林为冠氏令,蒙古兵南下时,赵天锡投靠严实,为严实的下属,兼冠氏令。赵天锡掌握着冠氏的军政大权。元好问再三说他"崇儒重道,出于天性,虽在军旅,而文史未尝去手"①,还曾与杨奂一同研读石介的《唐鉴》,说明他不同于一般的地方豪绅,具有一定的文化水平。他与严实等人都喜欢延揽名儒,对元好问这样最优秀的文人自然礼遇有加。当年黄州太守徐大受给戴罪之人苏轼若干亩荒地,如今赵天锡也给了羁管之士元好问三亩荒地,资助他修建房屋,并派儿子现场监督。经过八十多天的施工,冬天顺利落成。元好问非常感激,将赵天锡比喻成礼贤下士的平原君赵胜:"去冬作舍谁资助,县侯雅以平原故。贤郎检视日复日,规制从头尽牢固。"②他对新居极为满意,一口气写下《学东坡移居八首》,抒写他的兴奋喜悦之情,"今晨见此屋,一笑心颜开"③;表现他的惬意生活,"南荣坐诸郎,课诵所依于。西除著僮仆,休沐得自如……窗明火焙暖,似欲忘因拘"④;叙述他撰述金朝历史的宏愿,"造物留此笔,吾贫复何辞"。这样一来,元好问算是在冠氏安家定居了。

蒙古太宗八年(1236)三月二十一日,赵天锡去泰安拜会严实,因为元好问"宿尚游观",就"拉之偕行"。他们一同游览长清、泰山、泰安等地,来回三十日,近千里路程,时间匆匆,元好问写下《东游略记》一文和约十首诗词。从《东游略记》来看,泰山之行更像一次文化考察。全文大体可分三个部分。第一部分概括交代

①《元好问文编年校注》卷四《紫微观记》,上册,第364页。
②《元好问诗编年校注》卷四《戏题新居二十韵》,第2册,第785页。
③《元好问诗编年校注》卷四,第2册,第742页。
④《元好问诗编年校注》卷四,第2册,第743页。

此行经过,以及"以备遗忘"的写作目的。第二部分记录游览长清县(今山东济南市长清区)的三处景点:一是郭巨庙,即孝堂山郭氏墓石祠,元好问详细记载其石刻造像以及《陇东王感孝颂》的有关内容,评价其文为"齐梁体而苦不佳",判断其隶书出自僧人慧朗之手;二是隔马祠,元好问考证其得名由来,以及与《左传》所记不合之处,批评"阴障戎马"的传闻为"齐东野人语"[1];三是灵岩寺,引用相关文献,质疑党怀英《十方灵岩寺记》中的考述。第三部分记录游览泰山及泰安城诸多景点,包括:登顶泰山观看日出,考察泰安城内岳祠兴废、岱岳观、青帝观、乾元观、升元观等文物,宋代祀坛及诸多碑刻,泰山书院、鲁两先生祠堂、龙泉寺等。与《济南行记》相比,《东游略记》涉及历史人物、文物考古方面的内容更多,知识含量巨大。该文没有采取文学性游记的通常写法,很少写景抒怀,而是以罗列加考证的方式,考察相关历史文化,文献价值更加突出。所幸元好问《游泰山》诗弥补了文学性不足的缺憾。诗中惊叹泰山的雄奇壮伟,感叹时世的变迁,描写泰山春夏之交的绚丽风光:"是时夏春交,红绿无边涯。奇探忘登顿,意惬自迟回。"[2]其他两组诗《龙泉寺四首》《登珂山寺三首》都写作于寺庙,总体清幽闲静。《清平乐·太山上作》写泰山日落,较有特色:"江山残照。落落舒清眺。涧壑风来号万窍,尽入长松悲啸。　　井蛙瀚海云涛,醯鸡日远天高。醉眼千峰顶上,世间多少秋毫。"[3]身在泰山顶上,远眺日落苍茫景象,静听万壑松涛。云海波涛,天地开阔,让元好问生出自我渺小之感,如同井底之蛙

---

[1]《元好问文编年校注》卷四,上册,第386—387页。
[2]《元好问诗编年校注》卷四,第2册,第769页。
[3]《遗山乐府校注》卷三,第478页。

和小蠓虫一般。俯视人间,他觉得世间诸多人事都微不足道。在阔大的景象中,寓含人生道理。

与神采飞扬、五光十色的济南之行相比,泰山之行大为平淡,不免有点单调,创作也大为逊色。除了时间匆匆之外,还有哪些原因?其一,泰山景色的丰富性不如济南,以文化遗迹居多。泰山对元好问的吸引力远不及济南。其二,泰山之行的朋友较少,几乎见不到什么诗友、酒友。《东游略记》中提到的同行者只有赵天锡一人,元好问在灵岩寺党怀英碑阴的题字中还有"齐河帅刘侯"及"将佐"等人。赵天锡一行所到之处肯定会得到当地人的接待,只因志趣不同,这些人得不到元好问的垂青。所以,元好问泰山之行不可能像济南之行那么恣情欢畅,他在《游泰山诗》中甚至发出寂寞之叹:"惜无赏心人,欢然尽余杯。"①

结束泰山之行后,元好问回到冠氏。大概在一两个月之内,他的新居不幸失火,"南风一夕怪事发,突兀赭垣残半柱",一时间元好问居无定所,"夏秋之交十日阴,抱被倚门愁旦暮","胸中广厦千万间,天地一身无着处"。只得再次仰仗赵天锡的资助,在旧址附近重建新居。这次占用的是"学宫"用地,重建起来耗时费力,"就中此宅尤费手,官给工材半佣雇",官方资助建材和一半工钱,元好问自己支付一半工钱,拖延半年才最终建成。元好问作《戏题新居二十韵》自嘲,新居比上不足,比下有余,"好恶且当随所遇"②。

在冠氏期间,如果没有赵天锡的慷慨支持,元好问一家的生活会更加艰难。因此,他与赵天锡结下了深厚的友情。赵天锡生

---

① 《元好问诗编年校注》卷四,第 2 册,第 769 页。
② 《元好问诗编年校注》卷四,第 2 册,第 785 页。

日,元好问写诗为他祝寿,称赞他礼遇文人的雅怀:"山东诸将拥行台,共许元戎有雅怀","农郊荆棘连新麦,儒馆丹青映古槐"①。在赵天锡的经营下,冠氏成了文人聚集的庇护所,"四境之内,独为乐土"②。赵天锡修复冠氏庙学,元好问代学生黄逸民撰写庙记,夸赞其崇儒重道、兴办学校之举③。赵天锡的母亲董氏出家,信奉全真教,赵天锡为之修建紫微观,元好问应邀撰写《紫微观记》。按照常情,文中应该介绍修建过程,称赞赵母信仰的坚定虔诚,表彰全真教的行善义举之类,可是这篇记文却另辟蹊径。文章用很大篇幅批判汉代以来道教的"虚荒诞幻",介绍金代贞元年间以来全真教的风靡盛况,感叹儒教的衰落:"呜呼,先哲王之道、中邦之正,扫地之日久矣! 是家何为者,乃人敬而家事之?"④这分明是站在儒家立场上批评道教以及全真教,与赵母出家信教、赵氏修建宫观之举正好背道而驰。受邀为事主撰文,不但没有顺着事主的意愿,为其出家信教说项,反而对所信之教提出质疑,这充分体现了元好问的儒者本色。清人李祖陶评此文:"篇中追溯源本,究极流弊,无一语肯为放倒,真儒者之文。"⑤元好问为什么不肯迁就一下为赵母为全真教说些好话? 难道不怕得罪赵天锡吗? 除了元好问的儒家思想本位之外,还有两个原因:其一,赵天锡不信奉全真教,不赞成其母亲出家。元好问在文末特意点明赵天锡崇儒重道的天性,不会为流行的全真教所动摇,"决非漫为风

①《元好问诗编年校注》卷四《寿赵受之》,第2册,第928页。
②《元好问文编年校注》卷五《千户赵侯神道碑铭》,中册,第534页。
③《元好问文编年校注》卷四《代冠氏学生修庙学壁记》,上册,第367页。
④《元好问文编年校注》卷四,上册,第363页。
⑤李祖陶:《元遗山文选评语七五则》,转引自《元好问资料汇编》,第278页。

俗所移"，立场非常坚定。赵天锡修建紫微观，"特以养志"①，说白了，只是顺从母亲、表达孝心罢了。其二，赵母未必真的信仰全真教。据元好问《冠氏赵侯先茔碑》，赵母董氏"夙尚内典"，原本信奉的是佛教。她的夫人地位受到侵占，"为上僭者所夺"，"上僭者"应该是赵天锡父亲赵林的新欢。董氏饱受这位新欢的欺侮，新欢特别强悍，对她"挝斥如媵侍，陵轹如囚虏，井臼之事，率躬亲之，如是积三十年"②，赵林去世后，饱受屈辱的董氏不堪忍受，便离家出走，加入流行的全真教之列。所以，与其说她信仰全真教，不如说她逃避家族纷扰，寻个清静罢了。正因为此，元好问才会写出这么独特的记文。

　　蒙古太宗十年(1238)七月，元好问决定自冠氏回家乡，赵天锡与他"留连郑重数月，不能别"。临行之前，元好问为他撰写《冠氏赵侯先茔碑》，八月告别冠氏诸人，跟随赵天锡的行军路线，经过河平(今河南辉县)，到达新乡(今河南新乡)，在此分道扬镳。赵天锡仍然依依不舍，元好问记录下动情的一幕：

　　　　置酒行营中。夜参半，把烛相视，不觉流涕之覆面也。明日，使人留语云："欲与吾子别，而情所不忍。唯有毋相忘而已。"于是疾驰而去，不反顾！呜呼，此意其可忘哉？③

二人都年近五十，话别竟然如此深情，令人动容。很可惜，赵天锡两年后英年早逝，此别竟成永别。

　　冠氏期间，元好问还有两次让他感慨良多的意外交往。

---

① 《元好问文编年校注》卷四《紫微观记》，上册，第 364 页。
② 《元好问文编年校注》卷四，上册，第 432 页。
③ 《元好问文编年校注》卷四《千户赵侯神道碑铭》，中册，第 534 页。

第一次意外交往是蒙古太宗八年（1236）六月，前朝遗老、翰林学士冯璧从东平（今山东东平）去镇阳（今河北正定）祭扫坟墓。他以七十五岁高龄，特意绕道冠氏，抱病看望元好问，让元好问大为感动。元好问作《赠冯内翰二首》，在近三百字的诗序中，回忆过去在汴京时期与雷渊、王渥、李献能、冀禹锡等人一起从冯璧问学的情景，感叹仅仅几年之间，他们四人都不幸辞世。如今，冯璧也患有风疾，不时发作，好在谈笑风流不减当年，谈及旧事，仍然"色扬而神跃"。在元好问看来，冯璧不仅体现了金王朝百年文章巨公的面貌，"褒衣博带，坐镇雅俗"，还象征着故国的精神，"横流方靡，而砥柱不移。故国已非，而乔木犹在"。他恭恭敬敬地写下两首诗赠给这位故国乔木，诗如下：

> 耆旧如公可得亲，争教晚节傍风尘。青毡持去故家尽，白帽归来时事新。扶路不妨驴失脚，守关尤觉虎憎人。只应有似松庵日，时醉中山曲米春。

> 龙门冠盖日追随，四客翩翩最受知。桃李已随风雨尽，柏松独与雪霜宜。元龟华发渠有几，清庙朱弦谁与期。见说常山可归隐，从公未觉十年迟。①

第一首诗前两联感慨德高望重的冯璧晚年飘零沦落，家财散尽，任随时事变迁，后两联祝福他像当年隐居嵩山松庵一样饮酒作乐。第三联较为难懂。钱锺书《谈艺录》已指出"扶路不妨驴失脚"化用黄庭坚《老杜浣花溪图引》诗句："宗文守家宗武扶，落日塞驴驼醉起。……儿呼不苏驴失脚，犹恐醒来有新作。"②意思是

---

① 《元好问诗编年校注》卷四，第 2 册，第 778—781 页。
② 钱锺书：《谈艺录（补订本）》，第 485 页。

说,不妨喝得烂醉,哪怕走路需要人扶,从驴背上跌落在地。驴失脚,经常用作文人醉酒的典故,文人爱骑驴,驴行较慢,又比较矮小,从驴背上摔下来一般不会造成大的伤害。元好问《后饮酒》:"烂醉归来驴失脚,破靴指天冠倒卓。"①元人刘敏中《少陵醉归图》:"无使驴失脚,惊觉人更狂。"②下一句"守关尤觉虎憎人",更加晦涩,前人未曾作注。守关应是中医针灸术语,指守住四肢关节。《黄帝内经·灵枢》:"粗守关,守四肢而不知血气邪正之往来也。上守机者,知守气也。"③"粗守关"与"上守机"相对而言,是指低水平医生的针灸只是在关节附近穴位进行治疗,停留在守住四肢关节的层面,高明的医生能进入到守气的层次。虎憎人,指冯璧所患的疾病,即元好问诗序所言,"时公方为髀股所苦,吟呻展转,若非老人之所能堪"。冯璧所患疾病应该是类风湿关节炎,古人称之白虎风、历节风、白虎历节风,其特点是疼痛会转移到四肢各个关节。《普济方》卷一一一《白虎风》解释其名称由来:"痛如虎啮,故以虎名焉。"④虎憎人,形容关节剧痛,像被老虎咬着一般。最后一联期望他能一如既往健康潇洒。第二首诗歌意义显豁,当年雷渊等四人为冯璧所知,如今这些受教于他的桃李都已凋谢,唯有冯璧这样的松柏傲立风霜,挺立如故。像他这样的元老还有几人?又能与谁在一起演奏朝廷乐章?听说冯璧的家乡常山是归隐的好去处,现在追随他的踪迹,仍然不会太迟,因为他

①《中州集校注》卷七《醉中》,第6册,第2029页。
②杨镰主编:《全元诗》,中华书局,2013年,第11册,第275页。
③牛兵占等编著:《黄帝内经·灵枢》卷一《小针解》,河北科学技术出版社,1996年,第11页。
④朱橚等编:《普济方》卷一一一《白虎风》,人民卫生出版社,1958年,第3册,第536页。

能长命百岁。"从公未觉十年迟",化用苏轼《次荆公韵四绝》:"劝我试求三亩宅,从公已觉十年迟。"①暗含对冯璧健康长寿的祝愿。

第二次意外交往是关中人邢公达的来访,他请求元好问为他的居处命名。邢公达是金章宗时户部尚书萧贡的侄子,元好问年轻时在太原曾有幸见过萧贡,"一望眉宇",但未能列其门下,深以为恨。元好问对萧贡无比景仰,所以就将邢公达的居处命名为"萧斋",并写下《萧斋》一诗,前有四五百字的序言,序文和诗歌深情缅怀萧贡:"昔公无恙时,四海望经纶。敦庞一古儒,风采自名臣。人亡典刑在,百世留清尘。""我尝望公颜,道左避朱轮。至今诵其诗,喜色为津津。"②其中含有元好问对前朝名儒贤达凋零的感慨。

太宗十年八月初三,元好问告别冠氏,有《别冠氏诸人》诗:"东舍茶浑酒味新,西城红艳杏园春。衣冠会集今为盛,里社追随分更亲。分手共伤千里别,低眉常愧六年贫。他时细数平原客,看到还乡第几人。"③对冠氏风光、人情恋恋不舍,总结六年聊城、冠氏的贫困生活,最后展望未来,赵天锡门下的文人有多少人能回到家乡?元好问为自己能回家乡而感到庆幸。从此,他正式踏上回乡之路,开启了晚年生活。

---

① 《苏轼诗集》卷二四,第 4 册,第 1252 页。
② 《元好问诗编年校注》卷四,第 2 册,第 930—931 页。
③ 《元好问诗编年校注》卷四,第 2 册,第 855 页。

十六、家山情深

古代士大夫喜欢将家乡的山亲切地称作"家山",将"家山"当成故乡的象征,寄托自己魂牵梦萦的思乡之情。钱起《送李栖桐道举擢第还乡省侍》:"莲舟同宿浦,柳岸向家山。"①苏轼《秀州报本禅院乡僧文长老方丈》:"万里家山一梦中,吴音渐已变儿童。"②《游净居寺》:"回首吾家山,岁晚将焉归?"③陆游《南沮水道中》:"家山空怅望,无梦到江南。"④《采莲》:"回首家山又千里,不堪醉里听吴歌。"⑤但他们没有以家山为诗题,以家山为主题的诗歌数量也有限。元好问因为战乱南渡,背井离乡二十多年,他的家山情怀比苏轼、陆游等人更加强烈,他的家山书写也更加丰富。他现存二十多首以"家山"为题的诗歌,另有十多首涉及家山的作品。

元好问的家山名叫系舟山,位于忻州市东南方,介于忻州去太原途中。传说上古洪水泛滥,大禹曾将船只系在这座山边,所

---

①钱起撰,王定璋校注:《钱起诗集校注》卷五《送李栖桐道举擢第还乡省侍》,浙江古籍出版社,1992年,第153页。

②《苏轼诗集》卷八,第2册,第412页。

③《苏轼诗集》卷二十,第4册,第1026页。

④《剑南诗稿校注》卷三《南沮水道中》,第1册,第260页。

⑤《剑南诗稿校注》卷十一《采莲》(其三),第2册,第883页。

以叫系舟山。系舟山有广义、狭义之分：广义指系舟山脉，位于忻定盆地南侧，东北走向，与五台山、太行山相连，绵延八十公里；狭义指系舟山余支，位于今山西忻州市忻府区西张乡鸦儿坑村，海拔一千五百多米，也就是元好问所说的家山。半山腰有福田寺，僧人们又称它为"小五台"。元好问的父亲元德明曾在系舟山福田寺居住读书，"首尾十五年"①。元德明重游福田寺时也说"曾是西堂读书客"②。可以判定，元好问一定在系舟山生活过，那里留下了他的成长记忆。贞祐四年（1216），元好问告别家乡，逃亡到河南一带避乱，路过太原，留下"君不见，系舟山头龙角秃，白塔一摧城覆没"③这样具有怀古意味的诗句。到了河南之后，系舟山就成了他的怀念之地。当他闲居嵩山期间，西风习习，寒雨潇潇，引发他的悲秋之情，他最盼望的就是结束战乱，重走熟悉的石岭关，回到能让他眼睛一亮的家山中："何时石岭关头路，一望家山眼暂明。"④当他看见嵩山附近张氏庄"树阴环合水萦回，树下行人坐绿苔"的景色时，很像家乡丛蒙山一带风光，又情不自禁地联想起他的家山："绝似丛蒙山下路，眼中唯欠系舟嵬。"⑤据诗后自注，系舟嵬是当地人对系舟山的称呼。

　　到了兴定五年（1221），元好问的家山书写迎来了一次大飞跃。当时，元好问在汴京参加科举考试，进士及第，因为被人怀疑受到赵秉文的偏袒而主动放弃选调。大概在此前后，元好问别出

---

① 《中州集校注》卷十《先大夫诗》，第 8 册，第 2681 页。
② 《中州集校注》卷十《寒食再游福田寺》，第 8 册，第 2700 页。
③ 《元好问诗编年校注》卷一《过晋阳故城书事》，第 1 册，第 18 页。
④ 《元好问诗编年校注》卷二《秋怀》，第 1 册，第 374 页。
⑤ 《元好问诗编年校注》卷二《纳凉张氏庄二首》（其二），第 1 册，第 411 页。

心裁地请李遹为他画了一幅《系舟山图》。李遹(1156—1222)是诗人,同时擅长书法、绘画,元好问说他"字画得于苏、黄之间,尽入神品"①,狂放自负的李纯甫都称赞他"墨妙诗工兼画绝"②。年轻的元好问如何请得动六十五岁的李遹为他创作一幅不太知名的系舟山图?那是因为他与李遹的儿子李冶是好朋友,两人交游密切,感情深厚,元好问是李家的常客,以"门下士"自称。元好问得到李遹的绝妙画图,如获至宝,借机做起了几篇漂亮文章,形成他家山书写的第一个高峰。

首先,元好问写下一组题画诗《家山归梦图三首》:

别却并州已六年,眼中归路直于弦。春晴门巷桑榆绿,犹记骑驴掠社钱。

系舟南北暮云平,落日滹河一线明。万里秋风吹布袖,清晖亭上倚新晴。

游骑北来尘满城,月明空照汉家营。卷中正有家山在,一片伤心画不成。③

从诗题来看,元好问将李遹所绘的"系舟山图"命名为"家山归梦图",突出个人思乡主题。因此,在这一组诗中,元好问没有称赞李遹的画技,也没有着力表现系舟山的风光,而是围绕归乡之梦抒写思乡之情。第一首诗中的"六年",强调时间之久;"归路直于

---

①《元好问文编年校注》卷五《寄庵先生墓碑》,中册,第673页。
②《归潜志》卷四,第40页。
③《元好问诗编年校注》卷二,第1册,第175—177页。

弦",写其归心似箭的心情;末两句由画面回想到过去,还清楚地
记得当年春社期间骑着驴子抢拾社钱的快乐场景。第二首前两
句写系舟山的落日美景:晚霞平展于天边,滹沱河反射着落日的
余晖,山水相依,呈现出一派宁静安详的景象;后两句跌入当下,
自己在"万里"之外的汴京清晖亭上眺望系舟山,任凭秋风吹拂自
己的布衣。"布袖"二字有意突出他的布衣身份,让这首诗在思乡
之外又增添了漂泊他乡、功名无成的身世感慨。第三首进一步升
华到家国之愁,由于蒙古的入侵,忻州城遭受战争洗劫,金王朝军
队纷纷败亡,留下空荡荡的营垒。李通纵然画技高超,也难以状
写国破家亡的悲痛之情,正如唐代高蟾《金陵晚眺》所说:"世间无
限丹青手,一片伤心画不成。"①元好问如此写来,就不同于苏轼、
陆游等人的家山诗,他由个人拓展到群体,并上升到家国乱离的
高度,在题画诗中寄寓丧乱情怀,丰富了题画诗的内涵。赵秉文
《坡阳归隐图》所言"不是不归归未得,家山虽好虎狼多"②,与元
好问的诗异曲同工。

其次,元好问邀请他的朋友刘昂霄、赵元为《系舟山图》题写
诗歌。刘昂霄是陵川人,比元好问年长五岁,是元好问多年的知
交好友,他的《题裕之家山图》思路与元好问《家山归梦图三首》其
三相同,着眼不能回乡的战争背景:"万里神州劫火余,九原夷甫
有余辜。作诗为报元夫子,莫倚家山在画图。"③刘昂霄借用桓温

---

①韦毂编:《才调集》卷八《金陵晚眺》(与不著编者《搜玉小集》、章樵《古文
 苑》合著),上海古籍出版社,1993年,第138页。
②《赵秉文集》卷九,第242页。
③《中州集校注》卷七,第6册,第1961页。

指责王衍"使神州陆沉,百年丘墟,王夷甫诸人不得不任其责"①等语,批评那些误国之人。末两句希望元好问不能只是欣赏系舟山图,而应该有所行动。他的话有些模糊,究竟是反对他梦归家乡还是鼓励他早日回家?揣测诗意,应该是希望他不要放弃对仕途功名的追求。赵元是元好问的世交,定襄人,曾经去过系舟山,自然很乐意为元好问的《系舟山图》题诗,所以他的《题裕之家山图》写得相当认真,更加具体详细。全诗共有十六句,每四句一转韵,自然地分为四个层次。第一层描写系舟山的位置与风光:"系舟盘盘连石岭,牧马澄澄倒山影。山光水气相混涵,中有元家旧庐井。"系舟山与石岭关相连,同牧马河相伴,山光水色,优美宜人,元氏旧居就在其间。赵元的这种交代弥补了元好问、刘昂霄等人诗歌的不足。第二层叙述战乱导致元好问远走他乡:"雁门一开豺虎场,驾言投迹嵩之阳。青山偃蹇不可将,十年竟堕兵尘黄。"美丽的青山为兵尘所笼罩,无法居住,已经接近十年。第三层称赞李遹《系舟山图》画出了元氏家山的形神风貌:"东岩风物知犹在,说与寄庵神已会。一挥淡墨能似之,清辉远寄形骸外。"东岩是福田寺所在位置,也是元德明的号,东岩风物主要指元德明的读书处福田寺周边风光。最后一层抒写欣赏《系舟山图》的喜悦之情:"元家故山吾与邻,梦见不如画图真。旧曾行处聊经眼,未得归时亦可人。"②定襄与秀容同属忻州,二县相邻,看见形象的画图,比梦中所见更加真实亲切,纵然暂时不能回到家乡,有了这幅家山图,也可欣慰一时了。

最后,元好问还特别邀请两位文坛兼政界大佬级的人物赵秉

①《世说新语笺疏》卷下之下《轻诋第二十六》,下册,第979页。
②《中州集校注》卷五,第4册,第1401—1402页。

文、杨云翼为他的《系舟山图》题诗,一举推高了系舟山的名声。赵秉文时为礼部尚书,同时也是诗坛领袖,一方面他欣赏、提携元好问,另一方面他与李通关系亲昵,李通去世后,赵秉文作《哀李平父》,称他们是"狎友",所以赵秉文欣然为李通所画《系舟山图》题诗。元好问后来将赵秉文的题诗编入《中州集》卷三,名叫《系舟山图》,题下有自注:"裕之先大夫尝居此山之东岩。"①而赵秉文《滏水文集》卷九题作《题东岩道人读书堂》,下有自注:"裕之先大夫读书于此。东岩,其自号也。"②从这一诗题来看,元德明读书堂应该占据《系舟山图》重要位置,因此赵秉文的题诗主要着眼于读书堂:"山头佛屋五三间,山势相连石岭关。名字不经从我改,便称元子读书山。"③佛屋指元德明读书的福田寺,赵秉文以其诗坛元老的地位和口吻,认为系舟山的名字荒诞不经,便随口将它更名为"元子读书山"。赵秉文此举有助于扩大元德明的名声,却偏离了元好问的思乡主题。也许在赵秉文看来,怀念家山还不如向他父亲学习,认真读书,其中暗含着赵秉文对元好问的期待。在赵秉文这一导向的带动下,杨云翼的《李平甫为裕之画〈系舟山图〉,闲闲公有诗,某亦继作》越来越远离元好问梦归家山的初衷,变成了对元氏父子的赞歌。该诗开篇称赞元德明不为名利所动,一心向道,得到了孔、孟、曾、颜的真传,"彼美元夫子,学道如观澜。孔孟泽有余,曾颜膏未残"。有其父,必有其子,后半部分完全撇开《系舟山图》,用很大篇幅称赞元好问如何得到赵秉文的赏识,又揄扬他的五言古诗能够媲美韦应物:"五言造平淡,

①《中州集校注》卷三《系舟山图》,第2册,第860页。
②《赵秉文集》卷九《题东岩道人读书堂》,第251页。
③《中州集校注》卷三,第2册,第860页。

许上苏州坛。我尝读子诗,一倡而三叹。"结尾语重心长地告诫元好问:"他日传吾道,政要才行完。会使兹山名,与子俱不刊。"①杨云翼一语中的,指出元好问只有才学、品行兼善,才能传承道统文脉;只有获得比较高的成就和地位,才能让系舟山连同他本人的大名永不磨灭。由此可见,《系舟山图》到了赵秉文、杨云翼二位手中,摇身一变,成了宣扬元氏父子名声的媒介,成了激励元好问奋发有为的载体,产生出超乎元好问本意的公关效果。

上述有关《系舟山图》的三组诗歌,出自三类不同身份的作者,表现出三种不同的取向,都很真诚。元好问凭借他的能力和交游圈,轻松地宣传了自己的家山,让他的家山广为人知,名载史册,还大大缓解了他的思乡之情,一举多得。此后十多年间,元好问出入仕途,要么在嵩山一带隐居,家乡无此好风光,暂将他乡当故乡;要么忙于县令及京城事务,生活充实,工作忙碌,家山基本淡出了元好问的诗歌。直到金亡之后羁管山东期间,元好问思乡之情日益突出,家山再次集中出现在诗歌中。

蒙古太宗十年(1238),元好问羁管山东接近六年。时逢秋雨之夜,他又梦回故园,"并州北望山无数,一夜砧声人白头"②,在这无数山峦中就有他的家山,只是没有聚焦系舟山罢了。第二年,他终于带着全家人回到家乡,一度居住在系舟山福田寺,从而形成了家山书写的第二个高峰。

多年思念,一朝成真,元好问感慨万端地写下了《初挈家还读书山杂诗四首》。第一首庆幸一家人能平安回来:"并州一别三千

---

①《中州集校注》卷四,第 3 册,第 1115 页。
②《元好问诗编年校注》卷四《雨夜》,第 2 册,第 856 页。

里,沧海横流二十年。休道不蒙稽古力,几家儿女得安全。"①以并州指代家乡,"三千里"表明离乡之遥远,"沧海横流"形容世事沧桑巨变,"二十年"是约数,说明时间之久,从贞祐四年算起,到如今已经是二十四年。稽古力指阅读古人之书所得到的力量,元好问正是通过阅读古书、考中进士、进入仕途,得以在天崩地坼的大动荡中保全家人。这二十多年来,多少无辜百姓死于非命,全家人能平安归来,就是乱世中的最大胜利。第二首就读书山名称而发:"天门笔势到闲闲,相国文章玉笋班。从此晋阳方志上,系舟山是读书山。"诗下有自注:"系舟,先大夫读书之所,闲闲公改为元子读书山,又大参杨公叔玉撰先人《墓铭》。"②闲闲是赵秉文的号,他是书法名家,为元好问题写《系舟山图》,表彰其父亲元德明。大参,参知政事。杨公叔玉指杨愭,代州(今山西代县)五台人,承安五年(1200)进士,天兴元年(1232)三月,权参知政事,次年卒。杨愭曾为元德明撰写墓志铭,现存,见《中州集》卷十《先大夫诗》。赵秉文、杨愭两位名流为元德明撰写诗文,是元家的荣幸和自豪,元好问相信,从今而后,当地的方志上,系舟山将改名为元氏读书山。第三首感怀今昔:"眼中华屋记生存,旧事无人可共论。老树婆娑三百尺,青衫还见读书孙。"③首句化用曹植《箜篌引》"生存华屋处,零落归山丘"④,写物是人非之感。华屋当指福田精舍,当年的僧人都已故去,没有人

①《元好问诗编年校注》卷五,第 3 册,第 983 页。
②《元好问诗编年校注》卷五,第 3 册,第 984 页。
③《元好问诗编年校注》卷五,第 3 册,第 985 页。
④曹植著,赵幼文校注:《曹植集校注》卷三《箜篌引》,中华书局,2016 年,下册,第 686 页。

可以一起话旧，回忆当年元德明读书之事。只有亭亭如盖的高大古树看见元德明的子孙们又回到了读书山中。历史仿佛在重演，子孙们在重复着过去。第四首着眼于未来，该何去何从？"乞得田园自在身，不成还更入红尘。只愁六月河堤上，高柳清风睡杀人。"①重获自由，回到家山，是老死故土还是重回红尘？第二句虽是反问句，表示否定之意，但刚回到家不久就提出这一问题，足见元好问心存矛盾。后来元好问走出家乡，往来各地，证明他难以忘怀尘世。末两句写隐逸生活，盛夏之际可以在河堤柳阴下清风中安然酣睡，这固然闲适自在，但也空虚寂寞，"只愁""睡杀"中含有对这种状态的质疑。

没过多久，一些乡亲冒雪来看望元好问，元好问非常高兴，与乡亲们一起饮酒，借助酒力，他写下了一首笔力纵横、设景奇幻的佳作《读书山雪中》：

　　前年望归归不得，去年中涂脚无力。残生何意有今年，突兀家山堕眼前。东家西家百壶酒，主人捧觞客长寿。先生醉袖挽春回，万落千村满花柳。山灵为渠也放颠，世界幻入兜罗绵。似嫌衣锦太寒乞，别作玉屑妆山川。人言少微照乡井，准备黄云三万顷。何人办作陈莹中，来与先生共炊饼。（陈先生贬官后答京师人书云："南州有何事，今年好雪，明年炊饼大耳。"）②

全诗十六句，四句一层。第一层叙事为主，他从前年起就开始盼望归乡，去年曾因为脚力不济，未能攀登读书山。没想到突兀的

①《元好问诗编年校注》卷五，第 3 册，第 985 页。
②《元好问诗编年校注》卷五，第 3 册，第 986—987 页。

家山好像从天而降,矗立在眼前。"突兀家山堕眼前"形象地展现出生还家乡的侥幸以及读书山的亲切可人。第二层写乡亲们纷纷带来美酒慰问归来的游子,像杜甫《羌村三首》中所写的那样,"父老四五人,问我久远行。手中各有携,倾榼浊复清"①。乡亲们举起酒杯,祝他健康长寿。微醺飘忽眼花耳热之际,诗人仿佛唤回了春天,觉得处处都是花红柳绿的美丽景象。第三层接着描写醉中幻象,读书山的山灵也跟着颠放起来,漫天飞舞着兜罗树上的木棉花。当年吴越王钱镠衣锦还乡,大宴乡亲,嫌弃山林贫寒,以锦绣覆盖山林。苏轼《临安三绝·锦溪》:"楚人休笑沐猴冠,越俗徒夸翁子贤。五百年间异人出,尽将锦绣裹山川。"②元好问反用苏诗之意:上苍似乎不满山林衣锦寒酸俗气,故而用冰清玉洁的白雪来妆扮读书山。最后一层展望明年的丰收景象,别开生面。乡亲们说,大诗人回归故里,就是少微星(又名处士星)照临家乡,为了迎接元好问回乡,天公才下了这场大雪,为来年准备了三万顷金黄彩云般的麦田。"黄云"有双关含义,既指雪天的云彩,又指成熟的麦田稻田。王安石《木末》:"缲成白雪桑重绿,割尽黄云稻正青。"③三万顷,形容丰收之广。既然如此,那么明年谁打算来当贬官的陈瓘,与我一同开怀大吃他那诱人的大炊饼,一同享受大丰收的喜悦呢!陈瓘为北宋名臣,字莹中,号了斋,元丰二年(1079)探花,曾任左司谏等职,正直敢言,因为斥责蔡京、章惇等人,屡遭贬官。据元好问自注,陈瓘贬官后曾给京城

①《杜甫集校注》卷五《羌村三首》(其三),第 1 册,第 255—256 页。

②《苏轼诗集》卷十,第 2 册,第 490—491 页。

③王安石著,李壁笺注,高克勤点校:《王荆文公诗笺注》卷四一《木末》,上海古籍出版社,2010 年,下册,第 1049 页。

朋友写信,谈及贬逐地的大雪,展望到明年的丰收景象,猜想百姓们粮食充足,炊饼都会大了起来。在农耕社会,炊饼大是富足幸福的体现。

热闹散去,雪后天晴,元好问平静下来,欣赏雪夜月色,作《己亥十一月十三日雪晴,夜半读书山东龛看月》:"四山寒雪夜深明,未恨崔嵬失旧青。青女有功加粉泽,素娥无意惜娉婷。微云河汉非人世,太古鸿荒见典刑。剩著新诗记今夕,年年来醉半山亭。"①深夜读书山一片宁静,大雪覆盖住高耸的青山,白色苍茫,霜神青女雪上加霜,像是给读书山涂了层粉黛,月色皎洁,嫦娥尽情展示她的美好姿态。星空点缀着少许白云,时光像是停滞了一般,仿佛回到了太古鸿荒的境界。多么美妙的夜晚,元好问要用新诗记录下来,但愿年年都能到这里饮酒赏月。这首诗以写景为主,纯粹闲静,体现了元好问对读书山的迷恋之情。

大约蒙古太宗十二年(1240)重阳节,元好问与刘济等五六位朋友一同游览读书山,登高览胜,写下《九日读书山,用陶诗"露凄暄风息,气清天旷明"为韵赋十诗》。这组诗以陶渊明《九日闲居》中的诗句为韵脚,围绕重阳登高这一主题,俯仰今昔,感慨乡社遭受丧乱二十年的巨大破坏,"乡间丧乱久,触目异平素"②;追怀他的父亲元德明在读书山的生活和创作,"依依览陈迹,恻怆不能言"③;追忆在汴京期间与赵秉文等人重阳节登临吹台的盛况,"九日登吹台,追随尽名卿。酒酣公赋诗,挥洒笔不

---

①《元好问诗编年校注》卷五,第 3 册,第 992 页。

②《元好问诗编年校注》卷五,第 3 册,第 1014 页。

③《元好问诗编年校注》卷五,第 3 册,第 1016 页。

停"①；回忆担任内乡县令期间重阳饮酒赏菊的快乐情景，"归路踏明月，醉袖风翩翩。父老遮我留，谓我欲登仙"②。从"福田行欲近，重为诗酒障"来看，因为写诗饮酒耽搁了时间，他们这次没有到达福田寺这一核心景点。此后，元好问多次夜宿读书山，有时单纯写景，如《读书山月夕二首》其一写山中幽静风光："层崖多古木，细路深莓苔。柴门开晓日，云际青山来。静中有真趣，孤赏何悠哉。"③《癸卯岁杏花》写他最喜爱的杏花："读书山前二月尾，向阳杏花全未开。待开竟不开，怕寒贪睡嗔人催。爱花被花恼不彻，一日绕树空千回。"④有时抒发人生感慨，如在《感兴》中感叹光阴虚度："道路常教车历鹿，功名惟有鬓飘萧。勤如韩子初无补，晚似冯公岂见招。五十三年等闲里，一窗风叶雨潇潇。"⑤元好问说他虽然像韩愈在《进学解》中所说的那样，"焚膏油以继晷，恒兀兀以穷年"，非常勤奋，最终却"头童齿豁，竟死何裨"⑥；虽然常年奔波，却未能成就功名，只能闲居家山，听着潇潇风雨。

元好问晚年经常往来河北、山东等地，期间不时地回望家山，他的家山书写也随之进入尾声。他游览附近的定襄七岩山时，说"同游尽亲旧，举目是家山"⑦；他经过代州南楼时，说"家山最与

---

① 《元好问诗编年校注》卷五，第 3 册，第 1021 页。

② 《元好问诗编年校注》卷五，第 3 册，第 1022 页。

③ 《元好问诗编年校注》卷五，第 3 册，第 1486 页。

④ 《元好问诗编年校注》卷五，第 3 册，第 1072 页。

⑤ 《元好问诗编年校注》卷五，第 3 册，第 1065 页。

⑥ 韩愈著，马其昶校注，马茂元整理：《韩昌黎文集校注》卷一《进学解》，上海古籍出版社，2014 年，上册，第 51—52 页。

⑦ 《元好问诗编年校注》卷五《同周帅梦卿、崔振之游七岩》，第 3 册，第 1004 页。

南楼近,三十三年恰再来"①,"欲望读书山远近,雁门关上懒回头"②;路过徐沟(今山西清徐境内)时,说"路转川回失系舟,更教两驿过徐沟"③。这些都说明,家山永远在他心中。

---

①《元好问诗编年校注》卷五《代州门外南楼二首》(其一),第 3 册,第 1052 页。
②《元好问诗编年校注》卷五《发南楼度雁门关二首》(其一),第 3 册,第 1055 页。
③《元好问诗编年校注》卷五《南关二首》(其二),第 3 册,第 1646 页。

十七、晚年奔波

蒙古太宗十一年(1239),元好问回到家乡忻州。这一年,元好问五十岁,正是个半老不老的尴尬年纪。安贫乐道,含饴弄孙,颐养天年,为时尚早;再仕新朝,易引物议,有损名誉,为时亦晚。元好问在这一年春节就意识到这种进退两难的处境:"五十未全老,衰容新又新。渐稀头上发,别换镜中人。野史才张本,山堂未买邻。不成骑瘦马,还更入红尘。"①撰写金源历史的使命感,让他不可能就此高卧山林,终老故土,加上其他诸多因素,使得元好问晚年没有成为远离红尘的隐士,反而成为世俗社会中非常活跃的文人。从这一年到他去世的蒙古宪宗七年(1257),十八年间,安静地生活在家乡的年份大概只有蒙古乃马真后元年(1242)这一年,其他年份大多数时间都是在往来于东平、真定、顺天、燕京、太原、南宫、汴京等地,最后病故于获鹿(今河北石家庄市鹿泉区)寓舍。如果说"五十未全老",四处奔波,搜集史料,尚可理解,那么为何到六十岁、到六十五岁还一直不回家乡养老? 是什么支撑着元好问老而不休?

主观上,最重要的一个原因是为了完成他保存金源历史与文化的心愿,继续搜集有关文献,撰写相关著作。譬如元好问在海

①《元好问诗编年校注》卷四《己亥元日》,第2册,第891页。

迷失后元年（1250）去顺天府（今河北保定）张柔府第查阅《金实录》，摘录有关卫绍王大安年间、金哀宗正大年间的相关史事，这是他编撰金朝史书直接的需求。还有尚未定稿的《中州集》《续夷坚志》，也是在这期间得以完善和补充，《中州集》获得新结识的真定路工匠都总管赵振玉的资助，正式刊行。而统观这十八年时间，元好问真正用来搜集资料的时间其实较为有限，更多的是忙于接受各方邀请，撰写各类应用性文章。

元好问交游相当广泛，上自皇亲国戚、高官权贵，下至三教九流、寻常百姓，仅降大任《元遗山交游考》《元遗山交往僧道考》《元遗山亲属考》所收的人物就多达六百人左右。在金王朝灭亡前，元好问由地方进入朝廷，个人声誉不断提高，交往范围不断扩大，交往对象以文人士大夫、各界名流居多，其中不乏一些蒙古军政权要。元好问与很多人结下了深厚的友谊。因此，在他回到家乡之后，很快就接到多方邀请，其中以东平严忠济和燕京耶律楚材、耶律铸父子的邀请最为突出。

蒙古太宗十二年（1240）四月，东平万户侯严实去世，五月，冠氏帅赵天锡去世。八月，严实之子严忠济邀请元好问去东平，为其父撰写神道碑。元好问在羁管聊城和冠氏期间，曾得到严氏父子和赵天锡的优待，如今受此邀请，既能撰文凭吊故人，又能会见其他故交，焉能不往？何况东平还是其妻子毛氏的娘家。所以，元好问冒雪前往东平，直到第二年春末才离开。在东平期间，他撰写了两千多字的《东平行台严公神道碑》，后又应赵天锡之子赵复亨请托，撰写《千户赵侯神道碑》。蒙古宪宗二年（1252）十月，严忠济再次邀请元好问至东平，请他撰写《东平行台严公祠堂碑铭》。期间元好问又应张汝翼之子的邀请，撰写《通奉大夫钧州刺史行尚书省参议张君神道碑铭》；应贾益谦之孙贾起的邀请，撰写

《东平贾氏千秋录后记》。次年三月，离开东平。蒙古宪宗五年(1255)八月，严忠济第三次邀请元好问至东平，主要任务是"校士"，即担任考官，选拔人才，元好问选拔出阎复、徐琰、李谦等四位优秀人才，同时他还为新落成的东平府学撰写《东平府新学记》。十一月，元好问结束东平之行。

　　蒙古乃马真后二年(1243)，蒙古国中书令耶律楚材及其子耶律铸邀请元好问赴燕京，为其先人撰写碑铭。元好问此前在危难之际曾上书耶律楚材，请求保护金源人才，得到耶律楚材的回应。以耶律楚材父子的显赫地位，以及元好问与他们过去的交情，元好问断难拒绝他们的请求。在燕京，元好问至少写下如下四篇文章：代耶律铸作《中令耶律公祭先妣国夫人文》；为耶律楚材父亲耶律履撰写《尚书右丞耶律公神道碑》；为耶律楚材长兄耶律辨才撰写《奉国上将军武庙署令耶律公墓志铭》；为耶律楚材次兄耶律善才撰写《龙虎卫上将军耶律公墓志铭》。此外，元好问还写下了《右丞文献公着色鹿图》《跋文献公张果老图》等题画诗，后者称赞耶律履贤能令名几乎要超过金世宗、章宗时期的著名贤相完颜守贞："耆旧能谈相国贤，功名欲占冷岩前。"①应该说，元好问圆满地完成耶律楚材父子交代的任务，得到了他们的首肯。耶律铸后来还想邀请元好问去燕京，予以"特达之遇"，但元好问此行遭受许多非议和谩骂，"悠悠者若谓凤池被夺，百谤百骂，嬉笑姗侮，上累祖祢，下辱子孙"②。人言可畏，元好问不得不有所顾忌，与耶律楚材父子保持距离。次年五月，耶律楚材去世，元好问理当前往吊唁、撰写挽诗之类，却没有留下任何相关文字。或许就是为

----

①《元好问诗编年校注》卷五《跋文献公张果老图》，第3册，第1100页。
②《元好问文编年校注》卷五《答中书令成仲书》，中册，第813页。

了避嫌吧!

元好问在往返东平、燕京期间,还接受了很多其他人的邀请,撰写各类文章。譬如他在燕京期间,除了为耶律楚材家人撰写碑铭之外,还为幕府从事刘公子撰写《临锦堂记》,为张纬文撰写《朝列大夫同知河间府事张公墓表》。据余敏《论元好问碑志文的文体观》一文的统计,在元好问九十九篇碑志文中,七十八篇可以明确判定是受人请托而作,而且绝大多数都写作于金亡之后①。《金史·元好问传》说:"兵后故老皆尽,好问蔚为一代宗工,四方碑板铭志尽趋其门。"②其实何止是碑板铭志,至少还有一些记文和序文趋其门下,记文如《惠远庙新建外门记》《赵州学记》《太古观记》《寿阳县学记》《创开滹水渠堰记》《五峰山重修洞真观记》《朝元观记》《三皇堂记》《令旨重修真定庙学记》《顺天府营建记》等,序文如《双溪集序》《集诸家通鉴节要序》《杨叔能小亨集引》《十七史蒙求序》《陶然集序》《鸠水集引》《张仲经诗集序》等都是私人订制之作。

这些文章充分说明元好问晚年所到之处广受欢迎,能给他带来源源不断的快乐、足以自豪的成就感,还能给他带来实实在在的物质利益。元好问晚年没有俸禄,没有其他经营,长子元抚(1229—?)、次子元振等尚不足以支撑一个大家庭。他奔波各地,不排除有经济因素的考量;事实上,应约为他人撰述文章,成了元好问一家最主要的经济来源。以常情推测,大多数请托之人,特别是那些交情深的权要和交情浅、关系远的请托人,除了美酒佳肴招待之外,肯定还会奉上一些礼物或润笔费。我们发现,在元

---

① 余敏:《论元好问碑志文的文体观》,《民族文学研究》2020年第2期。
② 《金史(点校修订本)》卷一二六《元好问传》,第8册,第2892页。

好问现存的文章中还保存了三条相关线索：第一，《东平行台严公祠堂碑铭》中记载，蒙古宪宗二年（1252）孟冬，严忠济"走书币及好问于镇阳"①。"书币"出自《仪礼·聘礼》，郑玄解释说是"书聘所用币多少"②，后代一般理解为书写礼单，将它当成动宾结构的词组。而在"走书币"组合中，"走"是动词，奉赠的意思，"书币"一定是名词，应该包括书信和聘金等礼单。严忠济是元好问的故交，一方诸侯，原本就很富有，想必出手阔绰。第二，《归德府总管范阳张公先德碑》开篇直言，归德府总管张子良派遣其参佐陈玠等三人"自曹南走书币及予于顺天"③，目的是请元好问撰写其先人功德碑。张子良（1194—1272）在金时曾任鹰扬骑都尉，元好问此前知道其人，却无任何交往，正因为关系疏远，张子良才更加郑重其事，派三名部下从曹南（指归德，今河南商丘）去顺天送上"书币"。元好问在该文开头引用了张子良书信，进一步证明"书币"包括"书"（书信）和"币"（聘金等礼单）两部分内容。张子良如此重视，他的聘礼也应该比较厚重。第三，《寿圣禅寺功德记》记载，燕京城的寿圣寺住持洪倪与元好问是同乡，得知元好问到了燕京，便托人致意，转告元好问："三四年以来，常欲走书币太原，有请于吾子，幸今至矣，税驾于我，可乎？"他原本三四年前就想邀请身在太原的元好问，其目的是"丐文以记寺事耳"④。元好问欣然答应其请求，为他撰写这篇记文，颂扬洪倪的功德。不难推测，文

---

① 《元好问文编年校注》卷六，下册，第 1247 页。
② 郑玄注，贾公彦疏，王辉整理：《仪礼注疏》卷十九《聘礼第八》，上海古籍出版社，2008 年，中册，第 575 页。
③ 《元好问文编年校注》卷五，中册，第 617 页。
④ 《元好问文编年校注》卷五，下册，第 1437 页。

成之后,洪倪一定有所馈赠。

正因为这些有偿写作的收入,元好问一家的生活才会有所保证,经济条件才会比较宽裕。经济宽裕有一表现,就是能在异地购买房屋。大概在蒙古宪宗四年(1254)前后,元好问在获鹿购买了新居。此前,元好问实际上已经带着家人离开忻州,居住在鹿泉和镇州(今河北正定)等地。严格来说,在获鹿购买新居不是刚性需求,但对社会活动非常频繁的元好问而言,在获鹿购买新居是个理想的选择。获鹿介于忻州、东平、燕京这个三角地带的中心,这时他已年迈,方便他往来三地。元好问对获鹿新居非常满意,从《鹿泉新居二十四韵》来看,新居位置优越,环境优美,有山有水,既不喧闹,也不枯寂,"岩居枯寂朝市喧,喧寂两间差有趣"。元好问购买的是吕氏庄园,吕氏很大方,卖一幢房,送一座山,房屋价格应该不会很便宜。元好问说:"卖书买得吕氏园,不谓全山举相付。"①令人费解的是,元好问能有多少书可卖?他收藏的少量珍本,哪里会舍得卖?纵然舍得,又能卖得多少钱?所以,卖书之说只是托辞,卖书是假,变相卖文是真。只是元好问应约撰文,多半是友情出场,并非明码标价地出售文章,也并非所有私人订制的文章都要收费,请托方很多时候总是以各种由头说服元好问,以馈赠、宴请等名义送给元好问财物,这就避免将文章直接商品化,避免一手收钱一手交文的买卖交易。元好问在冠氏时曾说,"买宅必万钱,一钱不天来"②,当年建造居所,何其艰难;冠氏新居远不及鹿泉新居,鹿泉新居花费必定更多,元好问说起来却显得较为轻松,说明他这时财力厚实。尽管元好问多次感慨"一

①《元好问诗编年校注》卷五《鹿泉新居二十四韵》,第 3 册,第 1457—1458 页。
②《元好问诗编年校注》卷四《学东坡移居八首》(其一),第 2 册,第 742 页。

钱不直是儒冠"①"四海虚名直几钱"②"虚名不直一钱轻"③,实际上他的名声和才华还是为他带来了不错的经济收入,否则他不可能以不菲的价格在鹿泉购买新居了。

当然,挣钱不是元好问晚年奔波的首要目的。看望故交,寄托自己的感情,是更重要的精神目标。除了交结严忠济、耶律楚材父子之外,他还借机拜访许多老朋友,结识一些新朋友。太宗十一年(1239),元好问去东平途中,特意去藁城拜望前辈王若虚,怀念过去的岁月,"玉堂人物记升平",称赞他的地位和魅力:"太山北斗千年在,和气春风四座倾。"④乃马真后二年(1243)赴燕京途中,绕道弘州(今河北阳原),拜见比他年长十七岁的好友曹珏。他们经过"死生契阔"的遭际,多年不见,一朝相逢,则感到"恍若隔世",不禁泪流满面⑤。曹珏为布衣文人,当时已经七十高龄,元好问赠诗给他,称"故国衣冠有遗老,岁寒松柏见交情"⑥,可见他们之间坚贞深厚、超乎世俗的友情。在真定,元好问又与前金官员、世交白华以及前金状元王鹗相聚,他们一同饮酒,元好问有感于时世巨变、命运拨弄而唏嘘叹息。在《镇州与文举、百一饮》诗中自言,"只知终老归唐土,忽漫相看是楚囚",意思是说,原本想归老故土,岂料金王朝灭亡,自己一度成了楚囚;"日月尽随天北转,古今谁见海西流?"日月仿佛都向着北方旋转,自己也被裹挟到了北方,古往今来,哪有海水向西倒流的现象?"眼中二老风

---

① 《元好问诗编年校注》卷五《晨起》,第 3 册,第 1062 页。
② 《元好问诗编年校注》卷五《己酉四月十七日度石岭》,第 3 册,第 1319 页。
③ 《元好问诗编年校注》卷六《虚名》,第 4 册,第 1859 页。
④ 《元好问诗编年校注》卷五《别王使君丈从之》,第 3 册,第 1032 页。
⑤ 《元好问文编年校注》卷五《曹征君墓表》,中册,第 984 页。
⑥ 《元好问诗编年校注》卷五《弘州赠曹丈子玉》,第 3 册,第 1095 页。

流在，一醉从教万事休"①，幸好两位老朋友还保留着往日的风流韵味，能够聚首，把盏尽欢，就不用再管许多世事，姑且一醉方休吧！元好问与这些故友相逢有一个共同点，就是都很动情。他在拜访朋友中能很好地释放压抑的感情，在与朋友的交流中，得到感情慰藉。

在故交中，张德辉较为特殊。他在金末曾任御史台掾，金亡后，被真定府史天泽辟为经历官。元好问在真定与他相见。当时，张德辉正有所纠结，一方面想归隐山林，让马云卿为他画了幅《西山归隐图》；另一方面，他的才干和名声已经引起忽必烈的关注，忽必烈要在"潜邸"召见他。元好问为其归隐图题诗三首，第一首说："静里箪瓢不厌空，北窗元自有清风。傅岩只道无人识，已落君王物色中。"②大意说他虽然有心归隐，却被君王看中，恐难赋闲，言辞中为他能得到忽必烈的器重而高兴。第三首说："冠剑云台大县侯，富春渔钓一羊裘。山林钟鼎无心了，谁是人间第一流。"③钟鸣鼎食与高蹈远引两种生活方式，难以轩轾，隐居不仕未必就比奔走仕途高尚，正如元好问此前所说，"山林何得贱衣冠？"④张德辉一定认可元好问的观念，接受他的鼓励，最终去面见忽必烈，回答他的垂询，为"金以儒亡"辩解，维护了儒生的地位，并向忽必烈推荐了元好问、李治等二十余位"中国人材"⑤。在如何对待蒙古政要这一核心问题上，元好问与张德辉的观点基

①《元好问诗编年校注》卷五，第 4 册，第 1571 页。
②《元好问诗编年校注》卷五《耀卿西山归隐三首》（其一），第 3 册，第 1269 页。
③《元好问诗编年校注》卷五《耀卿西山归隐三首》（其三），第 3 册，第 1271 页。
④《元好问诗编年校注》卷一《论诗三十首》（十四），第 1 册，第 58 页。
⑤《元史》卷一六三《张德辉传》，第 13 册，第 3823—3824 页。

本一致,所以,在蒙古宪宗二年(1252),他们一起去觐见仍在"潜邸"的忽必烈。在此前后,一些天下名士如李俊民、徐世隆等人都曾觐见过忽必烈,但元好问现存诗文中没有留下任何觐见忽必烈的蛛丝马迹,连一首纪行诗都没有,这分明是刻意回避或者有意销毁。据苏天爵《元朝名臣事略》卷十《宣慰张公》记载,他们觐见忽必烈,达到了三个目的:一是给忽必烈奉上"儒教大宗师"的桂冠,忽必烈高兴地接受了这一荣誉称号。忽必烈固然对汉人的儒教怀有好感,但哪里能配得上"儒教大宗师"之名?元好问、张德辉此举无非是要将他拉进儒教队伍中,以便达到第二个具体实在的目的,就是"蠲免儒户兵赋",顺带实现第三个小目标,让张德辉"提举真定学校"①,负责一方教育事业。此行对元好问个人而言,意义非常有限,几乎一无所获,他会不会因此感到有些失落?不得而知。

　　元好问晚年长期奔波的另一项重要内容是游览山水名胜。金亡之前,他就喜欢游览避难隐居地的女几山、嵩山等地以及长安、洛阳等都市,金亡后,移居冠氏期间,他又游览了济南、泰山,表现出"宿尚游观"②的雅好。晚年,元好问的时间更为充裕,条件更便利,许多地方都有朋友陪同和接待,更助长了纵情山水的兴致。

　　蒙古太宗十二年(1240)三月,元好问回乡的第二年,去附近的定襄春游,在世交好友,定襄东道主周献臣的陪同下,从容自在地游览了当地七岩山风景区,"同游尽亲旧,举目是家山",亲旧和家山,都很亲切,让他心情放松。他可以忘却世事,醉情山水,"世

①《元朝名臣事略》卷十《宣慰张公》,第215—216页。
②《元好问文编年校注》卷四《东游略记》,上册,第386页。

事风尘外,诗情水石间",这一切都让他流连忘返:"悠然一尊酒,落景未知还。"①直到天色晚了,也不舍离开。

次年三月,元好问从东平返还家乡途中,游览了久闻大名的黄华山。黄华山位于今天河南省林州市,原名隆虑山,现名林虑山。大名士王庭筠喜爱这方山水,曾隐居于此,自号黄华居士。他曾向元好问夸赞黄华山风景特别是瀑布多么神奇绝妙,元好问游览时,虽然不是最佳季节,"山木赤立无春容",雨水也不是很充沛,但当他面对壮观的瀑布和汹涌的溪流时,仍然激动不已:"湍声汹汹转绝壑,雪气凛凛随阴风。悬流千丈忽当眼,芥蒂一洗平生胸。雷公怒击散飞雹,日脚倒射垂长虹。骊珠百斛供一泻,海藏翻倒愁龙公。轻明圆转不相碍,变见融结谁为雄。归来心魄为动荡,晓梦月落春山空。"②元好问似乎经历了一场剧烈的冲击,得到巅峰震撼般的享受。

蒙古乃马真后二年(1243)七月,元好问赴燕京途中,路过浑源(今山西浑源)。浑源是老朋友雷渊、刘从益、魏璠的家乡,元好问很早就从他们那里听到龙山的大名,一直未能登临,深以为憾。这次路过,老朋友魏璠邀请一游。龙山美景,目不暇接,让元好问大饱眼福。元好问写下一首四五百字的长诗《游龙山》加以咏叹,并与此前所游的名山加以比较:"贱子贪名山,客刺已屡投。黄华挂镜台,天坛避秦沟。太山神明观,二室汗漫游。胸中隐然复有此大物,便可挥斥八极隘九州。"③认为游览龙山、开阔心胸之后,便可以挥斥天下、傲视九州,可见多么畅快!此后,他又绕道游览

①《元好问诗编年校注》卷五《同周帅梦卿、崔振之游七岩》,第 3 册,第 1004 页。
②《元好问诗编年校注》卷五《游黄华山》,第 3 册,第 1044—1045 页。
③《元好问诗编年校注》卷五《游龙山》,第 3 册,第 1080 页。

北岳恒山,写下多首诗歌,称赞其壮美风光:"神岳规模亦壮哉,上阶绝境重装回。丹青万木秋风老,金翠千峰落照开。"①在燕京城,元好问还游览了琼华岛等地。

此后,元好问一有机会就游览山水名胜,乐此不疲,见诸记载的主要有:乃马真后三年(1244),游览凤凰山、前高山,作《两山行记》;次年八月游览崞山祠,九月游览冠山,十二月,游览曲阜孔庙;蒙古定宗二年(1247)三月,游览繁峙三泉,九月再游黄华山、宝严寺、苏门山;宪宗二年(1252)十月,冒雪游览承天镇悬泉(今山西平定境内),自嘲"诗人爱山爱彻骨,十月东来犯冰雪"②;宪宗四年(1254)六月,六十五岁高龄的元好问游览家乡的五台山,享受盛夏的清凉与美景,写下著名组诗《台山杂咏十六首》,九月回到鹿泉,游览龙泉寺。

元好问如此频繁地纵游山水,一定获得很多审美享受,大大丰富了晚年的精神生活,同时,使得他在撰写大量应用文章之外,能够创作出大量寄情山水的文学作品。

除上述几方面因素之外,元好问晚年还为了家人而奔波。蒙古乃马真后三年至四年(1244—1245),元好问赴汴京,将嗣母灵柩迁回家乡安葬,前后花了十个月的时间,表现出他这位养子的孝心。元好问还多次往返太原、南宫等地,看望女儿、女婿以及孙辈,展现出浓浓的亲情,享受天伦之乐。总之,元好问晚年生活忙碌充实,比较愉快。

蒙古宪宗七年(1257)七、八月间,元好问从东平回到获鹿,九月四日,在获鹿寓所与世长辞,享年六十八岁。

①《元好问诗编年校注》卷五《十三日度岳岭》,第 3 册,第 1150 页。
②《元好问诗编年校注》卷五《游承天镇悬泉》,第 3 册,第 1388 页。

十八、元氏子女

元好问有两任妻子，原配张氏，继配毛氏。据大德碑本《遗山先生墓铭》记载，元好问育有三男五女（不包括夭折的阿辛）。该文按照重男轻女的惯例，分子女两个序列予以罗列介绍，完全不考虑子女出生的先后，也一点不顾及他们的生母是谁。施国祁《元遗山诗集笺注》做了些考证，但仍然比较简单。降大任《元遗山亲属考》也未展开。现根据有关资料，按照年齿顺序论列如下。

元好问与张氏有三女一子：元真、元严、元顺、元抚。

大女儿元真最幸福。她生于大安元年（1209），元好问刚刚二十岁。她的幸福源于元好问为她找到了一个理想的婆家及丈夫。大概在正大三年（1226）元真十七岁时，嫁给已故监察御史程震之子程思温。程震（1181—1224）经童出身，精明能干，刚正爱民，不畏权贵，可惜有才无命，英年早逝，元好问非常敬佩他，与他是否有所交往，不见记载，在为他撰写的《御史程君墓表》中充满了尊重之情。程思温，字端甫，元真出嫁时，元好问正辞官隐居于嵩山，程思温已"举进士"①，所以，元真嫁给程家，用元好问的话来说，是"适贵门"②，是一桩比较看好的亲事。出嫁前夕，元好问作

---

①《元好问文编年校注》卷一《御史程君墓表》，上册，第74页。
②《元好问诗编年校注》卷五《示程孙四首》其二，第3册，第1309页。

《别程女》诗,抒发既不舍又欣慰的复杂心情:"芸斋淅淅掩霜寒,别酒青灯语夜阑。生女便知聊寄托,中年尤觉感悲欢。松间小草栽培稳,掌上明珠弃掷难。明日缑山东畔路,野夫怀抱若为宽。"①元好问与元真款款话别,直到深夜。男大当婚,女大当嫁,虽然视女儿如同掌上明珠,不忍割舍,但想象女儿明天将经过缑氏山一带,嫁到条件优越的程家,又感到一些宽慰。元真婚后生活稳定,丈夫程思温相当优秀,深得元好问的信任。元好问在乱亡之际将他及其堂弟程思忠当成"天民之秀"推荐给耶律楚材,程思温金亡后没有出仕,虞集《题程氏遗子、元氏送女二诗》称程思温为"处士"。尽管如此,元好问对他非常满意,在《为程孙仲卿作》中称赞程震"御史风节海内闻",称赞包括程思温在内的程家子弟"诸郎楚楚皆玉立,王谢定自超人群"②,"玉立"说明相貌堂堂;又在《示程孙四首》(其二)中借他人之口称赞"婿女贤"。元真与程思温至少生有两个儿子——程直和程简。蒙古定宗三年(1248),元好问在接到外孙多封问安书信之后,不顾鞍马劳顿,自太原去南宫看望六年未见的女儿一家,受到女儿一家以及邻居们的热情款待,让他第一次感受到身为父亲的极大快乐:"生女四十年,今有为父乐。"③他的两个外孙如同玉树芝兰:"直孙年志学,玉立无纤瑕;简孙甫胜衣,芳兰出其芽。"足以让他这位外公骄傲自豪。临别时,元好问表示明年会再来看望他们:"玉雪念吾孙,未觉千里隔。乘兴径一来,翁婿当速客。"④元好问回到家乡之

①《元好问诗编年校注》卷二,第1册,第344页。
②《元好问诗编年校注》卷五《为程孙仲卿作》,第3册,第1130页。
③《元好问诗编年校注》卷五,第3册,第1309页。
④《元好问诗编年校注》卷五,第3册,第1311页。

后，又给程直写了一首诗歌，盼望能早日与家人团聚，带着孙儿读书："几时随阿舅，尽读外家书。"①元真的儿子中，至少有一位程子充后来步入仕途，有所成就。程子充曾任尚书郎、转运副使、少监，赵孟頫在《送程子充运副之杭州》中跟他谈为官之道，特别告诫他管理好食盐买卖，期待他"谈笑尊俎间，佳声满江左"②。程子充还保存着他祖父程震临终前送给程思温的诗歌和外公元好问《别程女》诗歌的墨迹，陆文圭作诗称赞两位长辈的墨宝是"范世传家示格言"③。

　　二女儿元严的生活坎坷曲折。她的生年大体可考。正大七年（1230）寒食节前后，元好问有《寄女严三首》，思念"不见经年"④的女儿，说明元严此前一年就已出嫁。以十七岁出嫁推算，元严应生于贞祐元年（1213）。她的不幸始于她的婚姻。据万历《忻州志》卷四《杂志·道释》记载，元严嫁给卢氏县进士杨思敬。这条记载是否可靠，杨思敬是否是进士，都无从考证，元好问诗文中没留下他任何线索。但元严的婆家在卢氏县确定无疑，元好问在《寄女严三首》诗中有明确的自注。卢氏县在内乡西北，两地相隔两百公里左右，道路崎岖。元严出嫁后未能按照约定如期回娘

①《元好问诗编年校注》卷五《寄程孙铁安》，第 3 册，第 1313 页。

②赵孟頫撰，钱伟强点校：《赵孟頫集》卷二，浙江古籍出版社，2012 年，第21 页。

③陆文圭：《墙东类稿》卷十六《题程子充少监家藏二首遗墨。前一诗，程御史临终遗其子端甫诗也；后一诗，遗山女初适端甫时送别诗也。端甫，子充之父；元氏，子充之母。翰苑诸公题识遍矣》，《文渊阁四库全书》，上海古籍出版社，2003 年。

④《元好问诗编年校注》卷三，第 2 册，第 521 页。

家省亲,让元好问夫妇非常牵挂和担忧,"寸肠西去似绳牵"①,
"寒食归宁见邻女,举家回首望西山"②。元好问诗中有"闻道全
家解禅理,拟从香火问无生"③之语,由此看来,元严的婆家人很
可能信奉佛教。她一年不回娘家,暗示婚姻出现变故。前引《忻
州志》说是她丈夫去世,出家为女冠,当有可能。大概在正大八年
(1231)前后,元严回到娘家,跟元好问生活在一起。天兴二年
(1233)元好问曾将手写的家族史《千秋录》交给元严保管④。白
朴回忆儿时在元好问家,有位"阿姊"曾经教他读元好问的《放言》
诗⑤,这位"阿姊"应该就是元严。元严的生活远非回到娘家那么
简单,大德碑本《遗山先生墓铭》称元严"女冠,诏为宫教,号浯溪
真隐"⑥,在这寥寥数语中,隐含着多少曲折和辛酸!诏为宫教,
进入宫中教授宫女文化,当是金亡之前,元好问进入尚书省之后。
担任宫教,足以说明元严富有才华。元严何时出家为女冠?按照
上文叙述顺序,似乎是先为女冠,后为宫教;但上文叙述又将"号
浯溪真隐"放在"诏为宫教"之后,明显颠倒失序,也可能先为宫
教,金亡后再为女冠。元严的道号"浯溪真隐"取自她家远祖元结
隐居之地浯溪,而浯溪远在今湖南祁阳县境内,并不是像自号苕
溪渔隐的胡仔那样真的隐居在苕溪一带,她只是寄托对先祖元
结、对元家的一份感情罢了。

---

①《元好问诗编年校注》卷三《吴子英家灵照图二首》(其二),第 2 册,第 523 页。

②《元好问诗编年校注》卷三,第 2 册,第 520 页。

③《元好问诗编年校注》卷三,第 2 册,第 521 页。

④《元好问文编年校注》卷四《南冠录引》,上册,第 347 页。

⑤白朴撰,徐凌云校注:《天籁集编年校注》,《水调歌头》(韩非死孤愤),安徽
　大学出版社,2005 年,第 158 页。

⑥《元好问全集(增订本)》卷五三,下册,第 1264 页。

宋末元初的蒋子正（一作蒋正子）在《山房随笔》中记载了一件轶事，更增加了元严的传奇性：

> 元遗山好问裕之，北方文雄也，其妹为女冠，文而艳。张平章当揆欲娶之，使人嘱裕之，辞以可否在妹，妹以为可则可。张喜，自往访，觇其所向，至则方自手补天花板，辍而迎之。张询近日所作，应声答曰："补天手段暂施张，不许纤尘落画堂。寄语新来双燕子，移巢别处觅雕梁。"张悚然而出。①

这段文字广为传播，却疑点重重：元好问没有妹妹，所谓妹为女冠，当是女儿的讹误；张平章是谁？如此高官怎么会追求新寡的元严？倒是"文而艳"符合元严的身份。元好问《寄女严三首》其二说："添丁学语巧于弦，诗句无人为口传。竹马几时迎阿姊，五更教诵《木兰》篇。"②期待元严回家教弟弟元抚诵读诗歌，可见元严懂诗。担任宫教也必须具备吟弄诗词的基本素质。面对张平章的追求，元严即事吟诗，就补天花板这一日常实务巧妙地表明自己的态度，字面上完全是修补天花板，爱惜天花板，不希望燕子来此筑巢，弄脏房屋，背后意思是洁身自好，甘愿独居，从而打消张平章尚未开口的念头。元严拒绝他人，不同于《陌上桑》中夸夫的罗敷，也不同于张籍笔下"何不相逢未嫁时"③的节妇，而是语带双关，不落窠臼，在不戏弄不伤害他人的同时，毫不含糊地亮明

---

① 蒋子正撰，徐时仪点校：《山房随笔》，收入宋敏求等撰、尚成等校点：《春明退朝录（外四种）》，上海古籍出版社，2012年，第125页。
② 《元好问诗编年校注》卷三，第2册，第521页。
③ 《张籍集系年校注》卷一《节妇吟》，上册，第54页。

自己的立场，比李白"蚕饥妾欲去，五马莫留连"①的柔婉拒绝要刚直干脆多了，充分体现出她的机敏和才华。可惜除此记载之外，别无他证。万历《忻州志》卷四《杂志·道释》将《山房随笔》所载之事归入元严名下，还进一步引申说元好问的《贞燕》二诗也是"为严作也"。倘若真的如《忻州志》编纂者杨维岳所言，将元严比喻为贞燕，元好问难道是鼓励、赞扬年轻的女儿守节不嫁？也太违背人情了吧！请看《贞燕》其二："污洁难将一类推，旧家红线可无疑。豚鱼自是诗家语，轻拟庭闱恐未宜。"②所写本事见庞铸《田器之燕子图》诗序，大意是说元琢从军边塞，秋天燕子南飞，似有意与田琢话别，田琢作诗一首，系于燕足。八年后，燕子飞回到田琢所在的潞州官舍。田琢遂请庞铸作《燕子图》，又遍请赵秉文、杨云翼、李纯甫等名流题诗。诗家多称赞燕子的忠信。元好问诗中的"红线"就是指田琢系诗于燕足的红线，"豚鱼"句用《周易·中孚》"信及豚鱼"③语，是说豚鱼之类微贱之物都讲究信用。末句是元好问的见解，他认为不应轻易以此来比拟夫妇之事，可见元好问并不赞成和提倡所谓的贞节。如此看来，杨维岳岂不是厚诬乡贤？大概是受宋明理学熏染太深了吧。

　　另外，明人江元禧《玉台文苑》卷七收录了两首署名"女冠元氏"的题画赞《雨竹图赞》《风竹图赞》，各有四句。《雨竹图赞》曰："涓涓而净，森森而立。孟宗何之，泪痕犹湿。"后两句用孟宗哭竹出笋的典故，写雨中修竹。《风竹图赞》曰："可屈者气，不屈者节。

---

① 李白著，王琦注：《李太白全集》卷六《子夜吴歌四首》（其一），中华书局，1977年，上册，第351页。
②《元好问诗编年校注》卷六，第4册，第1883页。
③《周易正义》卷六《中孚》，《十三经注疏》，上册，第71页。

故人之来，尽扫秋月。"①但这两首赞辞在《山房随笔》中署名为"遨溪张复"②，基本可以判断不是元严的作品，只是现代诸多女性文学论著都喜欢将之归于元严名下，喜欢拔高元严的高洁品格。也许这些作者潜意识中还残留了宋明以来女性贞节观的陈旧思想。

蒙古宪宗五年（1255）前后，元严病重，年迈的元好问急忙自鹿泉"奔诣太原"，前往探望，并且逗留了百余日，"仅得勿药"③，大概元严身患绝症，无药可治，将不久于世了。

元好问三女儿元顺（1219—1232）生平最为清楚，小名阿秀、阿珍。非常聪明，元好问对她期许很高。《书贻第三女珍》："珠围翠绕三花树，李白桃红一捻春。看取元家第三女，他年真作魏夫人。"④诗中用三花树比喻三姐妹，三姐妹个个青春美丽，其中以元顺最有可能成为魏夫人。魏夫人是北宋词人，魏泰之妹，曾布之妻，被封为鲁国夫人，擅长词作，据说朱熹曾将她与李清照并列为宋朝能文的女性作家。看来，元顺小小年龄就已经展现出诗词创作的天赋。不幸的是，正大八年（1231）她的母亲张氏病逝，十三岁的元顺悲痛万分，情不能已，"日夜哭泣，哀痛之声，人不忍闻"。第二年，汴京城被蒙古军队包围，疾病肆虐，元顺染病。更糟糕的是，她在病重之时，仍然沉溺于哀悼母亲的悲痛之中，不能自拔，"哭且不止"，不幸于三月初一去世。元好问伤心不已，称她

①江元禧：《玉台文苑》卷七，《四库全书存目丛书》集部卷三七五，齐鲁书社，1997年，第402页。

②蒋子正：《山房随笔》，《春明退朝录（外四种）》，第136页。

③《元好问文编年校注》卷六《答大用万户书》（其二），下册，第1404页。

④《元好问诗编年校注》卷二，第1册，第442页。

为"孝女",写下饱含泪水的《孝女阿秀墓铭》,哀悼她的孝心:"母在与在,母亡与亡。孝女之哀,千载涕滂。"①

　　元好问的长子元㧑,一作元拊(1229—?),是元好问与张氏的第四个孩子,字叔仪,小字阿千。当时元好问丁母忧,闲居内乡,四十岁终于有了儿子,他非常高兴地写下了两首诗词。诗为《阿千始生》:"四十举儿子,提孩聊自夸。梦惊松出笋,兆应竹生花。田不求千亩,书先备五车。野夫诗有学,他日看传家。"②元好问没有望子成龙,只是单纯地希望阿千能传承他家的诗学传统,像杜甫《宗武生日》中所说"诗是吾家事"③一样。词为《朝中措》,前有小序:"小儿子生,适有遗羽阳宫瓦者,因以羽阳字之。"这里的"小儿子"是相对于前三个女儿而言,"因以羽阳字之"并不是将元㧑的字直接叫"羽阳",而是从秦羽阳宫瓦当上"羽阳千秋"的纹饰中选取一个"千"字做元㧑的字,也就是阿千。词中洋溢着喜悦之情:"添丁名字入新收。一长看过头。拾得羽阳宫瓦,不愁撞透烟楼。　　遗山野客,求田问舍,梦想南州。说甚河东三凤,安排老虎班彪。"④喜得幼子,相信儿子个头很快就会超过自己,正巧有人赠送羽阳宫瓦当,瓦当上有"千秋万岁"的吉语,就此取字阿千,阿千一定会胜过父亲,像苏轼祝愿陈慥之子陈择那样,着鞭一跃,"撞破烟楼"⑤,凌空飞起,突破烟囱。元好问身在南方的内乡,正

---

① 《元好问文编年校注》卷三,上册,第 247 页。

② 《元好问诗编年校注》卷三《阿千始生》,第 2 册,第 499 页。

③ 《杜甫集校注》卷十六《宗武生日》,第 6 册,第 2453 页。

④ 《遗山乐府校注》卷四,第 592 页。"老虎班彪",原文作"□虎班彪",此据校记补。

⑤ 孔凡礼点校:《苏轼文集》卷五三《与陈季常书十六首》,中华书局,1986 年,第 4 卷,第 1570 页。

梦想求田问舍,他告诉别人,不仅有被称作"河东三凤"的三闺女,还有上苍安排的虎兄虎弟。"班彪"是指长有花纹的小老虎。老虎班彪,就是大老虎小老虎。在历史上,东汉贾彪三兄弟并称贾氏三虎,杨震儿子杨秉、孙子杨赐、重孙杨彪能继承家世,都传为美谈。元好问也希望能有几个儿子。

元好问很喜爱元抚。在羁管冠氏期间,亲自教导阿千习字读诗,有一首《眼儿媚》词写其有趣的教读情景:"阿仪丑笔学雷家。绕口墨糊涂(音搽)。今年解道,疏篱冻雀,远树昏鸦。　　乃公行坐文书里,面皱鬓生华。儿郎又待,吟诗写字,甚是生涯。"①据考证,这首词作于蒙古太宗七年(1235),当时元抚七岁,开始习字。字写得很丑,弄得手上脸上口角边都是墨汁,元好问随手两笔就勾勒出初学毛笔字的孩童形象。"雷家"一般理解是指元好问的朋友雷渊家,可是雷渊不以书法著名,且于四年前作古。或以为指雷渊之子雷膺,但雷膺在金亡之后随同母亲回了浑源,当时并不在聊城。所以,"雷家"应该另有所指,姑且存疑待考。元好问说,阿仪吟诗较去年有所进步,今年能说出"疏篱冻雀,远树昏鸦"这样富有诗意的句子了。下片自嘲,做父亲的一辈子舞文弄墨,以文书为业,如今皱纹横生,两鬓染霜,儿子现在又继续吟诗写字,将来又会如何? 词的结尾轻松活泼,又有点消极无奈,与《阿千始生》充满期望有所不同。蒙古太宗十一年(1239),元好问带着元抚游览天坛山,在经过仙猫洞时,让他呼唤仙猫,"随呼而应,声殊清远也"②。元好问将这件事写进《游天坛杂诗十三首》

①《遗山乐府校注》卷三,第 455 页。
②《续夷坚志》卷四《仙猫》,第 87 页。

(其五)诗中:"仙猫声在洞中闻,凭仗儿童一问君。"①

　　元抚长大成人后,在元好问现存作品中反而消失了踪影。元好问一定为他操办了婚事,他娶了谁家的女儿? 元人王利用《故左副元帅权四州都元帅宣授征行千户周侯神道碑》说元好问与周献臣(字梦卿)"有姻戚之好"②,并引用元好问《木兰花慢·送亲家丈问梦纲》(又东门送客)中"关心老来婚嫁,要与余、邻屋共烟霞"③,说明"亲家丈"就是定襄人周献臣(1189—1262)。而这个亲家也许就是元抚的岳父,因为元好问的四女儿、五女儿所嫁对象有明确记载,二儿子、三儿子出生更晚,元好问去世前尚未成人。遗憾的是,在王利用所记载的周献臣六个夫人五个女儿十一个孙女中,无人与元家结亲,难道真正的亲家丈是那位周梦纲?

　　元抚最终没有成为诗人,而是进入仕途。大德碑本《遗山先生墓铭》对他的介绍是:"奉直大夫,汝州知州,兼管诸军奥鲁劝农事。"④奉直大夫是从六品散官,奥鲁劝农事是官职名称,其中奥鲁是蒙古语的音译,指在后方从事农牧业生产的军人家属。汝州知州,正五品。元贞元年(1295),元抚在任汝州知州期间,修建所属郏县苏轼、苏辙墓园,"新屋宇以备致祭,立门墙以限樵采,既而大字以表墓所,复请别记其事以告将来"⑤。大德四年(1300)七月,元抚与元振为元好问墓刻石立碑,这一年元抚已年逾七十,属于高寿了。

---

① 《元好问诗编年校注》卷四,第 2 册,第 896 页。
② 王利用:《故左副元帅权四州都元帅宣授征行千户周侯神道碑》,《全元文》,第 22 册,第 435—436 页。
③ 《遗山乐府校注》卷四,第 647 页。
④ 《元好问全集(增订本)》卷五三,下册,第 1264 页。
⑤ 尚野:《二苏先生墓碑记》,《全元文》,第 13 册,第 11 页。

元好问与毛氏生有两男三女：元叔闲、元振、元擖、阿辛、佚名。

元好问的第五个孩子是四女儿元叔闲，她有个很美的小名：阿茶。"唐人以茶为小女美称"①，大概得名于山东一些地方长官的建议。阿茶生于何年？难以确考。元好问在蒙古宪宗元年（1251）为四女儿择婿，并写下一篇特殊的文章——《为第四女配婿祭家庙文》。以该年十七岁计算，阿茶应生于蒙古太宗八年（1236）。当时元好问在山东聊城、冠氏一带，与他所说"四长东州贡姓名，阿茶能诵木兰行"②相吻合。阿茶聪明可爱，很小就会背诵《木兰辞》，元好问在夸赞韩德华女儿五岁能背诵元好问几首诗的同时，忍不住夸赞阿茶："牙牙娇语总堪夸，学念新诗似小茶。好个通家女兄弟，海棠红点紫兰芽。"③韩家小女像小茶，原来在元好问看来，自己的爱女小茶更聪明。

根据《为第四女配婿祭家庙文》，阿茶嫁给了"世官张氏之长子兴祖"④，但大德碑本《遗山先生墓铭》说是嫁给了大都惠民司提点翟国才。翟国才生平无考，在元好问现存作品中也没有其人。《新元史》卷一六五有《张兴祖传》，这个张兴祖（1221—1295）是中山无极（今河北无极）人。他的父亲张林是史天泽的部下，因战功授金符千户，张林告老之后，张兴祖继承父职。这与元好问所说"世官张氏之长子兴祖"一致，所以阿茶的丈夫很可能就是这

①《元好问诗编年校注》卷五《德华小女五岁，能诵予诗数首，以此诗为赠》，第 3 册，第 1038 页。

②《元好问诗编年校注》卷五《即事》，第 3 册，第 1251 页。

③《元好问诗编年校注》卷五《德华小女五岁，能诵予诗数首，以此诗为赠》，第 3 册，第 1038 页。

④《元好问文编年校注》卷六，下册，第 1174 页。

位比她大十多岁的张兴祖。张兴祖屡次随军伐宋，建立战功，被授真定万户。为人勇武威猛，杀虎数十，人称"杀虎张"①。元好问在写给严忠嗣的书信中提到一句"诸余，张婿能言之"②，是说其他事情由张婿告诉严忠济、严忠嗣兄弟，可见张婿能与严氏兄弟有所交往，并非等闲之辈。

阿茶与张兴祖生下了男孩张延，刚满周岁就夭折了。元好问作《哭延孙》诗，痛悼外孙："娇红耿在眼，百唤不一应。寂寞空镜前，老眼泪如迸。"③阿茶后来生活如何，无从知晓。

元好问第六个孩子是次子元振，字叔开，小字宁儿，又称阿宁。元振生年，前辈与时贤都根据元好问《宋周臣生子三首》（其三）予以推算："雏凤来时鹤卵成，两儿前后不多争。阿宁解语应须道，犹是渠家百日兄。"④阿宁与宋子贞（字周臣）的儿子同年出生，人们将此诗写作时间确定在蒙古定宗元年（1246），其根据是《定风波·儿子阿中百晬日作》中下片所说："六十平头年运好，投老，大儿都解把锄犁。醉眼看花驴背上，豪放，阿龄扶路阿中随。"⑤阿龄即阿宁，将"阿宁扶路"理解为四岁左右，那么阿宁则出生于元好问五十六岁那年，即蒙古定宗元年。而该词"醉眼"三句，显然从黄庭坚《老杜浣花溪图引》"宗文守家宗武扶，落日塞驴驼醉起"⑥以及陈师道《和饶节咏周昉画李白真》"君不见浣花老

①陶宗仪撰：《南村辍耕录》卷二《杀虎张》，中华书局，1959年，第23页。
②《元好问文编年校注》卷六《答大用万户书》（其二），下册，第1404页。
③《元好问诗编年校注》卷五，第3册，第1429页。
④《元好问诗编年校注》卷五《宋周臣生子三首》（其三），第3册，第1250页。
⑤《遗山乐府校注》卷四，第612页。
⑥《黄庭坚诗集注·山谷外集诗注》卷十六，第4册，第1342页。

翁醉骑驴,熊儿捉辔骥子扶"①等诗句中化出。扶着醉酒的父亲骑驴,非三四岁幼儿所能为。按诸人情,至少应该七八岁。宋子贞在东平严实幕府,严实去世后,为严忠济所信任,担任参议东平路事。元好问《宋周臣生子三首》应该写于东平。考诸元好问的行踪,元好问于蒙古太宗十一年(1239)冬天抵达东平,《宋周臣生子三首》其一称"秋风丹桂长新枝"②,说明宋子贞之子出生于秋天,所以此诗很可能写于该年。按此推算,元振比阿茶小五岁左右。上引《即事》在"四长东州贡姓名,阿茶能诵木兰行"之后还有两句:"元家近日添新喜,掌上宁儿玉刻成。"③从中可见阿茶与阿宁大概年龄相差不大。元好问夸赞阿茶能背诵《木兰辞》,阿茶一定年幼,如果阿宁生于蒙古定宗元年(1246),那时阿茶已经十岁左右了,十岁背诵《木兰辞》就不值得称赞了。

　　大概在元振三四岁时,元好问作《清平乐·嘲儿子阿宁》词,欣赏阿宁的天真可爱:"娇莺娅姹,解说三生话。试看青衫骑竹马,若个张萱许画。西家撞透烟楼,东家谈笑封侯。莫道元郎小小,明年部曲黄牛。"④阿宁的童音稚嫩动听,穿着青衫,骑着竹马,简直像是画中人物。虽然邻居们的孩子各有出息,但也不要小看我家的阿宁,明年他就能指挥一群黄牛。元好问在这首词中写出了童趣,也写出了父爱。元振后来进入仕途,履历不详,大德碑本《遗山先生墓铭》称他仕至太原路参佐。

----

①陈师道撰,任渊注,冒广生补笺,冒怀辛整理:《后山诗注补笺》卷十二,中华书局,1995年,下册,第430页。
②《元好问诗编年校注》卷五,第3册,第1248页。
③《元好问诗编年校注》卷五,第3册,第1251页。
④《遗山乐府校注》卷三,第493—494页。

元好问第七个孩子是三子元撝（1249—?），字叔纲，小名阿中。出生时元好问已经六十岁，这固然是因为毛氏比他年轻二十多岁，还因为元好问的身体非常之好。元好问近六十岁时去看望大女儿元真及其子，"州人闻我至，相与喜且愕。谓我六十翁，齿发未衰落"①，健康状况极佳。元好问老来又添子，真是"六十平头年运好"。阿中出生百日时，元好问高兴地为他举办百日宴会，并作《定风波·儿子阿中百晬日作》："五色莲盆玉雪肌，青搽红抹总相宜。且道生男何足爱。争奈。隆颐犀角眼中稀。"②阿中圆圆的脸蛋，像五色莲盆，皮肤雪白，长相富贵，让他如何不喜爱？但两年后，元好问却将他与白华之子白恪相比。白恪更加聪明，出生四十个月就会握笔写字，有模有样，赢得元好问的大加赞许，临了再看看差不多大小的阿中："回头却看元叔纲，鼻涕过口尺许长。"③末句写阿中憨萌之态，实在不雅，多少有些嗔责嫌恶之情。不过，如此写法，应该是继承了汉代王褒《僮约》的游戏语言和风格。王褒写奴仆在听完其券文之后，"仡仡叩头，两手自搏，目泪下落，鼻涕长一尺"④。苏轼写一野僧冒雪出门，"寒液满鼻清淋漓"⑤。所以，元好问写元撝鼻涕，虽不雅驯，也算渊源有自。阿中后来担任尚书都省监印，余不详。

---

① 《元好问诗编年校注》卷五《示程孙四首》（其二），第 3 册，第 1309 页。

② 《遗山乐府校注》卷四，第 612 页。

③ 《元好问诗编年校注》卷五《常山姝生四十月，能搦管作字，笔意开廓，有成人之量，喜为赋诗，使洛诵之》，第 3 册，第 1351 页。

④ 严可均校辑：《全上古三代秦汉三国六朝文》卷七四一，中华书局，1958 年，第 1 册，第 359 页。

⑤ 《苏轼诗集》卷一《江上值雪，效欧阳体，限不以盐玉鹤鹭絮蝶飞舞之类为比，仍不使皓白洁素等字，次子由韵》，第 1 册，第 21 页。

　　元好问的第五个女儿，佚名，按照大德碑本《遗山先生墓铭》，嫁给了建德路织染司大使、定襄人霍继祖。这个女儿何时出生？是比阿中大还是比阿中小？一无所知。霍继祖生平也失考。

　　除了上述八个子女之外，元好问还有一个女儿阿辛早夭。元好问《清明日改葬阿辛》诗："掌上青红记点妆，今朝哀感重难忘。金环去作谁家梦，彩胜空期某氏郎。一瞥风花才过眼，百年冰檗若为肠。孟郊老作枯柴立，可待吟诗哭杏殇。"①阿辛的母亲是张氏还是毛氏？从尾联以孟郊自比来看，当是毛氏。因为孟郊作《杏殇》诗时，韩愈同时作《孟东野失子》安慰孟郊，孟郊当时大概五十六岁左右。有学者怀疑阿辛就是阿秀，但阿秀死时十四岁，与尾联所用孟郊《杏殇》诗不合。《杏殇》小序说："杏殇，花乳也。霜剪而落。因悲昔婴，故作是诗。"孟郊以杏花花蕾比喻早夭的婴儿，根据《杏殇》其四所言"儿生月不明，儿死月始光。儿月两相夺，儿命果不长"②，他的这位孩子尚未满月就夭折了。

　　元好问一生至少生育了八九个子女，至少有六七位长大成人。这些子女总体较为普通，未能诗书传家，未能成就功名事业。陶渊明、李白、杜甫、陆游等大诗人子孙何尝不是如此？元好问留下了十余篇与子女相关的诗词文，寄寓了休戚与共的血肉真情，表现出深挚动人的父爱。

---

① 《元好问诗编年校注》卷五，第 3 册，第 1206 页。
② 孟郊著，华忱之、喻学才校注：《孟郊诗集校注》卷十，人民文学出版社，1995 年，第 495 页。

下　篇

一、"学诗自警"发微

"学诗自警"是元好问早年学诗时用以自我警戒的一部分,见引于《杨叔能小亨集引》:

> 初,予学诗,以十数条自警,云:"无怨怼,无谑浪,无鸷狠,无崖异,无狡讦,无婟婉,无傅会,无笼络,无衔鬻,无矫饰,无为坚白辨,无为贤圣癫,无为妾妇妒,无为仇敌谤伤,无为聋俗哄传,无为瞽师皮相,无为黥卒醉横,无为黠儿白捻,无为田舍翁木强,无为法家丑诋,无为牙郎转贩,无为市倡怨恩,无为琵琶娘人魂韵词,无为村夫子《兔园策》,无为算沙僧困义学,无为稠梗治禁词,无为天地一我、今古一我,无为薄恶所移,无为正人端士所不道。"信斯言也,予诗其庶几乎!惟其守之不固,竟为有志者之所先。①

该文写于蒙古海迷失后元年(1249)八月。所引当是其早年所撰《诗文自警》中的内容,但孔凡礼从明人唐之淳《文断》等书辑得《诗文自警》十五则,无上述内容。学界对《诗文自警》有

---

① 《元好问文编年校注》卷五,中册,第 1025 页。

所研究①，而对这一段"学诗自警"重视不够，故再做些探讨。

（一）背后的通俗文艺

金末刘祁曾对好友王郁说："唐以前诗在诗，至宋则多在长短句，今之诗在俗间俚曲也，如所谓《源土令》之类。"②说明金代民间"俚曲"相当兴盛，水平也不容小觑，可惜连所举《源土令》这一代表性的作品，仅见于此，究竟为何物，都已不可考。元好问的"学诗自警"中，诸多"无""无为"的背后恰恰是"有"，而且这些"有"，应该是比较普遍、比较流行的现象，所以他才为自己画下一道又一道红线。其中有些条规之后就暗含着通俗文学，可以与王郁所言相印证，有助于我们进一步认识金代通俗文艺的大体状况。

"学诗自警"中包含少量通俗文艺的主角，如"瞽师"就是盲人艺人，元好问将"瞽师"演艺一概斥之为"皮相"，显然是以偏概全，瞽师中古有师旷，今有阿炳，足以破元氏皮相之说。元好问所论不免含有对残疾艺人、对民间文艺的偏见，但是通过这样批评来看，水平低下的瞽师演艺，应该是乡野街巷常见的大众演艺。瞽师之外，还有两个今天基本消失的民间演出，那就是"黠儿白捻"和"琵琶娘人魂韵词"。

---

① 如詹杭伦《元好问〈诗文自警〉发微》（《晋阳学刊》1994 年第 3 期）、王树林《从〈诗文自警〉看元好问的散文审美理论》（《江苏大学学报》2011 年第 1 期）。颜庆余《元好问与中国诗歌传统研究》（上海古籍出版社，2020 年）从郝经《续后汉书》卷三七《阮籍传》中辑得一则佚文，参见该书第 264 页。
② 《归潜志》卷十三，第 145 页。

首先,何为"黠儿白撚"?

有关元好问诗歌的注本,要么没有注释,要么注释不当。黠儿本意是指聪慧、机灵的少年,《颜氏家训》记载北齐武成帝高湛夸赞其子高俨:"此黠儿也,当有所成。"①元好问所说的"黠儿"是一种说唱文艺的青年演员,这种演艺活动,流行于唐宋时期,名叫"合生",洪迈《夷坚志·支乙》卷六《合生诗词》有完整的记载:

> 江浙间路岐伶女,有慧黠知文墨能于席上指物题咏应命辄成者,谓之合生;其滑稽含玩讽者,谓之乔合生。盖京都遗风也。张安国守临川,王宣子解庐陵郡印归次抚,安国置酒郡斋,招郡士陈汉卿参会。适散乐一妓言学作诗,汉卿语之曰:"太守呼为五马,今日两州使君对席,遂成十马。汝体此意做八句。"妓凝立良久,即高吟曰:"同是天边侍从臣,江头相遇转情亲。莹如临汝无瑕玉,暖作庐陵有脚春。五马今朝成十马,两人前日压千人。便看飞诏催归去,共坐中书秉化钧。"安国为之嗟赏竟日,赏以万钱。②

有学者指出,唐代的"合生"就是"合声",内容是唱题目,"也就是将题目之词配合声乐之意"③。宋代"合生"沿袭唐代而有所改变,有学者认为,"合生"是宋代"说话"之一,艺人有男有女,都辨慧有才思,常应命即席咏诗,语含双关,或颂祝,或讥讽④。洪迈上文记载张孝祥(字安国)招待王佐(字宣子),让一娼妓以"十马"

①《颜氏家训集解》卷一《序致》,中华书局,1993年,第16页。

②洪迈撰,何卓点校:《夷坚志·支乙》,中华书局,2006年,第2册,第841页。

③刘晓明:《杂剧形成史》,中华书局,2007年,第148页。

④戴望舒:《关于"合生"》,《中国现代散文经典·戴望舒》,北京印刷工业出版社,2001年,第323页。

为题即兴吟咏,她随即"高吟"八句,这种"高吟"应该是一种现场表演。元好问所说的"白""捻"都是表演术语,"白"是说白,"捻"就是"合生"①。元末明初无名氏《墨娥小录》卷十四《行院声嗽》记载宋元时期的艺人话语,对"合生"的解释就是"捻词",捻词即捏词,即兴杜撰诗词之义。由于这些艺人处于社会下层,所作诗词难免品位低下、滑稽庸俗,所以元好问要予以排斥。这说明,在元好问的时代,"點儿白捻"式的说唱文艺比较流行。

再者,何为"琵琶娘人魂韵词"?

琵琶娘是民间艺人,当源自唐宋时期的琵琶女。只是唐宋诗人、词人笔下经常出现的琵琶女,基本上以演奏琵琶为主,未必是弹唱结合。元好问所说则是一种边弹边唱的文艺表演行为,应该就是后来《元典章》卷五七所记载之事:"在都唱琵琶词、货郎儿等,聚集人众,充塞街市,男妇相混。"②此事发生在元惠宗至正十二年(1352)。元好问所谓的"人魂韵词",是说琵琶娘子演唱时,将"人"字韵与"魂"字韵通押。当时,大多数文人们作诗严守平水韵,按照平水韵,"人"字属"真韵","魂"字属"元韵",不同韵部,就不能通押。元代曹伯启曾引用元好问此论,有诗曰:"政声随欸乃,诗韵破人浑。"下有自注云:"元遗山有论人诗云:琵琶娘人浑韵之句。"③他将"人魂"写成了"人浑",意思完全相同。在曹伯启看来,人浑通押,就是破韵。但民间艺人从北方语音实际出发,根

---

①参见拙著《宋金文学的交融与演进》,北京大学出版社,2013年,第327—328页。

②《元典章》卷五七《刑部》十九《杂禁》,中国书店,1990年,第820页。

③《汉泉曹文公贞诗集》卷三《次韵王菊圃朋益相公二首》(其二),涵芬楼秘籍本。

本不受此限,将人、魂通押,百年后周德清《中原音韵》总结北曲音韵,就将人、魂二字合并在一个韵部——"真文"韵。若据《中原音韵》,人、魂通押,完全正常。在诗词用韵方面,古今一直有新旧两派,旧派严守平水韵,新派主张与时俱进,元好问尽管自己也作散曲,但在诗歌用韵方面则完全是旧派主张。元好问所说的琵琶艺人的"人魂韵词",或是弹词,或是北曲之雏形,现已无法考证其详,但琵琶女这类演出之早,实在大大出于我们的意料,远在《中原音韵》和《元典章》之前。元好问自称"八岁学作诗"①,那时固然不可能写作"学诗自警",如果我们将"诗文自警"的撰写时间暂定在他十五岁那年,也就是金泰和四年(1204),这一年比元泰定元年(1324)成书的《中原音韵》早一百二十年,比《元典章》所载琵琶词更是早了近一百五十年。

"学诗自警"中还有一条"无为稠梗治禁词",过去一直未得确解,经过笔者的考证,认为稠梗治是东汉张道陵传播五斗米教的二十四个传教点之一,地点在今四川新津县。"无为稠梗治禁词"的意思是反对撰写蛊惑人心、枯燥乏味、宣传教义的押韵诗词②。五斗米教在金代早已式微,但并未失传,"稠梗治禁词"之类仍为大众所知晓,元好问或许以此来指代当时盛行的全真教诗词,王重阳、丘处机等全真教宗师都喜欢借助诗词来宣扬其教义,现存大量全真教诗词就是佐证。

元好问生于忻州,童年和少年时期曾跟随其嗣父去过冀州(今属河北)、中都(今北京)、陵川(今属山西)等地,十六岁时曾去太原参加府试,其主要生活地区是忻州和陵川。除太原之外,这

①《元好问文编年校注》卷四《南冠录引》,上册,第347页。
②参见拙著《宋金文学的交融与演进》,第328—329页。

些地区的文化在当时远不及平阳(今山西临汾)等地发达,但即便如此,元好问少年时代仍然接触到不少民间通俗文化。由此看来,我们也许低估了金代民间通俗文艺的丰富性。

(二)"学诗自警"的理论价值

自沈约提出"八病"之后,诗家多有禁忌之论。《文镜秘府论》西卷有《文二十种病》,《诗人玉屑》卷五《口诀》中有"三不可""十戒"之说,这些禁忌各有不同的指向、不同的意义。元好问"学诗自警"亦属此系列。当元好问写作《杨叔能小亨集引》时,已是花甲之年,这时再追录早年学诗的"学诗自警",说明这是他终生信奉的规条,我们应该予以重视。现在看来,它至少具有三方面的理论价值。

其一,继承和贯彻了杜甫"别裁伪体亲风雅"的理论主张。

古代很多诗人坚持以风雅为正统,但诗歌在发展的过程中,难免有些曲折,有时会脱离正道,甚至误入歧途,这就需要及时纠偏,清除"伪体"。初盛唐诗歌扭转了六朝宫体诗风,就是在陈子昂、李白、杜甫等诸多诗人共同努力下完成的。杜甫号召"别裁伪体亲风雅"(《戏为六绝句》),中唐白居易清剿"嘲风雪、弄花草"等"六义尽去"①的不良诗风,也是"别裁伪体"之举。但在元好问之前,还没有人像他那样列出多达二十九条的负面清单。这二十九条包括诗歌内容、情感、风格、审美等方面,都属于应该否定的"伪体"范围。后来,元好问在《论诗三十首》中开宗明义地宣称:"汉

① 白居易撰,朱金城笺校:《白居易集笺校》卷四五《与元九书》,上海古籍出版社,1988年,第2791页。

谣魏什久纷纭,正体无人与细论。谁是诗中疏凿手,暂教泾渭各清浑。"①维护正体,抵制伪体,是他一贯的理论主张,所以他在《论诗三十首》中陆续批评了"斗靡夸多""鬼画符""俳谐怒骂"等习气,与二十九条负面清单一脉相承。在《诗文自警》中有类似二十九条的自我要求:

> 文须字字作,亦要字字读。要破的,不要粘皮骨。要放下,不要费抄数。要工夫,不要露椎凿。要原委,不要着科白。要法度,不要窘边幅。要波澜,不要无畔岸。要明白,不要涉肤浅。要简重,不要露钝滞。要委曲,不要强牵挽。要变转,不要生节目。要齐整,不要见间架。要圆熟,不要拾尘烂。要枯淡,不要没咀嚼。要感讽,不要出怨怼。要张大,不要似叫号。要叙事,不要似甲乙账。要析理,不要似押韵文。要奇古,不要似鬼画符。要惊绝,不要似敕坛咒。要情实,不要似儿女相怨思。要造微,不要鬼窟中觅活计。②

这里元好问列举了二十一个"要"与"不要",虽是就"文"而言,但与诗歌声气相通,有些"不要"的内容与元氏二十九条相同,如"不要出怨怼"与"无怨怼"同意,"不要似儿女相怨思"与"无为市倡怨恩"相近。这些"不要"也是剔除伪体的对象。元好问推崇杜甫,著有《杜诗学》,他的"学诗自警"以及《诗文自警》中的相关内容,可以说是杜甫"别裁伪体亲风雅"的细化落实。

其二,进一步深化文品与人品关系的认识。

粗略看来,元氏二十九条中,只有"无为黠儿白捻""无为琵琶

---

①《元好问诗编年校注》卷一,第1册,第45页。
②《元好问全集(增订本)》卷五二,下册,第1241页。

娘人魂韵词""无为村夫子《兔园策》""无为稠梗治禁词"这几条落在语言文字上,其他二十五条,更像是修身为人的底线,至少是兼及人品与诗品(文品)两个方面。关于人品与文品的关系,元好问之前,通行的观点是文如其人,但元好问在二十八岁所作的《论诗三十首》中反驳此论,说:"心画心声总失真,文章宁复见为人。高情自古《闲居赋》,争信安仁拜路尘。"①他以潘岳人品与文品的脱节来否定文如其人之说。既然如此,他为什么又如此强调人品色彩浓厚的学诗条规呢?

人品与文品的关系原本就不简单,如钱锺书先生所说:"立意行文与立身行世,通而不同,向背倚伏,乍即乍离,作者人人殊;一人所作,复随时地而殊;一时一地之篇章,复因体制而殊;一体之制复以称题当务为殊。"②二者关系因人因时因地因体制因题目而有所不同,可见多么复杂!在这纷纭复杂的表象中,我们也可以根据诗文的品格,把它分为正负两面。正面的文章,如潘岳的《闲居赋》、陶渊明的《桃花源记》,与人品的关系存在两种状态:文行一致,文行不一。潘岳是文行不一的代表,文过饰非;陶渊明是文行一致的代表。我们不能因为潘岳等人来否定陶渊明等人文行一致的冰雪文字,以及文如其人的可能性存在。负面的文章,如元好问所标举的怨怼谤伤等等,与人品的关系,基本是文如其人,少数情况下,端悫人也偶尔写出放荡文。也就是说,冰雪之文有可能出自鄙俗之手,而鄙俗之文不太可能出于冰雪之人。元氏二十九条负面清单,主要是对自己学诗写诗的警示,他实际上认识到负面诗文与负面人品的一致性(正相关),由诗品入手,进而

①《元好问诗编年校注》卷一,第1册,第51页。
②钱锺书:《管锥编》,中华书局,1994年,第4册,第1389页。

对自己人品加以规诫。这是他对"文章宁复见为人"观点的修正，说明他对文品（诗品）与人品关系有了新认识。人品既是他讨论两者关系的出发点，又是讨论两者关系的归宿，体现出他对人品优先于诗品的态度。李治曾记载元好问之语，说"人品实居才学、气识之上"①。

其三，对元好问本人"以诚为本"说的限制和补充。

元氏二十九条有一特别之处，就是出现在他为杨弘道《小亨集》所作的序言中。该序第一部分紧扣杨弘道其人其诗，肯定其"以唐人为指归"的诗学取向，第二部分借机大谈自己的"以诚为本"说，认为唐诗之所以值得效仿，就因为唐诗"知本"。"何谓本？诚是也。"从唐诗过渡到以诚为本说，脉络清晰，但此后的第三部分，引用自己的"学诗自警"，乍看起来，简直与唐诗、与以诚为本说毫无关联，以至于他在文章最后不得不为自己开脱，说："非夫子（指杨弘道），亦何以发予之狂言！"②所谓狂言，即包括元氏二十九条内容。

元好问之所以逸出常轨，插入自己的学诗自警，一定有其意图。除了借机公开自己鲜为人知的戒条之外，最根本的原因是这二十九条可以对上文所阐述的以诚为本加以限制。诚的本意是本真，不伪饰，多数优秀唐诗确实体现了以诚为本的诗学精神，但是，那些怨怼愤激、绮艳柔靡等不符合风雅传统的诗歌，何尝不"诚"？元好问《论诗三十首》曾批评陆龟蒙："万古幽人在涧阿，百年孤愤竟如何？"③陆龟蒙终生不仕，"幽忧疾痛"，"不喜与流俗

---

① 李治：《遗山集序》，《元好问全集》卷五三，下册，第1251页。
② 《元好问文编年校注》卷五《杨叔能小亨集引》，中册，第1025页。
③ 《元好问诗编年校注》卷一《论诗三十首》（十九），第1册，第62页。

交"①，写下许多牢骚愤激之辞，潦倒而终，"多愤激之辞而少敦厚之义，若《自怜赋》《江湖散人歌》之类，不可一二数。标置太高，分别太甚，镂刻太苦，讥骂太过。唯其无所遇合，至穷悴无聊赖以死，故郁郁之气不能自掩"②。元好问这些批评，并没有否定陆作之"诚"，而是批评部分陆作违背了温柔敦厚之义，不符合"中和之美"的标准。

当然，元氏二十九条偏向于保守，"无怨怼"之说甚至退到孔子"诗可以怨"之前，"无崖岸"之类限制会导致诗歌个性不彰，这些都是其局限所在。

（三）"学诗自警"的实践价值

元好问生前，"学诗自警"以及《诗文自警》都未能成书，其实践价值主要落实在他个人的创作和文献整理之中，并通过其创作及所编图书，维护风雅传统，从而引导一代诗风的走向。

元好问在征引"学诗自警"二十九条之后，自信地说："予诗其庶几乎！惟其守之不固，竟为有志者之所先。"这说明他在创作中较好地贯彻了这二十九条，当然也有"守之不固"的遗憾。那么，元好问贯彻二十九条，产生了哪些效果呢？

首先，最直接的效果是对唐宋以来诗坛怪恶鄙俗之习的拒止。许学夷《诗学辩体》谓："元遗山元初负盛名，其诗虽有晦僻，而怪恶鄙俗处则无。"③元好问之所以杜绝怪恶鄙俗，就是因为他

①《新唐书》卷一九六《陆龟蒙传》，第 18 册，第 5613 页。
②《元好问文编年校注》卷五《校笠泽丛书后记》，上册，第 328 页。
③许学夷：《诗源辩体》卷三六《总论》，人民文学出版社，1987 年，第 362 页。

坚持"学诗自警"所列的条规。对照其诗歌,元好问基本戒除了他所列二十九条陋习,如怨怼、谑浪,是在唐宋诗歌经常出现的现象,韩愈、苏轼这样的大诗人也难免此病,末流诗人更是如严羽所批评的那样,"叫噪怒张,殊乖忠厚之气,殆以骂詈为诗"①。元好问坚守条规,对其景仰的苏轼也不相让。《论诗三十首》曰:"曲学虚荒小说欺,俳谐怒骂岂诗宜。"②矛头所向,应该包括苏轼在内。只是元好问在杜绝怨怼、谑浪时,并不是很彻底。如俳谐方面,他就作有《俳体雪香亭杂咏十五首》。

其次,对一些习以为常、流行已久的不良风气予以抵制。最典型的是次韵诗,自中唐元白之后,经过皮陆、钱刘、欧梅、苏黄等人的大肆鼓吹,次韵之风长盛不衰,历代都有很多诗人乐此不疲。实际上,正如王若虚所说,"次韵实作者之大病"。即便是苏轼的次韵诗,"虽穷极技巧,倾动一时,而害于天全多矣"③。元好问亦很不以为然。"学诗自警"中尽管没有直接将次韵诗列为禁忌,但"无傅会"所指即包括次韵诗在内。元好问在《十七史蒙求序》中针对"诗家以次韵相夸尚"的风尚,引用"评者"之语,说:"次韵是近世人之敝,以志之所之而求合他人律度,迁就傅会,何所不有?"④可见,傅会正是次韵诗的一大弊端。元好问在《论诗三十首》中亦批评次韵诗:"窘步相仍死不前,唱酬无复见前贤。纵横正有凌云笔,俯仰随人亦可怜。"⑤所以,他很少创作次韵诗,在现

---

① 严羽著,郭绍虞校释:《沧浪诗话校释·诗辩》,人民文学出版社,1983 年,第 26 页。
② 《元好问诗编年校注》卷一,第 1 册,第 66 页。
③ 《滹南遗老集校注》卷三九《滹南诗话》,第 456 页。
④ 《元好问文编年校注》卷六,下册,第 1115 页。
⑤ 《元好问诗编年校注》卷一,第 1 册,第 64 页。

存一千四百余首诗中,次韵诗大概只有十多首,如《东湖次及之韵》《追用座主闲闲公韵上致政冯内翰二首》等。能做到这一点,正是"无为薄恶所移"的体现,实属难能可贵。因为"自来诗人犯此弊者不少,且有以此称佳者,堕入魔道而不知"①。

最后,将二十九条条规贯彻在《东坡诗雅目录》《中州集》等书的编纂之中。元好问之所以编纂《东坡诗雅》,原因就在于他觉得东坡诗中不符合风雅传统的"杂体"太多,他为东坡"不能不为风俗所移"而抱憾。元好问所谓的杂体应该包括俳谐怒骂、次韵唱酬、卖弄才学、百态出奇之类的诗歌。《中州集》旨在以诗存人,以人存史,兼收博取,不主一家,但仍然符合二十九条清规。许学夷指出:"观其所编《中州集》,虽多出晚唐,亦无怪恶之调。"②所论大体不差。

由此可见,元好问早年定下的"学诗自警",在其后来的文学活动中发挥了重要作用,晚年不再秘而不宣,将之公开出来,金针度人,通过杨弘道,进一步发挥其影响,引导元初诗歌健康发展。

①周寿昌:《思益堂日札》卷六《学诗自警语》,岳麓书社,1985年,第178页。
②《诗源辩体》卷三六《总论》,第362页。

二、元好问诗的复句

古典诗歌经过唐诗的高峰之后,面临着如何新变的巨大挑战。宋人就感叹"世间所有好句,古人皆已道之"①,"世间好言语,已被老杜道尽;世间俗言语,已被乐天道尽"②。因此,不仅重复前人的诗句和诗意已经成了无须介意的通行做法,连自我重复也成了不时可见的现象。陆游、元好问堪称自我重复的代表。

对于陆游诗中的重复,朱彝尊率先注意到其诗"句法稠叠",并罗列"身似老僧犹有发,门如村舍强名官"等类似句式三十八联③;赵翼随后在《瓯北诗话》中,一方面如钱锺书所说,"偏袒"陆游,说其诗"遣词用事,少有重复者",一方面又说其"晚年家居,写乡村景物,或有见于此、又见于彼者"④,并举出五例;钱锺书则罗列大量重复之例,认为"古来大家,心思句法,复出重见者,无如渠之多者"⑤。

---

① 陈善:《扪虱新话》卷九《韩文杜诗用字有来处》,山东人民出版社,2018年,第109页。
② 《苕溪渔隐丛话》前集卷十四引王安石语,第90页。
③ 《曝书亭集》卷五二《书剑南集后》,朱彝尊撰,《文渊阁四库全书》,上海古籍出版社,2003年。
④ 江守义:《瓯北诗话校注》卷六,第274页。
⑤ 《谈艺录(补订本)》,第125—126页。

元好问诗中的重复现象，最先为赵翼所揭示。赵翼在《陔余丛考》中系统考察梁代以来诗中复句情况，举出任昉、宋璟、许浑、苏轼、赵秉文、元好问、萨都刺、成廷珪、高启、查慎行等人重复的诗句，其中唯独没有陆游。其实，陆诗复句的绝对数字当在元好问之上，不得不令人怀疑赵翼确有偏袒陆游之意。他认为这些诗人中，"元遗山复句最多"，并列举"一片伤心画不成"等九例①。此后潘德舆鉴于赵翼"所举犹未尽"，又搜集了"百钱卜肆成都市，万古诗坛子美家"等六例（其中有一例与赵翼所举重复），"句字相类者""以'了'字煞句尾者"各数十例，感叹元好问"何其太不检也"。他还很不理解地说："放翁一生诗近万首，或者不易检寻；遗山未及十之二，而亦复沓如此，则断不可解矣。"②

陆游、元好问这两位大诗人的诗歌，都有不同程度的自我重复，其后果如何？原因何在？下文试以元好问为对象，统计其复句数量，分析其类型及使用效果，探讨其复句的成因。

（一）复句的数量

赵翼说"遗山复句最多"，究竟有多少？赵翼、潘德舆不仅"所举犹未尽"，而且遗漏尚多。笔者翻检元好问诗词，又辑得一些重复的诗句，共计五十六例，其中前九例为赵翼所举，第 10—14 例为潘德舆所举。

---

① 《陔余丛考》卷二四《元遗山诗多复句》，《赵翼全集》，第 3 册，第 429—431 页。有关遗山诗复句部分，后又编入《瓯北诗话》卷八。
② 潘德舆：《养一斋诗话》卷八，《清诗话续编》，第 4 册，第 2119—2120 页。

表一　遗山诗词复句统计表

序号	诗句与篇目
1	十年旧隐抛何处,一片伤心画不成。(《怀州子城晚望少室》) 赋家正有芜城笔,一段伤心画不成。(《俳体雪香亭杂咏十五首》) 重阳拟作登高赋,一片伤心画不成。(《十日作》) 卷中正有家山在,一片伤心画不成。(《家山归梦图三首》)
2	人世难逢开口笑,老夫聊发少年狂。(《玄都观桃花》) 佳节屡从愁里过,老夫聊发少年狂。(《同严公子大用东园赏梅》) 此乐莫教儿辈觉,老夫聊发少年狂。(《浣溪沙》"芍药初开")
3	就令一朝便得八州督,争似高吟大醉穷朝晡。(《此日不足惜》) 就令一朝便得八州督,争似彩衣起舞春斓斑。(《送李参军北上》) 金印八州督,不及秦宫一生花里活。(《后芳华怨》)
4	风流岂落正始后,诗卷长留天地间。(《桐川与仁卿饮》) 风流岂落正始后,诗卷常留天地间。(《梁都运乱后得故家所藏无尽藏诗卷见约题诗同诸公赋》)
5	两都秋色皆乔木,三月阿房已焦土。(《世宗御书田不伐望月婆罗门引先得楚字韵》) 两都秋色皆乔木,眷旧风流有几人。(《赠答乐大舜咨》) 两都秋色皆乔木,一代名家不数人。(《存殁》)
6	天公老笔无今古,枉着千金买范宽。(《东山四首》) 天公老笔无今古,枉却坡诗说右丞。(《胡寿之待月轩三首》)
7	绿蓑衣底玄真子,不解吟诗亦可人。(《钱过庭烟溪独钓图二首》) 绿蓑衣底玄真子,可是诗翁画不成。(《息轩秋江捕鱼图三首》)

续表

序号	诗句与篇目
8	恶恶不可恶恶可,笑杀田家老瓦盆。(《刘君用可庵二首》) 恶恶不可恶恶可,大步宽行老死休。(《刘君用可庵二首》) 恶恶不可恶恶可,未要云门望太平。(《台山杂咏十六首》)
9	酒船早晚东行办,共举一杯持两螯。(《寄希颜二首》) 西风先有龙门约,共举一杯持两螯。(《曹寿之平水之行》)
10	百钱卜肆成都市,万古诗坛子美家。(《寄辛老子》) 百钱卜肆成都市,万古诗坛子美家。(《过三乡望女几村追怀溪南诗老辛敬之二首》)
11	撑肠文字五千卷,灵台架构森铺张。(《密公宝章小集》) 撑肠正有五千卷,下笔须论二百年。(《赠答郝经伯常伯常之大父子少日从之学科举》) 书破三千牍,诗论二百年。(《答潞人李唐佐赠诗》)
12	东南人物未凋零,和气春风四座倾。(《徐威卿相过留二十许日将往高唐同李辅之赠别二首》) 太山北斗千年在,和气春风四座倾。(《别王使君丈从之》)
13	藤垂绝壁云添润,涧落哀湍雪共流。(《望崧少二首》) 藤垂石磴云添润,泉漱山根玉有声。(《丙辰九月二十六日挈家游龙泉》)
14	百过新篇卷又披,得君重恨十年迟。(《寄谢常君卿》) 见说常山好归隐,从公未觉十年迟。(《赠冯内翰》) 爱杀溪南辛老子,相从何止十年迟。(《自题中州集后》) 万壑松声一壶酒,从公未觉去年迟。(《赠李文伯》)
15	殷勤一杯酒,愧尔云间人。(《缑山置酒》) 殷勤一杯酒,遥酹瀔亭月。(《瀔水》)

序号	诗句与篇目
16	卖剑买牛真得计,腰金骑鹤恐非才。(《示崔雷诗社诸人》) 卖刀买犊未厌早,腰金骑鹤非所望。(《雪后招邻舍王赞子襄饮》)
17	铁笛不曾从二草,头巾久已挂三花。(《同希颜钦叔玉华谷还会善寺即事二首》) 铁笛不须从二草,头巾长拟挂三花。(《浣溪沙》"为爱刘郎")
18	剩着新诗记今夕,年年来醉半山亭。(《己亥十一月十三日雪晴夜半读书山东龛看月》) 剩着新诗记今夕,尊前四客一衰翁。(《与冯吕饮秋香亭》)
19	天随隐笠泽,杞菊供盘盂。击鲜日为具,大嚼皆屠沽。(《看山》) 击鲜为具非吾无好事者,天随杞菊年年新。(《送诗人秦略简夫归苏坟别业》) 击鲜日为具,和气动城郭。(《示程孙四首》)
20	白发刁骚一幅巾,丰年乡社乐闲身。(《送诗人秦略简夫归苏坟别业》) 何时万顷风烟里,白发刁骚一幅巾。(《竹溪梦游图》)
21	前日少年今白发,却来闲处看春忙。(《戊子正月晦日内乡西城游眺》) 前日少年今白发,只应孤塔记曾来。(《过邯郸四绝》)
22	青山坐终日,忘读案上书。(《看山》) 青山坐终日,无物寄幽怀。(《长寿新居三首》)
23	书空咄咄知谁解,击缶呜呜却自惊。(《镇平县斋感怀》) 书空咄咄知谁解,击缶呜呜颇自怜。(《送刘子东游》)
24	潭影乍从明处见,竹香偏向静中闻。(《石门》) 鱼乐定从濠上得,竹香偏向雨中闻。(《赵汲古南园》)

序号	诗句与篇目
25	蹇驴驼入醉乡去,袖中知有眉山春。(《送诗人秦略简夫归苏坟别业》) 都门回首一大笑,袖中知有江南春。(《赠答赵仁甫》)
26	湿薪烟满眼,破砚冰生髭。(《学东坡移居》) 湿薪烟满眼,破砚冰生须。(《送高信卿》)
27	无衣思南州,千里走单车。(《送高信卿》) 无衣思南州,伤哉非独今。(《九月初霖雨中感寒痹作》)
28	去国衣冠有今日,外家梨粟记当年。(《外家南寺》) 去国衣冠有今日,春风桃李是谁家。(《吕国材家醉饮》) 去国衣冠元易感,中年亲友更相关。(《东平送张圣与北行》)
29	相逢不尽平生意,耆旧风流有几人。(《赠张致远》) 两都秋色皆乔木,耆旧风流有几人。(《赠答乐大舜咨》)
30	溪光淡于冰,山骨净如玉。(《别李周卿三首》) 溪光冷于冰,山骨净如玉。(《唐子达扇头》)
31	老树婆娑三百尺,青衫还见读书孙。(《初挈家还读书山杂诗四首》) 耆旧风流知未减,青衫还见读书孙。(《梁氏先人手书》) 乔木未须论巨室,青衫今有读书孙。(《题商梦卿家晦道堂图二首》)
32	好着蹇驴驮我去,与君同醉杏园春。(《跋酒门限邵和卿醉归图》) 他日南归吾未老,与君同醉晋溪春。(《送崔梦臣北上》)
33	苍崖出泉悬素霓,翛然独立风吹衣。(《幽兰》) 并玉之麓草木腓,两崖出泉悬素霓。(《内翰冯公神道碑铭》)

续表

序号	诗句与篇目
34	今日复何日,南冠预庭趋。(《曲阜纪行十首》) 今日复何日,驶雨东南来。(《乙酉六月十一日雨》) 今日复何日,霜气倏已凄。(《九日读书山用陶诗露凄暄风息气清天旷明为韵赋十诗》)
35	无人说与天随子,春草输赢校几多。(《论诗三十首》) 世间正有明堂柱,春草输赢校几多。(《吴子贤樗庵二首》) 可惜客儿头上发,也随春草斗输赢。(《虚名》)
36	千年河岳控喉襟,一日神州见陆沉。(《洛阳》) 新亭相泣血沾襟,一日神州见陆沉。(《太简之画松风图为修端卿赋二首》)
37	云际虚瞻处士星,岂知谈笑已忘形。(《常仲明教授挽辞》) 云际虚瞻处士星,案头多负读书萤。(《过三乡望女几邨追怀溪南诗老辛敬之二首》)
38	老鹤千年见城郭,征君晚节傍风尘。(《赠张致远》) 已卜新居近泉石,不应晚节傍风尘。(《赵元德御史兄七秩之寿》) 梦寐烟霞卜四邻,争教晚节傍风尘。(《采菊图二首》)
39	画手休轻武元直,胸中谁比玉峥嵘。(《巢云曙雪图武元直笔明昌名士题咏》) 辽海东南天一柱,胸中谁比玉峥嵘。(《王子端内翰山水同屏山赋二首》)
40	烽火若教乡信断,砧声偏与客心期。(《永宁南原秋望》) 山气森岑入葛衣,砧声偏与客心期。(《僧寺阻雨》)
41	青衿昨日耳,齿发忽如兹。(《示侄孙伯》) 青衿昨日耳,素发而垂领。(《祁阳刘器之以墨竹得名……》)

续表

序号	诗句与篇目
42	阳平城边握君手,不似铜驼洛阳陌。(《送张君美往南中》) 西湖一雨春意浓,绝似铜驼洛阳陌。(《赠别孙德谦》)
43	车骑雍容一坐倾,并州人物未凋零。(《赠答雁门刘仲修》) 瀛洲人物早知名,车骑雍容一座倾。(《送端甫西行》)
44	衣冠正了浑闲在,一片灵台欲付渠。(《马云汉方镜背有飞鱼》) 鸢肩燕颔非吾事,一片灵台欲付君。(《赠訾子野高士三章》) 情知不是裴中令,一片灵台状亦难。(《赠写真田生三章》)
45	并州城边十月末,清霜棱棱风入骨。(《太原赠张彦远》) 清霜棱棱风入骨,残月耿耿灯映壁。(《孤剑咏》)
46	经营入惨淡,得处乃萧散。(《题张左丞家范宽秋山横幅》) 经营入惨淡,洒落出锋颖。(《岳祠斋宫夜宿》) 风云奔走十年兵,惨淡入经营。(《木兰花慢·游三台》) 意外荒寒下笔亲,经营惨淡似诗人。(《竹溪梦游图》) 共笑诗人太瘦生,谁从惨淡得经营。(《自题二首》)
47	青瑶迭甓通悬瓮,白玉双龙掣迅霆。(《晋溪》) 悬崖飞瀑骇初经,白玉双龙击迅霆。(《杂诗六首》)
48	知被钱郎笑寒乞,不将锦绣裹山川。(《台山杂咏十六首》) 袖里新诗一千首,不愁锦绣裹山川。(《杂诗六首》) 五百年间异人出,却将锦绣裹山川。(《王学士熊岳图》)
49	却被诗人笑寒乞,一枝风雪可怜生。(《题邢公达寒梅冻雀图》) 知被钱郎笑寒乞,不将锦绣裹山川。(《台山杂咏十六首》)
50	开时重约花前醉,试手东风第一篇。(《官园探梅同康显之赋》) 登临夙有故乡缘,试手清凉第一篇。(《台山杂咏十六首》)

序号	诗句与篇目
51	画出升平古意同,江村渺渺绿杨风。(《跨牛图》) 陂塘渺渺绿杨风,牛背升平万古同。(《风柳归牛图》)
52	义熙留在陶元亮,华表来归丁令威。(《怀安道中寄怀曹征君子玉》) 华表归来老令威,头皮留在姓名非。(《鹧鸪天》)
53	旧时逆旅黄粱饭,今日田家白板扉。(《鹧鸪天》) 祝君饱吃残年饭,会有邻墙白版扉。(《怀安道中寄怀曹征君子玉》)
54	金銮归来身散仙,世事悠悠白发边。(《太白独酌图》) 南渡崩奔,东屯留滞,世事悠悠白发边。(《沁园春·除夕二首》)
55	歌浩荡,墨淋浪,银钩缳袂满邻墙。(《鹧鸪天·孟津作》) 歌浩荡,酒淋浪,浮云身世两相忘。(《鹧鸪天》"总道狙公")
56	古今几度,生存华屋,零落山丘。(《念奴娇》"玄都观里") 怅华屋生存,丘山零落,事往人非。(《木兰花慢》"拥都六冠盖") 华屋生存,丘山零落,几换青青发。(《念奴娇》"云间太华")

限于统计时间和统计手段,表一统计或许还有少量遗漏,但已经较前人多出了许多。

至于潘德舆所说字句相类者,更是比比皆是,如用陈登百尺楼之典的诗句有:

> 元龙未除湖海气,李白岂是蓬蒿人。(《范宽秦川图》)
>
> 休将人物轻题品,湖海元龙也未豪。(《西山楼为王仲理赋二首》)
>
> 孤亭突兀插飞流,气压元龙百尺楼。(《横波亭》)
>
> 江山万古潮阳笔,合在元龙百尺楼。(《论诗三十首》)

豪气元龙百尺楼，功名场上早抽头。(《刘氏明远庵三首》)

粗疏潦倒今如此，楼上元龙莫笑人。(《寄希颜二首》)

楼上元龙先日豪，水落鱼龙失归宿。(《寄希颜二首》)

用同一成语的诗句也很多，如用"栖迟零落"一词的诗句有：

半世虚名不疗贫，栖迟零落百酸辛。(《阎商卿还山中》)

零落栖迟复此游，一尊聊得散羁愁。(《澹亭同麻知几赋》)

栖迟零落今如此，枉却星翁比少微。(《赠司天王子正二首》)

南朝辞臣北朝客，栖迟零落无颜色。(《送张君美往南中》)

离合兴亡遽如此，栖迟零落竟安之。(《卫州感事二首》)

千佛名经有几人，栖迟零落转情亲。(《送李同年德之归洛西二首》)

句式相同亦复不少。如以"只知"二字开头者有十二句之多：

只知见纸即涂抹，谁谓转腕能低昂。(《常山妷生四十月能搦管作字笔意开廓有成人之量喜为赋诗使洛诵之》)

只知江陵图籍尽，一火谁谓死草生。(《赠利州侯神童》)

只知天平六峰天下稀，此山东来亦闲在。(《赋邢州鹊山》)

只知龙山之神神更神，永安亦能撼诗人。(《李峪园亭看雨》)

只知环佩作离声，谁向琵琶得私语。(《芳华怨》)

只知河朔归铜马，又说台城堕纸鸢。(《壬辰十二月车驾东狩后即事五首》)

只知灞上真儿戏，谁谓神州遂陆沉。(《癸巳四月二十九日出京》)

只知终老归唐土，忽漫相看是楚囚。(《镇州与文举百一饮》)

只知杨秉余清节，争信谯玄有素风。(《中庸先生垂示先大夫教子诗及裴内翰择之所述家传爱仰不足情见乎辞》)

只知诗到苏黄尽，沧海横流却是谁。(《论诗三十首》)

只知河朔生灵尽，破屋疏烟却数家。(《癸巳五月三日北渡三首》)

只知大事因缘了，依旧云门望太平。(《出山像》)

以"今谁在"收尾的句子有：

并州豪杰今谁在，莫拟分军下井陉。(《壬辰十二月车驾东狩后即事五首》)

泰和遗老今谁在，向道甘棠有子孙。(《高平道中望陵川二首》)

旧家人物今谁在，清镜功名岁又残。(《东园晚眺》)

吴陈诸老今谁在，灭没归鸿是蓟门。(《超然王翁哀挽》)

贞元朝士今谁在，莫厌明窗百过看。(《雪谷早行图二章》)

当时笑伴今谁在，诗客凄凉饭颗山。(《留赠丹阳王炼师三章》)

字句相类、句式相似者，还有不少，因为不是本节讨论的重点，兹不备举。

（二）复句类型与题材倾向

如此众多相重复、相类似的诗句，在古代诗人中尚不多见。让人诧异的是，元好问这些一句两用、三用甚至四用的重复直到清代才引起注意，而且并未招致太多的反感和严厉的指责，并未动摇其大诗人的地位，说明其后果不算很严重，负面影响相对有限。这是为什么？应该与其复句的类型和题材倾向有关。

综观上文所列遗山复句，大致可以分为三种类型：名句重出型、佳句复出型、熟句重出型。

第一类名句重出型，指直接化用或改写前代诗人的名句。众所周知，到宋代化用前人诗句是诗人们司空见惯的手段，元好问自然不例外。与其他诗人不同的是，他有时重复化用前人的某一名句。上列遗山复句表中，有十一例为引用或改写前人名句，其中引用杜甫、苏轼各四例，曹植、高蟾、黄庭坚各一例，分别是：

杜甫《送孔巢父谢病归游江东兼呈李白》："诗卷长留天地间，钓竿欲拂珊瑚树。"①

杜甫《发秦州》："无食问乐土，无衣思南州。"②

杜甫《寄常征君》："白水青山空复春，征君晚节旁风尘。"③

杜甫《丹青引》："诏谓将军拂绢素，意匠惨淡经营中。"④

---

① 《杜甫集校注》卷一，第 1 册，第 98 页。
② 《杜甫集校注》卷三，第 2 册，第 484 页。
③ 《杜甫集校注》卷十五，第 6 册，第 2286 页。
④ 《杜甫集校注》卷四，第 2 册，第 660 页。

苏轼《江城子·密州出猎》:"老夫聊发少年狂。"①

苏轼《锦溪》:"楚人休笑沐猴冠,越俗徒夸翁子贤。五百年间异人出,尽将锦绣裹山川。"②

苏轼《次荆公四韵绝句》(其三):"劝我试求三亩宅,从公已觉十年迟。"③

苏轼《试院煎茶》:"不用撑肠拄腹文字五千卷,但愿一瓯常及睡足日高时。"④

曹植《箜篌引》:"生存华屋处,零落归山丘。"⑤

黄庭坚《读曹公传》:"两都秋色皆乔木,二祖恩波在细民。"⑥

高蟾《金陵晚望》:"世间无限丹青手,一片伤心画不成。"⑦

从中可以看出苏轼与杜甫对元好问影响最大。元好问化用上述诗句二至四次不等,是不是都沿用原诗的语言和诗意?

我们先来看他两首袭用杜诗"无衣思南州"的例子。一是送落魄文人高永(字信卿),"无衣思南州,千里走单车"⑧,上句仍是杜诗原意,切合高永自汴京赴南州(指内乡)谋生的背景;下句顺其自然,展望其奔波辛劳的旅途,二者浑然一体。二是《九月初霖

①《苏轼词编年校注》,上册,第147页。

②《苏轼诗集》卷十,第2册,第490—491页。

③《苏轼诗集》卷二四,第4册,第1252页。

④《苏轼诗集》卷八,第2册,第371页。

⑤《曹植集校注》卷三,下册,第585页。

⑥《黄庭坚诗集注·山谷外集诗注》卷七,第3册,第986页。

⑦《全唐诗》卷六六八,第20册,第7648页。

⑧《元好问诗编年校注》卷三《送高信卿》,第2册,第451页。

雨中感寒痹作》:"无衣思南州,伤哉非独今。"①金亡后,元好问在
冠氏县回首过去,怀念金亡前在内乡任县令的生活,感叹今不如
昔。可见上句与杜诗指向未来的原意有所不同。

　　下面再来看元好问对苏轼《锦溪》诗的三次化用。苏轼原诗
后两句是讥讽五代吴越国王钱镠以锦绣覆盖山林之举,元好问化
用时都不同程度地改变了原意。《台山杂咏十六首》(其一)曰:
"登临夙有故乡缘,试手清凉第一篇。知被钱郎笑寒乞,不将锦绣
裹山川。"②诗中以钱镠作反衬,自嘲只是一文人,不能以锦绣来
装点五台山。《杂诗六首道中作》(其六)曰:"乡关白日照青天,徒
步归来亦可怜。袖里新诗一千首,不愁锦绣裹山川。"③诗人相信
能创作出许多诗歌,来表现家乡的锦绣山川。这与苏诗原意相去
甚远。《王学士熊岳图》将苏诗改动一字,"五百年间异人出,却将
锦绣裹山川"④,用来形容著名诗人、画家王庭筠的《熊岳图》,变
贬义为褒义,称赞其山水画的表现能力。

　　从上面两种情况来看,无论是直接袭用成句,还是改写化用,
诗意并不是完全重复,常有一些新的变化,这样对语言重复的弊
端起到了一定的抑制作用。

　　第二类为佳句复出型,指元好问重复使用自己锤炼出来的精
工诗句。对得意的诗句,重复使用并非个别现象。唐代许浑诗句
重出,郎瑛分析其原因是"可意句遂不复改"⑤,晏殊的名句"无可

①《元好问诗编年校注》卷四,第2册,第783页。
②《元好问诗编年校注》卷五,第3册,第1434页。
③《元好问诗编年校注》卷四,第2册,第919页。
④《元好问诗编年校注》卷六,第4册,第1754页。
⑤郎瑛撰:《七修类稿》卷三六,上海书店出版社,2001年,第392页。

奈何花落去,似曾相识燕归来"重出于诗词中,其原因是"自爱其造语之工,故不嫌复用"①。在传播条件不太迅捷的年代,面对不同时间、地点和不同的对象,诗人们不惜重复使用自己好不容易写就的得意诗句,不仅可以理解,而且对当时的受众未必有多大不良影响。正大六年(1229)元好问任镇平县令期间,作《镇平县斋感怀》,以"书空咄咄知谁解,击缶呜呜却自惊"②一联来抒怀;晚年在家乡期间作《送刘子东游》,略作改动,"书空咄咄知谁解,击缶呜呜颇自怜"③,以此来摹写刘氏怀才不遇的身世感慨。刘氏其人未必知道元好问此前已写过此联,料想他读到此联后会照样击节称赞。再如正大四年(1227),元好问在《送高信卿》诗中以"湿薪烟满眼,破砚冰生须"④来形容高永的艰难生活,蒙古太宗七年(1235),又在《学东坡移居八首》(其六)中以"湿薪烟满眼,破砚冰生髭"⑤来形容自己的贫寒生活以及国亡史作的担当精神,两者未形成冲突。有些诗句指向性很强,只能适用于某个特定对象,元好问也重复使用。譬如其知己辛愿贫困好诗,诗学杜甫,元好问在正大初年所作《寄辛老子》中,称他"百钱卜肆成都市,万古诗坛子美家"⑥;二十年后,元好问经过三乡追怀去世十余年的辛愿,作《过三乡望女几村追怀溪南诗老辛敬之二首》,再次使用这两句。以上三例都有一个共同点,就是所重复的两首诗,一是自

---

① 永瑢等撰:《四库全书总目》卷一九八《珠玉词》,中华书局,1965 年,下册,第 1807 页。

② 《元好问诗编年校注》卷三,第 2 册,第 516 页。

③ 《元好问诗编年校注》卷五,第 3 册,第 1508 页。

④ 《元好问诗编年校注》卷三,第 2 册,第 451 页。

⑤ 《元好问诗编年校注》卷四,第 2 册,第 754 页。

⑥ 《元好问诗编年校注》卷二,第 1 册,第 272 页。

我抒怀,二是赠予他人,重复使用,当是元好问有意为之。因为指向不同,所以两者间一般不会形成简单、即时性的重复。这种有限重复,也会降低诗句重复的不良作用。

第三类熟句重出型,指用熟字成语组合而成的普通诗句。面对相似的语境,诗歌创作常有一种思维惯性,诗人们的一些习惯用语便趁机活跃起来,如果不严加防范,就很容易出现重复。如上文表中所列"殷勤一杯酒""击鲜日为具""今日复何日""青衿昨日耳""世事悠悠白发边""前日少年今白发"等等,当是元好问即兴拈来,未必是有意重复。这种熟句因为过于寻常,反而不太为人们所关注。如赵翼、潘德舆则没有指摘这类复句,但平易浅显诗句的重出强化了似曾相识的重沓感。

上述三类诗句重复,由于处理的方式各有不同,导致其重复的后果不太严重。除此之外,复句的题材也是其重复后果不太严重的另一因素。

从诗歌题材来看,元好问的复句多出于应酬类诗歌和写景题画类诗歌之中。从上文列表来看,将近一半的诗歌是酬答、赠别之作。如"耆旧风流有几人"重复出现在《赠张致远》和《赠答乐大舜咨》诗中,"和气春风四座倾"重复出现在《徐威卿相过,留二十许日,将往高唐,同李辅之赠别二首》和《别王使君丈从之》中,"车骑雍容一座倾"重复出现在《送端甫西行》和《赠答雁门刘仲修》中。他送秦略归"苏坟别业",有"袖中知有眉山春"[1],"眉山春"酒恰好呼应其"苏坟别业"的去向。当他赠别"江表奇士"赵复时,为呼应其身份,将"眉山春"易为"江南春"[2],可这仍然是诗句重

---

[1]《元好问诗编年校注》卷二《送诗人秦略简夫归苏坟别业》,第1册,第397页。
[2]《元好问诗编年校注》卷五《赠答赵仁甫》,第3册,第1109页。

复。写景题画类诗中也有一些复句，如"竹香偏向静中闻"复出于《石门》和《赵汲古南园》，"胸中谁比玉峥嵘"复出于《巢云曙雪图，武元直笔，明昌名士题咏》和《王子端内翰山水同屏山赋二首》，"白玉双龙掣迅霆"重见于《晋溪》和《杂诗六首》，仅有一字之差。应酬、写景类诗歌复句出现频率高，说明元好问对这类诗歌用心不够。在元好问的所有诗歌中，虽然应酬类、写景题画类诗歌数量不少，但并不是他最重要、最有代表性的题材。能代表其最高成就的丧乱诗，除了上引《俳体雪香亭杂咏十五首》等个别诗句之外，很少出现复句。这一方面说明那些泣天地动鬼神的丧乱诗，乃是其精心结撰而成；另一方面也说明遗山诗中多复句的现象，几乎未对其丧乱诗构成任何损害。

正因为此，遗山复句尽管是其白璧之累，但仍未伤及大局。

（三）诗多复句的原因

元好问诗多复句是个突出的现象，其原因何在？不外乎有内因与外因两个方面。

内因方面，首先是元好问个人才力因素。诗句重复本质上是诗人的创新力不足。元好问的门生故旧以及一些推崇者不仅多吹嘘之词，往往还讳言其短。如郝经称赞元好问的才华，几乎到了无以复加的地步："其笼罩宇宙之气，撼摇天地之笔，囚锁造化之才，穴洞古今之学，则又不可胜言。"①客观地说，元好问虽然是著名诗人，但如果与苏轼、陆游等人相比，其先天才力仍然存在较大距离。明清时期，陆续有人指出这一点。许学夷说："元裕之才

①《郝经集编年校笺》卷二一《祭遗山先生文》，下册，第566页。

力稍逊宋人，而怪恶鄙俗处则无。然不完纯者多，中亦有晦僻语……古诗及律句多用旧句。"①他已经将才力稍逊与多用旧句联系起来，多用旧句包括复句在内，是其才力稍逊的表现。赵翼说："元遗山才不甚大，书卷亦不甚多，较之苏、陆，自有大小之别。"②他指出遗山才气与知识两方面的欠缺。姚范从正面着眼，评论元好问："遗山才力微逊前人，而才与情称，气兼壮逸，兴会所诣，殊觉苍凉而酖至。"③相对于李白、杜甫、苏轼、陆游等大诗人而言，元好问的才力有所不足自是事实。才力不足会制约其创新能力。近人钱振锽说："遗山功力深，为后世摹古者所不及。惜天分不高，故新意绝少。其任意抄袭成句，尤为不自爱。"④此论有些苛刻，但其天分确与创新直接有关。同样是词语诗句重复，陆游能"以其才大思巧，善于泯迹藏拙"⑤，掩饰和化解一些诗句重复之病，逃过"复句最多"的恶名；元好问在一千四百余首诗中，则未能像陆游那样"泯迹藏拙"，将自己的缺陷暴露出来，成了"复句最多者"。

其次，检点不够是遗山诗多复句的另一主观原因。元好问早年曾为自己定下不少规矩，其中有"无为牙郎转贩"⑥之说，即不要像卖货郎那样搬弄、转贩一些陈词。晚年他告诫年轻人："文须

---

①《诗源辩体·后集纂要》卷一，第390页。

②《瓯北诗话校注》卷八，第329页。

③《援鹑堂笔记》卷四十，道光十五年刊本。《昭昧詹言》卷十二征引此语，误作"惜抱先生"所说（见该书第338页，人民文学出版社，1961年）。

④钱振锽撰：《谪星说诗》卷二，张寅彭主编：《民国诗话丛编》，上海书店出版社，2002年，第2册，第610页。

⑤《谈艺录（补订本）》，第127页。

⑥《元好问文编年校注》卷五《杨叔能小亨集引》，中册，第1025页。

字字作,亦要字字读。咀嚼有余味,百过良未足。"①可见,他具有严谨的创作认识。遗憾的是,他本人似乎并没有很好地做到这一点。他自己晚年承认,对早年的规矩"守之不固"②,导致他放松警惕,不避重复。随着其创作量的增多,他的复句更多地出现在晚年。以赵翼、潘德舆所举十四例三十六首诗歌为统计对象,据狄宝心《元好问诗编年校注》,除了《胡寿之待月轩三首》不能判断其写作年代之外,只有六首诗歌写于金亡之前,余下的二十九首都作于金亡之后。另如"两都秋色皆乔木""去国衣冠有今日""耆旧风流有几人""青衫还见读书孙""一日神州见陆沉""云际虚瞻处士星"等诗句都作于金亡之后。不仅在诗中,在其他体裁作品中也有重复。上文列表中第 17 例、第 54 例为诗与词的重复,第 33 例为诗与文重复,第 55 例、第 56 例是词中重复。遗山文中语言重复,也屡见不鲜。有些他认为重要的言论不惜再三复出。譬如,陆龟蒙《甫里先生传》有一段创作自述:"少攻歌诗,欲与造物者争柄,遇事辄变化不一,其体裁始则凌轹波涛,穿穴险固,囚锁怪异,破碎阵敌,卒造平淡而后已。"元好问喜欢这段言论,就在《校笠泽丛书后记》《逃空丝竹集引》《双溪集序》《陶然集诗序》中先后四次引用它。再如元好问认为"士之有立于世,必借国家教育、父兄渊源、师友讲习三者备然后可",此论最早出现于兴定二年(1218)所作的《张君墓志铭》,后来又陆续出现在《癸巳岁寄中书耶律公书》、《中州集》卷十《溪南诗老辛愿》和《鸠水集引》中。如此再三重复,足见他主观上并没有努力去克服这些语言重复。

　　客观上,元好问诗多复句也有一些外因。

①《元好问诗编年校注》卷五《与张仲杰郎中论文》,第 3 册,第 1346 页。
②《元好问文编年校注》卷五《杨叔能小亨集引》,中册,第 1025 页。

第一，元好问晚年文坛地位不断提升，"蔚为一代宗工，四方碑板铭志尽趋其门"，其应酬活动和应酬文字随之增多。与此同时，他的精力开始转移，"每以著作自任"①，编纂《中州集》《续夷坚志》《壬辰杂编》等书。面对一些应酬，不得不用一些常见的套话敷衍成篇，导致类似"得君重恨十年迟""青衫还见读书孙""一片灵台欲付君""车骑雍容一座倾"等赞美之词以及其他字句相类的诗句反复出现。

第二，唐代以后，诗歌体制、语言、意象、声律老化的趋势越来越严重，宋人千方百计加以对抗，做出了许多有益的探索，如化俗为雅、化熟为生、化腐朽为神奇、点铁成金之类，成效显著。面对诗歌语言老化的趋势，元好问也做出了积极努力。譬如七律，在杜甫、李商隐等人拗体七律之后，"元遗山又创一种，拗在第五六字"②；再如论诗绝句，元好问很好地将理论阐发与艺术表达结合起来，较好地发掘了论诗绝句的潜能③。但是，传统诗歌创新、开拓的空间越来越小。即以七律来说，宋人在七律上用力最多，与前人的重复、与自己的重复也最多，尤其中间两联，好对偶越来越难得，故而有了好对偶，就容易被重复。陆游与元好问皆未能例外。

综观上文，造成元好问诗句重复的最主要因素还是他主观上用心不足、检点不够，而这恰恰是可以避免的。元好问之后，古典诗歌持续发展，自我重复并没有泛滥成灾，没有成为致命的痼疾，很多后代诗人成功地避免了自我重复，原因亦在此。

---

①《郝经集编年校笺》卷三五《遗山先生墓铭》，下册，第 908 页。
②《瓯北诗话校注》卷八，第 334 页。
③参见拙著《宋金文学的交融与演进》，第 305—309 页。

三、元好问与论词绝句

近年来，论词绝句研究渐成热点，除了诸多研究清代论词绝句的论文之外，还有两部论词著作同年问世：一是孙克强、裴喆编著《论词绝句二千首》(南开大学出版社 2014 年版)，一是程郁缀、李静笺注《历代论词绝句笺注》(北京大学出版社 2014 年版)，反映出论词绝句研究方兴未艾之势。对于论词绝句的起源问题，前者从清初吴伟业《读陈其年邗江、白下新词四首》起，以为论词绝句起于清初，后者从元人元淮《读李易安文》起，认为论词绝句"当始于元明之世"①。其实，早在金代后期，就已经有了两首论词绝句：王中立《题裕之乐府后》和元好问《题山谷小艳诗》。这足以将论词绝句的发源时间提前到金代。这两首论词绝句之所以长期以来不太为人们所关注，是因为此后很长时间没有论词绝句，致使元好问研究者、山谷词及词学研究者重视不够，对其内涵缺乏必要的解读，对其发源与中断的背景不甚了了，故下文拟就此略加探讨。

---

① 程郁缀、李静著：《历代论词绝句笺注·前言》，北京大学出版社，2014 年，第 1 页。

（一）最早的论词绝句：王中立
《题裕之乐府后》

《中州集》卷九收录王中立《题裕之乐府后》：

> 常恨小山无后身，元郎乐府更清新。红裙婢子那能晓，
> 送与凌烟阁上人。①

面对该诗，有诸多疑问：该诗大概写作于何时？评价元好问什么词作？表达的主旨是什么？

我们先从作者生平谈起。王中立是个奇人，《中州集》卷九有小传，将之列为"异人"一类。据该传记，他字汤臣，岢岚（今山西岢岚）人。岢岚距忻州不远，他与元好问算是同乡。其人家庭富有，喜欢宾客，待客热情，自奉清淡。元好问曾从他学诗，王中立借评论秦观诗之际，告诫元好问不要作妇人语，后来元好问将其言改写为《论诗三十首》（其二十四）。根据该小传，"临终，预克死期，如言而逝。州将石伦葬之忻州，时年五十六"②。但《续夷坚志》卷一作"年四十九"。孰是孰非，没有确凿的证据。但赵秉文《水调歌头》（四明有狂客）词序称王中立为"拟栩仙人"，"仙人"之号，似更适合长寿者，所以怀疑王中立享年以五十六岁为宜。王庆生《金代文学家年谱》考证，王中立卒于贞祐年间（1213—1217）③，以卒于贞祐二年（1214）计，王中立当生于大定二年

---

① 《中州集校注》卷九，第 7 册，第 2421 页。
② 《中州集校注》卷九，第 7 册，第 2416 页。
③ 参见王庆生：《金代文学家年谱》，凤凰出版社，2005 年，下册，第 1151 页。

(1162)前后。

王中立何时写作《题裕之乐府后》？我们再来看看《中州集》卷九《拟栩先生王中立》中的一段话：

> 年四十丧妻，遂不更娶，亦不就举选，斋居一室，枯淡如衲僧，如是三、四年乃出，时人觉其谈吐高阔，诗笔字画皆超绝，若有物附之者。问之不言也。①

以王中立生于大定二年(1162)推算，泰和元年(1201)王中立四十岁，四年后为泰和五年。结束斋居之后，从他引起的巨大关注来看，他最可能的去处是太原。郝经《陵川集》卷三五《遗山先生墓铭》称他为"太原王汤臣"，太原或是他的居住地。

泰和五年，元好问又在哪里？巧合的是，这一年元好问十六岁，正好自忻州来太原，参加八月的府试，并写下他现存最早也是他的成名作《摸鱼儿》(恨人间情是何物)。其序曰：

> 乙丑岁赴试并州，道逢捕雁者云："今旦获一雁，杀之矣。其脱网者悲鸣不能去，竟自投于地而死。"予因买得之，葬之汾水之上，累石为识，号曰雁丘。时同行者多为赋诗，予亦有《雁丘辞》，旧所作无宫商，今改定之。②

从"同行者多为赋诗"来看，元好问此举及其词作在当时引起较大反响。王中立应该有所耳闻。元好问次年离开太原。他们的交往应该在泰和五年。王中立的《题裕之乐府后》极有可能写于该年，诗中称元好问为"元郎"，符合元好问十六岁的年龄。依此推论，这首诗歌是最早的论词绝句。题中的"裕之乐府"，应该就是

---

① 《中州集校注》卷九，第 7 册，第 2415 页。
② 《遗山乐府校注》卷一，第 53 页。

元好问的这首成名作《摸鱼儿》。可以说，是十六岁的新人元好问的新作催生了王中立的论词绝句。

王中立在诗中将元好问当成是"小山后身"，是因为《摸鱼儿》（恨人间情是何物）这首词作一往情深，缠绵真挚，可以比肩晏几道，但又与晏几道有所不同。黄庭坚说晏几道词："可谓狭邪之大雅，豪士之鼓吹。其合者《高唐》《洛神》之流，其下者岂减《桃叶》《团扇》哉！"①元好问《摸鱼儿》就殉情大雁而发，虽是言情之作，但与男女爱情有所区别，没有多少香艳脂粉气息。所以，王中立又说"元郎乐府更清新"。

王中立诗的后两句"红裙婢子那能晓，送与凌烟阁上人"，可能糅合了几个典故：一是韩愈《醉赠张秘书》嘲笑"长安众富儿，盘馔罗膻荤。不解文字饮，惟能醉红裙"②；二是宋人诗话中讽刺韩愈也有声色之好，"此老有二妓，号绛桃、柳枝"③；三是黄庭坚《小山集序》中的"裙裾之乐"④；四是唐太宗凌烟阁所画的二十四位开国功臣。王中立的意思是说，那些红裙婢子未必能理解元好问词的妙处，也不能仅仅将该词送给他，还要将该词送给官高位重之人，或许能得到他们的赏识吧！其中隐含了王中立对元好问前程的期望。

---

① 黄庭坚：《小山集序》，郑永晓整理：《黄庭坚全集辑校编年》，江西人民出版社，2008 年，上册，第 619 页。

② 韩愈著，钱仲联集释：《韩昌黎诗系年集释》卷四，上海古籍出版社，1994 年，上册，第 391 页。

③ 陈师道撰：《后山诗话》，《历代诗话》本，中华书局，1981 年，上册，第 304 页。

④《黄庭坚全集辑校编年》，上册，第 620 页。

（二）第二首论词绝句：元好问
《题山谷小艳诗》

元好问有一首独特的《题山谷小艳诗》：

　　法秀无端会热谩，笑谈真作劝淫看。只消一句修修利，李下何妨也整冠。①

这是词史上第二首论词绝句，写作时间不可考。题中的"小艳诗"是指黄庭坚的艳词。这首诗只是偶尔为学者们所引用，《唐宋词汇评》等书都没有收录②，倒是《万首论诗绝句》将之当成论诗绝句收入其中③。

　　这首诗最值得注意之处是对山谷艳词的回护。山谷词品复杂，"美恶杂陈"，其中最具争议性的话题是他的那些艳词。有些艳词粗俗鄙俚，甚至"亵诨不可名状"④，在当时就引起非议。黄庭坚在《小山集序》中坦言："余少时间作乐府，以使酒玩世，道人法秀独罪余以笔墨劝淫，于我法中当下犁舌之狱。"⑤黄庭坚引用法秀之语，并不是悔其少作，而是以晏几道词为陪衬，为自己的俗词辩护。法秀"以笔墨劝淫"一语，最终成了山谷词的标志性评价。山谷俗词一直饱受诟病，朱熹批评黄庭坚："艳词小诗，先已

----

①《元好问诗编年校注》卷六，第 4 册，第 1811 页。
②吴熊和主编：《唐宋词汇评》，浙江教育出版社，2004 年。
③《万首论诗绝句》，第 4 册，第 161 页。
④《四库全书总目》卷一九八，下册，第 1809 页。
⑤《黄庭坚全集辑校编年》，上册，第 619—620 页。

定以悦人，忠信孝弟之言不入矣。"①后来，很少有人为山谷俗词辩护。元好问则将山谷的那些艳词当成"笑谈"，当成"文字游戏"，将法秀"笔墨劝淫"说当成是空泛无稽的指责。在元好问看来，只要念念佛教"修修利"之类的咒语，就可以抵制山谷艳词的不良作用，就不妨李下整冠。元好问不但没有指责山谷艳词之过，反而认为可以轻松避开艳词表面之失，刘熙载《艺概》卷四谓："黄山谷词用意深至，自非小才所能办。惟故以生字俚语侮弄世俗，若为金、元曲家滥觞。"②莫非元好问也已看透其"侮弄世俗"的表面，领会到了山谷词的深意？

　　元好问对山谷艳词的理解与宽容，并非一时戏言。蒙古宪宗四年（1254），元好问作《新轩乐府引》，再次阐明了对山谷艳词的态度。元好问称赞张伯遒的《新轩乐府》，引起屋梁子的不满：

　　　　屋梁子不悦，曰："《麟角》《兰畹》《尊前》《花间》等集，传播里巷，子妇母女交口教授，淫言媟语深入骨髓，牢不可去，久而与之俱化。浮屠家谓笔墨劝淫，当下犁舌之狱。自知是巧，不知是业。"……予谓屋梁子言："子颇记谢东山对右军哀乐语乎？'年在桑榆，正赖丝竹陶写。但恐儿辈觉，损此欢乐趣耳！'东山似不应道此语。果使儿辈觉，老子乐趣遂少耶？"③

张伯遒字胜予（一作圣与、圣俞），东平（今山东东平）人，工乐府。元好问《云岩》诗序曰："圣与三世相家，以文章名海内，其才情风

①黎德靖编，王星贤点校：《朱子语类》卷一三○，中华书局，1986 年，第 8 册，第 3120 页。
②刘熙载撰：《艺概》卷四，上海古籍出版社，1978 年，第 108 页。
③《元好问文编年校注》卷六，下册，第 1386—1387 页。

调,不减前世贺东山、晏叔原。"①新轩乐府类似晏几道词,所以元
好问要为之辩护。上文中的笔墨劝淫之说,说的就是山谷词。按
照"屋梁子"的观点,就应该禁废包括元白体艳诗、花间词、山谷词
等等在内的俗词淫调,而元好问予以反驳,如果这些用来娱乐的
词作都废除了,那么如谢安所说的人生哀乐,还能靠什么来陶写
呢? 这就进一步肯定了历代艳词的存在意义。

在这篇文章中,元好问还直接评论山谷词:

> 坡以来,山谷、晁无咎、陈去非、辛幼安诸公,俱以歌词取
> 称。吟咏情性,留连光景,清壮顿挫,能起人妙思。亦有语意
> 拙直,不自缘饰,因病成妍者,皆自坡发之。②

元好问还将黄庭坚纳入从苏轼、晁补之到陈与义、辛弃疾这一词
人谱系中,称赞他们"能起人妙思"。这一评价很容易让我们联想
起黄庭坚《小山集序》对晏几道词的评价:"独嬉弄于乐府之余,而
寓以诗人之句法,清壮顿挫,能动摇人心。"③元好问用此语来评
价黄庭坚、晁补之诸人,唯独没有晏几道,是因为黄庭坚等人更适
合这一评语。只是山谷词的成就低于其他几位,受争议的程度却
高于他人,实在是他的那部分"著腔子唱好诗",符合元好问的词
学观,山谷词的地位因此在金末元初得以提升。

(三)论词绝句兴起与中断的背景

王中立、元好问的论词绝句,都写作于金末。为什么论词绝

---

①《元好问诗编年校注》卷五《云岩并序》,第 3 册,第 1218 页。
②《元好问文编年校注》卷六,下册,第 1384 页。
③《黄庭坚全集辑校编年》,上册,第 619 页。

句会在金末兴起？大概有两层背景。

第一，金末词学创作与评论渐趋活跃。金王朝发展百年，金初有代表性的吴蔡体，金代中期相对沉寂，金末元好问、李俊民、段克己、段成己等人积极参与词体创作，形成了金代词的末世高峰。除元好问编纂《遗山新乐府》《中州乐府》外，其他一些词人也编纂词集。不热心词体创作的王若虚却热心评论词，他的《滹南诗话》九十则中，有十七则词话，比例不算小。这些词话主要评论苏轼、黄庭坚和蔡松年三家词。对苏轼词，王若虚主要是反驳宋人的一些议论，以维护苏轼词的声誉；对黄庭坚词，是清一色的批评之论；对蔡松年，主要讨论其词句及魏道明注。最值得关注的是，他带着对黄庭坚与江西诗派诗歌的强烈反感态度，来评价山谷词，很难客观妥当。如他批评山谷词名作及其香艳词风：

> 苏黄各因玄真子《渔父词》增为长短句，而互相讥评。山谷又取船子和尚诗为《诉衷情》，而冷斋亦载之。予谓此皆为蛇画足耳，不作可也。①

> 山谷（诗）[词]云："新妇矶边眉黛愁，女儿浦口眼波秋。"自谓以山色水光替却玉肌花貌，真得渔父家风，东坡谓其太澜浪，可谓善谑。盖渔父身上，自不宜及此事也。②

黄庭坚将唐人张志和《渔歌子》、德诚《拨棹歌》改写为词，是一种自具意味的创作尝试，未尝不可，王若虚却认为此类改写都是画蛇添足，否定了以文为戏的创作方式和词体的娱乐功能。黄庭坚《浣溪沙》改写张志和《渔歌子》，开篇两句曰："新妇矶边眉黛愁，

---

① 《滹南遗老集校注》卷三九，第 466 页。
② 《滹南遗老集校注》卷三九，第 467 页。

女儿浦口眼波秋。"相对于他的那些俗艳之作而言,这类词作如他自许的那样,"以山色水光替却玉肌花貌";但就这首词而言,新妇矶、女儿浦却有意将山水拟人化、香艳化,是以玉肌花貌替代山光水色,所以苏轼调侃说"才出新妇矶,便入女儿浦,此渔父无乃太澜浪乎"。王若虚欣赏苏轼的"善谑",认为渔父身上不适合用这些香艳的词语,问题是,早在唐人顾况的《渔父引》中,就已经有了"新妇矶边月明,女儿浦口潮平"①之句,山谷沿用而来,有何不可?苏轼只是"善谑"而已,王若虚又何必如此较真?王若虚这类词话,会激起词坛的关注。尽管没有证据表明元好问的山谷词论是针对王若虚而发,但王若虚等人的词论,是元好问所熟知的背景。

第二,金末论诗绝句、题画绝句的日益兴盛。论诗绝句经唐至宋,一直发展缓慢,至金代中后期,有了大飞跃。特别是元好问的父亲元德明、兄长元好古、朋友赵元,王若虚的舅舅周昂等人的论诗绝句直接带动了元好问、王若虚等人的论诗绝句创作,形成论诗绝句史上的第一个高峰②。与论诗绝句相同,金代题画诗也逐渐增多,金代中期王寂有三十二首题画诗,金末赵秉文有五十八首题画诗,李俊民有四十三首题画诗,元好问的题画诗更是高达一百八十一首。其中大多是七言绝句,如元好问的题画诗中约有一百五十首七绝。这些题画论诗之作形成了浓厚的谈艺氛围,而元好问论词,"进一步借助于传统诗论,引入'言外'说、'滋味'说和'情性说'等理论"③,这有利于元好问以诗论词。

①张璋、黄畬编:《全唐五代词》卷一,上海古籍出版社,1986年,第56页。
②胡传志:《金代诗论辑存校注·前言》,人民文学出版社,2017年。
③赵维江:《金元词论稿》,中国社会科学出版社,2000年,第110页。

　　王中立和元好问的两首论词绝句问世之后，很长时间没有嗣响，直到元末才有元淮（1356年前后在世）的《读李易安文》。明代的论词绝句亦寥寥无几。论词绝句缘何中断？应该与以下两个因素相关。

　　一是元代论诗风气消退。相对于宋代诗话而言，元代诗话数量大减，质量大跌。就论诗绝句而言，元代不仅远不及宋代，也逊于金代。以《万首论诗绝句》为例，该书收录金代论诗绝句六十三首，收录元代论诗绝句仅为三十九首。元代在金之后，文献更容易传世，元代时间跨度长于金代，地域更是空前广阔，论诗绝句居然少于金代，可见元代论诗风气多么萧条！影响所及，自然没有多少人再热衷于更加边缘化的论词绝句了。

　　二是"词衰于元"的现实。无论是相对于宋明词还是相对于元曲而言，"词衰于元"都是深入人心的判断。如陈廷焯说："元词日就衰靡，愈趋愈下。"①"诗衰于宋，词衰于元。"②况周颐也说："词衰于元，当时名人词论，即亦未臻上乘。"③尽管有学者提出不同意见，但很难推翻这一事实。在词体创作衰落之际，论词之作也极少。《词话丛编》仅勉强收录了两种"词话"：吴师道《吴礼部词话》一卷（仅七则）和陆辅之《词旨》一卷。在这种词学大背景下，论词绝句的中断也就不难理解了。

---

①陈廷焯著，杜维沫校点：《白雨斋词话》卷三，人民文学出版社，1981年，第55页。

②《白雨斋词话》卷八，第221页。

③况周颐撰：《蕙风词话》卷二，唐圭璋编：《词话丛编》，中华书局，1986年，第5册，第4444页。

四、遗山词的隐性传播

元好问词似乎比诗歌的名气更大,当时即广为传播,普受欢迎。他的《摸鱼儿》(恨人间情是何物)甫一问世,就引起李治、杨果的唱和与前辈王中立的夸赞,此后传诵不衰,达到了家喻户晓的程度。有的词如《摸鱼儿》(问楼桑故居无处)被刻于石碑,石本流传至今;有的词如《秋色横空》为他的门生白朴等人所称引;更多的词为后代选本所选录,为词话家所津津乐道。这些都是人所共知的常规路数。在元好问词的传播过程中,还有埋没不显的隐性传播,至少有两个有趣的特例。

(一)元代古墓中的遗山词

2012 年 11 月,在山西忻州忻府区兰村乡南呼延村发现一座元代古墓,墓室为六角形砖墓,在东南墓壁"积玉斋"下题有一首元好问的《临江仙》(今古北邙山下路),在西南壁"乐安堂"下又题写一首"声寄元遗山《鹧鸪天》"词。这位墓主生前该是多么痴迷遗山词,死后还要以遗山词相伴啊!《忻州日报》2012 年 12 月 15 日及时刊发忻州文管处副处长李培林的文章《元代古墓惊现遗山词》(以下简称李文),对古墓位置、形制、随葬品、壁画、题词等做了描述,并进行初步的考证。后来,这座墓室的壁画和题词被揭

了下来，藏于山西博物院。上海书画出版社《书与画》杂志 2018
年第 2 期刊发上海博物馆金靖之女士的解读文章《山西博物院藏
金元时期墓葬壁画赏析》（以下简称金文），其中对南呼延村元墓
又做了一些分析。由于李、金二位都是文物工作者，不是元好问
研究专家，对墓中有关元好问词的探讨还有未尽之处。他们的文
章或发表于地方媒体，或发表于书画艺术类期刊，未能引起文学
研究者的充分注意。文学研究者未能及时跟进，导致还存在一些
未解之谜。

　　第一个未解之谜是墓葬时间。根据上述二文可知，墓主姓
孟，他的儿子孟彦仔、孟彦卿、孟彦隆及其媳妇、女儿等亲人在离
家一里路的地方买了块一亩半的土地，修建坟茔——题记中称作
"外宅"。西南墓壁原本题写了具体时间，是"大元岁次乙卯年戊
辰月癸酉日"，只是其中"乙卯"有些模糊，又似"己卯"。李文在释
读时用"乙卯（己卯）"来表示，说明存在不确定之处。究竟孰是孰
非？考验着文物工作者的知识和能力。李文从干支纪年纪月法
入手，查阅陈垣《二十史朔闰表》，认为"在金、元两代，乙卯年、戊
辰月在一起只有 1255 年"，因此判断该墓的准确时间是蒙古宪宗
五年二月。李文的用力方向正确，遗憾的是，未能得出正确的结
论。作者已认识到这一时间确定存在一大不合理之处，那就是蒙
古统治者在至元八年（1271）才正式打出"大元"的旗号。对此，他
猜测忻州等北方地区可能早在十六年前就已经用"大元"来纪年
了。猜测可谓大胆，可惜没有旁证。笔者经过核查，发现他在查
阅《二十史朔闰表》时犯了一个技术性错误，将乙卯年二月"戊辰"
朔当成了纪月干支"戊辰"月了。根据干支纪月法，十二地支固定
对应十二个月，再用年天干与地支相配，只有年天干为甲、己的年
头才会有戊辰月。这样一来，乙卯年压根就没有戊辰月（三月），

因此,乙卯年一定是己卯年之误。金靖之可能没有读过李文,未加考辨,直接将乙卯年识读成己卯年。元代有两个己卯年:一是元世祖至元十六年(1279),一是元惠宗至元五年(1339)。金文认为"声寄元遗山《鹧鸪天》"词中"无穷名利无穷苦,有限光阴有限身"出自张养浩〔中吕〕《喜春来》,张善夫词一定在张养浩(1270—1329)之后,所以判断己卯年为元惠宗至元五年。此论较为可取,只是不能绝对,张养浩那两句是否就一定是他的原创? 也未可知。从目前文献来看,两个己卯年都能说通,后者更合理一些。如果是元世祖至元十六年,那么,三月朔为戊辰,癸酉为六日;如果是元惠宗至元五年,那么,三月庚申朔,癸酉日是十四日。

第二个未解之谜是"声寄元遗山《鹧鸪天》"词的作者以及词作的内涵。作者署名"兰里晚学张善夫拙笔",兰里,据李文,在今天忻州市忻府区兰村乡。"晚学",李文认为是相对于元好问而言,这是基于该墓建于蒙古宪宗五年的认识,当时元好问还在世,李文进而认为该词反映了忻州文人雅士与元好问的友谊与诗文交往。其实"晚学"云云,是相对于墓主孟某而言。张善夫生平不可考,明代《词林摘艳》中收录一位张善夫的《月中花》小令四首,只是这位张善夫是南曲作家,当是另外一人。"声寄元遗山《鹧鸪天》"的意思是用元好问《鹧鸪天》的词韵,写作一首和韵之作。先看张善夫的词:

> 十日花开十日红,花开不见百年人。无穷名利无穷苦,有限光阴有限身。　花满厅,醉盈樽。太平箫鼓焱乎民。醉而复醒醒而醉,只恐来朝古终新。

人无千日好,花无百日红,元代就有了这两句古话。墓主大概是位花痴兼遗山迷,特别喜爱牡丹,墓室正北壁"绘有一盆含苞待放

的牡丹，郁郁葱葱，欣欣向荣。东北壁额枋题'金玉满堂'，下面是
一盆盛开的红色牡丹。西北壁额枋题'福山寿海'，下面同样是盆
富贵、圆满的红牡丹"（金文）。所以，这首词开头两句"十日花开
十日红，花开不见百年人"就不再是简单的好花不长开、好景不长
在，而是具体指墓主情所独钟的牡丹。牡丹纵然富贵艳丽，但再
也见不到他这位已经百老之人了。反过来就是说，墓主再也不能
欣赏他痴迷的牡丹花了，只能画上三盆牡丹花永远陪伴他。人生
短暂，名缰利琐，种种苦恼相逼，三四两句分别用两个"无穷"、两
个"有限"形成句内回环，强化了人生苦恼之无穷，光阴之有限；上
下句"无穷"与"有限"又构成强烈的对比，透彻地写出了人生终有
一死的无奈。这两句即使不是张善夫的原创，化用得也如同己
出，自然妥帖。正因为人生苦短，所以下片主张伴着太平箫鼓，对
着满屋鲜花，尽情饮酒，及时行乐，说不定一觉醒来，明天就会作
古。"醉而复醒醒而醉"化用元好问《鹧鸪天》（只近浮名不近情）
中"醒复醉，醉还醒。灵均憔悴可怜生"①之句，全词在安慰逝者
的同时，又警醒生者，珍爱生命，比较切合题墓诗主题，说明张善
夫具有较高的文学水平。

　　第三个未解之谜，张善夫此词所依之韵是元好问哪首词作？
《鹧鸪天》是元好问最喜欢的词牌，现存词作多达五十一首。张善
夫词所用词韵为十一真，检索元好问《鹧鸪天》，其中有三首真字
韵词，首句分别是"着意朝云复暮云""煮酒青梅入坐新""彩舞萱
衣喜气新"，核诸内容，相对接近的是下面这首"效东坡体"：

　　　　煮酒青梅入坐新。姚家池馆宋家邻。楼中燕子能留客，

────────────

①《遗山乐府校注》卷三，第 401 页。

陌上杨花也笑人。　　梁苑月,洛阳尘。少年难得是闲身。
殷勤昨夜三更雨,剩醉东城一日春。①

"姚家池馆"指洛阳姚氏牡丹,与张词"花开"以及墓中牡丹图画相
关。"梁苑月"三句写人生劳碌风尘,与张词"无穷名利无穷苦"相
似;但元词清新美好,轻快自得,格调与张词迥异。也许张善夫只
是和韵不和意,借此致敬乡贤元遗山?

孟氏墓室中还题写了元好问《临江仙》词,也应该出自张善夫
之手:

今古北邙山下路,黄尘老尽英雄。人生长恨水长东。幽
怀谁共语,远目送归鸿。　　盖世功名将底用,从前错怨天
公。浩歌一曲酒千钟。男儿行处是,未要论穷通。②

元词词牌下有自注:"自洛阳往孟津道中作。"据此可知,该词作于
金宣宗元光二年(1223)。北邙山在洛阳城北,是历代王公显贵埋
葬之地,所谓"北邙山上列坟茔,万古千秋对洛城"(沈佺期《邙
山》)。元好问行经此地,自然引发其人生思考。盖世功名的英雄
也难逃一死,人生如此虚幻,就该纵酒高歌,不论穷通得失。元好
问词抒写出人们的共同心声,张善夫将之题写在墓内,应该也寄
寓着他本人乃至墓主的人生感慨,并且能给墓主家人一些宽慰。

张善夫的两首题墓壁之词,都与元好问相关,这至少说明他
以及墓主家人都熟悉并喜爱这位乡贤词作,都认可元好问词能告
慰亡灵。这时元好问已经去世八十多年,他的这两首普通词作在
家乡居然还有这样忠实的拥趸,还能用于丧葬、题于墓穴,应该是

①《遗山乐府校注》卷三,第369页。
②《遗山乐府校注》卷二,第282页。

元好问始料未及的。

（二）《喻世明言》中的遗山词

冯梦龙《喻世明言》卷十一《赵伯升茶肆遇仁宗》写北宋成都书生赵旭赴汴京参加科举考试，出发时，"拜别了二亲，遂携琴、剑、书箱，带一仆人，径望东京进发。有亲友一行人，送出南门之外，赵旭口占一词，名曰《江神子》"，其词如下：

> 旗亭谁唱渭城诗？两相思，怯罗衣。野渡舟横，杨柳析残枝。怕见苍山千万里，人去远，草烟迷。　　芙蓉秋露洗胭脂，断风凄，晚霜微。剑悬秋水，离别惨虹霓。剩有青衫千点泪，何日里，滴休时。①

这首词并非话本作者的原创，而是袭用遗山词。笔者遍检宁宗一、洛保生、陶曦钟、易仲伦、唐松波、杨惠文、徐金庭、杨宏杰诸家《喻世明言》注释本，无一注明该词的依托对象。唐圭璋《全宋词》据之收录，归为"元明小说话本中依托宋人词"，较为严谨，但唐先生也没有识破他的把戏。该词实际上是对元好问《江城子·观别》的改写。元词云：

> 旗亭谁唱渭城诗。酒盈卮，两相思。万古垂杨，都是折残枝。旧见青山青似染，缘底事，澹无姿。　　情缘不到木肠儿，鬓成丝，更须辞。只恨芙蓉，秋露洗胭脂。为问世间离别泪，何日是，滴休时。②

---

① 冯梦龙编著，陈熙中校注：《喻世明言》卷十一，中华书局，2014年，第163页。
② 《遗山乐府校注》卷二，第229页。

二词小半文字相同,首尾完全相同。元词本事可考,据《遗山乐府校注》,该词作于卫绍王大安二年(1210)。元好问在途中目睹少年崔振之与他相爱的红袖佳人深情"泣别",将之写成这样一首话别的爱情心曲。赵旭是向亲友道别,元词中"情缘不到木肠儿"这种痴情话已经不适合众亲友,所以必须偷梁换柱,有所改造。尽管如此,赵词盗用遗山词的面目,一经对比,就昭然若揭。

赵旭到达京城后,自信满满,与朋友在茶馆喝茶闲聊,夸口"足蹑云梯,手攀仙桂,姓名已在登科内"。考试果然优异,拔得头筹。放榜前,主考官依例要将前三名的试卷呈给宋仁宗御览,宋仁宗称赞赵文写得好,同时指出一个错字,赵旭将"唯"的左偏旁"口"写成"厶"。宋仁宗召见赵旭,赵旭不愿承认错字,辩称"此字皆可通用",因为在民间俗字中"口"与"厶"确实存在混用的情况,但他忘记了一点,就是在严肃的科考答卷中,忌用俗字。他应对失当,引发龙颜不悦,后果很严重。宋仁宗当即写下"去吉、吕台"等八个含"口"与"厶"偏旁的字,让他解释其中的"口"与"厶"如何通用。赵旭语塞,羞愧难当,铩羽而归,流落街头,长吁短叹,在茶馆先题四句诗,尚不解闷,"又作词一首,名《浣溪沙》",道:

> 秋气天寒万叶飘,蛩声唧唧夜无聊。夕阳人影卧平桥。
> 菊近秋来都烂熳,从他霜后更萧条。夜来风雨似今朝。①

这首词看似一气呵成,秋叶飘零、形单影只、秋虫低吟等形象地写出了赵旭的失意落寞之情,但它同样被《全宋词》当作"元明小说话本中依托宋人词",同样源自对遗山词的改写,而改写的幅度更小,盗窃的胆子更大。且看他抄袭的原本:

_____

① 《喻世明言》卷十一,第 166 页。

> 秋气尖寒酒易消,秋怀无酒更无聊。夕阳人影卧平桥。
>
> 菊就雨前都烂熳,柳丛霜罢便萧条。夜来风色似今朝。①

两词文字大多相同。元词写秋日寂寥,无酒排遣,但并不悲伤难过。赵词为切合茶馆饮茶的场景,将遗山词的"酒"字悉数换下,却露出破绽。"蛩声唧唧夜无聊,夕阳人影卧平桥",用虫鸣来增强夜间孤苦,却忘记上句夜晚下句夕阳的时间错乱。末句将元词的"风色"点窜为"风雨",更是败笔,风雨既与今朝天寒不合,又与夕阳、霜后不协,可见改作者并不高明,常常顾此失彼。

紧接着上词,赵旭"思忆家乡,功名不就,展转不寐,起来独坐,又作《小重山》词一首",道:

> 独坐清灯夜不眠。寸肠千万缕,两相牵。鸳鸯秋雨傍池莲。分飞苦,红泪晚风前。　回首雁翩翩,写来思寄去,远如天。安排心事待明年,愁难持,泪滴满青毡。②

这首看起来无限凄苦的词,也袭自元好问。元好问《小重山》原作如下:

> 酒冷灯青夜不眠。寸肠千万缕,两相牵。鸳鸯秋雨半池莲。分飞苦,红泪晓风前。　天远雁翩翩,雁来人北去,远如天。安排心事待明年,无情月,看待几时圆。③

元词抒写青年男女的缠绵思情,"两相牵""鸳鸯""池莲""红泪""月圆"都是常见的爱情词意象;赵旭信手拿来,用以形容他的思

---

① 《遗山乐府校注》卷五,第 676 页。
② 《喻世明言》卷十一,第 166 页。
③ 《遗山乐府校注》卷二,第 322 页。

乡之情,做了少许改易,如结句"愁难持,泪滴满青毡"已经没有了爱情意味,比较切合赵旭落第失意的心情。可是,"鸳鸯秋雨傍池莲,分飞苦,红泪晚风前"三句只是将元词的"晓风"改为"晚风",这一改动无关宏旨,而鸳鸯、池莲、红泪这些女性味浓、香艳色重的意象只字未动,就不符合他在茶馆思乡的情境了。

一年后,宋仁宗梦见一金甲神人,乘坐一辆太平车,上载九轮红日,解梦者称那是"旭"字,可能是个地名或者人名。赵旭因此时来运转。宋仁宗与苗太监乔装成秀才,身着白衣,进入茶馆,想寻找梦中那个名叫旭的人。"忽见白壁之上,有词二只,句语清佳,字画精壮,后写'锦里秀才赵旭作'。"他们料想这位成都赵旭就是梦中金甲神人,没有想到赵旭如此大言不惭、堂而皇之地在遗山词后署上自己的姓名。仁宗还以为他志向高远,文才卓异,对他大加赏识,任命他为四川制置使。在小说中,赵旭剽窃元好问的两首"句语清佳"的词作,成了他才华的象征,成了他命运转机的关键文案,真是窃钩者诛,窃词者官,世道竟然如此荒谬! 客观地说,元好问这几首词并不是他的代表作,话本作者的改动,有点简单,甚至有点笨拙,未能给元词添彩,纵然这样,仍然是这篇话本小说中的亮点,由此也可见遗山词整体水平之高。

其实,赵旭所借用的元好问三首词作,两首是爱情词,一首是悲秋词,与赵旭告别父亲亲友、落第失意的经历相去甚远,话本作者为何还要让北宋人赵旭穿越到一二百年后的金末,对遗山词上下其手、再三做贼呢? 原因不外乎两个:一是这三首词并不知名,盗窃后不易失手。事实证明,不仅蒙过了那么多元明话本研究专家,还瞒过了编纂过《全宋词》和《全金元词》的词学家唐圭璋先生,可见隐藏之深、隐藏之久;二是这篇话本作者一定非常熟悉、非常喜欢遗山词,不管遗山词是否合适,都顺手拿来,归到赵旭名下。话本作者应该不是苏州人冯梦龙,因为冯梦龙其他著述中不曾关注遗山词,其作者很可能是类似张善夫那样喜欢元好问的元代北方下层文人。

　　从元好问词的传播来看,上述两个特例对扩大元好问词的影响没有多大实质性作用。忻州孟氏墓穴中的遗山词以及张善夫的和韵之作,一直深埋于地下,不为人所知,六七百年后才重见天日,其影响主要局限于建墓前后少数乡亲以及近几年来少数文物工作者。《喻世明言》虽然发行量巨大,版本众多,读者无数,但没人知道《赵伯升茶肆遇仁宗》中那三首词原作者是元好问,所以几乎没有产生任何影响。对张善夫和《赵伯升茶肆遇仁宗》作者这样的底层文人而言,遗山词不仅充实了他们的精神世界,提高了他们的文化水平,还能转化为应用文章,或满足他人的需求,用以题写墓穴,告慰亡灵和后人,或借以抒发自己的坎壈失意。这也是遗山词的一桩功德。在元好问作品传播史中,一定还存在类似未被发现的其他隐性传播,在这种隐性传播背后,存在着遗山词未被揭示的文化意义。

　　总之,元好问词这两个传播特例具有补正《全宋词》《全金元词》和《喻世明言》注本的文献价值,能够丰富人们对传播史多样性的认识,提示人们应该适当关注探究未知的隐秘领域。

五、元好问的序跋文

元好问散文研究相对冷清，其中的序跋文更是少有问津者①。原因大概是其散文成就不及诗歌。清人李祖陶编纂《元遗山文选》一书，却有以下一番高论：

> 先生诸序，皆如行云流水，无意结构，而雅淡之气，自在行间，其格又在元、明诸公之上。②

另一位清人陆烜专门编纂《遗山题跋》一书，内有如下惊人之论：

> 遗山使生于宋，当与少游、文潜并驾齐驱，以媲苏、黄，犹齐、楚之于邾、莒矣，乃其题跋颇不相让，盖小品易工也。③

陆烜对元好问的总体评价不算很高，认为元好问远不及苏轼、黄庭坚，只相当于北宋的秦观、张耒，但是他却特别标举元好问的题跋不亚于苏、黄。且不论李祖陶、陆烜的观点能得到多少人的认可，但足以提醒我们重新审视长期受冷落的遗山序跋。

相对于其他文体而言，序跋文最核心的文体特点是"叙作者

---

① 有著作对元好问《陶然集序》《杨叔能小亨集序》等文予以介绍，参见李真瑜等人撰《中国散文通史》(宋金元卷)，安徽教育出版社，2013年。

② 李祖陶：《元遗山文选》卷七，转引自《元好问资料汇编》，第279页。

③ 陆烜编：《遗山题跋跋》，《丛书集成初编》，中华书局，1983年。

之意"①,"序典籍之所以作"②。经过魏晋至唐宋的不断拓展,序跋文已经演变为集叙事、说明、议论为一体的开放性文体,赋予作者很大的灵活度,能够充分发挥作者的才华。元好问现存各类序跋文章近五十篇,体现出不同的个性以及不同的写作技巧。

(一)守正出新的自序

元好问一生著述众多,除其诗文集之外,可以考知的有:《锦机》(佚)、《诗文自警》(佚)、《杜诗学》(佚)、《东坡诗雅目录》(佚)、《东坡乐府集选》(佚)、《遗山新乐府》、《南冠录》(佚)、《中州集》、《壬辰杂编》(佚)、《元氏集验方》(佚)、《续夷坚志》(残)等。据宋无《续夷坚志跋》,《续夷坚志》原有自序③,现已不存。现存的自序有以下八篇:《锦机引》《杜诗学引》《东坡诗雅引》《东坡乐府集选引》《遗山自题乐府引》《南冠录引》《中州集序》《元氏集验方序》。

上述序跋大体可以分为基本型、扩展型、特色型三类。

所谓基本型,就是具备序跋的最基本要求,如交代著述缘起、叙述作者用意,普遍中规中矩。如元好问最早的自序《锦机引》:

> 文章,天下之难事,其法度杂见于百家之书,学者不遍考之,则无以知古人之渊源。予初学属文,敏之兄为予言如此。兴定丁丑,闲居氾南,始集前人议论为一编,以便观览。盖就李嗣荣、卫昌叔家前有书而录之,故未备也。山谷与黄直方

①《史通·序例》,第 75 页。

②王应麟:《玉海》卷二百四《辞学指南》,《文渊阁四库全书》,上海古籍出版社,2003 年。

③宋无:《续夷坚志跋》,《续夷坚志》,第 98 页。

书云：欲作《楚辞》，须熟读《楚辞》，观古人用意曲折处，然后下笔。喻如世之巧女，文绣妙一世，诚欲织锦，必得锦机，乃能成锦。因以"锦机"名之。十一月日，河东元某自题。①

该文写作于兴定元年（1217），虽然不足二百字，却层次清晰，依次交代了编纂动机、编纂过程以及书名由来，内容完整，可谓要言不烦。类似的还有《元氏集验方序》：

予家旧所藏多医书，往往出于先世手泽。丧乱以来，宝惜固护，与身存亡，故卷帙独存。壬寅冬，闲居州里，因录予所亲验者为一编，目之曰《集验方》。付摶、拊辈，使传之。且告之曰："吾元氏由靖康迄今，父祖昆弟仕宦南北者，又且百年。官无一廛之寄，而室乏百金之业，其所得者，此数十方而已，可不贵哉！"十二月吉日，书于读书山之东龛。②

这篇写作于蒙古乃马真后元年（1242）的序文，交代医方由来、编纂缘起、编纂目的，同样简明扼要。对其医方的灵验程度、治疗效果、患者病例等等一概略而不谈。

以上两种著述，一是辑录他人谈诗论艺之语，一是辑录先世流传下来的医方。如果说这类相对单纯、篇幅不大的著述，还比较适合三言两语的自序，那么比较复杂、篇幅较大的《中州集》，其自序又该如何？且看《中州集序》：

商右司平叔衡尝手抄《国朝百家诗略》，云是魏邢州元道道明所集，平叔为附益之者。然独其家有之，而世未之知也。岁壬辰，予掾东曹。冯内翰子骏延登、刘邓州光甫祖谦约予

①《元好问文编年校注》卷一，上册，第4页。
②《元好问文编年校注》卷五，中册，第665—666页。

　　为此集。时京师方受围,危急存亡之际,不暇及也。明年滞
　　留聊城,杜门深居,颇以翰墨为事。冯、刘之言,日往来于心。
　　亦念百余年以来,诗人为多,苦心之士,积日力之久,故其诗
　　往往可传。兵火散亡,计所存者才什一耳。不总萃之,则将
　　遂湮灭而无闻,为可惜也。乃记忆前辈及交游诸人之诗,随
　　即录之。会平叔之子孟卿携其先公手抄本来东平,因得合予
　　所录者为一编,目曰《中州集》。嗣有所得,当以甲乙次第之。
　　十月二十有二日,河东人元好问裕之引。①

天兴二年(1233),元好问被羁管于聊城。元好问荟萃金人诗歌,
在大体完成前七卷时,写下了这篇序言。这时,他理应有诸多感
慨,理应对一代诗歌加以评论。但这篇序言最主要的内容是交代
《中州集》的编纂过程,包括四个阶段:商衡与魏道明所编的《国朝
百家诗略》;冯延登、刘祖谦等人约元好问编纂此书而未果;聊城
期间元好问编纂“前辈及交游诸人之诗”;元好问将自己所编内容
与《国朝百家诗略》合并为《中州集》。在交代编纂过程中,也寄寓
“百余年以来,诗人为多”等少许感慨。元好问行文为何如此简
省?最主要的原因,是当时《中州集》尚未完成,十多年后完成时,
他才写下意蕴丰富的《自题中州集五首》,与该序文相呼应。

　　在基本型序跋之上,有些序跋在“叙作者之意”之外,还包括
其他相关内容,我们姑且将之称为扩展型。

　　早在正大二年(1225),元好问就将杜甫传记、杜甫年谱、唐代
以来有关杜诗评论资料、其父元德明以及其他金代文人论杜之言
汇编成《杜诗学》一书,类似“杜甫研究资料汇编”。从结构上来

──────────
①《元好问文编年校注》卷四,上册,第318—319页。

看,《杜诗学引》的最后一段是该文最基本的内容:

> 乙酉之夏,自京师还,闲居嵩山,因录先君子所教与闻之师友之间者为一书,名曰《杜诗学》,子美之传志、年谱及唐以来论子美者在焉。候儿子辈可与言,当以告之,而不敢以示人也。六月十一日,河南元某引。①

简洁明了,却不是该文的主体内容。该文的核心是元好问的杜诗学见解,包括三段:第一段评论杜诗注本:

> 杜诗注,六七十家,发明隐奥,不可谓无功,至于凿空架虚,旁引曲证,鳞杂米盐,反为芜累者亦多矣。要之,蜀人赵次公作《证误》,所得颇多。托名于东坡者为最妄。非托名者之过,传之者过也。②

面对此前六七十种杜诗注本,截断众流,高度概括,敢下断语,推崇赵次公的《杜诗先后解》,否定所谓苏注杜诗。第二段正面评价杜诗,篇幅最长,也最为精妙:

> 窃尝谓子美之妙,释氏所谓"学至于无学"者耳。今观其诗,如元气淋漓,随物赋形;如三江五湖,合而为海,浩浩瀚瀚,无有涯涘;如祥光庆云,千变万化,不可名状。固学者之所以动心而骇目。及读之熟,求之深,含咀之久,则九经、百氏、古人之精华所以膏润其笔端者,犹可仿佛其余韵也。夫金屑、丹砂、芝、术、参、桂,识者例能指名之。至于合而为剂,其君臣佐使之互用,甘苦酸咸之相入,有不可复以金屑、丹

---

① 《元好问文编年校注》卷一,上册,第92页。
② 《元好问文编年校注》卷一,上册,第91页。

砂、芝、术、参、桂而名之者矣。故谓杜诗为无一字无来处亦可也，谓不从古人中来亦可也。前人论子美用故事，有着盐水中之喻，固善矣。但未知九方皋之相马，得天机于灭没存亡之间，物色牝牡，人所共知者为可略耳。①

元好问杜诗学的中心观点是"学至于无学"，如何阐释这个有些玄虚的见解？他首先连用"元气淋漓""三江五湖""祥光庆云"等三个比喻，以四言排比短句蝉联而下，来形容杜诗的随物赋形、千变万化，不可名状，再用各种药材合成的药剂来形容熔铸"九经、百氏古人之精华"的杜诗，恰如其分，再参之以水中着盐、九方皋相马，这样就很好地将其杜诗学理论呈现出来。第三段引用其父元德明论杜诗之语，反对烦琐注释，认为黄庭坚最懂得杜诗。总之，在《杜诗学引》中，元好问用很大篇幅来发表自己的观点，扩展了序跋的内容。

正大六年(1229)所作的《东坡诗雅引》，也可以纳入扩展型序中。原文很短，兹引于下：

五言以来，六朝之谢、陶，唐之陈子昂、韦应物、柳子厚最为近风雅，自余多以杂体为之，诗之亡久矣。杂体愈备，则去风雅愈远，其理然也。近世苏子瞻绝爱陶、柳二家，极其诗之所至，诚亦陶、柳之亚，然评者尚以其能似陶、柳，而不能不为风俗所移为可恨耳。夫诗至于子瞻，而且有不能近古之恨，后人无所望矣！乃作《东坡诗雅目录》一篇。正大己丑，河南元某书于内乡刘邓州光父之东斋。②

---

① 《元好问文编年校注》卷一，上册，第91页。
② 《元好问文编年校注》卷二，上册，第180页。

元好问梳理五言诗以来的风雅传统,认为苏轼受到不良风俗的影响,写下一些杂体,导致其诗违背风雅,因此他要编纂一本符合风雅精神的东坡诗选目录。这固然是序跋的基本写法,仍然是"序典籍之所以作",但其重点是元好问的风雅观及苏诗观。如果删除"乃作《东坡诗雅目录》"数语,仍然能独立成篇,谁还知道是篇目录序呢?

　　元好问自序中,最别具一格的是他的《遗山自题乐府引》,姑且称之为特色型。在羁管聊城期间,元好问将自己的词汇编成书,如何写篇自序? 通常的写法,应该是介绍自己的创作生涯、创作体会、编纂过程、自我评价之类,但是这篇序文完全逸出常轨,以"世所传乐府多矣"一句开篇,跳过欧、晏、苏、秦诸家,直接引用黄庭坚《浣溪沙》(新妇滩头眉黛愁)下片三句、陈与义《临江仙·夜登小阁忆洛中旧游》二首,然后称赞道:

> 如此等类,诗家谓之言外句。含咀之久,不传之妙,隐然眉睫间,惟具眼者乃能赏之。古有之:人莫不饮食,鲜能知味。譬之赢牸老豭,千煮百炼,椒桂之香逆于人鼻,然一吮之后,败絮满口,或厌而吐之矣。必若金头大鹅,盐养之再宿,使一老奚知火候者烹之,肤黄肪白,愈嚼而味愈出,乃可言其隽永耳。①

元好问借机发表他重视言外之味的词学观,以饮食为喻,用了"赢牸老豭""金头大鹅"两个极端代表性事例,从正反两个方面形容败味与隽永的对立差异,两个比喻都来自日常生活体验,特别是金头大鹅的描述,如见其色,如闻其香,简直让人"口津津地涎出"。开头这一段只字不提他本人的词作,单独来看,与他的《遗

---

① 《元好问文编年校注》卷四,上册,第 336 页。

山新乐府》几乎没有关系，实际上是间接表明自己的追求。接下去的一段，更加别致有味：

> 岁甲午，予所录《遗山新乐府》成，客有谓予者云："子故言宋人诗大概不及唐，而乐府歌词过之，此论殊然。乐府以来，东坡为第一，以后便到辛稼轩，此论亦然。东坡、稼轩即不论，且问遗山得意时，自视秦、晁、贺、晏诸人为何如？"予大笑，拊客背云："那知许事，且啖蛤蜊。"客亦笑而去。十月五日，太原元好问裕之题。①

在序跋的末尾，元好问才交代自己编成一部新词集，其核心是如何评价自己的词作。元好问的高妙之处在于，不做正面评价，假托子虚乌有的"客"之口，通过对话，由"客"让元好问在苏、辛与秦、晁、贺、晏两个序列中，确定自己的地位，孰知元好问大笑起来，化用《南史·王融传》中沈昭略所云"不知许事，且食蛤蜊"②，既轻松避开问题，又意在言外，让人回味。因为元好问既不愿意与秦、晁、贺、晏为伍，又不便公然以苏、辛后来者自居，由此足以见得元好问行文之洒脱活络。

　　无论哪种类型的自序，元好问几乎都没有自我评价、自我吹嘘的成分，体现了元好问谦虚、严谨的写作态度。

（二）因人而异的他序

　　随着元好问晚年地位的提高，应邀为他人著作作序越来

----

① 《元好问文编年校注》卷四，上册，第336—337页。
② 李延寿撰：《南史》卷二一《王融传》，中华书局，1975年，第2册，第576页。

多。现存主要有以下十八篇:《陆氏通鉴详节序》《集诸家通鉴节要序》《十七史蒙求序》《如庵诗文序》《琴辨引》《双溪集序》《鸠水集引》《杨叔能小亨集引》《新轩乐府引》《逃空丝竹集引》《张仲经诗集序》《陶然集诗序》《木庵诗集序》《太原昭禅师语录引》《嵒和尚颂序》《伤寒会要引》《李氏脾胃论序》《周氏卫生方序》等,广泛涉及文学、史学、佛学、医学等领域。

他序与自序的重要区别在于,不仅要叙作者之意,还要为作者代言,宣传、褒扬作者之用心,称赞著述之优长。其中,叙作者之意,可以通过自己的交往、阅读或者作者及其后人的介绍而获得,并非难事,而如何称赞著述、如何扬长避短、如何把握分寸则非易事。元好问根据不同的对象,采取不同的写作策略,撰写不同的序文。

对于前辈名家的著述,元好问不吝笔墨,往往予以正面美言。

金亡之际,元好问结识有"国医"之名的李杲(1180—1251),与之交往六年之久。李杲是脾胃学说的创始人,擅长治疗伤寒、气疸、眼目病,元好问先后为他写下《伤寒会要引》《李氏脾胃论序》两篇序文。在《伤寒会要引》中,元好问先简要交代与李杲的交往经历,概括介绍李杲的为人、医术,称赞其书"见证得药,见药识证,以类相从,指掌皆在"[1],然后不惮其烦地用了近千字的篇幅,罗列七个具体病例,以见证其高明医术。在《李氏脾胃论序》中,元好问称赞其书"上发二书之微,下袪千载之惑。此书果行,壬辰药祸当无从而作"[2]。另一位国手是金末琴师苗秀实(字彦

---

①《元好问文编年校注》卷四,上册,第 425 页。
②《元好问文编年校注》卷五,中册,第 1019 页。

实),"善于琴事,为当今第一"①,卒于壬辰(1232)之难,遗有四十余种琴谱,其子苗兰将之编纂成书,耶律楚材为之作序②。苗秀实生前还"选古人所传操、弄百余篇有古意者,纂集之",其子苗君瑞(疑即苗兰)请元好问之为作序,"且以卜当传与否"。宪宗七年(1257),元好问怀着崇敬的心情,为之作《琴辨引》。该文第一部分将苗秀实的学琴、应举、放弃科举及待诏翰林的生平经历与金熙宗、金世宗、金显宗、金章宗时期琴乐发展结合起来;第二部分与苗君瑞讨论琴乐是否值得编次流传等问题,元好问引用司空图"四海之广,岂无赏音"等语③,予以肯定。清人李祖陶高度评价此文:"散序总收,板序活收,语不迫切,而意已独至。是深于琴事者。此等文格,惟东坡先生有之。"④

完颜璹(1172—1232)是金王朝贵族,一代名流,号如庵居士,封密国公、胙国公。他热爱汉文化,精通《资治通鉴》,喜爱收藏品鉴字画,喜欢与汉族士大夫交游,他的书法、绘画、诗词创作都秀出同侪,取得了很高的成就。元好问与他有所交往,非常敬重他。宪宗七年,也就是元好问去世这一年,六十八岁的元好问以"门下士"的身份,恭恭敬敬、饱含深情地写下了《如庵诗文序》。在序文中,元好问从其身世写到其遭受猜忌、"无所事事,止于奉朝请而已"的际遇以及其雅好收藏、品鉴"法书名画"、明辨历史"善恶是非,得失成败"等等,最后写到金亡之际,完颜璹主动请求出质蒙

①《湛然居士文集》卷八《苗彦实琴谱序》,第183页。

②《湛然居士文集》卷十一有《爱栖岩弹琴声法二绝》《冬夜弹琴,颇有所得,乱道拙语三十韵,以遗犹子兰》《弹广陵散终日而成,因赋诗五十韵》等诗称赞苗秀实的琴艺(第240—242页)。

③《元好问文编年校注》卷六,下册,第1481—1484页。

④《元遗山文选》卷七,转引自《元好问资料汇编》,第279页。

古之事,直至其感疾而终。元好问将传记手法用之于序文中,使得该文成为比《中州集》卷五《密国公璹》还要完整的完颜璹传,体现出他对完颜璹其人以及他所代表的"承平时王家故态"的深切怀念。至于完颜璹的《如庵小稿》五卷,并不是文章的重点。元好问在叙述其遭际时,曾称引两首七言绝句,后来又引用四句词,在元好问看来,诗词只是完颜璹的业余爱好,他由衷地感叹:"使公得时行所学,以文武之材,当颙面正朝之任,长辔远驭,何必减古人?顾与槁项黄馘之士,争一日之长于笔砚间哉?朝家疏近族而倚疏属,其敝乃至于此,可为浩叹也!"①清人李祖陶评论此文曰:"以熟于《资治通鉴》之贤王,而使之袖手蒿目,不与一事,其国安得不亡!此序以传体行之,闲闲写来,真令人欲歌欲泣。"②

对于同辈诗友的著述,元好问的序又是另一风貌。

有的诗集序几乎全部谈诗。如《逃空丝竹集引》特别纯粹:

> 南渡后,李长源七言律诗,清壮顿挫,能动摇人心,高处往往不减唐人。麻知几七言长韵,天随子所谓"陵轹波涛,穿穴险固,囚锁怪异,破碎阵敌"者,皆略有之。然长源失在无穰茹,知几病在少持择,诗家亦以此为恨。仲梁材地有余,而持择功夫胜,其余或亦有不逮二子者。绝长补短,大概一流人也。今二子亡矣。仲梁气锐而笔健,业专而心精,极他日所至,当于古人中求之,不特如退之之于李元宾也。河东人元某书。③

---

①《元好问文编年校注》卷六《如庵诗文序》,下册,第 1488 页。
②《元遗山文选》卷七,转引自《元好问资料汇编》,第 279 页。
③《元好问文编年校注》卷七,下册,第 1522 页。

文中只字不提《逃空丝竹集》作者杜仁杰(1198—1277?)的生平，先用极简要的语言，概括李汾、麻九畴二人诗歌的得失，并以他们作为评论杜仁杰的参照对象，认为他们互有长短，称赞杜仁杰"气锐而笔健，业专而心精"，可望取得优异的成就。文中对杜仁杰称赞之词并不多，而且有"绝长补短""极他日所至"之类的前提条件，说明元好问在这类多溢美之辞的序文中，也不轻易滥用浮词虚语。

　　有的序文在称颂诗友的同时，大谈自己的诗歌见解。金末诗人杨鹏执着于诗歌创作，是位"死生于诗"、献身于诗歌写作的诗人。他视元好问为知己，"每作诗，必以示予，相去千余里，亦以见寄"。元好问为其《陶然集》作序，首先介绍其创作历程，肯定"其立之之卓，钻之之坚，得之之难，积之之多"，其次用了很大篇幅为杨鹏诗歌辩护。有人指责杨鹏诗歌"追琢功夫太过"，元好问通过对自然成文、雕琢成文、不烦绳削而自合等三种诗歌创作状态的分析，认为诗歌发展到杜甫之后，"果以诗为专门之学，求追配古人，欲不死生于诗，其可已乎？"也就是说，后人写作诗歌，不可能排除追琢功夫。最后得出结论："以吾飞卿立之之卓，钻之之坚，得之之难，异时霜降水落，自见涯涘。吾见其溯石楼，历雪堂，问津斜川之上，万虑洗然，深入空寂，荡元气于笔端，寄妙理于言外，彼悠悠者，可复以昔之隐几者见待耶？"①这篇《陶然集诗序》，对杨鹏其人其诗用墨并不多，其主要内容是有关诗歌是否要有"追琢功夫"的讨论。

　　另一篇《杨叔能小亨集引》更是游离于所序对象。该文为其朋友杨弘道(1187—1270)《小亨集》而作，仅第一部分紧扣其人其

①《元好问文编年校注》卷六《陶然集诗序》，下册，第1147—1151页。

诗,谈贞祐南渡后的诗学走向,在众人无所适从的情况下,杨弘道
与辛愿等人率先"以唐人为指归",其诗赢得赵秉文、杨云翼等前
辈的"啧啧称叹",因而名重天下。其后,他游走四方,潦倒落魄,
无论如何,"以诗为业者不变也,其以唐人为指归者,亦不变也"。
第二部分就离开所序对象,借杨弘道"以唐人为指归"为由头,用
几百字的篇幅,大谈元好问自己的"以诚为本"说。在他看来,唐
诗之所以值得效仿,那是因为:"唐人之诗,其知本乎!"第三部分,
元好问又征引自己早年用来"自警"的若干条规,完全脱离了所序
对象。好在元好问能用一些照应性的文字,不时将所序对象绾合
起来,如在引用"学诗自警"条文之后,承认自己"守之不固,竟为
有志者之所先",再由"有志者"自然过渡杨弘道:"今日读所谓《小
亨集》者,只以增愧汗耳!"在这篇序文中,真正关于杨弘道其人其
书的内容不足三分之一,三分之二以上内容都是元好问个人的诗
学见解,所以在文末他让杨弘道之子杨复转告其父:"归而语乃
翁,吾老矣,自为瓠壶之日久矣,非夫子亦何以发予之狂言?"①他
为自己这种非常规写法找到了托辞。

　　元好问其他几篇为诗友所作的序文,各有侧重。《张仲经诗
集序》在简要介绍张澄的"出处之大略"之后,引用他十余首诗歌,
列举十多首诗歌的题目,以见出其"落笔不凡""传在人口"的好
评②。《木庵诗集序》为诗僧性英禅师诗集而作,针对诗僧的特殊
性,首先讨论僧诗评价的标准问题,主张不能以有无"蔬笋气"来
评判僧诗高下,然后转入正题,赞赏其幽雅脱俗的生活、纯熟的写

---

①《元好问文编年校注》卷五,中册,第 1020—1025 页。
②《元好问文编年校注》卷六,下册,第 1389—1391 页。

作技艺、"于蔬笋中别为无味之味"①。

　　为这些熟悉的前辈或同辈诗友著述写序,易于下笔,也易于生发;而为那些交往不多,甚至没有交往,也未必长于诗文的官员撰写序言,则要困难得多。既不能得罪所序对象,又不能一意吹捧,如何撰写这类序言,最需要技巧。

　　宪宗三年(1253),郑梦开为宋子贞编纂《鸠水集》,请元好问为之作序。宋子贞(1186—1266)字周臣,潞州长子(今山西长治)人。金末,宋将彭义斌守大名,辟为安抚司计议官,后率众投奔东平行台严实。蒙古破汴梁,子贞赈灾,全活万余人。入元,历翰林学士、参议中书省事、中书平章政事。《元史》有传。元好问与他有所交往,有《宋周臣生子》等诗。在《鸠水集引》中,元好问首先强调"父兄渊源、师友讲习、国家教养"对于人才成长的重要性,然后叙述宋子贞的生平梗概,称赞其干才,在东平幕府期间,"不动声气,酬酢台务皆迎刃而解"。而对于其诗文,元好问不做评价,大概其诗文无甚称道之处,所以他说:"他日人读《鸠水集》,或以文人之文求之,渠特襁褓子耳!非吾心相科中人也。"②告诫他人不要以"文人之文"来看待其文,否则就是不晓事理的"襁褓子"!

　　元好问写作《鸠水集引》时,宋子贞还未大贵,较少顾虑。但给耶律楚材之子耶律铸早年的《双溪小集》作序,则完全不同。一方面,元好问为耶律楚材之父耶律履(1221—1285)等人撰写神道碑,已经招致一些谤伤;另一方面,耶律铸当时已领中书省事,年方二十三四岁,正所谓"青云贵公子",如此年轻,其诗远未成熟。

---

①《元好问文编年校注》卷五,中册,第 1086—1088 页。
②《元好问文编年校注》卷六,下册,第 1326—1327 页。

耶律铸门下宾客为了取悦他，为他编纂《双溪小稿》，张显卿、赵昌龄等人出面邀请元好问作序。元好问自然难以推托，但如何撰写？耶律铸其人无须介绍，其诗也不宜过高评价。元好问不得不另辟蹊径。全文采用对话的形式，表达自己对诗歌的认识，认为写诗难于写文，尤其在唐宋之后，诗歌创作更是难上加难，必须靠天分。耶律铸正是这样一位有天分的贵介子弟，不需要刻苦努力就能写出过人的诗歌；然后，转述燕中两诗人吕鲲、赵著称赞耶律铸诗似李贺、李商隐之类的恭维话。最后，元好问托张显卿、赵昌龄转告耶律铸：

> 朝议以四世五公待阁下，天下大夫士以太平宰辅望阁下。李文饶《一品集》，郑亚有序；《陆宣公奏议》，苏东坡有《札子》；大书特书而屡书之，韩笔有例。子欲我叙《双溪小集》而遂已乎？①

这才是元好问本人的态度。他一方面借"朝议""天下士大夫"之名义，期望耶律铸在政治上能有更大作为，能像唐相李德裕、陆贽那样，那时自己就像郑亚、苏轼一样，再为他的文集写序；另一方面，不赞成他将过多的精力用于诗歌写作上，也不希望人们以诗人的标准来要求他。如此一来，既化解了不当溢美陷于谄媚的风险，又呈现出轻松活泼的文风，可谓匠心独运。

　　总之，元好问的序文因所序对象不同而有所变化。无论是他尊敬的前辈，还是密切的朋友、贵介子弟，他都能较好地把握称赞对方的尺度。

---

① 《元好问文编年校注》卷五《双溪集序》，中册，第 816 页。

（三）简劲有味的题跋

题跋与序引相似，并称序跋，但二者又有些区别。序引在书前，题跋在书后，正如明人徐师曾《文体明辨序说》所说："按题跋者，简编之后语也。凡经传子史诗文图书之类，前有序引，后有后序，可谓尽矣。其后览者，或因人之请求，或因感而有得，则复撰词以缀于末简，而总谓之题跋"①。《元好问全集（增订本）》卷四十收录"题跋"十九篇，加上具有题跋性质的《校笠泽丛书后记》，正好二十篇。

在元好问的题跋中，仅有《校笠泽丛书后记》一文为自己校补《笠泽丛书》所作。该文具有补充说明的意义。第一段交代校补经过。元好问藏有两种《笠泽丛书》，互有异同，多年前就有合二为一的设想，却拖了八年之久，最后在"一旦暮"之间完成，他不由得感叹："呜呼，学之不自力如此哉！惜一日之功为积年之负，不独此一事也。此学之所以不至欤？"第二段评价陆龟蒙其人其诗文，批评他"多愤激之辞而少敦厚之义"，"标置太高，分别太甚，镂刻太苦，讥骂太过"，欣赏其"始则陵轹波涛，穿穴险固，囚锁怪异，破碎阵敌，卒之造平淡而后已"的创作取向②，体现了他的文学批评观。

元好问其他十九篇题跋都是题写他人的作品，其中书画类题跋多达十四篇。众所周知，元好问不以书法知名，但并不意味着他不

---

① 徐师曾著，罗根泽点校：《文体名辨序说》（与吴讷著、于北山点校《文章辨体序说》合刊），人民文学出版社，1962年，第136页。
② 《元好问文编年校注》卷四，上册，第328页。

喜欢书法,不擅长鉴赏书法。如《赵闲闲书拟和韦苏州诗跋》:

> 闲闲公以正大九年五月十二日下世,此卷最为暮年书,故能备钟、张诸体,于屋漏雨、锥画沙之外,另有一种风气,令人爱之而不厌也。百年以来,诗人多学坡、谷,能拟韦苏州、王右丞者,唯公一人。唯真识者乃能赏之耳。后廿二年三月五日门生元好问敬览。①

他品评他的座师、著名书法家赵秉文的晚年墨迹,指出晚年书法的特点,同时就其所书韦应物诗,揭示金代诗坛风习,言简意丰。

最能体现元好问杰出书法鉴赏力和语言表达能力的是下面这篇《跋国朝名公书》:

> 任南麓书如老法家断狱,网密文峻,不免严而少恩。使之治京兆,亦当不在赵、张、三王之下。黄山书如深山道人,草衣木食,不可以衣冠礼乐束缚。远而望之,知其为风尘表物。黄华书如东晋名流,往往以风流自命,如封胡羯末,犹有蕴藉可观。闲闲公书,如本色头陀,学至无学,横说竖说,无非般若。百年以来,以书名者,多不愧古人。宇文太学叔通、王礼部无竞、蔡丞相伯坚父子、吴深州彦高、高待制子文,耳目所接见,行辈相后先,为一时。任南麓、赵黄山、赵礼部、庞都运才卿、史集贤季宏、王都勾清卿、许司谏道真,为一时。庞、许且置,若党承旨正书、八分,闲闲以为百年以来无与比者,篆字则李阳冰以后一人,郭忠恕、徐常侍不论。今卷中诸公书皆备,而竹溪独见遗。正如邺中宾客,应、刘、徐、阮皆天下之选,使坐无陈思王,则亦不得不为西园清夜惜也。岁甲

---

① 《元好问文编年校注》卷六,下册,第1376页。

午三月二十有三日书。①

此文为元好问散文名篇,入选《元文类》《文章辨体汇选》等书。如果说,单独评论一个书法家的作品相对容易的话,那么评论众多书法家,必须具有很强的辨别力,才能辨识出各自的特点,并形诸文字。元好问先历评任询、赵沨、王庭筠、赵秉文的书法,分别用了四个不同的比喻,然后列举金代前期和中后期代表性书家,最独特之处在于,元好问发现所题"国朝名公书"中居然缺少大书法家党怀英,而党怀英的书法成就在很多人之上。元好问用了个比喻,形容这一缺憾,就像建安时期应玚、刘桢、徐干、阮瑀等一干名流雅集,尽管都是天下之选,但缺少更优秀的陈思王曹植,西园清夜因此失色。这一比喻化用曹植《公燕诗》"清夜游西园,飞盖相追随"之语,新颖恰切,后被魏初《藁城尹关君哀挽诗序》所引用②。

　　元好问题跋中有少量诗文题跋,各有侧重。东阿进士张仲可编纂《东阿乡贤记》,记载张万公、高霖、侯挚等人事迹,元好问《跋张仲可东阿乡贤记》突出他们"风节凛凛"③等品节,体现出徐师曾所谓"褒善贬恶,立法垂戒"④的思想倾向。《跋东坡和渊明饮酒诗后》就东坡和陶是否似陶这一焦点发表其见解:

> 东坡和陶,气象只是坡诗。如云"三杯洗战国,一斗消强秦",渊明决不能办此。独恨"空杯亦尝持"之句,与论"无弦琴"者自相矛盾。别一诗云:"二子真我客,不醉亦陶然。"此

①《元好问文编年校注》卷四,上册,第 324 页。
②魏初:《藁城尹关尹哀挽诗序》,《全元文》,第 8 册,第 452 页。
③《元好问文编年校注》卷六,下册,第 1473—1474 页。
④《文体明辨序说》,第 136 页。

为佳。丙辰秋八月十二日题。①

他举出东坡和陶不似陶的例证,指出东坡"偶得酒中趣,空杯亦尝持"与"无弦则无琴,何必劳抚玩"相矛盾,足见东坡与陶渊明仍隔一间。

徐师曾《文体明辨序说》称跋与序的区别还在于,跋"专以简劲为主"②。上引跋文,除《校笠泽丛书后记》之外,都具有"简劲"的特点。元好问的跋文,长者如《跋张仲可东阿乡贤记》不过四百字,短者不过数十字,如:

> 次公字画,端愿而靖深,类其为人。小坡笔意稍纵放,然终不能改家法。"杞国节士"八大字,某不能识其妙处,故不敢妄论。甲寅闰月十有七日,同觉师大中清凉僧舍敬览。
>
> 　　　　　　　　　　——《题苏氏父子墨帖》③
>
> 苏黄翰墨,片言只字,皆未名之宝。百不为多,一不为少,尚计少作耶!
>
> 　　　　　　　　　　——《跋苏黄帖》④

在简劲之外,还别具一番韵味。"'杞国节士'八大字,某不能识其妙处"与"少作"云云都启人想象,也许是其欠佳处。上文所引《赵闲闲书拟和韦苏州诗跋》"唯真识者乃能赏之"以及《跋国朝名公书》的末尾比喻,都意味深长。

---

①《元好问文编年校注》卷六,下册,第 1446 页。

②《文体明辨序说》,第 136 页。

③《元好问文编年校注》卷六,下册,第 1377—1378 页。

④《元好问文编年校注》卷七,下册,第 1577 页。

　　总体来看，元好问序跋文的数量固然与苏轼、黄庭坚、陆游等宋人相距甚远，但在金代文人中，仍然名列第一。王寂的《拙轩集》仅存四篇序跋文，金末文坛大家赵秉文的序跋文亦不足四十篇，著名文人王若虚《慵夫集》失传，现存《滹南遗老集》仅存两篇序文，无题跋。与苏、黄、陆等人不同的是，元好问处于改朝换代的剧烈动荡之际，处于女真政权向蒙古政权过渡这一特殊时期，且不论其序跋文的质量是否如陆烜所说的那样不让苏、黄，但应该能与许多名家散文相颉颃，至少可以肯定地说，在金末元初无人能出其右。这些序跋文不仅有助于确立他在"金元之际，屹然为文章大宗"①的独特地位，还对抢救和建构濒危的金代文化，对在北方民族政权下传承、弘扬中华文化、推动民族融合具有积极的意义，因此，我们理应予以重视。

---

①《四库全书总目》卷一六六，下册，第 1421 页。

六、治病记佚文考

笔者在梳理元好问与名医李杲的交往经历时，意外发现元好问一篇佚文，记载其罹患脑疽及就治过程。原文失题，姑拟作《戊申治疽记》。该文有助于考查元好问的生平及金元医学，故先录原文，再作相关考证。原文如下：

戊申岁，以饮酒太过，脉候沉数，九月十七日至真定，脑之下，项之上，出小疮，不痛不痒，谓是白疮，漫不加省，是夜宿睡善甫家，二日后，觉微痛，见国医李公明之，不之问，凡三见之，终不以为言。又二日，脑项麻木，肿势外散，热毒焮发，且闻此府刘帅者，近以脑疽物故，便疑之。三日间，痛大作，夜不复得寐。二十二日，请镇之疡医，遂处五香连翘。明日再往，又请同门一医共视之，云："此疽也，然而不可速疗，十八日得脓，俟脓出，用药或砭刺，三月乃可平，四月如故。"

予记医经，凡疮见脓，九死一生，果如二子言，则当有束手待毙之悔矣！乃诣姨兄韩参谋彦俊家，请明之诊视。明之见疮，谈笑如平时，且谓予言："疮固恶，子当恃我，无忧恐耳。膏粱之变，不当投五香，五香已无及。且疽已八日，当先用火攻之策，然后用药。"午后以大艾炷如枣核许者攻之，至百壮，乃觉痛。次为处方，云："是足太阳膀胱之经，其病逆，当反治。脉中得弦紧，按之洪大而数，又且有力，必当伏其所主，而先其所因，其始则同，其终则异，可使破积，可使溃坚，可使气和，可使必已。必先岁气，无伐天和。以时言之，可收不可汗，经与病禁下，法当结者散之，咸以软之，然寒受邪而禁咸。诸苦寒为君为用，甘寒为佐，酒热为因，用为使。以辛温和血，大辛以解结为臣。三辛三甘，益元气而和血脉；淡渗以导酒湿，扶持秋冬，以益气泻火。以入本经之药和血，且为引用。既以通经，以为主用。君以黄芩、黄连、黄蘗、生地黄、知母，酒制之；本经羌活、独活、防风、藁本、防己、当归、连翘，以解结；黄芪、人参、甘草，配诸苦寒者三之一多，所以滋营气，补土也。生甘草泻肾之火，补下焦元气；人参、橘皮以补胃气，苏木、当归尾去恶血；生地黄、当归身补血。酒制汉防己除膀胱留热；泽泻助秋，去酒之湿热。凡此诸药，必得桔梗为舟楫，乃不下沉。投剂之后，疽当不痛不拆，精气大旺，饮啖进，形体健。"

予如言服之，药后投床大鼾，日出乃寤，以手扪疮，肿减七八，予疑疮透喉，遽邀明之视之。明之惊喜曰："疮平矣，屈指记日，不五七日作痂，子可出门矣。"如是三日，忽有宵寐之变，予惧其为死候，甚忧之，而无可告语者，适明之入门，戏谓予曰："子服药后有三验，而不以相告何也？"乃历数云："子三二日来健啖否乎？"曰："然。"又问："子脚膝旧弱，今行步有力否乎？"曰："然。"又问："子昨宵梦有宵寐之变，何不自言？"予为之一笑，终不以此变告之也。二十九日，疮痛全失，去灸瘢脓出，寻作痂。

初，镇人见刘帅病疽之苦，言及者皆为悲惨，闻予复病此疮，亲旧相念者，皆举手加额，以早安为祷。十月十七日，明之邀往其家,乘马过市,人见之,有为之失喜者。盖始于投剂,至疮痂敛,都十四日而已。予往在聊城,见明之治梁县杨飞卿胁痛,及郭文之父脑疽、杨叔能出疽,不十数日皆平复,然皆不若治予疮之神也。医无不难,疗脑背疮尤难。世医用技,岂无取效者,至于治效之外,乃能历数体中不言之秘,平生所见,惟明之一人而已。乙未秋,予自济南回,伤冷太过,气绝欲死,明之投剂,应手而愈,起予之死,并此为二矣。他日效刘斯立传钱乙,当补述之。明年秋七月二十有五日,河东元好问记。①

上文录自李杲所撰《东垣医集·东垣试效方》卷三,位于"疮疡治验"条目之下。《东垣试效方》收录多则治验案,以元好问该文最长最完整。

　　李杲(1180—1251)字明之,号东垣老人,真定(今河北正定)人,是金元四大名医之一,比元好问年长十岁。据元好问《伤寒会要引》,元好问久闻其大名而不相识,壬辰之难时,他们同在汴京围城中而无交往。直到崔立兵变投降蒙古之后,他们一同被羁押,"明之与予同出汴梁,于聊城,于东平,与之游者六年,于今然后得其所以为国医者为详"②。他们开始了六年的密切交往,结下了深厚的友谊。蒙古太宗十年(1238),元好问应邀为他的名著《伤寒会要》写下了长篇序文,高度评价他的精湛医术,并罗列七个具体病例。据岘坚《东垣老人传》,蒙古乃马真后三年(1244),李杲自山东东平回家乡真定安居。元好问晚年多次往返真定,与

①李东垣撰,丁光迪、文魁编校:《东垣医集·东垣试效方》卷三,人民卫生出版社,1993年,第437—439页。
②《元好问文编年校注》卷四,上册,第424页。

李杲又有所往来。蒙古定宗三年（1248）九月，元好问到达真定后几天内，与李杲至少见过三次面。次年七月，元好问再次应邀为李杲的名作《脾胃论》写序，足以见出二人感情之深笃，非同一般。

《东垣试效方》为李杲的弟子罗天益所编，九卷，成书于至元三年（1266）。罗天益（1220—1290）字谦甫，真定人（一说藁城人）。李杲回家乡后，经过认真挑选，收他为弟子，将他悉心培养成自己的医学传人。罗天益从李杲习医六年左右，得其真传，很有可能与元好问相识。罗天益将李杲所用的灵验药方整理成《东垣试效方》，这部著作大体可以算是李杲的遗著，但罗天益在叙述一些验案时，经常说"先师"如何如何，这说明不是单纯的汇编，而是含有罗天益自己加工的成分。无论是李杲还是罗天益，收集并保存元好问与他们医学直接相关的文章，以取信于人，扩大自己的影响，都很方便也很正常。所以，《东垣试效方》的可靠性应该没有问题。事实上，元好问该文广为后代医书收录。明初朱橚《普济方》卷二八八、朝鲜金礼蒙等编撰《医方类聚》（成书于1446年）卷二七五、明人徐用诚等人所编《玉机微义》卷十五、明人王肯堂所撰《证治准绳·疡病》卷三、明人汪机《外科理例》卷四或全文照抄，或有所节录，都无异议。《外科理例》卷四没有署名元好问，但在卷一中却记载李杲为元好问治疽之事。

元好问该文记载了一次患病经过，文中的戊申岁，是蒙古定宗三年（1248），元好问五十九岁。写作时间是次年七月二十五日。该文具有重要的研究价值，可以进一步完善元好问生平节点，深化对元好问有关方面的认识。

首先，可以补充蒙古定宗三年九月的真定之行。目前各家年谱均未记载此事，通常将真定之行定在定宗二年。据狄宝心《元好问年谱新编》，该年初，元好问在南宫（今河北南宫）大女婿程思温家,九月初离开南宫,有《别董德卿》诗。董德卿为南宫本地人,与元好问同一年进士及第,元好问亲切地称他为"同甲兄弟"。狄著据诗中"悬知后日登高地,剩为行人望太行"两句,推测时近重阳节,大概是九月初七日离开南宫①,颇有见地。元好问离开后去向何方?望太行,似乎指向南宫西北方向的太行山,一般以为回家乡忻州。但真定也在南宫的西北方,所以,望太行与去真定没有矛盾。元好问大概在九月十一二日途经宁晋(今河北宁晋),稍做停留,为康锡作墓表。宁晋介于南宫与真定之间。元好问九月十七日到达真定。元好问何时离开真定?该年有没有回家乡?搜检相关文献,没有发现在忻州的创作,很怀疑这一年他一直在真定,直到次年十月才离开真定,赴燕山。

其次,可以认识元好问这次的生病原因及好酒程度。他供认的病因是"饮酒太过",有没有其他佐证?元好问以好饮闻名,有很多饮酒诗词,如《饮酒五首》说:"谁能酿沧海,尽醉区中民。"②"此饮又复醉,此醉更酣适。"③《后饮酒五首》云:"一日不自浇,肝肺如欲枯。"④"酒中有胜地,名流所同归。"⑤就在离开南宫之前,他大概连续喝了几十天酒。《别董德卿》诗曰:"烂醉秋风四十场,此回歌笑重难忘。"⑥跟当地朋友、同年兄的董德卿道别,元好问不可能虚夸场次,四十场应该是实数,烂醉倒未必是写实。几天后他经过宁晋,应金司农丞康锡之弟康锐的邀请,稍做逗留,撰写

①《元好问年谱新编》,第 292 页。
②《元好问诗编年校注》卷二,第 1 册,第 303 页。
③《元好问诗编年校注》卷二,第 1 册,第 305 页。
④《元好问诗编年校注》卷二,第 1 册,第 307 页。
⑤《元好问诗编年校注》卷二,第 1 册,第 309 页。
⑥《元好问诗编年校注》卷五,第 3 册,第 1312 页。

《大司农丞康君墓表》，少不了又有几场酒局。到了真定之后，想必又有亲旧为他接风。真定有他的世交好友白华及白朴一家，还有李杲等人。毕竟年届花甲，如此贪酒，必损健康。

第三，可以了解当时脑背疽的严重性及治疗方案。疽疾是古代常发的毒疮，多由细菌感染引发，由于当时没有抗生素，容易溃烂化脓，导致不治。元好问的养父就因疽病去世，疽病在他的心中留下阴影。在真定，又听闻不久前当地一位军官刘帅因此病故，一些知情者向他描述刘帅的悲惨之状，对元好问身染此病都提心吊胆，为之祈祷。这加剧了元好问的畏惧感。他先看两个当地普通医生，没有好转，更觉得病情危重，只好去看国医李杲。李杲及时施手，先用艾灸，"至百壮"，中医以一灼为一壮，说明时间之长，用药之猛。然后再服用药剂。李杲在诊治过程中，不仅分析了病理、药理，给元好问普及一些医药知识，还能预见病情好转的生理表现和心理表现。元好问将之详细记载下来，有"必先岁气，无伐天和"之类中医术语，还有十多种草药名。就文章而言，这些内容会使得文章变得枯燥，但对医生和患者而言，却是珍贵的诊治方案。后世其他医药类图书斩头去尾，摘录中间部分，看中的就是其药方和药理、病理分析。李杲于元好问有两次救命之恩，元好问非常佩服他的高明医术，写下上文，补记自己的两次生病经历，作为将来写作李杲传的参考，也就是文末所谓"他日效刘斯立传钱乙，当补述之"。北宋文人刘跂（字斯立）曾为著名儿科医生钱乙作传，现存《学易集》卷七。

第四，可以补充元好问济南之行后的一次大病经历。蒙古太宗七年（1235）七月，元好问应李天翼等人的邀请，自冠氏（今山东冠县）游览济南，大概二十天左右。济南是元好问一直向往的地方，这次济南之行是他五年来第一次远足访胜，可以重温儿时游

览济南的梦想,可以释放围城以来一直存在的压抑和苦痛。期间
写下了十五首诗歌,结束时还写下《济南行记》予以总结,可谓兴
尽而归。现存其他文献中没有任何生病的记录。正是元好问上
文末尾寥寥数语,透露出"伤冷太过,气绝欲死"的病危险境。据
此,我们再回头审视他的济南之行。在济南,他游览灵泉庵,擅长
弹琴的道士高生挽留他夜宿寺庙:"一夜灵泉庵上宿,四山风露觉
秋生。"①他特别喜欢泛舟,如《济南杂诗》云:"日日扁舟藕花里,
有心长作济南人。"②《绣江泛舟有怀李郭二公》云:"荷花如锦水
如天,狼藉秋香拥画船。"③这些活动都可能受凉。特别是最后几
天,含有乐极生悲、"伤冷太过"的蛛丝马迹。先看倒数第二个行
程游览绣江。《济南行记》记载,"府参佐张子钧、张飞卿舣予绣江
亭,漾舟荷花中十余里。乐府皆京国之旧,剧谈豪饮,抵暮乃
罢"④。有绣江十里荷花美景,有故国美丽的歌伎动人的歌舞,有
热情好客的朋友,可以尽情地高谈阔论,可以尽情地举杯痛饮,这
是多么的兴奋!再看最后一个行程泛舟大明湖。《济南行记》中
说:"至济南又留二日。泛大明,待杜子,不至。明日,行齐河道
中。小雨后太山峰岭历历可数,两旁小山,间见层出,云烟出没,
顾揖不暇,恨无佳句为摹写之耳。"⑤结合《泛舟大明湖》诗中所
云:"大明湖上一杯酒,昨日绣江眉睫间。晚凉一棹东城渡,水暗
荷深若无路。……眼花耳热不称意,高唱吴歌叩两舷。"⑥这次他

———————

①《元好问诗编年校注》卷四《济南杂诗十首》,第 2 册,第 723 页。
②《元好问诗编年校注》卷四,第 2 册,第 725 页。
③《元好问诗编年校注》卷四,第 2 册,第 734 页。
④《元好问文编年校注》卷四,上册,第 359 页。
⑤《元好问文编年校注》卷四,上册,第 360 页。
⑥《元好问诗编年校注》卷四,第 2 册,第 731 页。

在大明湖游船上喝酒至晚上。第二天又是小雨天气,农历七八月间,小雨会伴随降温。很有可能,在连续多日酣饮激动之后,埋下病根,感染风寒,引发疾病。好在李杲医术高超,药到病除,起死回生。中秋节那天,元好问又可以在冠氏县倪文仲家与朋友一起喝"莲花白"酒了①。

　　此外,《戊申治疽记》还涉及元好问的一些交游对象。他入住"善甫"家,善甫是谁?怀疑是白华家人,存疑待考。"姨兄韩参谋彦俊"亦不可考。元好问的生母王氏,嗣母张氏,叔婶母为史氏,此姨兄与李杲亲近,但李杲母亲王氏,故也非李杲的姨兄。"梁县杨飞卿",名杨鹏,著有《陶然集》,与元好问交往频繁,元好问有《寄杨飞卿》《陶然集诗序》等诗文。郭文之,其人不详。《学东坡移居八首》其八有"郭侯家多书,篇帙得遍窥"②,郭文之与郭侯都在聊城,未知是否为同一人。杨叔能即杨弘道,元好问有《寄叔能兄》《怀叔能》等诗。写作《戊申治疽记》的当年,元好问为他撰《杨叔能小亨集引》。从元好问文来看,杨弘道曾到过聊城。这些可以对元好问的交游圈有所补充。

---

①《遗山乐府校注》卷三《鹧鸪天》词序:"中秋夜饮倪文仲家莲花白,醉中赋此。"(第 364 页)
②《元好问诗编年校注》卷四,第 2 册,第 757 页。

七、元好问与金元医学

元好问不是医生，与医学能有多大关系？能有多少有价值的医学见解？长期以来，很多人对此都持怀疑态度。笔者管见所及，仅有两篇相关短文做了探讨①。2020年大疫之际，忽然想起元好问也曾经历过疫情。天兴元年（壬辰年，1232），金王朝首都汴京被蒙古兵包围，粮食断绝，"五六十日之间，为饮食劳倦所伤而没者将百万人"②，两个月内死亡人数接近百万，这不是元好问的夸张。一代国医李杲身在围城中，亲眼所见，有着令人惊悚的记载："都人之不受病者，万无二三；既病而死者，踵而不绝。都门十有二所，每日各门所送，多者二千，少者不下一千，似此者几三月。"③《金史》卷十七有更官方的表述："汴京大疫，凡五十日，诸门出死者九十余万人，贫不能葬者不在是数。"④真可谓"家家有僵尸之痛，室室有号泣之哀"⑤。经此浩劫，八朝古都的开封元气大伤。元好问身处灾疫中心，目睹亲故纷纷离世，痛何言哉！痛

---

① 朱建平：《元好问医事考略》，《山西中药》1993年第5期；康玉庆：《元好问与医学》，《太原大学学报》2004年第4期。

② 《元好问文编年校注》卷五《李氏脾胃论序》，中册，第1019页。

③ 《东垣医集·内外伤辨惑论》卷上，第8页。

④ 《金史（点校修订本）》卷十七《哀宗上》，第419页。

⑤ 《曹植集校注》卷一《说疫气》，第262页。

定思痛,一定会进一步思考医药问题。在医学史上,金元是医学大发展的时期,出现了刘完素、张子和、李杲、朱震亨四大名医,以及河间、易水两大流派,元好问与国医李杲相处六年之久,与张子和的高足麻九畴交往甚密,还与太医卢昶是姻亲,与名医周献臣、赵国器是同乡,加之他一代宗工的名声和地位,以及他自己几次大病经历,都为他结交医生、了解医学、思考医学提供了便利和契机。他现存的诗文中有不少涉及金元医学的文献。虽然不是医生,但记录就是态度。

　　古代医生常与巫师并称,地位低下。《后汉书》不为名医张仲景立传;《隋书·经籍志》罗列诸子十四家图书,竟然将"医方"放在最后;韩愈甚至说过"巫医乐师百工之人,君子不齿"之类的话,说明当时很多所谓的"君子"不屑于与医生为伍,不愿意习医从医,尽管君子们都是吃五谷杂粮的凡胎,无一例外都会头疼脑热。到了宋辽金时期,这种状况没有根本改变,《新唐书》依旧不为名医王冰立传。对于医学,元好问经历了由不重视到重视的转变。他早年忙于举业和文学创作,对医学缺少兴趣,不关心医学,直到他养父因为毒疮感染突然去世之后,他才意识到自己于医药"懵然无所知",连治疗疽病的药方都一无所知,任由庸医治疗。"为人子而不知医",让他"惭恨入地"①。这时他意识到,即使不是医生,也应该掌握一些医学知识。后来他特别重视家藏的医学图书,从忻州南下避乱,辗转多地,都随身携带,"宝惜固护,与身存亡"②,一直带回忻州老家。在几十年的生活中,他利用各种机会检验书中记载的药方,晚年闲居故里时,将验证有效的几十个

①《续夷坚志》卷二《背疽方二》,第42页。
②《元好问文编年校注》卷五《元氏集验方序》,中册,第665页。

药方汇编成《元氏集验方》，郑重其事地交给他的子侄辈，要求他们将元氏一族从北宋末年以来积累所得的这些药方传之后世。可惜这些药方未能传世，后世医书所引元好问的药方都出自他的志怪小说《续夷坚志》。对周献臣能够公开自己珍藏的药方，元好问称之为"君子"，大加赞赏："世之君子留意于性命之学者，良有旨哉！"①这与"君子不齿于医"的传统相反。元好问认为君子就应该重视关乎性命的医学，旗帜鲜明地断言："医药，大事也。"②他还将医药比喻成"兵"（军队），军队能保卫国家，保卫人民免遭杀戮，当然使用不当也能伤害他人，其重要性不言而喻。元好问视医药为"大事"的认识，相当超前，要知道清人编纂《四库全书总目》还认为"本草经方，技术之事也"③，言外之意，医仍然比各种道要低下一等，元好问的观点有助于提升医学的地位。且不说在医疗条件很不健全的古代，即使在医学非常先进的现代社会，重视医学，掌握一些医学知识，对自己、对家人、对全社会都有裨益。

　　必须承认，古代医学比较落后，疗效有限，这是人们不太重视医学的原因之一。元好问充分认识到医学的难度。他说："予以为，医，难事也。"他认为难处在于，一是从古代传下的医学著作十分浩繁，艰深玄奥，"儒者不暇读，庸人不解读"，二是"药之性难穷"，使用不当，用来救死扶伤的良方反而会成了夺人性命的毒药，"药之性难穷，难穷，则不善用之者反以生人者杀人，人可不惧

①《元好问文编年校注》卷七《周氏卫生方序》，下册，第1500页。
②《元好问文编年校注》卷七《周氏卫生方序》，下册，第1500页。
③《四库全书总目》卷九一《子部总叙》，上册，第769页。

哉!"①清人李祖陶认为这几句不刊之论可以"正告天下万世之医师"②。所以,医生必须又专又恒,才能有希望治病救人。其实更重要的原因是当时人们对病理和药理的认知极其有限。不用说传统医学,即便是日新月异的现代医学,仍然有很多未知的世界,对很多疾病仍然束手无策,我们岂能无知无畏?人类在疾病面前,必须收起傲慢,心怀戒惧,不轻信谣言和神话。元好问对于神医扁鹊的种种传闻,将信将疑。"扁鹊随俗为变,过咸阳为无辜医,邯郸为带下医,洛阳为耳目痹医",一会儿是儿科医生,一会儿是妇产科医生,一会儿是五官科医生,元好问没有轻率否定,也没有简单地信从。《史记·扁鹊传》记载扁鹊喝了上池水,三十天后就能洞见五脏六腑症结,对此元好问明确判为"虚荒诞幻"。后世一些无知百姓盲目崇拜扁鹊,将他当成神来供奉祷告,甚至将庙前的香灰尘土当成可以包治百药的灵丹妙药,以为"吞之,病良愈",元好问不禁发出长叹:"呜呼,其亦儿童剧而已矣!"③在他看来,这简直是十足的儿童把戏。无独有偶,范成大出使金国途中,经过汤阴(今河南汤阴)扁鹊墓,当地百姓也以为"墓上土可疗病",他写诗嘲讽:"坟土尚堪充药饵,莫嗔医者例多卢。"④元好问与范成大异代不同时,不约而同地破除民间不懂医学的愚昧之习。时至今日,"药为难事"的认识仍不过时,破除迷信、普及科学的工作永远在路上。

---

① 《元好问文编年校注》卷一《少林药局记》,上册,第 79 页。

② 《元遗山文选》,转引自《元好问资料汇编》,第 278 页。

③ 《元好问文编年校注》卷六《扁鹊庙记》,下册,第 1304—1305 页。

④ 范成大撰:《范石湖集》卷十二《扁鹊墓》,上海古籍出版社,1981 年,上册,第 149 页。

医者以仁爱为本，元好问反复强调这一观点。他盛赞李杲《脾胃论》的巨大突破，"祛千载之惑"，"仁人之言，其意博哉！"①他称赞卢昶"既以治己，又以及人"，体现了"仁者之用心"②。仁爱是医生的基本素质。在元好问所交往的医生中，很特别很难得的是周献臣。他年轻时完全是一介书生，跟随其兄长学习举业，准备参加科举，走修齐治平的老路，不巧赶上金末战乱，他便投笔从戎，居然屡立战功，"取千户封，佩金符"。在英勇杀敌的同时，他又钻研医学，凭借其医术，兼当军医，救助受伤生病的战友。战争结束后，他成功转型为一位职业医生，悬壶济世。经过日积月累，他有了很多有效的药方，便将之汇编成《周氏卫生方》，请元好问为之作序。元好问说他既有杀伐之勇，又有"兼爱之心"，没有因为见惯了生死而漠视生命："虽有独扫千军之勇，果非乐于战斗，以人命为轻者。"③周献臣从杀人的战士转变为救人的医生，仍然能尊重生命，充分展现了他的仁爱之心。

既然医者以仁爱为本，那么医治病人就多少具有一些公益性质。元好问初步认识到了这一点。金代诞生了中国历史上最早的公益药店——寺庙药局，创始人是青州辨公禅师。元好问记载性英禅师的话，说辨公规定不许药局负责人"出子钱致赢余，恐以利心而妨道业"④。换言之，药局可以适当收费，但不能用来赢利，因为赢利会妨碍治病救人的根本之道。这就规定了寺庙药局的公益性质。少林寺之类的名刹，香火旺盛，往往有一些施主信

①《元好问文编年校注》卷五《李氏脾胃论序》，中册，第1019页。
②《元好问文编年校注》卷八《卢太医墓志铭》，下册，第1542页。
③《元好问文编年校注》卷七《周氏卫生方序》，下册，第1500页。
④《元好问文编年校注》卷一《少林药局记》，上册，第78页。

众的善款,能够有财力在灾疫之年救助灾民,积德行善。在没有建立公立医院的小农社会,一般个体医生或私人医院很难像寺庙那样从事公益事宜,这就出现了如何处理好行善与谋生的矛盾。一般说来,医生以医治病人来维持生计、维持经营,无可厚非,但是,如果医生仅仅将治病救人当成谋生的工具,甚至追逐利益最大化,那就可能违背医者的仁爱之道,违背医生的职业道德。

面对无钱治病的穷人,医生是唯利是图、见死不救还是同情弱者出手相救?元好问态度明确,一再赞成医生行善,救助弱者。他赞赏李遹的父亲李拯继承家业从医,在家设置"病寮",用来接待需要住家治疗的病人,"过客及贫无以为资者来谒医,汤剂糜粥,必躬亲之。病既平,又量为道途之费以给之"①。李拯对无钱看病的穷人,实行免费治疗,免费食宿,康复后,还资助盘缠,帮助他回家。这种慷慨真是了不起的善举。元好问还称赞张遵古大夫不计贫富,不图回报,"贫家来谒,率欣然为诊治。或资之糜粥之费,不特不责报谢而已"。张遵古不但不嫌弃贫困之人,满怀热忱地为他们免费看病,有时还能资助一些生活费。他说:"不肖于世业,不敢不勉。至于以医为治生之具,则死不敢也。"②张遵古勤勉为医,宁死都不以行医为生财之道,在物质缺乏的金元时期,能做到这一点是多么的高尚!即使在今天,他的这一底线也会让那些乐于走穴、收受红包、以病养医的医生以及"积极创收"的医院汗颜。

元好问所赞赏的不以医为治生之具,是大多数医生难以达到的高境界。但是,在金代除了张遵古等人恪守医道之外,还真有习医的富家子弟不在乎行医所得,不会以医药来敛财。名医李呆

---

①《元好问文编年校注》卷五《寄庵先生墓碑》,中册,第 669 页。

②《元好问文编年校注》卷五《张遵古墓碣铭》,中册,第 990—991 页。

出身富裕，"世以赀雄乡里。诸父读书，喜宾客，所居竹里，名士日造其门"，这为他扩大视野、交结名流提供了便利。他得知张元素在燕赵一带很有名声，就不惜千金，从他习医，几年后，登堂入室，"尽传其业"。因为他有雄厚的财产实力作为后盾，宁愿去济源当个税务官，也不当社会地位较低的职业医生。但他的兴趣仍然在医学，而不在仕途。他能够凭其所好，不为钱财，潜心医学，医术精进，"见证得药，见药识证"，特别是在伤寒、气疸、眼目病等领域造诣精深。他的药方治愈了很多疑难危重病人，元好问形容"一剂之出，愈于托密友而役孝子"①，药方比要好的朋友、孝顺的子女还好使。元好问不惜花费大量笔墨罗列了七个有名有姓的具体病例，来证明李杲医术的高明。《东垣试效方》卷三完整收录一篇元好问治疗脑疽的佚文。该书为李杲的弟子罗天益（谦甫）所编纂，来源可靠。据该文，元好问曾经两次身罹恶疾，都就诊于李杲。元好问感慨："至于治效之外，乃能历数体中不言之秘，平生所见，惟明之一人而已。"②可见，李杲对元好问有救命之恩，元好问以其亲身经历见证了李杲精湛的医术。李杲晚年物色接班人，面试想要从他习医的青年罗天益，只问了一个问题："汝来学觅钱医人乎？学传道医人乎？"③他分明将传承医学、救死扶伤摆在谋生赚钱之上。元好问与李杲交情深厚，一定了解和认同他的这种择徒标准。

　　因为医生原本就是与利益高度关联的职业。一个药方，一副中药，价格究竟多少？往往没有定价。医患之间，患者属于弱势，常常任人宰割。元好问清醒地认识到从业者必须具有清廉的品

①《元好问文编年校注》卷四《伤寒会要引》，中册，第424—425页。
②《东垣医集·东垣试效方》卷三，第437—439页。
③砚坚：《东垣老人传》，《东垣医集·东垣试效方》卷首，第378页。

德。他记载少林寺高僧东林志隆设置少林药局,确定负责人,看中了僧德、僧浹二人,就在于他们"靖深而周密,又廉于财"。清廉善良,不贪婪,就会客观务实,就不会故弄玄虚,骗人钱财,害人性命。元好问指出贪者为医的祸害:"贪者为之,乾没而不定。治药不必皆良,蛇床而当蘼芜,荠苨而乱人参,昌阳而进豨苓,飞廉而用马蓟。"①总有人利欲熏心,以次充好,贩卖假药,谋财害命,这是行医者之大忌。

德能优秀的医生是医疗行当的主力,需要得到全社会的关心和支持。特别是在发生地震、水灾等自然灾害,或者发生大规模疫情的时候,就需要全社会的参与,需要政府人力物力的支持。元好问能认识到这一点,对那些积极投身于赈灾抗疫中的官员,他总是能记录下来,不吝赞美之辞。皇统年间,金王朝大力兴建燕京城,由于"郡众聚居",导致发生疫情。元好问表彰督建施工的贾洵"出己俸市医药,有物故者,又为买棺以葬之"②。兴定三年(1219),金王朝为了加强京城防卫,大兴土木,动用几万士兵与平民修建汴京子城,贫穷、劳累、高温、人员聚集等因素导致夏秋之间发生疫情,许多人生病,礼部尚书杨云翼掌管医药饮食部门事宜,"躬自调护,多所全济"③。杨云翼去世后,元好问作诗哀悼,表彰他的济世救民之功:"留得青囊一丸药,异时犹可活斯民。"④真定府学教授常用晦与张子和、麻九畴等人交往密切,也

---

①《元好问文编年校注》卷一《少林药局记》,上册,第 79 页。
②《元好问文编年校注》卷六《东平贾氏千秋录后记》,下册,第 1278 页。
③《元好问文编年校注》卷三《内相文献杨公神道碑铭》,上册,第 151 页。
④《元好问诗编年校注》卷三《内相杨文献公哀挽三章,效白少傅体》,第 2 册,第 487 页。

能懂得一些医学,便协助张子和、麻九畴,"助为发药,多所全济,病家赖焉"①。金末宁化(今山西宁武)连年遭受自然灾害,"频年荒歉,时疫流行",家境殷实、乐于周急的郭琚"躬自调护,多获全济"②。没有财力直接救助百姓的麻九畴,追随张子和学医,"得其不传之妙"③。他协助张子和撰写《儒门事亲》一书,撰写了少量篇目,对其文字予以润色加工,大大提高了《儒门事亲》的质量。元人称"非宛丘(指张)之术,不足以称征君(指麻)之文;非征君之文,不足以弘宛丘之术,所以世称二绝"④。

在古代,医疗长期属于方技范畴,矮人一等,能否提高到"道"的层面、发掘其"道"的内涵?元好问有这方面的记载和努力。他称赞太医卢昶"方伎之外,复达治心养性之妙"。从元好问征引的卢氏语录来看,卢昶强调两点治心养性之术:一是顺应自然,"人生天地中,一动一息,皆合阴阳自然之数,即非漠然无关涉者",自然界的一切都与自己相关,人类不应该破坏自然,更不能违背自然规律。二是因果报应思想,"所为善恶,宜有神明照察之","人为阳善,人自报之;人为阴善,鬼神报之。人为阳恶,人自治之;人为阴恶,鬼神治之"⑤。善有善报,恶有恶报,虽然是唯心之论,但能体现出惩恶扬善的价值导向,能给善良的人们以心理安慰。与卢昶相似,礼部尚书杨云翼也由治病引发出治心之论。兴定、元光年间,他得了痛风病,好转之后,金宣宗问他治疗方法,他回答

①《元好问文编年校注》卷六《真定府学教授常君墓铭》,下册,第1169页。
②《元好问文编年校注》卷五《广威将军郭君墓表》,中册,第855页。
③《中州集校注》卷六《麻征君九畴》,第5册,第1531页。
④颐斋:《儒门事亲引》,转引自萧国钢:《儒门事亲研究》,中医古籍出版社,1998年,第732页。
⑤《元好问文编年校注》卷八《卢太医墓志铭》,下册,第1542页。

说:"无他,但治心耳。此心和平,则邪气不干。岂独治身?至于治国亦然。人君必先正其心,然后可以正朝廷、正百官,远近万民,莫不一于正矣。"①杨云翼由治病引申到治心治国,说出一些正心、正朝廷、正百官的大道理,堪称"医谏"。元好问本人亦有类似之论。在《赠眼医武济川》诗中,他由眼疾联想到心病:"世眼纷纷眯是非,不应刮膜在金镵。知君圣处工夫到,且道心盲作么医?"②过去眼医用金镵来刮眼膜,据说能使病眼明亮。元好问反问,不分是非的世眼如何治疗?眼疾有金镵可治,心疾有何方可医?由生理疾病转到精神疾病。元好问有时还进一步扩大到社会病症,《扁鹊庙记》中有如下一段文字:

> 扁鹊,至人也,自言其方可以解肌裂皮,决脉结筋,湔浣肠胃,漱涤五脏,炼精而易形矣。至于世之阴忌贼诈、贪饕攫拾、心魂斫丧、若醉若狂、懑然而不能自还者,百千为群,日相过乎前,为扁鹊者独不能随俗为变,炼精而易形,使之为平直、安舒、廉让、洁清之人乎?③

据《史记·扁鹊传》,"解肌裂皮"云云是中庶子形容上古神医俞跗之语。无论是扁鹊还是俞跗,纵然有神鬼手段,可能收拾世道人心?可能将那些阴险狡诈、贪婪腐败、癫狂邪恶之徒改造成善良正直、廉洁奉公、舒坦磊落之人?元好问明知没有哪一位神医能做到,但仍然提出来,表现出对世道人心的关注。说到底,社会症结关乎每个个体的身心健康,譬如贪官执政,鱼肉百姓,会加剧贫

①《元好问文编年校注》卷三《内相文献杨公神道碑铭》,上册,第155页。
②《元好问诗编年校注》卷六,第4册,第1800页。
③《元好问文编年校注》卷六,下册,第1304页。

穷,贫穷会导致疾病,倘若贪官再克扣赈灾物资,会加重疫情的流行,影响社会的和谐稳定。对此,名医张子和早有发现:"治平之时,常疟病少;扰攘之时,常疟病多。"①他总结出疟疾发生率与社会治乱相关的规律,并做出精彩而深刻的阐释:"疟常与酷吏之政并行,或酷政行于先,而疟气应于后;或疟气行于先,而酷政应于后。"②疟疾如此,其他疾病大体相同。天灾与人祸往往相伴而生,互相激化;本质上天灾难控,人祸能防。所以,名医惠及的只是有限的患者,而仁君及其各级政府官吏能够造福普罗大众。君主以及各级政府、官吏担负着社会清明、百姓健康的重任。医学进入 20 世纪之后,飞速发展,攻克了一个又一个科学难题,越来越现代化,元好问所说的"阴忌贼诈"等社会顽症是否得到圆满的解决? 某种程度上,社会问题治理比疾病救治更为重要,更加道阻且长!

放眼金代文人,除了职业医生以及习医的文人麻九畴之外,元好问比赵秉文、王若虚等人更加关注医学,与医生的交往更加密切。他为名医李杲两部著作写序,为周献臣的药方集写序,为太医卢昶撰写墓志铭,为公益性质的少林寺药店写记,为同乡赵国器所建造的三皇庙撰文、为普通乡豪张乙修缮的扁鹊庙撰文,赠诗给眼医武济川等等。他的这些撰述既保存了相关文献,为后人研究金元医学提供了便利,又是对他们的肯定和支持,更是对金元医药事业的宣传。在这些文献中含有元好问本人的诸多思考。尽管他的这些思考谈不上完整、系统,但仍然能看出他尊重医生、重视医学、注重医德、关心社会因素等医学思想,特别是"不

---

① 《儒门事亲》卷一《疟非脾寒及鬼神辨四》,《儒门事亲研究》,第 335 页。
② 《儒门事亲》卷一《疟非脾寒及鬼神辨四》,《儒门事亲研究》,第 337 页。

以医为治生之具"的观念,由疾病究及世道人心的指向,不仅在当时具有引领性,在今后相当长的一段时期内仍然具有借鉴意义。

　　当然,元好问不可能跳出传统医学的时代背景,他的医学认识不可能没有局限。譬如在他所记载的"神人方"中出现童子尿浸泡药材的"阿魏散":"童子小便二升半。先以小便隔夜浸药,明旦煎取一大升,空心温服,分为三服以进。"①今天看来,简直不可思议。我们无须为遗山讳,也不必轻薄地嘲笑他愚昧无知,要知道童子尿在明代李时珍《本草纲目》中还是中药。

---

① 《续夷坚志》卷二《背疽方二》,第 41 页。

八、元好问与《金史》

元好问是著名诗人,他本人也以诗人自居,临终时交代后事,希望墓碑上能镌刻"诗人元遗山之墓"的字样。他没有直接参与《金史》的编纂,却为《金史》一书做出了独特的贡献。

元好问原本对撰写历史没有多大兴趣。正大元年(1224),他进入国史院担任临时编修官,参加编纂《宣宗实录》。帝王实录通常是后代编写史书的基础性文献,其重要性不言而喻,但由于牵涉到当代诸多人和事的评价,很容易引发是非和矛盾。如韩愈主持撰写的《顺宗实录》就招致一些议论,世人皆知。元好问对韩愈的遭遇有所了解,还曾经引用过他的《答刘秀才论史书》中"不有人祸,则有天刑"之类的话[1],说明他对参与撰写《宣宗实录》从一开始就有些顾虑,缺少积极性。加上国史馆编修官品级低下、俸禄微薄、办公条件恶劣、国史馆人事纷争等诸多不利因素,元好问坚持一年左右,就请假告归嵩山。

但这并不意味着一年国史馆的职业生涯毫无意义。这段经历除了让元好问对编纂"国史"积累一些感性认识之外,一个重要收获是去郑州拜访前朝重臣贾益谦,引发了他对当代史的进一步思考。因为《宣宗实录》牵涉对宣宗之前卫绍王的评价,事关宣宗

---

[1]《元好问文编年校注》卷五《忠武任君墓碣铭》,中册,第684页。

即位的正当性，以及胡沙虎（纥石烈执中）等人拥立宣宗的合法性。此前朝廷已经按照《海陵庶人实录》在编写《卫绍王实录》了，而前者完全遵照金世宗的旨意，任意篡改历史，彻底否定海陵王完颜亮，当时很多知情人都阿附圣意，不敢直言。年迈的贾益谦告诉元好问两点：第一，海陵王被杀之后，金世宗在位的三十年，鼓励大臣揭发海陵王的黑材料，凡是能举报海陵王"蚩恶者"，就能获得"美仕"，有些史臣更是变本加厉地向他泼污水，"诬其淫毒鸷狠"。贾益谦说，现在看来，简直"遗笑无穷"，"自今观之，百可一信耶？"①第二，卫绍王勤劳节俭，"重惜名器"，治国理政的能力，在很多"中材"之上，也就是说，在金代帝王中，卫绍王也是在上等之列。对元好问和很多士大夫而言，这两点不啻振聋发聩，促使元好问重新审视《海陵庶人实录》以及世人对海陵王、卫绍王的不公正评价。尽管元好问人微言轻，无力扭转官方意识，不能改写《海陵庶人实录》《卫绍王实录》，但他可以广为宣传，并将贾益谦的历史洞见记载在《东平贾氏千秋录后记》和《中州集》中，予以称扬。这就为《金史》编纂者提供了重要的史料。《金史·贾益谦传》完整地转录元好问的记载，百余年后的元代史臣们还不禁感慨一番："海陵之事，君子不无憾焉。夫正隆之为恶，暴其大者斯亦足矣。中篝之丑，史不绝书，诚如益谦所言，则史亦可为取富贵之道乎？嘻，其甚矣！"②连他们都不敢相信，金世宗时期居然将抹黑完颜亮、篡改《海陵庶人实录》当成个人谋取富贵之道，历史还有多少公正可言？元好问的记载，不仅让元代史臣警醒，也发后人深思，至少能引发我们对海陵王、卫绍王相关历史可靠性

①《元好问文编年校注》卷六《东平贾氏千秋录后记》，下册，第 1280 页。
②《金史（点校修订本）》卷一百六《贾益谦传》，第 7 册，第 2474—2475 页。

的怀疑:《金史》有关完颜亮的史实有多少源自《海陵庶人实录》?《金史·后妃传》有关海陵王后宫绘声绘色的描写,被直接抄入元明色情话本小说《金海陵纵欲亡身》之中,可见这段"正史"是多么的荒唐!金亡之后,元好问将海陵王在位的天德年间称为"天德小康之际",与金世宗的"大定承平之时"并列①,应该是受到贾益谦启发而做出的公正评价。

　　几年之后,元好问的历史意识大大加强,最直接的原因是金王朝日落西山的形势,许多师友、同侪突然死亡,在不断引发他悲痛伤逝之情的同时,还促使他为很多死者撰写碑志文。现存碑志文将近百篇,约占其文章总数的百分之四十。这些碑志是《金史》重要的史源材料,学界已经有了详细的比对和深入的探讨。与韩愈、欧阳修的碑志文相比,他的碑志文有一个鲜明的特点,就是墓主大半是非正常死亡者,由此导致其碑志文具有非常浓厚的伤悼情绪。元好问往往联类而及,由墓主扩大到相关群体乃至金末乱亡的时代,提供了墓主之外的其他文献。如《内翰冯公神道碑铭》由墓主冯璧联想到从他问学的其他人:"往在京师,浑源雷渊、太原王渥、河中李献能、龙山冀禹锡从公问学。其人皆天下之选,而好问与焉。自辛卯、壬辰以来,不三四年,而吾五人惟不屑在耳。"②五人之中,亡者四,元好问怎能不满怀感怆? 在《聂孝女墓铭》和《故金漆水郡侯耶律公墓志铭》中,元好问两次罗列金亡前后"死而可书者"名单:承旨子正、中郎将良佐、御史仲宁、尚书仲平、大理德辉、点检阿散、郎中道远、右司元吉、省讲议仁卿、西帅杨沃衍、奉御忙哥、宰相子伯详、节妇参知政事伯阳之夫人、长乐

①《元好问文编年校注》卷七《忻州修学疏代郝侯作》,下册,第 1502 页。
②《元好问文编年校注》卷五,中册,第 573 页。

妻明秀、孝女舜英。元好问为他们一一撰写了碑志文,发自肺腑地感慨:"呜呼,壬辰之乱极矣,中国之大,百年之久,其亡也死而可书者……十数人而已。"①只可惜这十数人中,除完颜彝(良佐)、聂天骥(元吉)、聂孝女三人之外,其他人的碑志文都已经失传,《金史》为完颜彝、聂天骥、聂孝女、乌古孙奴申(郎中道远)、蒲察琦(省讲议仁卿)、长乐妻明秀等人立传,当与元好问的表彰相关,其中完颜彝、聂天骥、聂孝女三人传记直接取材于元好问的墓志。

　　元好问撰写碑志文有着自觉的存史意识和能够存史的信心。他在《故金漆水郡侯耶律公墓志铭》中痛感"世无史氏久矣",以至于当时人们连辽代"起灭有几主"都不知道,而金代的九朝《实录》下落不明,金代历史很快也像辽代一样,不为后人所知。所以,他要通过撰写碑志文达到存史的目的:"夫文章,天地之元气,无终绝之理。他日有以史学自任者出,诸公之事,未必不自予发之。"②他相信所写的碑志文将来能够为撰史者所采纳。清人李祖陶认为元好问"《集》中碑志最多,直书所见所闻,论定一代,可与欧阳公《五代史》并观"③。论定一代、媲美欧阳修《新五代史》云云,也许有些拔高,但其中也有李祖陶独特的发现。《新五代史》寄寓着欧阳修对五代历史的哀挽,被章学诚讥为"只是一部吊祭哀挽文集"④,元好问的碑志文以哀挽情调保存历史,二者殊途

---

① 《元好问文编年校注》卷三《聂孝女墓铭》,上册,第 303 页。
② 《元好问文编年校注》卷四《故金漆水郡侯耶律公墓志铭》,上册,第 342 页。
③ 《元遗山文选小序》,转引自《元好问资料汇编》,第 272 页。
④ 《章氏遗书外编》卷一《信摭》,章学诚撰:《章氏遗书》,文物出版社,1982年,第 26 册,第 23 页。

同归。元好问带着浓厚的感情色彩记载金代历史人物与事件,使得历史带有温度,更加亲切感人,这固然不一定能得到后代史家的认同,但一定会打动后代史家,让他们大量取材于元好问的碑志文。

国亡史作。金王朝灭亡之后,元好问撰述历史的意识更趋强烈,并迅速付诸行动,陆续开展以下几项工作:

第一,撰写《壬辰杂编》。从书名来看,应该是回忆天兴二年(1233)汴京被围、金王朝灭亡前后的杂事,写作时间不详。由于记载亲身经历,不需要依赖其他资料,怀疑是金亡不久痛定思痛时所作,或许是羁管聊城、移居冠氏期间。该书卷帙不详,估计篇幅不大,最终是否定稿也不可考。元代史臣撰写《金史》时,此书稿尚存,并有所取材。欧阳玄见到《壬辰杂编》中记载金代将领完颜斜烈镇守商州时,一次性遣返被俘的欧阳修后世及其乡亲三千人①,这成了《金史·完颜斜烈传》的主要内容。美国学者陈学霖曾探讨《金史》与《壬辰杂编》等关联,判断《完颜奴申传》所载元好问与二相之间的对话等史料源自《壬辰杂编》②,较为可信。

第二,撰写《南冠录》。元好问羁管聊城期间,以南冠自指。《南冠录》的性质应该是其家族史,主要包括元好问先世杂事、元好问本人行年杂事、先朝杂事。其中先世杂事、行年杂事会涉及其他人和事,先朝杂事则完全是历史。先朝主要指金哀宗时期,是否包括金宣宗时期已不可知。元好问很爱惜此书,在《南冠录引》中责令子㚖一定要传之数十世,家置一通,"违吾此言,非元氏

---

①欧阳玄撰,汤锐校点整理:《欧阳玄全集》卷二《送振先宗丈归祖庭》,四川大学出版社,2010年,上册,第13页。

②陈学霖:《元好问〈壬辰杂编〉探赜》,《晋阳学刊》1990年第5期。

子孙"①,口气之严厉,在遗山文中仅此一见。在《学东坡移居八首》(其六)中,他声明:"我作《南冠录》,一语不敢私。稗官杂家流,国风贱妇诗。成书有作者,起本良在兹。"②这口气,完全是将《南冠录》当作要公布于众的稗官野史,当成后代撰写正史的基础。只可惜元好问这么看重的《南冠录》没有刊刻,未能传之久远,《金史》是否从中取材,未见确凿证据。按常情推测,王鹗非常注重搜访金代历史文献,与元好问及其后人都有交往,不会错过《南冠录》。倘若此推论成立,王鹗在撰写《金史稿》时一定有所参考。

第三,编纂《中州集》。早在汴京被围时,就有朋友劝元好问编纂金代诗歌总集,正当危急存亡的关头,元好问根本无暇顾及。羁管聊城期间,元好问闭门深居,能从容撰述文字,为了保存一代诗人诗歌,元好问开始编纂《中州集》。前七集以魏道明、商衡所编《国朝百家诗略》为基础,加上元好问自己搜集的一些诗歌,当年就基本编就;后三卷则经历了十余年的时间,最后才编辑刊行,如他自己所说:"篇什《中州》选,兵间仅补完。"③《中州集》以诗存史,受到后人的一致称赞。其实,说《中州集》以诗存史并不准确,很容易让人联想到杜甫诗史类的纪实诗歌,《中州集》中固然有这类诗歌,但并不突出。准确地说,元好问是通过编纂诗歌总集、撰写诗人小传来保存一代历史。在总集中,撰写诗人小传,前人偶尔为之,但普遍比较简陋。元好问将之完善起来。魏道明、商衡所编的《国朝百家诗略》是否有作者小传,不得而知,即使有小传,

①《元好问文编年校注》卷四,上册,第348页。
②《元好问诗编年校注》卷四,第2册,第753页。
③《元好问诗编年校注》卷五《挽赵参谋二首》(其二),第4册,第1569页。

元好问一定加以改写,因为前七卷作者小传中含有元好问本人与作者交往的内容。后三卷最为特殊,收录的诗歌数量少,诗人多,有的诗人仅入选一首七言绝句,而传记则多达几百字,入选诗歌成了手段,保存诗人、保存历史成了目的。《金史》特别是其中的《文苑传》大量取材于《中州集》。如果没有《中州集》这一资料库,《金史·文苑传》也许会损失殆半。

　　第四,撰写金朝野史。野史相对于官方所修的正史而言,理论上应该包括《南冠录》《壬辰杂编》等书。元好问还有哪些野史著述? 有些模糊。从现存文献来看,蒙古太宗七年(1235),元好问结束羁管聊城的生活,移居冠氏(今山东冠县),第一次提出建造野史亭、撰写野史的设想:“我作野史亭,日与诸君期。相从一笑乐,来事无庸知。”①这时《南冠录》已脱稿,他将要撰写的野史肯定不包括《南冠录》。在冠氏的三四年时间,元好问可能开始着手搜集和撰写野史著作。太宗十年,元好问离开冠氏,返回家乡,途经河南济源。次年春节,元好问作《己亥元日》诗,称“野史才张本,山堂未买邻”,其中的“野史”当指《南冠录》之外的著作;从“才张本”来看,“野史”的规划比较宏大。回到家乡忻州后,元好问构建野史亭,准备大干一番。他在《野史亭雨夜感兴》中述说撰述野史的体会:“私录关赴告,求野或有取。秋兔一寸毫,尽力不易举。”②可见,他所撰的野史包括官方丧葬祸福之类的文书,下笔特别严谨郑重,以致失眠,“展转天未明,幽窗响疏雨”,这说明他所撰述的野史不是随意性很强的私人著作。蒙古定宗元年(1246),他给好友白华写信,谈及当时的撰史工作:

①《元好问诗编年校注》卷四《学东坡移居八首》(其八),第 2 册,第 757 页。
②《元好问诗编年校注》卷五,第 3 册,第 1484 页。

向前八月大葬之后,惟有《实录》一件,只消亲去顺天府一遭,破三数月功,披节每朝终始及大政事、大善恶系废兴存亡者为一书,大安及正大事则略补之。此书成,虽溘死道边无恨矣。①

元好问将母亲张氏安葬之后,最重要的事情就是去顺天府张柔处,查阅金朝实录,将历朝大政事、大善恶、兴废存亡汇成一书,再加上历朝实录中所没有的卫绍王朝、金哀宗朝的史事,此书一旦完成,他便死而无憾。元好问尽管没有说出书名,但从上述表述来看,差不多就是一部完整的金史了。可惜元好问最终没有完成,赍志以殁。郝经撰写《遗山先生墓铭》,称元好问"又为《金源君臣言行录》。往来四方,采摭遗逸,有所得,辄以寸纸细字亲为记录,虽甚醉不忘。于是杂录近世事至百余万言,梱束委积,塞屋数楹,名之曰野史亭。书未就而卒。"②从这一表述来看,元好问所编野史有两种:《金源君臣言行录》《近世事杂录》。《金史·元好问传》对此作了如下改写:"凡金源君臣遗言往行,采摭所闻,有所得辄以寸纸细字为记录,至百余万言。"③说明《金史》编者们没有看到元好问的这些著述,它们最终未能成书而亡佚。

《金史·元好问传》仅提到《中州集》《壬辰杂编》,称"纂修《金史》,多本其所著"④,那么,是不是意味着元好问未完成的野史著作与《金史》编纂毫无关系呢?恐不尽然。在元好问与欧阳玄等史臣之间,还有一个重要人物——王鹗。

王鹗与元好问同龄,金哀宗正大元年(1224)状元,曾在国史

---

① 《元好问文编年校注》卷五《与枢判白兄书》,中册,第935页。
② 《郝经集编年校笺》卷三五,下册,第908页。
③ 《金史(点校修订本)》卷一二五《元好问传》,第8册,第2893页。
④ 《金史(点校修订本)》卷一二五《元好问传》,第8册,第2893页。

馆共事。他们交往密切,元好问在《癸巳岁上中书耶律公书》中推荐五十四位"天民之秀",就包括"东明王状元鹗"。蒙古中统元年(1260),王鹗出任翰林学士承旨。与元好问一样,王鹗致力于编纂《金史》,除了编写《汝南遗事》之外,他努力争取官方力量,启动官修《金史》工作。在忽必烈即位之前,王鹗就向他建议修撰《辽史》《金史》,并向他推荐元好问、杨奂、李治等人作为《金史》工作班底①,但直到元好问去世,也未能启动《金史》编纂工作。王鹗无可奈何,只好自己撰写《金史大略》,并进入实际操作阶段,撰写了一部《金史稿》,最终为欧阳玄等编纂《金史》奠定了基础②。元好问给王鹗编写《金史稿》提供了两方面的支持:一是资金预算。据王恽记载,元好问曾与太一教道师萧道辅(字公弼)一起为早期《金史稿》编纂工作预算出"用银二千定"③。元好问在世时,蒙古国还没有发行中统交钞,所以市面上流通的应该还是金、银、铜等货币。按照金代的货币制度,一锭五十两,两千锭是个非常庞大的数字。二是资料支持。王鹗四方搜求资料,不遗余力,自然不会错过元好问搜集的资料。元好问先他十六年辞世,王鹗曾为《遗山集》写后引,他应该能访求到元好问的野史遗著,并吸收到自己的《金史稿》中,只是这一点已无法举证了。

就这样,给《金史》编纂做出诸多贡献的诗人元好问最终未能成为史学家,只能抱憾于九泉矣。

---

① 参见《元朝名臣事略》卷十二《王文康公》,第 239 页。

② 参见邱靖嘉:《王鹗修金史及〈金史稿〉探赜》,《史学史研究》,2016 年第 4 期。

③ 王恽:《玉堂嘉话》卷八,《王恽全集汇校》,第 3976 页。

九、元好问的书迹

　　元好问不以书法名家,却热衷于欣赏、品鉴书法,从现存大量精彩的书法评论来看,他至少是一位深谙书法的评论家,见诸记载的书迹不在少数,可实际留存的书迹太少,不足以展现其书法成就。现存书迹有以下十通:《重谒二仙庙题名》、《涌金亭示同游诸君子》、《米芾虹县诗跋》、《过阳泉冯使君墓》、《摸鱼子》(访楼桑)、《曲阜谒圣题名》、《古陶禅院题名》、《灵岩题名》、《崔真人画像赞》、《超化》等诗词文,其中《米芾虹县诗跋》为墨迹,其他几种都是石刻。这些书迹非常珍贵,已经引起书法界和文学界的关注,崔志诚、陈巨锁、李峭仑、徐传法、李卓阳等人都撰有专题文章,重点从书法角度加以评论和研究,狄宝心、张静、颜庆余等元好问研究者也都不同程度地注意到部分书迹,但其特点与文献意义还有待进一步发掘。

　　上述书迹大体可以分为四类:

　　第一类是比较纯粹的"到此一游"。大诗人元好问也不能免俗,留下三则类似书迹。一是蒙古太宗八年(1236)三月,元好问与赵天锡一同游览长清灵岩寺,在党怀英碑后留有一则题名:"冠氏帅赵侯、齐河帅刘侯率将佐来游,好问与焉。丙申三月廿五日题。"纯客观地纪实。二是《古陶禅院题名》:"己亥秋八月十有四日,自太原道往山阳,留宿于此。东山元好问裕之题。"古陶是平遥旧称,碑在超山百福寺。《山右石刻丛编》引《平遥县志》:"金元

遗山先生题，在超山。字如拳大，随意而书。"①己亥是蒙古太宗
十一年(1239)。同样只是简单的纪事题名，没有文学性，书写也
较为随意，字体结构松散，大小悬殊，不够美观。三是蒙古乃马真
后四年(1245)十二月拜谒曲阜孔庙，有《曲阜谒圣题名》："太原元
好问、刘浚明，京兆邢敏，上谷刘翊，东光句龙瀛，荡阴张知刚，汝
阳杨云鹏，东平韩让，恭拜圣祠，遂奠林墓。乙巳冬十二月望日谨
题。"他们一行八人恭恭敬敬地祭孔，题名而去，语气相当谦恭，书
写认真，严肃庄重，不足之处在于："林墓"二字太大；左行，第六行
另起，以示尊重，第七行另起，无甚必要；从第六行起，整行向左倾
斜，有损整体布局。这三则书迹都是人名＋地名＋时间的模式，
虽然与大众涂鸦近似，但书写水平高于一般游客，名人效应使得
他的"到此一游"式的题记具有了文物价值。

　　第二类是游记文学。有四篇书迹，真正体现出元好问不同于
"到此一游"式的文学家面貌。

　　第一篇是泰和五年(1205)清明节之前三日，元好问与五六位
年轻人一同游览山西陵川西溪二仙庙，即兴题壁，留下的一篇优
美的文学艺术品：

　　　　春服既成，同冠者五六人重谒二仙庙。沐浴乎□□河之
　　上，风凉于舞雩之下。看千岩之竞秀，增两目之双明。志飘
　　飘然，而足知所之。虽骖鸾跨鹤游三岛者，不似于此矣。乱
　　联数字以书于壁。时泰和乙丑清明前三日，并州元好问题。

　　　　期岁之间一再来，青山无恙画屏开。出门依旧黄尘到，
　　啼杀金衣唤不回。

----

①《山右石刻丛编》卷二九,《辽金元石刻文献全编》,北京图书馆出版社,
　2003年,第1册,第379页。

前面的序文开头四句化用《论语·先进》中曾点言志的话,描写他们一行春游于山川之间的行踪,将曾点的理想化为实际行为,看起来新意不多,却比较写实。后面寥寥几句将欣赏美景的盎然意兴和飘飘欲仙的快感,表现得如在目前,初步展现了元好问的少年才情。诗歌前两句纪游加写景,一年内两次游览,青山还像上次一样,美丽如画。后两句就传说中的二仙女说事,二仙庙中的仙女知道一出庙门,就是尘俗世界,所以任凭黄莺如何不住地啼唤,也不可能将二仙女唤回人间。末句暗用唐代金昌绪《春怨》中的诗句:"打起黄莺儿,莫叫枝上啼。啼时惊妾梦,不得到辽西。"较为巧妙。美中不足的是第三句"黄尘"景象与西溪秀美山水不协调,也与序文所写之清雅兴致相矛盾,艺术性稍显稚嫩。尽管如此,这是元好问十六岁所写,不仅是其现存最早的诗歌,还是现存最早的文学作品和书法作品。它与《摸鱼儿》(恨人间情是何物)一起有力地说明了元好问的聪明早慧,在诗、词、文样式上小露头角,展现出良好的发展潜力。书法上,这篇题记为正楷,清秀刚健,工整和谐。

第二篇是《摸鱼子》(访楼桑)词,作于蒙古乃马真后二年(1243)冬天。当时元好问从燕京回太原,途经河北涿州楼桑村刘备故里,顺道游览纪念刘备的汉昭烈庙。内容是凭吊刘备,感怀历史兴亡,刘备、诸葛亮等英雄人物都化为尘土,自己何苦来回奔波,还不如与老农一起饮酒逍遥。书迹为楷体,立碑呈正方形,字体端正圆润,分布均匀,当是元好问精心结撰而成。

第三篇是《涌金亭示同游诸君子》,无论从诗歌艺术还是书法艺术角度来看,这篇书迹都堪称精品。涌金亭位于今河南辉县市苏门山,山上泉水丰沛,日光照耀下呈金色,泉水旁有座涌金亭,上有苏轼书写"苏门山涌金亭"六字。元好问何时游览涌金亭?

有不同观点。有人说是贞祐南渡期间,翁方纲说是金哀宗正大五年(1228)担任内乡县令期间,李光廷和狄宝心说是蒙古定宗二年(1247)。笔者赞成后者。石刻拓本后有立石时间和立石人:"己酉清明日嵩阳王赞立石。"己酉是蒙古海迷失后元年(1249),王赞是元好问隐居嵩山期间的邻居,登封人,金亡后,曾不远千里去冠氏看望元好问,元好问称他"王生旧邻舍,穷达心不移"①,可见王赞比元好问年轻,崇拜元好问。王恽《祭子襄先生诗》也说"地下雷元是旧游"②,说明他卒于元好问之后。当元好问来到苏门山时,家在嵩山附近的王赞自然很积极地赶来陪同,并在事后不久将元好问的诗歌刻石立碑。立碑时间在一两年内较为合理。如果按照翁方纲所说,相隔二十余年,就不合常情。该诗为七言歌行体,从屹立的太行山脉写起,在博大的背景下突出苏门山,进一步聚焦山上的百泉水,用一系列的铺排诗句来形容泉水的喷涌奇绝之处,接着写雨天游山风云变幻之景,最后感叹人生短暂,主张纵情山水,放声高歌。全诗气势磅礴,纵横自如,五七言交错,开合跌宕,读之令人神往。清人翁方纲获得《涌金亭示同游诸君子》拓片后,喜不自禁,一再品题吟咏,称赞其诗歌气压山河,"长啸出天地,但恐河汾窄",称赞其书法超过了后来的傅山:"安闲乃神秀,正书始造极。后来傅山辈,欲近安可得!"(《书元遗山涌金亭诗石本》)这幅书迹也是楷书,完全没有诗歌的豪放跳脱之姿,类似柳体而稍纤瘦一些,确实如翁氏所说显得安闲神秀,但说超过书法家傅山,恐难免有溢美之嫌了。

　　第四篇是《超化》诗石刻。原诗为七言绝句,见元好问集,书

---

①《元好问诗编年校注》卷四《学东坡移居八首》(其八),第 2 册,第 757 页。
②《王恽全集汇校》卷十六,第 2 册,第 747 页。

迹为行书,拓片现存于国家图书馆。

第三类书迹是悼念故人。有两篇作品。一是七律《过阳泉冯使君墓》,写作时间不详,当为晚年途经阳泉所作,缅怀阳泉地方官冯大来,"前日褒衣笑皤腹,今年宿草即荒坟"。书迹为行草,拓片无落款。一是为全真教道人崔道演所写的《崔真人画像赞》。元好问在《五峰山重修洞真观记》中称赞他"道行孤拔,□坐山林,于世无所遇合"①。蒙古定宗二年(1247)正月,杜仁杰应泰山道士张志伟之请,为他的老师洞真观主撰写《真静崔先生传》,沈士元(字子政,号锦川散人)为崔真人画像,元好问、刘祁、杜仁杰为之作赞。《崔真人画像赞》现存于山东长清五峰山,该碑正面是画像及赞辞,背面是杜仁杰所写《真静崔先生传》。元好问赞辞正文四十六个字,陈垣编、陈智超和曾庆瑛整理校补《道家金石略》收录,其中有六个字漫漶不清,无法识读,仅能了解大概:

> 先世虚舟公以□其贤,惰车无伤□以□其全若天,冠裳伟然,须眉皓然,□以甚为若公之德□得之也□,而失之天欤?

画像碑由元好问篆额,在元好问赞辞之后,还有刘祁和杜仁杰的赞辞。碑额和赞辞的书写最为考究,用的都是难写的籀文。这也是元好问唯一籀文书迹。

第四类是书论。《米芾虹县诗帖》流传到金代,曾为金初田珏收藏;田珏被害之后,金世宗大定十一年(1171)为刘仲游购得,大定十三年刘仲游作《米芾虹县诗跋》。蒙古宪宗五年(1255),元好

---

① 《元好问文编年校注》卷五,中册,第917页。

问看见此帖,写下一篇跋文。米帖及刘、元二跋文现藏于日本东京国立博物馆。刘、元跋文最先为民国收藏家裴景福《壮陶阁书画录》所著录,元跋如下:

> 东坡爱海岳翁,有云:"米元章书,如以快剑斫蒲苇,无不如意。信乎,子敬以来一人而已。"又云:"清雄绝俗之文,超迈入神之字。"其称道如此,后世更无可言。所可言者,其天资高,笔墨工夫到,学至于无学耳。岁乙卯九日,好问书。

海岳翁指米芾。这篇跋文有点特殊,它没有评价米芾的《虹县诗》以及书法,而是泛论米芾书法。评论时,先引用苏轼两则言论,其中第一则言论现已不可考,黄庭坚曾说过米芾书法"如快剑斫阵"之类的话[1],第二则言论现存于苏轼致米芾的书信之中。然后元好问再发表自己的见解,称赞米芾天资高,书法已经到了"学至于无学"的妙境。跋文用行书写成,五整行,结体左低右高,用笔雄强劲健,代表了元好问行书的水平。

以上十篇书迹,虽然以石刻居多,但仍然能让我们窥见元好问的书法艺术,时贤已有论述,此处不再赘言。

书迹是别集辑佚和校勘的宝贵资源,历来为学人所重视。清人张穆将所见《吊冯大来副使诗》收入《元遗山先生集》,得到后人的一致认可,狄宝心《元好问诗编年校注》改题为《过阳泉冯使君墓》。翁方纲曾将《涌金亭示同游诸君子》拓片与集本对照,指出集本中的"微茫散烟萝"应依拓片作"微茫散烟螺"。实际上,这两个异文都可通,未必有是非之分。

元好问书迹仍有进一步利用的空间。

---

[1]《黄庭坚全集辑校编年》第十一辑《跋米元章书》,下册,第1575页。

　　就辑佚而言,通行本元好问集并没有全部网罗上述书迹。《元好问全集(增订本)》《元好问诗编年校注》以及《全辽金诗》等书都据《重谒二仙庙题名》石刻收录其中的诗歌,题作《西溪二仙庙留题》,遗憾的是都舍弃了前面那段近百字、富有文采的题记,不知何故,难道是没有看到书迹全文?《曲阜谒圣题名》《古陶禅院题名》《灵岩题名》这三篇"到此一游"式的书迹,尽管文学艺术性有限,但有助于考察元好问的生平与行踪,有助于全面认识元好问,也不应该弃之不顾。《崔真人画像赞》虽然有多处漫漶,但能见出他与全真教中人的交往,也应收录。

　　就校勘而言,有的异文往往能纠正错误,具有不可替代的校勘意义。《摸鱼儿·楼桑村汉昭烈庙》词,石本与通行本多有不同,如石本词牌作《摸鱼子》,没有"楼桑村汉昭烈庙"数字;首句作"访楼桑"而非"问楼桑"。通行本如《遗山乐府校注》并未引用石本。通行本中"荒坛社散乌声喧"一句,最为可疑。有些版本"喧"字作"□"。邱鸣皋先生指出其中的"喧"字错误,因为按照词律,这地方应该是一个仄声字,"乌声喧"是三平声,犯了大忌①。邱先生没有出手补字,想必没有注意到该词的石本。其实,早在咸丰五年(1855),就有另一位高人发现了问题。年轻多病的词人张家骧(1821—1855)校订元好问词,刊刻锄月山房本《遗山乐府》,他在《订误》中早有怀疑:"'声'下疑脱'乐'字,今姑空。"②赵永源《遗山乐府校注》引用了该条记录,未予采信,因为同样没有看到石本,在没有其他旁证的情况下,存疑付阙是严谨负责的态度。而石刻本正清清楚楚地写作"乌声乐"。张家骧仅凭自己的词学

①《唐宋词鉴赏辞典》,上海辞书出版社,1988年,下册,第2453页。
②《遗山乐府校注》卷三《摸鱼儿·楼桑呼汉昭烈庙》校记,第557页。

修养,居然能准确无误地添补一字,这种神奇的"理校"功力,令人击节叹服。《超化》诗石本与集本有多处异文,集本"秋风袅袅入僧窗",石本作"西风袅袅度僧窗";"却恨大梁三日醉"中的"大梁",石本作"汴梁";"不来超化作重阳",石本作"不来此处过重阳"。两相比较,似以石本为优。

　　就生平事迹而言,《超化》石本提供了一条可供思考的线索。狄宝心《元好问诗编年校注》将《超化》归入早年隐居嵩山期间的作品①。现存石刻诗后有元代至治二年(1322)僧大颙所撰题记,据此题记,元好问于丙辰(1256)暮秋游超化寺,根据"却恨汴梁三日醉,不来此处过重阳",诗当作于重阳节不久。这一年元好问六十七岁,已定居鹿泉,有《丙辰九月二十六日携家游龙泉寺》诗。年迈的元好问不可能在短时间内从嵩山附近的超化寺回到河北鹿泉寓所,何况该年元好问没有回汴京的经历。所以,丙辰应该有错。结合元好问的生平,怀疑是甲辰(1244)之误。该年秋,元好问曾回河南迁坟。是否可靠,存疑待考。

---

①《元好问诗编年校注》卷二《超化》编年,第 1 册,第 419 页。

十、元好问的跨民族交往

在中华民族漫长的融合过程中，跨民族交往是必由之路，是衡量民族关系融洽程度的重要标志。在边疆多民族混居地区，跨民族交往非常密切，通婚等现象比较普遍。唐代自由开明开放，跨民族交往相对活跃，一些少数民族成员能出任将相等要职，如爱读《左传》《汉书》的突厥将领哥舒翰，汉化程度很高，一些著名诗人投奔其幕下，高适还引为"知己"①。然而，总体来看，汉族文人的跨民族交往尚不够深入。李白、杜甫虽然都有诗赞美哥舒翰②，但都出于一时的干谒目的。后来，他们转而又说"君不能学哥舒，横行青海夜带刀，西屠石堡取紫袍"③，"请嘱防关将，慎勿学哥舒！"④高适的"知己"之感，也是源于对方的提携之恩。汉族文人与少数民族将领之间仍然比较隔膜。倒是日本遣唐使晁衡溺海而亡的传闻，引发李白写下了纯情的《哭晁卿衡》。宋代民族矛盾尖锐，汉族文人与辽金少数民族官员多是一些外交性的工作接触，如余靖与辽兴宗，范成大与金国接伴使耶律宝，杨万里与金

---

① 高适《登陇》："岂不思故乡？从来感知己。"
② 如李白《述德兼陈情上哥舒大夫》、杜甫《投赠哥舒开府翰二十韵》等。
③ 《李太白全集》卷十九《答王十二寒夜独酌有怀》，中册，第911页。
④ 《杜甫集校注》卷二《潼关吏》，第1册，第262页。

国使节裴满余庆，几乎没有多少友谊可言，反而伴有戒备之心。辽金元时期，少数民族执政，汉族文人的跨民族交往空前增多，汉族官员与少数民族官员工作往来已经是一种生活常态，因此跨民族交往也出现了一些新变。元好问就是与女真、契丹等民族交往较多的著名文人。

元好问本是鲜卑族，出自拓跋魏，但早已高度汉化，远祖是唐代诗人元结。某种程度上，元好问可以作为汉族文人的代表。他在金末为官至金亡不仕期间，与女真族、契丹族、蒙古族人员有着广泛的接触，其中大量一般性的接触时过境迁，了无痕迹，少量重要的交游形诸笔墨，成了我们考察民族融合过程中文人跨民族交往的珍贵样本。此前，降大任《元遗山新论》、狄宝心《元好问年谱新编》、王庆生《金代文学家年谱》等著作都有所论及，但尚未作为专题加以研究。本节拟选取元好问跨民族交往的重要对象，将之放在民族融合的背景下，探讨其交往的情境、特点，以便进一步了解民族融合的具体情形。以下将其交往的对象分为三类：一是以完颜璹为代表的金源女真贵族文人，二是以完颜斜烈兄弟、移剌瑗为代表的金代少数民族将领，三是以耶律楚材、耶律铸为代表的蒙古新政权的官员，分别论之。

（一）元好问与完颜璹的交往

在少数民族名流中，元好问与完颜璹的交往时间最早，感情最深。

完颜璹(1172—1232)本名寿孙，金世宗赐名璹，号樗轩老人、如庵，越王永功之子，先后封祚国公、密国公。元好问与他结交的具体时间难以确考①。明昌年间，朝廷限制诸王子与外人自由来往，出入受到严格管制。直到兴定五年（1221）越王永功去世以后，门禁才有所放宽，完颜璹才能走出家门，与文人交游。也正是这一年，元好问进士及第，但当时能"款谒"完颜璹的"不过三数人"而已②，元好问可能不在这三数人之内。后来，完颜璹交游范围大大拓展，俨然成了文人交流的中心，赵秉文、杨云翼、赵滋、元好问、雷渊、李汾、王郁、王革、冯璧、刘祁、麻革等不同年龄的文人都与他有交往。元好问对完颜璹相当崇敬，赞美有加，在完颜璹去世二十六年后，还自称"门下士"③。另一方面，完颜璹对年轻的元好问也很友好，称为"友人"④，可见两人关系之密切。一是女真贵族，一是年轻文人，他们的交往如何达到这种境界？在民族融合的进程中，他们的交往有何启示意义？

　　首先，完颜璹的汉化贵族身份及其民族平等意识是元好问等人与之跨民族交往的前提。

　　天潢贵胄是完颜璹的金字招牌，元好问等人称赞完颜璹，都没有忘记他的贵胄身份。"宣平坊里榆林巷，便是临淄公子家。"⑤"名都盘盘魏大梁，黄金甲第罗康庄……兴陵之孙越王子，天以人瑞归明昌。"⑥一般情况下，贵胄身份会成为与普通文人跨

① 狄宝心《元好问年谱新编》（中国文联出版社，2000年，第98页）认为元好问结交完颜璹是在正大元年（1224），可参。
②《元好问文编年校注》卷六《如庵诗文序》，下册，第1487页。
③《元好问文编年校注》卷六《如庵诗文序》，下册，第1488页。
④ 完颜璹有《得友人书》："闻有诗来喜欲狂，紫芝眉宇久难忘。别离唯叹我头白，诗句屡成君马黄。"见《中州集校注》卷五，第4册，第1432页。
⑤ 王郁：《饮密国公诸子家》，《中州集校注》卷七，第6册，第2072页。
⑥《元好问诗编年校注》卷三《密公宝章小集》，第2册，第672页。

民族交往的障碍,但完颜璹却不同于其他王孙贵族。一是他借助其贵胄出身和优越的家庭条件,学习汉文化。其父亲完颜永功已有汉化倾向,"涉书史,好法书名画"①;完颜璹更加汉化,"少日学诗于朱巨观(朱澜),学书于任君谟(任洵),遂有出蓝之誉"②,他的诗画都足以名家。二是完颜璹身为贵族而"殊无骄贵之态"③,"至诚接物,不知名爵为何物"④。作为少数民族统治集团中的一员,他能放下贵族身段,与其他非统治集团、非女真族的普通文人保持平等的姿态,真正体现了民族平等的意识。一些布衣之士(如赵滋)因此能登堂入室,"与之商略法书、名画"⑤。平等意识是元好问等人乐于与完颜璹交往的基础,也是完颜璹广受爱戴和尊重的原因。

其次,完颜璹的文人角色是元好问跨民族与之交往的重要基础。

由于受皇权的猜忌和压制,完颜璹一生几乎没有担任什么军政职务,"金紫若国公,虽大官,无所事事,止于奉朝请而已。密公班朝著者,如是四十年"⑥。虽然他有忧国之心,临终病重之际,还愿意代替曹王出质蒙古,虽然也有文武之才,如元好问所说,"袖中正有活国手"⑦,"当颙面正朝之任,长辔远驭"⑧,但他始终

①《金史(点校修订本)》卷八五《世宗诸子·越王永功传》,第6册,第2022页。
②《中州集校注》卷五《密国公璹》,第4册,第1412页。
③《归潜志》卷一,第4页。
④《元好问文编年校注》卷六《如庵诗文序》,下册,第1487页。
⑤《元好问文编年校注》卷五《蘧然子墓碣铭》,中册,第548页。
⑥《元好问文编年校注》卷六《如庵诗文序》,下册,第1486页。
⑦《元好问诗编年校注》卷三《密公宝章小集》,第2册,第673页。
⑧《元好问文编年校注》卷六《如庵诗文序》,下册,第1488页。

没有施展的机会,只是象征性地参加一些朝廷活动,自嘲"无用老臣还有用,一年三五度烧香"①。他实际上是位受到冷落的贵族,是位政治边缘化的人物。这一点很像清代满族王孙岳端,因为政治失意而广泛结交孔尚任等京都汉族名士。政治失意促使完颜璹偏离女真贵族常见的人生道路,表现为两种取向:一是由统治集团边缘不时跨出女真统治集团。从现存诗歌来看,他交往的基本上都是汉族文人,而鲜有女真贵族,正如王郁所形容的"寂寞画堂豪贵少"。在金末女真贵族中,还没有谁像他这样广泛交结汉族文人。二是走出官场,淡泊名利,"薄于世味"②,"家居止以讲诵、吟咏为乐"③,他由官场中人差不多变为一般文人了。在很多人眼中,完颜璹就是一位地道文人。刘祁说他"举止谈笑真一老儒"④,麻革说,"人知尊帝胄,我但识儒冠"⑤。他的文人角色得到了普遍认同,所以,元好问等人与之交往就有了共同的身份——文人。

作为文人,完颜璹又独具两大卓异之处。一是他嗜好法书名画,家藏特别丰富,连箱累箧,"所藏名画,当中秘十分之二"⑥。贞祐南渡时,有些皇室成员忙于搬运金玉之类珍宝,而完颜璹尽其所能,抢运法书名画,"宝惜固护,与身存亡,故他货一钱不得著

---

①《元好问文编年校注》卷六《如庵诗文序》,下册,第 1487 页。

②《中州集校注》卷五《密国公璹》,第 4 册,第 1412 页。

③《归潜志》卷一,第 4 页。

④《归潜志》卷一,第 4 页。

⑤麻革:《密国公挽词》,房祺编,张静校注:《河汾诸老诗集》卷一,三晋出版社,2017 年,第 39 页。

⑥《元好问文编年校注》卷一《题樗轩九歌遗音大字后》,上册,第 106 页。

身"①。其中有许多名贵字画,元好问说:"王家书绝画亦绝,欲与中秘论低昂。"仅元好问提到的就有柳公权《紫丝鞋》、欧阳询《海上》、杨凝式《乞花》、米芾《华佗》等②。这些字画不仅是完颜璹展玩的对象,也是吸引他人的宝贵资源。每当客人来访时,完颜璹就与客人"相与展玩,品第高下"③,元好问《如庵诗文序》形容其情景曰:

> 名胜过门,明窗棐几,展玩图籍,商略品第顾、陆、朱、吴笔虚笔实之论,极幽渺。及论二王笔墨,推明草书学究之说,穷高妙。而一言半辞,皆可记录。典衣置酒,或终日不听客去。

刘祁记载他的亲身经历:他去完颜璹家拜访,完颜璹"出其所藏书画数十轴,皆世所罕见者"④。完颜璹本人精于书画鉴赏,也擅长书画。元好问称其"字画清健"⑤,"字画得于苏、黄之间"⑥。绘画亦能入品,金人祖唐臣藏有他的两幅画作《败荷野鸭》《风柳牧牛》,元好问为之作《祖唐臣所藏樗轩画册二首》,清人王毓贤《绘事备考》称其"喜写墨竹,另一规格,颇近自然",有《淇水修篁图》等八幅作品传世。书画之外,完颜璹还有另一独擅之处,就是精通《资治通鉴》:"读《通鉴》至三十余过,是非成败,道之如目前"⑦,"于书无所不读,而以《资治通鉴》为专门,驰骋上下千有三百余年之事,其善恶是非、得失成败,道之如目前。穿贯他书,考

①《元好问文编年校注》卷六《如庵诗文序》,下册,第 1486 页。

②《元好问诗编年校注》卷四《密公宝章小集》,第 2 册,第 672—673 页。

③《元好问文编年校注》卷一《题樗轩九歌遗音大字后》,上册,第 106 页。

④《归潜志》卷一,第 4 页。

⑤《元好问文编年校注》卷一《题樗轩九歌遗音大字后》,上册,第 106 页。

⑥《元好问文编年校注》卷六《如庵诗文序》,下册,第 1487 页。

⑦《中州集校注》卷五《密国公璹》,第 4 册,第 1412 页。

证同异,虽老于史学者不加详也。"①元好问本人并不以书画、史学著称,但完颜璹的这两大专长无疑会引发他的兴趣,给他留下特别深刻、美好的印象,所以才一再予以称道。

第三,完颜璹的承平王孙故态强化了元好问对他的怀念之情。

完颜璹爱好诗词创作,取得不俗的成就,晚年曾自刊《如庵小稿》五卷,收诗三百首,词一百首,赵秉文为之作序。诗词创作向来是文人交往的重要媒介。完颜璹与王革唱酬,"相得甚欢",针对其"赤心遭白眼,笑面得嗔拳"的牢骚,赠诗与他:"柳塘云观千钟酒,笑面嗔拳五字诗"②。从现存材料来看,完颜璹至少还与赵秉文、刘从益、刘祁、王郁、冯璧等人有诗文往来。可惜元好问与完颜璹诗文往还资料保存不够完整。完颜璹有回赠元好问的《得友人书》一诗,而元好问的原作不可考。元好问另有《摘瓜图二首》《题樗轩九歌遗音大字后》,虽与完颜璹相关,却不是与他的唱酬之作。传世较多的是一些怀念完颜璹之作,突出地体现了元好问与完颜璹之间超越功利的深挚友情。完颜璹去世第二年(1233),元好问编纂《中州集》,为他作小传,称他是"百年以来,宗室中第一流人也"③;次年元好问作《密公宝章小集》,大力颂扬他的家世、个性和才华,抒发"丘山零落可怜伤"的哀悼之情。元好问甚至能记住完颜璹的忌日(五月十一日),动情地怀念他,"遗后交情老更伤,每逢此日倍难忘"④。元好问在自己的临终之年

①《元好问文编年校注》卷六《如庵诗文序》,下册,第1487页。
②《中州集校注》卷七《王主簿革》,第6册,第1951页。
③《中州集校注》卷五《密国公璹》,第4册,第1412页。
④《元好问诗编年校注》卷五《五月十一日樗轩老忌辰追怀》,第4册,第1616页。从诗末自注"公墓今为乱冢所迷"来看,该诗当作于完颜璹卒后多年。

（1257），还以"门下士"的身份，为新刊《如庵小稿》写下长篇序文《如庵诗文序》，借作序之机为他作传，寄托哀思和悼惜之情。

元好问尊崇、怀念完颜璹的重要原因是完颜璹具有承平王孙故态，代表着金源王朝承平时代，元好问反复提到这一点：

> 风流蕴藉，有承平时王孙故态，使人乐之而不厌也。
>
> ——《中州集》卷五《密国公璹》
>
> 承平故态耿犹在，拂拭宝墨生辉光。
>
> ——《密公宝章小集》
>
> 题诗忆得樗轩老，更觉升平是梦中。
>
> ——《祖唐臣所藏樗轩画册二首》
>
> 炉薰茗碗，或橙蜜一杯，有承平时王家故态，使人爱之而不能忘也。
>
> ——《如庵诗文序》

在金末动荡之际，完颜璹身上所具有的承平王家故态，格外难得，金亡之后，这种承平故态更成了金王朝的历史记忆。元好问在怀念完颜璹的同时，其实也寄托了他的故国之思。

完颜璹的民族平等意识、文人身份、承平王孙故态等众多优异品质吸引了元好问等文人跨民族与其交往，他们的交往几乎臻于民族融合的最佳状态：平等、融洽、友好、纯挚、深情。虽然这只是特殊的个案，却是民族融合过程中难得的范例。这一范例告诉我们，不论具有政治、军事强势的女真贵族还是具有文化优势的汉族文人，都应具有民族平等的观念，尤其是居于统治地位的少数民族，其态度在民族融合过程中更是起着决定性的作用。

(二)元好问与完颜斜烈兄弟、
移剌瑗等将领的交往

常言道,秀才遇到兵,有理讲不清。跨民族与将帅交往自然
更加困难。金代很多将帅是世袭猛安、谋克,是不学无术的膏粱
子弟,如完颜讹可,只是擅长打球,号称"板子元帅";纥石烈牙忽
带跋扈骄横,喜欢用鼓椎击人,号"卢鼓椎","尤不喜文士"①,经
常作弄文人。对这样的将帅,即使其本民族文人也难以交往,遑
论他族文人。但是,以将帅为首的军人是一支庞大队伍,民族融
合不能长期将他们置之于外。在元好问的跨民族交往中,就包含
了完颜斜烈、完颜陈和尚、移剌瑗等将帅,从另一个方面体现了民
族融合的深化趋势。

女真将领完颜斜烈(? —1227)字国器,汉名鼎,毕里海世袭
猛安,二十岁即以善战闻名,曾任寿州、泗州元帅,转任安平都尉,
镇守商州,元好问亲切地称之为"商帅"。正大三年(1226),罢帅
职,移屯方城(今河南方城)。他的堂弟完颜陈和尚(1192? —
1232)原名彝,字良佐,小字陈和尚,多年追随完颜斜烈。正大三
年因事入狱,次年完颜斜烈病故后,金哀宗予以特赦,完颜陈和尚
出任忠孝军提控,与蒙古军激战,屡立战功。开兴元年(1232)正
月,与蒙古军决战三峰山,战败,退守钧州,巷战时壮烈牺牲。元
好问大概于正大三年四月前后进入完颜斜烈幕府,秋末离开,与
他们兄弟交往的时间不长。另一将帅移剌瑗(? —1235)字廷玉,
本名粘合,世袭契丹猛安,兴定三年(1219)与完颜承裔一起攻宋,

————————

① 《归潜志》卷六,第 64 页。

正大四年(1227)前后任邓州节度使,元好问称之为"邓州相公""邓州帅"。天兴二年(1233)邓州危急,移剌瑗率邓州军民投降南宋,改名刘介,不久病卒。元好问于正大七年(1230)春应邀进入移剌瑗幕府,秋天辞职离开。元好问与这三位将帅的交往时间前后不足两年,这固然说明文人与军人的交往不及文人之间长久,同时也说明这种交往比较难得,更值得我们关注。

　　元好问等人与完颜璹交往的重要基础是相同的文人身份及相近的爱好,那么,他与少数民族将帅的交往,其基础又是什么?汉语文学还能否发挥积极的作用?

　　通过考察,我们发现汉语文学和文化仍然是元好问跨民族与军人交往的基础。他所交往的完颜斜烈等人并非纯粹的武夫,而普遍具有一定的汉化倾向,喜爱汉语文学,喜爱与汉族士大夫交游。刘祁《归潜志》卷六曰:

> 　　南渡后,诸女直世袭猛安、谋克往往好文学,喜与士大夫游。如完颜斜烈兄弟、移剌廷玉、温甫总领、夹谷德固、尤虎邃士玄、乌林答爽肃孺辈,作诗多有可称。[1]

具体说来,完颜斜烈"性好士,幕府延致文人",初到商州时,"一日搜伏,于大竹林中得欧阳修子孙,问而知之,并其族属乡里三千人皆纵遣之"[2]。完颜陈和尚"为人爱重士大夫"[3],跟随幕中文人王渥学习经学和书法。"谦谦折节下士,从诸公授《论语》《春秋》,读

---

① 此处句读与标点本有异。参拙作《读〈归潜志〉校点本献疑》,载《书品》1999年第5期。

② 《金史(点校修订本)》卷一二三《完颜斜烈传》,第2829页。

③ 《归潜志》卷六,第62页。

新安朱氏《小学》,以为治心之要"①,空暇时,潜心向学,"军中无事,则窗下作牛毛细字,如寒苦一书生"②。移剌瑗与其兄弟移剌买奴"弟兄皆好文,幕府延致名士",移剌买奴"读史书,慷慨有义气,喜交士大夫,视女直同列诸人奴隶也"③。

元好问不以军事见长,也没有表现出多大的军事兴趣。在幕府中,元好问没有军事方面的建树,只是发挥其文人的特长。完颜斜烈南阳打猎,元好问与王渥等幕下文人赋词《水龙吟》,铺写其壮勇军威,祝愿他建立军功,"问元戎早晚,鸣鞭径去,解天山箭"(元词),"万里天河,会须一洗,中原兵马"(王词)。完颜斜烈、完颜陈和尚南阳饮酒,元好问作词《三奠子》(上高城置酒)助兴,感叹"中原鹿,千年后,尽人争"。移剌瑗举行寿宴,元好问即兴创作《定风波》(白水青田万顷秋),写出"好把襄江都酿酒,为寿,寿星光彩动南州"等喜庆词句。"诗可以群",元好问的这些应酬之作,主要发挥其交往、娱乐功能,有利于他与将帅之间建立起友善、融洽关系。元好问在与他们相处期间,还有一些主动交往之作。完颜陈和尚因命案入狱,元好问特意寄给他《浣溪沙》(百折清泉绕舍鸣)词,安慰他"等闲荣辱不须惊";元好问还同情其情人,作《贺新郎·箜篌曲为良佐所亲赋》(赴节金钗促)词,摹写其落寞情状,"破镜何年清辉满,寂寞佳人空谷",安慰她人生无常,"人间事,寻常翻覆"。元好问甚至还代完颜陈和尚赠她《桃源忆故人·代赠良佐所亲》,这体现了元好问与完颜陈和尚之间不错的私人交情。

---

① 《元好问文编年校注》卷一《良佐镜铭》,上册,第 108 页。
② 《元好问文编年校注》卷三《赠镇南军节度使良佐碑》,上册,第 280 页。
③ 《归潜志》卷六,第 63 页。

　　跨民族交往是一种双向活动。完颜斜烈、移剌瑗等人也主动与元好问诗歌往还。完颜斜烈曾经梦中作诗，预感金王朝行将灭亡，将梦中所得诗句告诉元好问（详见后文）。移剌瑗比完颜斜烈更喜欢创作汉语诗歌，多次与元好问唱酬。从元好问《月观追和邓州相公席上韵》（五律）、《新野先主庙（次邓帅韵）》（七律）等诗来看，移剌瑗已经掌握了律诗的写作规范，可惜移剌瑗的原作已经失传。元好问多次为他作诗，如《巨然秋山为邓州相公赋》《横波亭·为青口帅赋》等等。早在进入邓州幕府之前，元好问就以诗代简，向他乞酒：

　　　　寒日山城雪四围，空斋孤坐意多违。江州未觉风流减，可使陶潜望白衣。

　　　　　　　　　　　　——《从邓州相公觅酒，时在镇平》①

山城大雪，诗人寂寥怅惘，期望移剌瑗能派白衣使者给他送些酒来，可以想见，移剌瑗一定心领神会，满足其需求。在这里，诗歌是文人与军人跨民族、跨行业联系的纽带。

　　作为军人，完颜斜烈、完颜陈和尚、移剌瑗等人除了敬重文人、爱好文史之外，还有其他一些优秀品质赢得了元好问的认可。孝、悌、忠、礼这些与儒家文化密切相关的品质在他们身上都有所体现。换言之，儒家文化是元好问跨民族交往军人的又一基础。

　　贞祐年间，完颜斜烈、完颜陈和尚被蒙古军所俘虏，完颜陈和尚的母亲留在丰州，他要求探望母亲，获准后，途中杀死蒙古监卒，"奉太夫人而南"，"既而失马，载太夫人以鹿角车，而兄弟共挽

────────────

① 《元好问诗编年校注》卷三，第2册，第512页。

之"①。此事体现了他们兄弟对金王朝的忠心、对母亲的孝心,也体现了他们的智勇。完颜陈和尚入狱后,完颜斜烈久病初愈,朝见金哀宗,金哀宗有感于他的牵挂,特意赦免其罪②。完颜斜烈为救助陈和尚尽了兄长之责,体现出他们兄弟之间的情义。作为金代名将,完颜陈和尚在对蒙古作战中,连续获得大昌原、卫州、倒回谷等战役的胜利,最后在钧州英勇就义。其事迹震动内外,有蒙古人说,金王朝百年,"唯养得一陈和尚耳"③,朝廷特诏赠完颜陈和尚镇南军节度使。元好问高兴地接受宰相交代的任务,为之撰写《赠镇南军节度使良佐碑》,详细叙述其生平,高度赞扬其忠勇品质。

完颜斜烈、移刺瑗等人还通情达理。元好问入幕不久,就要求辞职,完颜斜烈没有阻拦,元好问有《即事》诗,题下自注曰:"商帅国器见免从军。"全诗如下:

> 逋客而今不属官,住山盟在未应寒。书生本自无燕颔,造物何尝戏鼠肝。

> 会最指天容我懒,鸱夷盛酒尽君欢。到家慈母应相问,为说将军礼数宽。④

该诗没有酬赠目的,只是即兴抒怀,多用《庄子》典故,表达无意于功名的萧散情怀,末尾向老母亲夸赞将军的礼数宽,当非虚辞。"礼数宽"是完颜斜烈的品质,也是元好问与他保持良好关系的原

---

① 《元好问文编年校注》卷三《赠镇南军节度使良佐碑》,上册,第 280 页
② 《元好问文编年校注》卷三《赠镇南军节度使良佐碑》,上册,第 286 页。
③ 《元好问文编年校注》卷三《赠镇南军节度使良佐碑》,上册,第 279 页。
④ 《元好问诗编年校注》卷二,第 1 册,第 331 页。

因。第二次辞职后,元好问特意作诗感谢移剌瑗的恩准:

> 忧端扰扰力难任,世事骎骎日见临。三载素冠容有愧,
> 一时墨绖果何心?首丘自拟终残喘,陟屺谁当辨苦音?遥望
> 朱门涕横落,相公恩德九泉深。
>
> ——《谢邓州帅免从事之辟》①

元好问进入移剌瑗幕府,尚在丁母忧期间。丧服从戎,心已愧疚
不安,又逢艰难时世,急流勇退不失为明智之举。否则,元好问很
可能像白华一样,随之降宋。从诗中感恩戴德的语气来看,元好
问能如愿辞职,恐非易事。由此也可见出,移剌瑗比较宽厚大度。

元好问与完颜斜烈、移剌瑗等将帅的交往,主要发生在入幕
府期间。他辞职后,很少再提及他们。除了在碑文中表彰完颜陈
和尚之外,元好问只是分别提起过一次完颜斜烈、移剌瑗。天兴
二年(1233)四月汴京沦陷后,元好问作《俳体雪香亭杂咏十五
首》,其六曰:"诗仙诗鬼不谩欺,时事先教梦里知。禁苑又经人物
散,荒凉台榭水流迟。"自注:"十年前,商帅国器方城梦中得后二
句,为言如此。"②其中对完颜斜烈不无怀念之情。蒙古乃马真后
元年(1242),元好问作《资善大夫武宁军节度使来夹谷公神道
碑》,谈及移剌瑗"雅敬"夹谷土剌,只是一笔带过。与深情怀念完
颜璹不同,元好问与完颜斜烈、移剌瑗等将帅更多是上下级工作
关系,其感情融洽程度、持久程度都要逊色一些,其原因主要不是
源于跨民族,而是源于跨职业身份。

---

①《元好问诗编年校注》卷三,第 2 册,第 544 页。
②《元好问诗编年校注》卷四《俳体雪香亭杂咏十五首》其六,第 2 册,第 636
　页。按,十年,一本作廿年。狄宝心《元好问年谱新编》考为"七年"之误,
　可从。见该书 114 页。

　　从上文来看,完颜斜烈、移剌瑗等人的汉化倾向和儒家文化修养是元好问等汉族文人与之交往的基础,汉语诗词是他们联系的重要纽带。将帅与文人的职业差别导致他们的交往时间不长,感情不深,这种现象不仅在跨民族交往中不可避免,即使同一民族内部交往中也普遍存在。所以,我们不能因为元好问与完颜斜烈、移剌瑗等人交往时间不长、感情不深就怀疑他跨民族交往的态度,贬低这类交往的意义。相反,我们更应该看到这种交往的难度,肯定其探索意义。

(三)元好问与耶律楚材、耶律铸的交往

　　耶律楚材(1189—1243)、耶律铸(1221—1285)父子是蒙古新政权的高官。元好问身为金亡不仕的遗民,与他们的交往,不仅是跨民族,还多了一层跨政权、“境外之交”①的意味,难度更大,更容易引发诸多议论。

　　金亡之前,元好问没有与耶律楚材、耶律铸交往的记录,但应该有了一定的交往基础。一是元好问对耶律楚材之父耶律履比较了解,对其为人、绘画等评价颇高。其《跋文献张果老图》诗作于金亡之后,评价其功名事业:“耆旧能谈相国贤,功名欲占冷岩前。清风万古犹应在,未用仙公甲子年。”②元好问从前辈那里了解到耶律履的美名,认为其地位超过了此前最贤明的宰相完颜守贞(号冷岩)。二是耶律楚材的两位兄长耶律辨才(1171—1237)、耶律善才(1172—1232)都在金王朝为官,金末与元好问同在汴京

---

① 《瓯北诗话校注》卷八,第 338 页。
② 《元好问诗编年校注》卷五,第 3 册,第 1100 页。

围城中,他们应该相识。元好问在耶律善才墓志铭中,说他们有过"一日之雅"①的短暂交往,耶律辨才之子耶律镛还曾师从元好问②。这些为元好问后来与耶律楚材、耶律铸的交往做了铺垫。

元好问与耶律楚材、耶律铸父子的交往主要有两次。第一次是天兴二年(1233)四月二十二日,当时汴京已沦陷,元好问上书耶律楚材(即《癸巳岁寄中书耶律公书》),其核心内容是向耶律楚材推荐五十四名金代人物,请求对方保护、任用这批人才。元好问此举当即引起责难,当代学者摆脱名节纷扰,越来越理解其"仁人之用心",理解此举的重大文化意义。第二次是蒙古乃马真后二年(1243),元好问应耶律楚材、耶律铸父子之邀,北上燕京,为耶律履、耶律辨才、耶律善才撰写神道碑或墓志铭,此举也很快招来许多非议。对此,当代学者已有较多的考辨③,不再赘述。需要关注的是,元好问与耶律楚材等政要交往的平台是什么?他们这种跨民族交往的状态如何?

金亡之前,元好问声誉日隆,已是文人翘楚。他相信自己的声誉和地位能够赢得耶律楚材的重视,所以才在危亡之际挺身而出,以"斯文为甚重"④,上书耶律楚材。后来,随着金源故老的陆续谢世,元好问遂为一代宗匠。耶律楚材邀请他为其父兄撰写碑文,正是看中他的名望。耶律铸说得很直白,由于不满意此前魏

①《元好问文编年校注》卷五《龙虎卫上将军耶律公墓志铭》,中册,第717页。
②《元好问文编年校注》卷五《奉国上将军武庙署令耶律公墓志铭》:"镛弱冠而有老成之风,以尝从予学,来请铭。"(中册,第712页)
③如王国维《耶律文正公年谱·余记》,姚从吾《元好问癸巳上耶律楚材书的历史意义与书中五十四人行事考》《金元之际元好问对保全中原传统文化的贡献》、黄时鉴《元好问与蒙古国关系考辨》、降大任《元遗山新论》等等。
④《元好问文编年校注》卷四《癸巳岁寄中书耶律公书》,上册,第307页。

搏霄所撰耶律履墓碑,所以要借元好问之笔,传之"百世之下"①。文人身份、文坛声望、名人效应是元好问这位金源遗民与蒙古政要交往的资本。

可是,很多时候,文统不能抗衡政统。元好问在与耶律楚材、耶律铸父子交往过程中,基本处于弱势地位,双方并不平等。为了达到为士人请命的目的,元好问不得不向耶律楚材这位同龄高官求助。由于交浅言深,口气不得不特别卑恭谨慎,始则曰"门下士太原元某谨斋沐献书中书相公阁下",继则曰"门下贱士",末则曰"冒渎台严,不胜惶恐之至"②。这次上书是有求于耶律楚材,谦称门下士云云,有不得已的因素,同时不排除含有尊敬、佩服耶律楚材其人的成分。后来,元好问应邀赴燕京,为其父兄撰写碑文,形势有所好转。完成撰碑之后,耶律铸再次邀请他赴京,元好问予以谢绝,"孤奉恩礼,死罪死罪"③云云,措辞仍然谦恭。特别是为耶律铸《双溪集》作序,仍自称"门下士元某"④。元好问比耶律铸年长二十一岁,向晚辈也如此自谦,不免客套,体现出无冕文人与上层统治者之间的不平等关系。

这种出于功利目的、建立在不平等基础之上的跨民族交往,其感情自然比较隔膜。元好问现存诗词中没有与耶律楚材、耶律铸唱和的作品。耶律楚材有《和太原元大举韵》诗,在诗中表达未能提携元好问的愧疚之情,鼓励元好问继承唐代元稹的相业。耶律铸有《送元遗山行》诗:"燕北秋风起,幽光满地开。既邀今日

①《元好问文编年校注》卷五《故金尚书右丞耶律公神道碑》,中册,第706页。
②《元好问文编年校注》卷四《癸巳岁寄中书耶律公书》,上册,第307—311页。
③《元好问文编年校注》卷五《答中书令成仲书》,中册,第813页。
④《元好问文编年校注》卷五《双溪集序》,中册,第816页。

别,合道几时来。白玉烟沉阁,黄金草暗台。不须伤老大,珍重掌中杯。"①借景抒发惜别之情,期待将来能再次相逢,感情真实,似是诗人间的交往。可是元好问在为耶律铸诗集作序时,大谈作诗之难,虽也称赞耶律铸具有诗歌天赋,"天资高,于诗若夙习,故落笔有过人者",却仍然将他当成官员,希望他用心政治,"朝议以四世五公待阁下,天下大夫士以太平宰辅望阁下"②。元好问与他们的交往招来许多中伤,不得不对他们敬而远之。耶律楚材去世后,"天下士大夫莫不涕泣相吊"③,河汾诗人麻革有《中书大丞相耶律公挽词二首》,曹之谦有《中书耶律公挽词》,抒写其哀挽之情,而元好问却没有挽词传世。是没有创作挽词还是失传?现已不可知,但或许可以看出,元好问有所顾忌。另一方面,耶律铸也没有再邀请元好问为其父撰写碑文。倒是耶律楚材大葬之后,元好问、吕鲲等人陪耶律铸游香山寺,元、吕等人各赋诗,耶律铸有和元好问诗:"人去豪华山好在,梦回歌舞水空疏。"④

应该说,耶律楚材、耶律铸父子是蒙古前期比较开明进步的官员,为革新弊政、开创文治做出了杰出贡献,与中原文士有着广泛的交往。元好问与他们的交往为什么显得不够融洽?

原因不在于民族差异,元好问生活在少数民族政权下,跨民族交往不成问题。跨阶层、跨地域也许是原因之一。金亡后,元好问没有官职,与对方高官悬殊太大。他们之间没有同事经历,一在家乡山西,一在燕京,交往不便。更重要的原因不是来自对

---

① 耶律铸:《送元遗山行》,《全元诗》,第 4 册,第 35 页。
② 《元好问文编年校注》卷五《双溪集序》,中册,第 816 页。
③ 宋子贞:《耶律楚材神道碑》,《湛然居士文集》附录,第 333 页。
④ 赵著:《双溪小稿序》,《金代诗论辑存校注》,下册,第 697 页。

方,而是来自汉民族内部,来自易代之际的名节观。传统的名节观主张高蹈远引,主张不仕异族、不仕二主、不食周粟,主张为国尽忠,以身殉国。元好问作为金源遗民、中原儒士的代表,他的言行举止自然成为舆论的焦点,对他的要求自然更加苛严。而耶律楚材恰恰是蒙古新政权的代表,与他交往就成了与名节相关的事件。元好问上书耶律楚材,请求保全士人,由于出于群体利益,尚且能够得到一些理解与宽容;而为其父兄撰写碑文,不免引发夤缘干进、谋取私利等多方猜测:"百谤百骂,嬉笑姗侮,上累祖祢,下辱子孙。"非难的激烈程度远出元好问的意料。受此打击,元好问岂能无所忌惮? 所以,当耶律铸有意再邀请他,谋求"特达之遇"时,他则"断不敢往"①。可见,儒家文化中的名节观成了易代之际跨民族交往的一大障碍,成了牵制民族融合的负面力量。

　　除耶律楚材、耶律铸父子之外,元好问还有一些其他交往。蒙古宪宗二年(1252),元好问以中原一代宗工、汉民族文化代表的身份,与张德辉一同觐见忽必烈,成功奉请他担任儒教大宗师,蠲免儒户兵赋,从而扩大了汉文化的影响,提高了儒学的地位。这时,儒学成了促进民族融合的思想资源。在家乡,元好问还与太原人郝和尚拔都有所交往。郝和尚拔都(? —1252)先世为蒙古朵鲁班部人,幼为蒙古兵所掠,擅长翻译,善于骑射,拖雷监国元年(1228)任太原府主帅,征讨南宋,太宗十二年(1240)封万户,定宗三年(1248)镇守太原。元好问与他比较友好,自称"素善郝侯"②,其《赠郝万户》盛称其功业。郝和尚拔都让其子郝天挺

---

①《元好问文编年校注》卷五《答中书令成仲书》,中册,第813页。
②《元好问文编年校注》卷五《资善大夫武宁军节度使夹谷公神道碑铭》,中册,第655页。

(1247—1313,字继先)从元好问学诗,郝天挺后来历任吏部尚书、中书左丞、河南平章政事等要职,曾注释其师所编《唐诗鼓吹》一书。诗歌再度成为他们跨民族交往的工具。

总之,元好问与耶律楚材、耶律铸、忽必烈等高层的交往,受制于权力和体制,显得不平等不自在。文统与政统之间的距离,儒家文化的名节观,阻碍了跨民族交往的感情交流,加大了民族融合的难度。

综观元好问跨民族交往的类型,与完颜璹的交往属于文人间的交游,难度最小,私人性最强,感情最为融洽、最为持久;与完颜斜烈等军人的跨职业交往,难度较大,是以工作为基础、以诗词为工具形成的友好关系,属于常见的半公半私性质,时间较短,工作结束,交往也就基本中断;金亡后与耶律楚材、耶律铸等新政权官员的交往,难度最大,时间最短,目的性最强,深受名节观、政统的困扰,难以达到平等融洽。三种类型难度不同,意义和影响也有所不同,分别从不同的角度推动着民族融合。元好问一直以文人身份为平台,以汉语创作为介质,进行跨民族交往,汉语文学始终是民族融合的重要黏合剂。

主要参考文献

《白居易集笺校》，白居易撰，朱金城笺校，上海古籍出版社，
　　1988年。

《白雨斋词话》，陈廷焯著，杜维沫校点，人民文学出版社，1981年。

《才调集》，韦縠编，上海古籍出版社，1993年。

《沧浪诗话校释》，严羽著，郭绍虞校释，人民文学出版社，1983年。

《曹植集校注》，曹植著，赵幼文校注，中华书局，2016年。

《词话丛编》，唐圭璋编，中华书局，1986年。

《带经堂诗话》，王士禛著，张宗楠纂集，戴鸿森校点，人民文学出
　　版社，1982年。

《东垣医集》，李东垣撰，丁光迪、文魁编校，人民卫生出版社，
　　1993年。

《杜甫集校注》，杜甫著，谢思炜校注，上海古籍出版社，2015年。

《范石湖集》，范成大撰，上海古籍出版社，1981年。

《复初斋诗集》，翁方纲撰，《续修四库全书》本，上海古籍出版社，
　　2002年。

《高丽史》，郑麟趾等撰，孙晓主编，西南师范大学出版社、人民出
　　版社，2014年。

《高适集校注》（修订本），高适著，孙钦善校注，上海古籍出版社，
　　2014年。

《管锥编》,钱锺书著,中华书局,1994年。

《归潜志》,刘祁撰,崔文印点校,中华书局,1983年。

《韩昌黎诗系年集释》,韩愈著,钱仲联集释,上海古籍出版社,
　　1994年。

《韩昌黎文集校注》,韩愈著,马其昶校注,马茂元整理,上海古籍
　　出版社,2014年。

《汉泉曹文公贞诗集》,曹伯启撰,涵芬楼秘籍本。

《郝经集编年校笺》,郝经著,张进德、田同旭编年校笺,人民文学
　　出版社,2018年。

《河汾诸老诗集》,麻革等著,房祺编,张静校注,三晋出版社,
　　2017年。

《后汉书》,范晔撰,李贤等注,中华书局,1965年。

《后山诗话》,陈师道撰,《历代诗话》本,中华书局,1981年。

《后山诗注补笺》,陈师道撰,任渊注,冒广生补笺,冒怀辛整理,中
　　华书局,1995年。

《滹南遗老集校注》,王若虚撰,胡传志、李定乾校注,辽海出版社,
　　2006年。

《黄帝内经》,牛兵占等编撰,河北科学技术出版社,1996年。

《黄庭坚全集辑校编年》,郑永晓整理,江西人民出版社,2008年。

《黄庭坚诗集注》,黄庭坚撰,任渊、史容、史季温注,刘尚荣点校,
　　中华书局,2003年。

《剑南诗稿校注》,陆游著,钱仲联校注,上海古籍出版社,2005年。

《金代诗论辑存校注》,胡传志撰,人民文学出版社,2017年。

《金代文学编年史》,牛贵琥撰,安徽大学出版社,2011年。

《金代文学家年谱》,王庆生撰,凤凰出版社,2005年。

《金诗选》,顾奎光辑,陶玉禾评,徐丽华主编:《中国少数民族古籍

集成》(汉文版)第 18 册,四川民族出版社,2002 年。

《金史(点校修订本)》,脱脱等撰,中华书局,2020 年。

《金元词论稿》,赵维江撰,中国社会科学出版社,2000 年。

《金元全真教石刻新编》,王宗昱编,北京大学出版社,2005 年。

《金元之际的儒士与汉文化》,赵琦撰,人民出版社,2004 年。

《晋书》,房玄龄等撰,中华书局,1974 年。

《敬业堂诗集》,查慎行著,周劭校点,上海古籍出版社,1986 年。

《类编长安志》,骆天骧撰,黄永年点校,三秦出版社,2006 年。

《礼记正义》,郑玄注,孔颖达等正义,阮元校刻:《十三经注疏》,中
　华书局,1980 年。

《李俊民集　杨奂集　杨弘道集》,魏崇武等校点,吉林文史出版
　社,2010 年。

《李太白全集》,李白著,王琦注,中华书局,1977 年。

《历代论词绝句笺注》,程郁缀、李静著,北京大学出版社,2014 年。

《辽金诗史》,张晶著,辽海出版社,2020 年。

《刘因集》,刘因著,商聚德点校,人民出版社,2017 年。

《扪虱新话》,陈善撰,山东人民出版社,2018 年。

《孟郊诗集校注》,孟郊著,华忱之、喻学才校注,人民文学出版社,
　1995 年。

《民国诗话丛编》,张寅彭主编,上海书店出版社,2002 年。

《南村辍耕录》,陶宗仪撰,中华书局,1959 年。

《南史》,李延寿撰,中华书局,1975 年。

《瓯北诗话校注》,赵翼撰,江守义、李成玉校注,人民文学出版社,
　2013 年。

《欧阳玄全集》,欧阳玄撰,汤锐校点整理,四川大学出版社,
　2010 年。

《普济方》,朱橚等编,人民卫生出版社,1958—1959年。

《曝书亭集》,朱彝尊撰,《文渊阁四库全书》,上海古籍出版社,
　　2003年。

《七修类稿》,郎瑛撰,上海书店出版社,2001年。

《钱起诗集校注》,钱起撰,王定璋校注,浙江古籍出版社,1992年。

《墙东类稿》,陆文圭撰,《文渊阁四库全书》,上海古籍出版社,
　　2003年。

《权德舆诗文集》,权德舆撰,郭广伟校点,上海古籍出版社,
　　2008年。

《全辽金文》,阎凤梧主编,山西古籍出版社,2002年。

《全上古三代秦汉三国六朝文》,严可均校辑,中华书局,1958年。

《全唐诗》,彭定求等编,中华书局,1960年。

《全唐文》,董诰等编,上海古籍出版社,1990年。

《全唐五代词》,张璋、黄畲编,上海古籍出版社,1986年。

《全元诗》,杨镰主编,中华书局,2013年。

《全元文》,李修生主编,江苏古籍出版社,2004年。

《儒门事亲研究》,萧国钢著,中医古籍出版社,1998年。

《三国志》,陈寿撰,裴松之注,中华书局,1959年。

《三家评注李长吉歌诗》,李贺著,王琦等注评,上海古籍出版社,
　　1998年。

《山房随笔》,蒋子正撰,徐时仪点校,收入宋敏求等撰、尚成等校
　　点:《春明退朝录(外四种)》,上海古籍出版社,2012年。

《尚书正义》,孔安国传,孔颖达等正义,阮元校刻:《十三经注疏》,
　　中华书局,1980年。

《邵雍全集》,邵雍著,郭彧、于天宝点校,上海古籍出版社,2015年。

《诗薮》,胡应麟撰,中华书局,1958年。

《诗源辩体》,许学夷撰,人民文学出版社,1987 年。

《石林诗话》,叶梦得撰,何文焕辑:《历代诗话》,中华书局,
　　1981 年。

《史通》,刘知几撰,浦起龙通释,上海古籍出版社,2015 年。

《世说新语笺疏》,刘义庆著,刘孝标注,余嘉锡笺疏,周祖谟等整
　　理,中华书局,1983 年。

《双溪醉隐集》,耶律铸撰,《文渊阁四库全书》,上海古籍出版社,
　　2003 年。

《思益堂日札》,周寿昌著,李军政标点,岳麓书社,1985 年。

《四库全书总目》,永瑢等撰,中华书局,1965 年。

《宋金文学的交融与演进》,胡传志著,北京大学出版社,2013 年。

《宋史》,脱脱等撰,中华书局,1977 年。

《苏轼词编年校注》,邹同庆、王宗堂著,中华书局,2002 年。

《苏轼诗集》,王文诰辑注,孔凡礼点校,中华书局,1982 年。

《苏轼文集》,孔凡礼点校,中华书局,1986 年。

《苏魏公文集》,苏颂著,王同策等点校,中华书局,1988 年。

《谈艺录(补订本)》,钱锺书著,中华书局,1984 年。

《唐宋词汇评》,吴熊和主编,浙江教育出版社,2004 年。

《天籁集编年校注》,白朴撰,徐凌云校注,安徽大学出版社,
　　2005 年。

《苕溪渔隐丛话》,胡仔纂集,廖德明校点,人民文学出版社,
　　1962 年。

《万首论诗绝句》,郭绍虞等编,人民文学出版社,1991 年。

《王荆文公诗笺注》,王安石著,李壁笺注,高克勤点校,上海古籍
　　出版社,2010 年。

《王恽全集汇校》,王恽著,杨亮、钟彦飞点校,中华书局,2013 年。

《韦应物集校注（增订本）》，韦应物著，陶敏、王友胜校注，上海古籍出版社，2011年。

《文心雕龙解析》，周勋初著，凤凰出版社，2015年。

《文选》，萧统编，李善注，上海古籍出版社，1986年。

《文章辨体序说　文体明辨序说》，吴讷、徐师曾著，于北山、罗根泽点校，人民文学出版社，1962年。

《五台山诗歌选注》，崔正森等著，中国旅游出版社，1991年。

《鲜卑新论　女真新论》，李澍田主编，吉林文史出版社，1993年。

《新唐书》，欧阳修、宋祁撰，中华书局，1975年。

《徐似道集》，徐似道撰，项琳冰校注，浙江大学出版社，2016年。

《续夷坚志　湖海新闻夷坚续志》，元好问、无名氏撰，常振国、金心点校，中华书局，2006年。

《颜氏家训集解》，颜之推撰，王利器集解，上海古籍出版社，1980年。

《养一斋诗话》，潘德舆撰，郭绍虞编选，富寿荪校点：《清诗话续编》，上海古籍出版社，1983年。

《仪礼注疏》，郑玄注，贾公彦疏，王辉整理，上海古籍出版社，2008年。

《夷坚志》，洪迈撰，何卓点校，中华书局，2006年。

《遗山乐府校注》，元好问撰，赵永源校注，凤凰出版社，2006年。

《遗山题跋》，陆烜编，《丛书集成初编》，中华书局，1983年。

《艺概》，刘熙载撰，上海古籍出版社，1978年。

《永乐大典》，解缙等编，中华书局，1986年。

《余冬诗话》，何孟春著，中华书局，1985年。

《渔洋精华录集注》，王士禛撰，惠栋、金荣注，宫晓卫等点校整理，齐鲁书社，2009年。

《玉海》,王应麟撰,《文渊阁四库全书》,上海古籍出版社,2003年。

《玉台文苑》,江元禧撰,《四库全书存目丛书》,齐鲁书社,1997年。

《喻世明言》,冯梦龙编著,陈熙中校注,中华书局,2014年。

《元朝名臣事略》,苏天爵辑撰,姚景安点校,中华书局,2019年。

《元代文学通论》,查洪德著,东方出版中心,2019年。

《元次山集》,元结著,中华书局,1960年。

《元典章》,中国书店,1990年。

《元好问传》,郝树侯、杨国勇撰,山西人民出版社,1990年。

《元好问传》,朱东润著,陈尚君整理,上海古籍出版社,2016年。

《元好问年谱新编》,狄宝心撰,中国文联出版社,2000年。

《元好问全集(增订本)》,姚奠中主编,李正民增订,山西古籍出版
　　社,2004年。

《元好问诗编年校注》,元好问撰,狄宝心校注,中华书局,2011年。

《元好问文编年校注》,元好问撰,狄宝心校注,中华书局,2012年。

《元好问与中国诗歌传统研究》,颜庆余撰,上海古籍出版社,
　　2020年。

《元好问资料汇编》,孔凡礼编,学苑出版社,2008年。

《元曲三百首笺》,罗忼烈笺,龙门书店,1967年。

《元史》,宋濂等撰,中华书局,1976年。

《元遗山论(增订本)》,降大任著,三晋出版社,2017年。

《元遗山诗集笺注》,施国祁注,麦朝枢校,人民文学出版社,
　　1958年。

《元稹集编年笺注》,杨军笺注,三秦出版社,2008年。

《元稹年谱》,卞孝萱著,齐鲁书社,1980年。

《援鹑堂笔记》,姚范撰,道光十五年刊本。

《杂剧形成史》,刘晓明撰,中华书局,2007年。

《湛然居士文集》,耶律楚材撰,谢方点校,中华书局,1986 年。

《张籍集系年校注》,张籍撰,徐礼节、余恕诚校注,中华书局,
　　2016 年。

《章氏遗书》,章学诚撰,文物出版社,1982 年。

《赵秉文集》,赵秉文著,马振君整理,黑龙江大学出版社,2014 年。

《赵孟頫集》,赵孟頫撰,钱伟强点校,浙江古籍出版社,2012 年。

《赵翼全集》,赵翼撰,曹光甫校点,凤凰出版社,2009 年。

《中州集》,元好问编,中华书局,1959 年。

《中州集校注》,元好问编,张静校注,中华书局,2018 年。

《周易正义》,王弼、韩康伯注,孔颖达等正义,阮元校刻:《十三经
　　注疏》,中华书局,1980 年。

《朱子语类》,黎德靖编,王星贤点校,中华书局,1986 年。

《资治通鉴》,司马光编著,胡三省音注,中华书局,1956 年。

后　记

这本小书相对单纯，几乎没有什么功利目的，只是为兴趣、为问题而作。原先没有撰写此书的计划，因为 2018 年 10 月在江苏大学举行的第八次元好问暨辽金元文学研讨会期间，我被推举为元好问学会会长，恰巧山西《名作欣赏》编辑部主编张勇耀女士也参加会议。她提议在《名作欣赏》杂志开设山西籍大诗人元好问研究专栏，为期两年，我每期一篇，另请其他学者撰写一篇。忝为元好问学会新任会长，有责任为元好问研究贡献绵薄之力，因此欣然应约。这就是本书上篇所有内容和下篇中的《遗山词的隐性传播》《元好问与金元医学》《元好问的书法遗迹》等文。本书上篇侧重"传"，努力兼顾学术性和可读性。每一篇在梳理生平、解读作品的同时，争取针对有关问题，提出新的见解。行文风格比较接近随笔体，引文采用简单的随文夹注方式，常用文献更是不加注释。每次写出初稿之后，则请张勇耀、余敏两位在读博士生阅读、校对。这次予以整合和加工，重点是完善注释格式，余敏付出尤多。下篇侧重"论"，大概按照诗、词、文和其他方面编排，都是近几年所写的专题论文，其中《元好问的序跋文》《元好问的跨民族交往》发表于《民族文学研究》，《元好问诗的复句》发表于《安徽师范大学学报》，《元好问与论词绝句》发表于《吉林师范大学学报》，《治病记佚文考》发表于《晋阳学刊》，《"学诗自警"发微》发表于《忻州师范学院学报》,《元好问与〈金史〉》发表于澎湃新闻《上海书评》。这些文章不见于本人其他著作,所以略作修改,收入此书。在编校过程中,张勇耀、余敏以及责任编辑樊玉兰女士帮助我纠正了许多讹误,在此谨向她们表示衷心的感谢。

相对于文学史上很多著名作家,学界对元好问的研究尚不充分,但愿这本小书能够有所推动。书中不足和谬误,尚请方家不吝指正。

2021 年 6 月 8 日